Direito dos Negócios Aplicado

Direito dos Negócios Aplicado

VOLUME II: DO DIREITO PROCESSUAL

2016

Coordenação:

Elias Marques de Medeiros Neto
Adalberto Simão Filho

DIREITO DOS NEGÓCIOS APLICADO
VOLUME II: DO DIREITO PROCESSUAL
© Almedina, 2016

AUTORES: Elias Marques de Medeiros Neto e Adalberto Simão Filho
DIAGRAMAÇÃO: Almedina
DESIGN DE CAPA: FBA
ISBN: 978-85-8493-081-4

Dados Internacionais de Catalogação na Publicação (CIP)
(Câmara Brasileira do Livro, SP, Brasil)

Direito dos negócios aplicado, volume II : do
direito processual / coordenação Elias Marques
de Medeiros Neto, Adalberto Simão Filho. --
São Paulo : Almedina, 2016.
Vários autores.
Bibliografia.
ISBN 978-85-8493-081-4
1. Processo civil 2. Processo civil - Brasil
I. Medeiros Neto, Elias Marques de. II. Simão Filho,
Adalberto.

16-02827   CDU-347.9(81)

Índices para catálogo sistemático:

1. Brasil : Direito processual 347.9(81)
2. Brasil : Processo civil 347.9(81)

Este livro segue as regras do novo Acordo Ortográfico da Língua Portuguesa (1990).

Todos os direitos reservados. Nenhuma parte deste livro, protegido por copyright, pode ser reproduzida, armazenada ou transmitida de alguma forma ou por algum meio, seja eletrônico ou mecânico, inclusive fotocópia, gravação ou qualquer sistema de armazenagem de informações, sem a permissão expressa e por escrito da editora.

Maio, 2016

EDITORA: Almedina Brasil
Rua José Maria Lisboa, 860, Conj.131 e 132, Jardim Paulista | 01423-001 São Paulo | Brasil
editora@almedina.com.br
www.almedina.com.br

HOMENAGEM E AGRADECIMENTO ESPECIAL

Este é um grande momento para os Autores que se reuniram em torno de um ideal literário, consistente da publicação dos três volumes da obra intitulada Direito dos Negócios Aplicado, pela importante e reconhecida Editora Almedina. A Coletânea é destinada a contribuir, ainda que minimamente, para com a criação de um propício ambiente para o desenvolvimento das atividades empresariais no Brasil, com vistas ao crescimento sustentável e a inclusão social. Desta forma, não podemos deixar de prestar ao colega Janahim Dias Figueira a justa homenagem e o necessário agradecimento pelo pessoal empenho na realização desta obra, contribuindo ativamente para a concepção do seu plano inicial, seleção temática, acompanhamento irrestrito e pronta sugestão de nomes de autores, lembrando que muitos dos quais, somente vieram a abrilhantá-la em razão de pessoal convite e solicitação direta deste nosso homenageado a quem tanto estimamos e reconhecemos as qualidades excepcionais e os esforços.

Os Coordenadores

NOTA DOS COORDENADORES

"O Direito dos Negócios, como não poderia deixar de ser, dialoga com fluência com as preocupações inerentes às técnicas de resolução de conflitos, de modo que um processo civil visto como instrumento apto a solucionar de forma efetiva as disputas deve ser bem vindo ao ambiente empresarial contemporâneo.

A preocupação do processualista moderno não diz respeito apenas à precisão dos conceitos processuais, notadamente na medida em que ele deve olhar, com especial atenção, para como todas as ferramentas de solução de conflitos podem auxiliar em uma melhor cooperação entre as partes, bem como em uma melhor tutela dos direitos em disputa, sempre com a visão de que a lide deve ser resolvida de forma efetiva.

Nesta obra, os autores se preocuparam em demonstrar o desafio de se obter a efetividade no processo e os obstáculos que o cotidiano forense apresenta para aqueles que dialogam diariamente com o processo, bem como dos mais diversos âmbitos da arbitragem, de tal sorte a apresentar-se medidas e pensamentos que podem contribuir para uma sinergia cada vez mais bem vinda entre o mundo da resolução de conflitos e no mundo negocial brasileiro".

Os Coordenadores

APRESENTAÇÃO

Em tempos de tantas incertezas geradas não só pelas dificuldades já constatadas e vivenciadas, inerentes ao próprio exercício da atividade empresarial, bem como do emaranhado de leis que compõem um caótico panorama legislativo, aliado à forma interpretativa destas normas que nem sempre condizem com a moderna visão da empresa e a sua importância na ordem econômica como organização de natureza institucional pelos excelentes resultados gerados na busca de seu fim social, tanto na arrecadação de impostos e atribuição de postos de trabalho, como no fomento das relações, há que se caminhar, mesmo em ambiente sensível às turbulências políticas que tanto refletem nesta atividade tornando mais árido o caminho esperado, para a busca de um padrão de nova empresarialidade com valores éticos, impregnados de solidarismo e cooperativismo, visando o desenvolvimento inclusivo e sustentável da nação.

Os temas processuais aliados à resolução alternativa de litígios, buscam em um ambiente negocial oportuno aos investimentos e os Autores de escol convidados para abrilhantar esta obra, cada qual em determinado tema, procurarão trazer contribuições preciosas. Por uma questão metodológica, optamos por agrupar temas que possam se comunicar no âmbito de determinada área do direito processual (civil e trabalhista) bem com em temas relacionados com a arbitragem, de forma tal que tenhamos no núcleo central um elemento condutor de natureza interpretativa.

De início, temos brilhante artigo do Professor Elias Marques de Medeiros Neto, que trata da real efetividade do processo civil e o principio da proporcionalidade.

De seguida, a Professora Fernanda Tartuce, em co-autoria com André Luís Bergamaschi que vem tratar, no âmbito da resolução alternativa de litígios

DIREITO DOS NEGÓCIOS APLICADO

sobre a solução negociada e a solução jurídica da transação, como uma associação necessária.

O Professor Luiz Antônio Ferrari Neto vem tratar de um tema processual bem interessante, versando seu artigo sobre o incidente de resolução de demandas repetitivas previsto pelo Código de Processo Civil e os seus reflexos para as sociedades empresárias.

Arthur Cahen vem explicar quais as alternativas trabalhistas em caso de crise econômica ou financeira.

Após isso, Maurício Faro, em co-autoria com Bernardo Moreira vem falar do protesto de certidões da dívida ativa.

Em seguida, o Professor Luiz Dellore escreve sobre a crescente problemática dos Juízados Especiais e a sua (in)segurança jurídica.

André Luis Cais trata em seu artigo da ausência de segurança jurídica em face das constantes alterações jurisprudenciais pelos Tribunais Superiores.

Daniel Penteado de Castro traz em seu artigo importantes considerações sobre quais serão os principais impactos que o Novo Código de Processo Civil irá ter no quotidiano empresarial.

O Professor Thiago Rodovalho, no campo da arbitragem, colaciona em seu artigo sobre a Arbitragem e sua relação nos Negócios Empresariais.

A advogada portuguesa, Luisa Rodrigues, faz uma relação entre a Arbitragem e o Direito Societário.

A Professora Márcia Dinamarco traz importante reflexão a respeito do processo como instrumento eficaz para garantir a segurança jurídica com total isonomia, como bem necessário para preservação da ordem econômica e social.

O ilustre Professor Roberto Rosas vem falar da arbitragem e a obediência ao devido processo legal.

O Professor Luciano Vianna Araújo em seu artigo fala das tutelas de evidência/cutelar/antecipada e as empresas como busca para encurtar a demora nos processos judiciais.

Cibelle Linero em seu artigo fala dos requisitos de validade das cláusulas de não concorrência no direito do trabalho.

Hebert Lima Araújo em seu artigo expõe sobre os precedentes judiciais no projeto do Novo Código de Processo Civil e quais serão os impactos disso nos negócios.

O Professor Marcelo Vigliar traz importantes considerações sobre os impactos das Leis n° 12.966/2014 e n° 13.004/2014 e suas relações com as Leis n° 8.429/92 e n° 12.848/2013.

O Professor José Roberto de Castro Neves colaciona sobre a fundamental análise do contrato de seguro por uma perspectiva civil/constitucional.

Ainda neste volume, a advogada portuguesa Patrícia Baltasar Resende vem explicar a visão portuguesa da sociedade comercial, e de a mesma poder a vir ser integrada em um grupo de sociedades, e os seus reflexos na relação laboral.

Por fim, o professor Marcelo Cometti em co-autoria com Mariana Araújo tecem importantes considerações sobre a Marca de Alto Renome como Excepção ao Princípio da Especialidade da Marca.

Espera-se que esta obra, em seu conjunto completo, possa atender aos anseios do leitor e contribuir para demonstrar a importância da atividade empresarial e dos negócios, no crescimento da economia e no desenvolvimento do país.

Os Coordenadores

PREFÁCIO

O direito aos negócios aplicado ao direito processual tem importantes vertentes no processo civil em sentido estrito, no processo do trabalho e nos métodos alternativos de solução de conflitos, sejam eles jurisdicionais ou não, como a conciliação, mediação e arbitragem. Em sentido amplo, do processo como procedimento em contraditório (Elio Fazzalari) e método de solução dos conflitos, o processo assume uma vertente mais moderna e ampla ainda, de procedimento em contraditório adequado para a solução das controvérsias.

A adequação do procedimento às particularidades da situação substancial é essencial para que se chegue a uma solução justa, compatível com os anseios atuais de toda a nação na interpretação do direito. O processo passa a ser, juntamente com o direito material, o fio condutor ou meio essencial para que os litígios cheguem legitimamente ao fim.

Oportuna é a publicação de obra que trata do direito aos negócios aplicado ao processo e procura aproximar esse método de justa composição dos conflitos ao direito material.

Com temas modernos e de extrema atualidade, a obra consegue cumprir o seu desiderato, com estudos de direito material e direito processual que refletem as modernas tendências da ordem jurídica brasileira.

Paulo Henrique dos Santos Lucon
Professor Doutor da Faculdade de Direito da Universidade de São Paulo

Notas sobre a Efetividade do Processo e o Princípio da Proporcionalidade

Elias Marques

O direito a um processo efetivo tem fundamento constitucional, seja em virtude da leitura do princípio da eficiência (art. 37 da CF de 1988), seja como decorrência dos princípios da duração razoável do processo e da celeridade (art. 5º, LXXVIII, da Magna Carta), seja em razão das próprias garantias inerentes ao *due process of law* (art. 5º, LIV e LV, da Magna Carta), seja, por fim, como consequência lógica e natural do adequado, preciso, técnico e amplo acesso à justiça (art. 5º, XXXV, da CF de 1988).

A natureza constitucional da efetividade do processo foi reconhecida por Teori Albino Zavascki: "Sob a denominação de direito à efetividade da jurisdição queremos aqui designar o conjunto de direitos e garantias que a Constituição atribui ao indivíduo que, impedido de fazer justiça por mão própria, provoca a atividade jurisdicional para vindicar bem da vida de que se considera titular. A este indivíduo devem ser, e são, assegurados meios expeditos e, ademais, eficazes, de exame da demanda trazida à apreciação do Estado. Eficazes, no sentido de que devem ter aptidão de propiciar ao litigante vitorioso a concretização 'Tática' da sua vitória".[1]

---

[1] ZAVASCKI, Teori Albino. *Antecipação de Tutela*. São Paulo: Saraiva, 1997. p. 64.

DIREITO DOS NEGÓCIOS APLICADO

José Rogério Cruz e Tucci sustenta que decorre do *due process of law* a garantia do processo sem a indevida morosidade[2].

O mesmo professor destaca ser um direito fundamental da parte ter um processo efetivo e que tramite em prazo razoável, nos termos do art. 5º, LXX-VIII, da CF de 1988. E para José Rogério Cruz e Tucci[3], esse direito fundamental teria origem em diploma legal supranacional; conforme previsão do art. 6º, 1, da Convenção Europeia para Salvarguarda dos Direitos do Homem e das Liberdades Fundamentais, firmada em 04 de novembro de 1950, em Roma, que prescreve a necessidade de o processo tramitar em prazo razoável, sem dilações indevidas. Na mesma direção é a previsão do art. 8º, 1, da Convenção Americana sobre Direitos Humanos, assinada em San José, Costa Rica, em 22 de novembro de 1969[4].

O desrespeito ao acima aludido direito fundamental já gerou a condenação do Estado italiano, em julgamento ocorrido em 1987 na Corte Europeia dos Direitos do Homem[5], a indenizar danos morais sofridos pela parte autora em razão da demora na apreciação de sua pretensão pelo poder judiciário daquele país; o qual, mesmo após 10 anos e quatro meses, ainda não havia finalizado o julgamento de causa não classificada como complexa.

Neste passo, é certo que o Estado brasileiro se preocupou em conferir proteção constitucional ao direito de a parte ter um processo efetivo, que tramite em prazo razoável, e sempre observando o devido processo legal; sendo que esta conclusão é perfeitamente embasada nos incisos LXXVIII, LIV, LV e XXXV do art. 5º. da CF de 1988.

É missão do Estado, através do Poder Judiciário, possibilitar aos demandantes uma adequada, tempestiva e eficiente solução de controvérsias; de tal

---

[2] "Conclui-se, portanto, que, também em nosso país, o direito ao processo sem dilações indevidas, como corolário do devido processo legal, vem expressamente assegurado ao membro da comunhão social por *norma de aplicação imediata* (art. 5º, § 1º, C.F.)" (CRUZ e TUCCI, José Rogério. *Garantias Constitucionais do Processo Civil*. São Paulo: RT, 1999. p. 260).

[3] CRUZ e TUCCI, José Rogério. Duração razoável do processo. In: JAYME, Fernando Gonzaga; FARIA, Juliana Cordeiro de; LAVAR, Maira Terra. *Processo civil novas tendências. Homenagem ao Professor Humberto Theodoro Júnior*. Belo Horizonte: Del Rey, 2008. p. 436.

[4] CRUZ e TUCCI, José Rogério. Duração razoável do processo. In: JAYME, Fernando Gonzaga; FARIA, Juliana Cordeiro de; LAVAR, Maira Terra. *Processo civil novas tendências. Homenagem ao Professor Humberto Theodoro Júnior*. Belo Horizonte: Del Rey, 2008. p. 446.

[5] CRUZ e TUCCI, José Rogério. Duração razoável do processo. In: JAYME, Fernando Gonzaga; FARIA, Juliana Cordeiro de; LAVAR, Maira Terra. *Processo civil novas tendências. Homenagem ao Professor Humberto Theodoro Júnior*. Belo Horizonte: Del Rey, 2008. p. 438.

NOTAS SOBRE A EFETIVIDADE DO PROCESSO E O PRINCÍPIO DA PROPORCIONALIDADE

sorte que a correta aplicação da regra de direito material deve ser assegurada pelas vias processuais existentes e tuteladas pelo Estado.

A visão meramente formal da ciência processual, a qual deveria ser autônoma e apenas reger com precisão técnica o fluxo dos atos praticados em um determinado processo, não é mais pauta do dia. Não é o outro o entendimento de Pedro J. Bertolino: *"... concebido el proceso ante todo como instrumento, vemos que resultará irrazonable hacer de um mero medio – el proceso civil – un fin en si mismo"*[6].

Atualmente, o estudioso do processo deve se preocupar em como os atos processuais podem auxiliar na concreta tutela do direito material, de modo a garantir que este não seja apenas uma hipótese de direito prevista em um determinado código de normas.

O Estado, através do Poder Judiciário, não pode deixar de ser visto como uma "força empregada exclusivamente como um meio de realização do direito e segundo normas jurídicas", conforme a lição de Dalmo de Abreu Dallari[7].

Léon Duguit[8] também já assinalava que "pela função jurisdicional, o Estado intervém nos casos de violação do direito objetivo ou nas contestações relativas à existência ou extensão de uma situação jurídica subjetiva; ordena a reparação, repressão ou anulação, segundo o caso, quando foi violado o direito objetivo; ordena as medidas necessárias, para assegurar a realização das situações jurídicas subjetivas de que reconhece a existência e a extensão".

A necessária e fluente relação entre o direito processual e o direito material foi observada na obra de José Roberto dos Santos Bedaque[9], da qual se extrai a necessidade de uma visão instrumental do processo civil, voltada ao processo de resultados, na busca de servir adequadamente ao direito material.

Cássio Scarpinella Bueno destaca que existe uma ligação umbilical entre o direito processual e o direito material, sendo aquele instrumento para tutelar de forma eficaz este último, não se podendo olvidar que é missão essencial do Estado garantir um eficaz exercício da jurisdição: entendendo-se por isso não só uma adequada e eficiente formal resposta do Poder Judiciário quanto

---

[6] BERTOLINO, Pedro J. El exceso de rito de cara a la efectividad del proceso civil. In: FUX, Luiz; NERY JR., Nelson; WAMBIER, Teresa Arruda Alvim. *Processo e Constituição: Estudos em Homenagem ao Professor José Carlos Barbosa Moreira*. São Paulo: RT, 2006. p. 176.

[7] DALLARI, Dalmo de Abreu. *Elementos de Teoria Geral do Estado*. 19ª. ed. São Paulo: Saraiva, 1995. p. 97.

[8] DUGUIT, Léon. *Fundamentos do Direito*. Tradução de Ricardo Rodrigues Gama. Campinas: LZN, 2003. p. 44.

[9] BEDAQUE, José Roberto dos Santos. *Direito e Processo*. 4ª. ed. São Paulo: Malheiros, 2006. p. 19.

DIREITO DOS NEGÓCIOS APLICADO

à solução da lide, mas também se compreendendo a garantia de própria realização do direito material tutelado[10].

Como a jurisdição tem como fim a resolução de conflitos[11], almejando à obtenção da paz social[12], é certo que o princípio da efetividade do processo torna-se verdadeira essência da jurisdição; principalmente porque um processo tardio, ineficaz e sem real impacto no mundo dos fatos, fracassando na tutela e na realização do direito material, não terá proporcionado nem a paz social, e nem o almejado adequado desfecho da resolução de conflitos[13].

Neste passo, significativo é o desafio de se atingir a efetividade processual, a qual consiste em se garantir ao litigante, na medida do possível, praticamente aquilo que ele naturalmente teria se não precisasse ir ao Poder Judiciário.[14]

Moldar todo o arcabouço legislativo processual e a atuação da jurisdição para, de forma eficaz, tempestiva, oportuna e adequada, garantir e realizar o direito material a ser tutelado, é a missão hoje presente nos foros acadêmicos e profissionais que constantemente debatem processo civil no Brasil.

Na linha de dar fôlego a este debate, deve-se lembrar que o art. 37 da CF de 1988 já positiva a necessidade de o Estado – e, portanto, o Poder Judiciário – atuar de forma eficiente em seus atos. Trata-se da consagração do princípio da eficiência, o qual guarda intima relação com a noção de efetividade processual.

O princípio da eficiência foi positivado na magna carta através da EC n. 19 de 1998, e traz consigo a imposição ao agente público de atuar de forma

---

[10] BUENO, Cassio Scarpinella. *Curso Sistematizado de Direito Processual Civil*. 6ª. ed. São Paulo: Saraiva, 2012. p. 91. v. 1.

[11] "A pacificação é o escopo magno da jurisdição e, por consequência, de todo o sistema processual (uma vez que todo ele pode ser definido como a disciplina jurídica da jurisdição e seu exercício). É um escopo social, uma vez que se relaciona com o resultado do exercício da jurisdição perante a sociedade ...". (ARAÚJO CINTRA, Antônio Carlos de; GRINOVER, Ada Pelegrini; DINAMARCO, Cândido Rangel. *Teoria Geral do Processo*. 23ª. ed. São Paulo: Malheiros, 2007. p. 30.).

[12] A necessidade de a jurisdição resolver de forma eficiente a lide está na doutrina de Cândido Rangel Dinamarco: "A força das tendências metodológicas do direito processual civil na atualidade dirige-se com grande intensidade para a efetividade do processo, a qual constitui expressão resumida da ideia de que o processo deve ser apto a cumprir integralmente toda a sua função sócio político jurídica, atingindo em toda a plenitude todos os seus escopos institucionais". (DINAMARCO, Cândido Rangel. *A Instrumentalidade do Processo*. São Paulo: Malheiros, 2008. p. 277).

[13] DINAMARCO, Cândido Rangel. *A Instrumentalidade do Processo*. São Paulo: Malheiros, 2008. p. 319.

[14] DINAMARCO, Cândido Rangel. *A Instrumentalidade do Processo*. São Paulo: Malheiros, 2008. p. 319.

a permitir que o Estado atinja os seus fins perante a sociedade, buscando-se sempre, neste sentido, resultados favoráveis ao todo social[15].

A Lei n. 9.784/99, em seu art. 2º, *caput*, igualmente faz referência ao princípio da eficiência como sendo um dos que regem o processo administrativo, sendo que Maria Sylvia Zanella Di Pietro, acerca de sua natureza, bem disserta que este princípio: "pode ser considerado em relação ao modo de atuação do agente público, do qual se espera o melhor desempenho possível de suas atribuições, para lograr os melhores resultados; e em relação ao modo de organizar, estruturar, disciplinar a administração pública, também com o mesmo objetivo de alcançar os melhores resultados na prestação do serviço público"[16].

E especificamente sobre a necessidade de o processo ser regido com a máxima eficiência e dentro dos parâmetros da economia e da instrumentalidade, de modo a ser efetivo e atender ao seu escopo social, interessante é a seguinte passagem da administrativista da Faculdade de Direito da Universidade de São Paulo: "há que se ter sempre presente a ideia de que o processo é instrumento para aplicação da lei, de modo que as exigências a ele pertinentes devem ser adequadas e proporcionais ao fim que se pretende atingir. Por isso mesmo, devem ser evitados os formalismos excessivos, não essenciais à legalidade do procedimento que só possam onerar inutilmente a administração pública, emperrando a máquina administrativa"[17].

Alexandre de Moraes, também analisando o princípio da eficiência, proclama que este é: "aquele que impõe à administração pública direta e indireta e a seus agentes a persecução do bem comum, por meio do exercício de suas competências de forma imparcial, neutra, transparente, participativa, eficaz, sem burocracia e sempre em busca da qualidade, primando pela adoção dos critérios legais e morais necessários para a melhor utilização possível dos recursos públicos, de maneira a evitar-se desperdícios e garantir-se uma maior rentabilidade social"[18].

Alexandre Santos de Aragão, acerca do princípio da eficiência, em lição sobre a necessidade de o direito atender seu escopo de efetivamente resolver os conflitos concretos, enfatiza que: "O Direito Público do Estado Contemporâneo visa satisfazer determinadas necessidades sociais, sendo vinculado ao atendimento eficiente dos fins sociais e fáticos aos quais se destina. A

---

[15] BONAVIDES, Paulo; MIRANDA, Jorge; AGRA, Walber de Moura. *Comentários à Constituição Federal de 1988*. Rio de Janeiro: Forense, 2009. p. 728.

[16] DI PIETRO, Maria Sylvia Zanella. *Direito Administrativo*. 13ª. ed. São Paulo: Atlas, 2001. p. 83.

[17] DI PIETRO, Maria Sylvia Zanella. *Direito Administrativo*. 13ª. ed. São Paulo: Atlas, 2001. p. 504.

[18] MORAES, Alexandre de. *Direito Constitucional*. 17ª. ed. São Paulo: Atlas, 2005. p. 300.

DIREITO DOS NEGÓCIOS APLICADO

eficiência não pode ser entendida apenas como maximização do lucro, mas sim como um melhor exercício das missões de interesse coletivo que incumbe ao Estado, que deve obter a maior realização prática possível das finalidades do ordenamento jurídico, com os menores ônus possíveis, tanto para o próprio Estado, especialmente de índole financeira, como para a liberdade dos cidadãos. Os resultados práticos da aplicação das normas jurídicas não constituem preocupação apenas sociológica, mas, muito pelo contrário, são elementos essenciais para determinar como, a partir desses dados empíricos, devam ser interpretadas (ou reinterpretadas), legitimando a sua aplicação. O Direito deixa de ser aquela ciência preocupada apenas com a realização lógica dos seus preceitos; desce do seu pedestal para aferir se esta realização lógica está sendo apta a realizar os seus desígnios na realidade da vida em sociedade. Uma interpretação/aplicação de lei que não esteja sendo capaz de atingir concreta e materialmente os seus objetivos não pode ser considerada como a interpretação mais correta".[19]

A doutrina acima, focada na eficiência da administração pública, e na necessidade de o direito ser interpretado e aplicado de forma a realmente atender aos seus fins, tem flagrante inspiração na escola de Norberto Bobbio[20]; que já na década de 1970 frisava a importância de uma teoria realista do direito, focada mais na efetividade da norma jurídica, do que na sua validade formal.

Indubitavelmente, o princípio da eficiência[21], que rege a atuação da administração pública, apresenta estreita e íntima ligação com o princípio da efetividade processual; pois o Poder Judiciário (art. 93 da CF de 1988), como ente do Estado que concentra o exercício da jurisdição, deve pautar seus atos com observância das diretrizes que estão consagradas no art. 37 da CF de 1988.

Fredie Didier Jr.[22], neste contexto, pontua que: "o processo, para ser devido, há de ser eficiente. O princípio da eficiência, aplicado ao processo, é um dos corolários da cláusula geral do devido processo legal. Realmente, é difícil

---

[19] ARAGÃO, Alexandre Santos de. Eficiência (princípio da). In: TORRES, Ricardo Lobo; KATAOKA, Eduardo Takemi; GALDINO, Flávio (org). *Dicionário de Princípios Jurídicos*. Rio de Janeiro: Elsevier, 2011. p. 393.

[20] BOBBIO, Norberto. *Dalla Struttura alla Funzione: nuovi studi di teoria del diritto*. Milano: Edizioni di Comunità, 1977.

[21] Fábio Soares de Melo enfatiza que "o princípio da eficiência tem por finalidade principal a obrigatoriedade de que a atuação da administração pública obtenha resultados de forma satisfatória e eficiente". (MELO, Fábio Soares de. *Processo administrativo tributário: princípios, vícios e efeitos jurídicos*. São Paulo: Dialética, 2012. p. 54).

[22] DIDIER JR., Fredie. Apontamentos para a concretização do princípio da eficiência do processo. In: FREIRE, Alexandre; DANTAS, Bruno; NUNES, Dierle; DIDIER JR., Fredie; MEDINA, José

NOTAS SOBRE A EFETIVIDADE DO PROCESSO E O PRINCÍPIO DA PROPORCIONALIDADE

conceber um devido processo legal ineficiente. Mas não é só. Ele resulta, ainda, da incidência do art. 37, caput, da CF/88. Esse dispositivo também se dirige ao Poder Judiciário...".

A noção de efetividade processual está presente nos referidos conceitos ligados ao princípio da eficiência, podendo-se dizer que cabe ao Poder Judiciário se organizar da forma mais adequada para garantir que a tutela jurisdicional possa ser conferida ao titular do direito material de maneira oportuna, econômica e tempestiva; tudo de modo a se garantir que a resolução de conflitos não se limite apenas à prolação de uma sentença judicial, mas sim que possa efetivamente realizar o direito devido ao seu titular e formalmente reconhecido em decisão proferida no processo.

Bem oportuno, aliás, é o disposto no art. 22 do Código de Defesa do Consumidor, que prevê a necessidade de os órgãos públicos, aí se incluindo o Poder Judiciário, fornecerem serviços adequados, eficientes, seguros e, quanto aos essenciais, contínuos.

Além do princípio da eficiência, pode-se dizer que o principio da efetividade processual também encontra relação com o texto constante do art. 5º, inciso LXXVIII, da CF de 1988[23].

Como já disse Rui Barbosa, "a justiça atrasada não é justiça, senão injustiça qualificada".[24]

A celeridade processual ganha fundamental realce nos tempos modernos, principalmente em razão das significativas transformações da vida social e seus reflexos nos litígios, conforme bem observa Kazuo Watanabe: "Vários são os fatores que contribuem para que o fator celeridade tenha relevância no estudo das relações sociais, destacando-se o encurtamento das distâncias, em razão da evolução dos sistemas de comunicação e sofisticação dos meios de transporte, e os instrumentais tecnológicos que aceleram ou mesmo substituem o agir humano nos diferentes atos da vida cotidiana"[25].

Miguel Garcia; FUX, Luiz; CAMARGO, Luiz Henrique Volpe; OLIVEIRA, Pedro Miranda (Org.). *Novas tendências do processo civil*. Salvador: Podium, 2013. p. 433.

[23] "a todos, no âmbito judicial e administrativo, são assegurados a razoável duração do processo e os meios que garantam a celeridade de sua tramitação".

[24] BARBOSA, Rui. *Oração aos Moços*. São Paulo: Martin Claret, 2003. p. 53. Na mesma linha, defendendo que a justiça não entregue em prazo razoável seria um "diniego de tutela", é a doutrina de COMOGLIO, Luigi Paolo. *Principi Costitucionali e Processo di Esecuzione*. Rivista di Diritto Processuale 2-1994/454.

[25] WATANABE, Kazuo. *Da Cognição no Processo Civil*. 2ª. ed. Campinas: Bookseller, 2000. p. 142.

DIREITO DOS NEGÓCIOS APLICADO

J. J. Gomes Canotilho, nesta seara, já teve a oportunidade de observar que: "... a existência de processos céleres, expeditos e eficazes (...) é condição indispensável de uma protecção jurídica adequada"[26].

A duração razoável do processo e a celeridade certamente são importantes componentes do conceito de efetividade processual. Mas não são expressões sinônimas, sendo a celeridade um dos elementos para que o processo possa ser considerado efetivo, mas nunca o único elemento. Um processo célere, mas que agrida o devido processo legal, não pode ser considerado efetivo, como bem alertam Maria Elizabeth de Castro Lopes e João Batista Lopes[27], em artigo referência sobre o tema: "Tem-se observado, em trabalhos acadêmicos, certa confusão entre celeridade e efetividade. Talvez em razão da constante preocupação com a morosidade da justiça, a efetividade muitas vezes é identificada com celeridade ou com presteza da atividade jurisdicional. Nada, porém, menos exato, já que a celeridade é apenas um aspecto da efetividade. Com maior rigor técnico e à luz da Emenda n. 45, aos jurisdicionados se deve garantir a razoável duração do processo que, entre outros aspectos, terá de levar em consideração a complexidade da causa. Por exemplo, se o desate da lide exigir prova pericial, e o juiz a dispensar, em nome da celeridade processual, a efetividade do processo estará irremediavelmente comprometida: o julgamento não será antecipado, mas precipitado... Tem-se, pois, que a celeridade processual não pode vulnerar as garantias constitucionais entre as quais se colocam a ampla defesa e a produção da prova".

José Roberto dos Santos Bedaque[28], na mesma direção, doutrina que: "Processo efetivo é aquele que, observado o equilíbrio entre os valores segurança e celeridade, proporciona às partes o resultado desejado pelo direito material. Pretende-se aprimorar o instrumento estatal destinado a fornecer a tutela jurisdicional. Mas constitui perigosa ilusão pensar que simplesmente conferir-lhe celeridade é suficiente para alcançar a tão almejada efetividade. Não se nega a necessidade de reduzir a demora, mas não se pode fazê-lo em detrimento do mínimo de segurança, valor também essencial ao processo justo. Em princípio, não há efetividade sem contraditório e ampla defesa. A celeridade é apenas mais uma das garantias que compõem a ideia do devi-

---

[26] CANOTILHO, J. J. Gomes. *Direito Constitucional*. 6ª. ed. Coimbra: Almedina, 1993. p. 652,653.
[27] CASTRO LOPES, Maria Elizabeth de; e LOPES, João Batista. Princípio da Efetividade. In: OLIVEIRA NETO, Olavo de; e CASTRO LOPES, Maria Elizabeth de (Coord.). *Princípios Processuais Civis na Constituição*. São Paulo: Ed. Campos Jurídico, 2008. p. 244 e 245.
[28] BEDAQUE, José Roberto dos Santos. *Efetividade do Processo e Técnica Processual*. São Paulo: Malheiros, 2007. p. 49.

NOTAS SOBRE A EFETIVIDADE DO PROCESSO E O PRINCÍPIO DA PROPORCIONALIDADE

do processo legal, não a única. A morosidade excessiva não pode servir de desculpa para o sacrifício de valores também fundamentais, pois ligados à segurança do processo". [29]

E como já tivemos a oportunidade de defender, "o processo efetivo é aquele que busca resolver de forma eficaz a lide, dentro de uma ótica de economia processual, atendendo o equilíbrio entre a celeridade e o respeito aos princípios que compõem o devido processo legal; respeitando-se a adequada segurança aos valores fundamentais que devem ser preservados em favor dos sujeitos do processo". [30]

Portanto, a duração razoável do processo e a celeridade são fundamentais para que a efetividade processual possa ser garantida no caso concreto, mas tais qualidades não devem mitigar os importantes princípios inerentes ao *due process of law*, sendo este outro fundamental elemento para a conquista da efetividade processual: "a celeridade não pode atropelar ou comprometer o processo giusto de que nos fala Comoglio, ou seja, o reconhecimento e a garantia dos direitos, a fundamental exigência de efetividade técnica e qualitativa, o contraditório, o juiz natural, etc. Sobre preocupar-se com a celeridade, deverá o magistrado indagar, em cada caso, qual deva ser a duração razoável

---

[29] Não são diferentes os magistérios de João Batista Lopes e Cássio Scarpinella Bueno: "Como se pretende sustentar, porém, efetividade não é sinônimo de celeridade, ainda que deva ser considerada aspecto importante daquela, como se exporá mais adiante. (...). Verifica-se, para logo, que o conceito de efetividade é mais complexo do que geralmente se supõe, não se identificando, pura e simplesmente, com o resultado do processo. É necessário que o resultado alcançado obedeça ao princípio do devido processo legal, isto é, que as garantias do processo sejam observadas, que se tenha um processo equo e giusto, como dizem os italianos. Também não se pode confundir efetividade com celeridade processual. Se é certo que a celeridade constitui um valor a ser perseguido, especialmente ante o quadro atual de morosidade da justiça, também é exato que a idéia de efetividade não se exaure na de celeridade". (LOPES, João Batista. Princípio da Proporcionalidade e Efetividade do Processo Civil. In: MARINONI, Luiz Guilherme (Coord.). *Estudos de Direito Processual Civil. Homenagem ao Professor Egas Dirceu Moniz de Aragão*. São Paulo: RT, 2006. p. 135); e "O grande norte a ser seguido pelo legislador e, consequentemente, pela técnica processual é o do princípio da efetividade da jurisdição, ou do acesso à justiça ou à ordem jurídica justa, constante do artigo 5, XXXV, da Constituição Federal, sempre equilibrado e dosado, como bom princípio que é, pelos princípios do devido processo legal e do contraditório e da ampla defesa (artigo 5, LIV e LV, da Constituição Federal)". (BUENO, Cássio Scarpinella. *Curso Sistematizado de Direito Processual Civil*. São Paulo: Saraiva, 2007. p. 148. v. 1). No mesmo sentido: DINAMARCO, Cândido Rangel. *A Instrumentalidade do Processo*. São Paulo: Malheiros, 2008. p. 360.

[30] MEDEIROS NETO, Elias Marques de. *Proibição da Prova Ilícita no Processo Civil Brasileiro*. São Paulo: Fiuza, 2010. p. 20.

DIREITO DOS NEGÓCIOS APLICADO

do processo. Em outras palavras, o processo deve durar o tempo necessário e suficiente para cumprir seus escopos, nem mais, nem menos".[31]

O devido processo legal está previsto na CF de 1988, em seu art. 5º, LIV: "ninguém será privado da liberdade ou de seus bens sem o devido processo legal".

O devido processo legal é princípio base para todo o sistema processual[32], tendo em sua essência a orientação de respeito às garantias processuais positivadas em favor das partes na Constituição Federal e nas demais normas infraconstitucionais. Dentre tais garantias, se destacam, sem a tanto se limitar, o direito ao contraditório[33] e à ampla defesa[34], o respeito ao princípio da legalidade[35], o dever de os magistrados motivarem suas decisões e a publicidade dos atos processuais[36] (art. 93, IX, da CF de 1988), o direito à prova[37], a proibição

---

[31] LOPES, João Batista; CASTRO LOPES, Maria Elizabeth. *Novo Código de Processo Civil e efetividade da jurisdição*. Revista de Processo 188. São Paulo: RT, 2010. p. 173,174.

[32] "Em nosso parecer, bastaria a norma constitucional haver adotado o princípio do due process of law para que daí decorressem todas as consequências processuais que garantiam aos litigantes o direito a um processo e a uma sentença justa. É, por assim dizer, o gênero do qual todos os demais princípios constitucionais do processo são espécies. Assim é que a doutrina diz, por exemplo, serem manifestações do "devido processo legal" o princípio da publicidade dos atos processuais, a impossibilidade de utilizar-se em juízo prova obtida por meio ilícito, assim como o postulado do juiz natural, do contraditório e do procedimento regular" (NERY JR., Nelson. *Princípios do Processo Civil Na Constituição Federal*. 8ª. ed. São Paulo: RT, 2004. p. 60).

[33] "O que caracteriza fundamentalmente o processo é a celebração contraditória do procedimento, assegurada a participação dos interessados mediante exercício das faculdades e poderes integrantes da relação jurídica processual. A observância do procedimento em si próprio e dos níveis constitucionalmente satisfatórios de participação efetiva e equilibrada, segundo a generosa cláusula due process of law, é que legitima o ato final do processo, vinculativo dos participantes". (DINAMARCO, Cândido Rangel. *A Instrumentalidade do Processo*. São Paulo: Malheiros, 2008. p. 77).

[34] NERY JR., Nelson. *Princípios do Processo Civil Na Constituição Federal*. 8ª. ed. São Paulo: RT, 2004. p. 172.

[35] SILVA, José Afonso da. *Curso de Direito Constitucional Positivo*. 14ª. ed. São Paulo: Malheiros, 1997. p. 400.

[36] OLIVEIRA.NETO, Olavo de. Princípio da Fundamentação das Decisões Judiciais. In: OLIVEIRA NETO, Olavo de; e CASTRO LOPES, Maria Elizabeth de (Coord.). *Princípios Processuais Civis na Constituição*. São Paulo: Ed. Campos Jurídico, 2008. p. 201.

[37] LOPES, João Batista. *A Prova no Direito Processual Civil*. 3ª. ed. São Paulo: RT, 2006. p. 166 a 168.

à prova ilícita[38], o dever de se conferir tratamento igualitário às partes[39], o direito ao juiz natural e imparcial[40].

A imparcialidade do magistrado como elemento essencial do *due process of law*, inclusive, é muito bem ressaltada na obra de Marcelo Figueiredo[41], sendo já uma preocupação presente na constituição brasileira de 1824.

Nelson Nery Jr.[42], com didática, sintetiza: "E é nesse sentido unicamente processual que a doutrina brasileira tem empregado, ao longo dos anos, a locução "devido processo legal", como se pode verificar, v.g., da enumeração que se fez das garantias dela oriundas verbis: a) direito à citação e ao conhecimento do teor da acusação; b) direito a um rápido e público julgamento; c) direito ao arrolamento de testemunhas e à notificação das mesmas para comparecimento perante os tribunais; d) direito ao procedimento contraditório; e) direito de não ser processado, julgado ou condenado por alegada infração às leis ex post facto; f) direito à plena igualdade entre acusação e defesa; g) direito contra medidas ilegais de busca e apreensão; h) direito de não ser acusado nem condenado com base em provas ilegalmente obtidas; i) direito à assistência judiciária, inclusive gratuita; j) privilégio contra a auto-incriminação. Especificamente quanto ao processo civil, já se afirmou ser manifestação do due process of law: a) a igualdade das partes; b) garantia do jus actionis; c) respeito ao direito de defesa; d) contraditório. Resumindo o que foi dito sobre esse importante princípio, verifica-se que a cláusula procedural due process of law nada mais é do que a possibilidade efetiva de a parte ter acesso à justiça, deduzindo a pretensão e defendendo-se do modo mais amplo possível, isto é, de ter his day in Court, na denominação genérica da Suprema Corte dos Estados Unidos."

---

[38] SHIMURA, Sérgio. Princípio da Proibição da Prova Ilícita. In: OLIVEIRA NETO, Olavo de; e CASTRO LOPES, Maria Elizabeth de (Coord.). *Princípios Processuais Civis na Constituição*. São Paulo: Ed. Campos Jurídico, 2008. p. 263 e 264.

[39] FERREIRA FILHO, Manoel Gonçalves. *Direitos humanos fundamentais*. 2ª. ed. São Paulo: Saraiva, 1998. p. 118. No mesmo sentido: BUENO, Cássio Scarpinella. *Curso Sistematizado de Direito Processual Civil*. 6ª. ed. São Paulo: Saraiva, 2012. v. 1.

[40] NERY JR., Nelson. *Princípios do Processo Civil Na Constituição Federal*. 8ª. ed. São Paulo: RT, 2004.

[41] FIGUEIREDO, Marcelo. Transição do Brasil Império à República Velha. In: DE LUCCA, Newton; MEYER-PFLUG, Samantha Ribeiro, e NEVES, Mariana Barboza Baeta (coord.). *Direito Constitucional Contemporâneo. Homenagem ao professor Michel Temer*. São Paulo: Quartier Latin, 2012. p. 122.

[42] NERY JR., Nelson. *Princípios do Processo Civil Na Constituição Federal*. 8ª. ed. São Paulo: RT, 2004. p. 70.

O devido processo legal denota que ninguém será privado de sua liberdade e/ou de seus bens sem a observância de procedimento previamente previsto em lei, bem como sem a garantia da ampla defesa, do contraditório e do tratamento igualitário entre as partes (inciso LV do art. 5º da CF de 1988)[43].

Um processo que observa o devido processo legal, pautado pelo respeito às garantias constitucionais, mas que também observa a necessidade de eficiência, celeridade e duração razoável, demonstra a preocupação com a efetividade na solução do conflito.

A efetividade processual também mantém intima relação com a noção de acesso à justiça, termo este muito presente quando se examina o inciso XXXV do art. 5º da CF de 1988.

O inciso XXXV do art. 5º da CF de 1988 proclama que a lei não excluirá da apreciação do Poder Judiciário lesão ou ameaça a direito. Esta previsão normativa, também conhecida como o princípio da inafastabilidade do controle jurisdicional[44], estabelece o acesso ao Poder Judiciário por parte de todo aquele que se sentir ameaçado em sua esfera de direitos subjetivos.

É certo que a previsão é extremamente bela, pois prevê como direito constitucional a possibilidade de o jurisdicionado sempre valer-se do Poder Judiciário para o exame de suas questões.

Todavia, para que o acesso à justiça – aqui interpretado como decorrência do princípio da inafastabilidade do controle jurisdicional – deixe de ser uma mera elogiável previsão no rol das garantias constitucionais, e passe a se tornar um concreto direito a ser exercido pelos jurisdicionados, é inevitável a observância das ondas de transformação de que sabiamente falam Mauro Cappelletti e Bryant Garth[45].

---

[43] "Por essa concepção formal, mencionado princípio representa uma garantia de acesso à justiça e, também, de que, ao ser parte em um processo, seja ele criminal, civil ou administrativo, a pessoa não sofrerá qualquer restrição em sua vida, liberdade ou patrimônio sem que seja observado um procedimento previamente estabelecido na lei, no qual se respeite a igualdade das partes e se permita a mais ampla defesa dos seus interesses...Dessa forma, além da paridade de atuação, no acesso e no desenvolvimento do processo, e do respeito a uma sequência de atos previstos em lei, as partes têm o direito de ver resolvida, em tempo razoável, a causa que submeteram ao Poder Judiciário, impedindo que as ações judiciais se perpetuem". (DIAS, Jefferson Aparecido. Princípio do Devido Processo Legal. In: OLIVEIRA NETO, Olavo de; e CASTRO LOPES, Maria Elizabeth de (Coord.). *Princípios Processuais Civis na Constituição*. São Paulo: Ed. Campos Jurídico, 2008. p. 34 e 35).

[44] SILVA, José Afonso da. *Curso de Direito Constitucional Positivo*. 14ª. ed. São Paulo: Malheiros, 1997. p. 410.

[45] CAPPELLETTI, Mauro; GARTH, Bryant. *Acesso à Justiça*. Tradução de Ellen Gracie Northfleet. Porto Alegre: Fabris, 1988.

NOTAS SOBRE A EFETIVIDADE DO PROCESSO E O PRINCÍPIO DA PROPORCIONALIDADE

Pela lição dos referidos mestres, o pleno acesso à justiça pode ser obtido pela preocupação em possibilitar aos menos favorecidos economicamente o acesso à informação e ao uso das ferramentas processuais necessárias para a proteção dos seus direitos. Essa seria a primeira onda de transformação, garantindo-se o acesso à justiça para aqueles que tradicionalmente são excluídos, por fatores econômicos, do sistema de proteção dos direitos.

Neste particular, oportuna é a lição de Sérgio Shimura[46], para quem "a verdadeira efetividade do processo é o problema que mais aflige o jurisdicionado, no momento de recorrer à tutela jurisdicional. A morosidade do processo estrangula os canais de acesso à tutela jurisdicional, principalmente aos economicamente mais fracos".

A acima referida primeira onda de transformação cuidaria de tentar conferir aos economicamente mais fracos a real possibilidade de terem os seus direitos efetivamente tutelados pelo Poder Judiciário.

A segunda onda de transformação está na busca de proteção aos interesses difusos e coletivos, almejando-se tutelar os interesses da sociedade como um todo, e não só o direito individual de cada cidadão.

A terceira onda reside no desafio de o Estado e o Poder Judiciário atuarem efetivamente na resolução dos conflitos que são apresentados; sendo missão do sistema jurídico não só entregar ao jurisdicionado uma formal resposta para o conflito através de uma decisão ou sentença, mas também conferir a ele todas as ferramentas e vias processuais necessárias para a efetiva realização do seu direito.

A terceira onda de transformação de que falam Cappelletti e Garth apresenta o mais perceptível elo entre a preocupação com o acesso à justiça e a efetividade processual.

José Roberto dos Santos Bedaque[47], acerca da relação entre o acesso à justiça e a efetividade processual, disserta que "entre os direitos fundamentais da pessoa encontra-se, sem dúvida, o direito à efetividade do processo, também denominado direito de acesso à justiça ou direito à ordem jurídica justa, expressões que pretendem representar o direito que todos têm à tutela jurisdicional do Estado. Essa proteção estatal deve ser apta a conferir tempestiva e adequada satisfação de um interesse juridicamente protegido,

---

[46] SHIMURA, Sérgio. *Arresto cautelar.* 3ª. ed. São Paulo: RT, 2005. p. 37.
[47] BEDAQUE, José Roberto dos Santos. *Tutela Cautelar e Tutela Antecipada: Tutelas Sumárias e de Urgência (tentativa de sistematização).* 3ª. ed. São Paulo: Malheiros, 2003. p. 341.

em favor do seu titular, nas situações em que isso não se verificou de forma natural e espontânea".

E como narra Cassio Scarpinella Bueno[48], a terceira onda traz o desafio de o sistema processual se adaptar aos novos tempos dos conflitos modernos; ser flexível, prever procedimentos que possam atender as especificidades de cada lide, ter, enfim, as condições necessárias para atuar de forma concreta e real na proteção ao direito material que está sendo violado no caso concreto.

O jurisdicionado, dentro da ótica da terceira onda de Cappelletti e Garth, não pode se deparar com um sistema processual rígido, formal, distante e pouco preocupado com a eficaz solução da lide.

Pelo contrário, passa a ser missão essencial do Poder Judiciário garantir a efetividade do processo. O sistema processual como um todo deve trabalhar para a melhor compreensão do litígio e para conferir os meios processuais necessários para atender a especificidade do direito a ser garantido; tudo de modo a se poder ir além da mera e simples resolução formal do litígio, de tal sorte que todos que atuam com o processo devem se sentir protegidos pelos mecanismos existentes e estarem cientes que o direito ameaçado será, de fato, eficaz e concretamente tutelado.

Mauro Cappelletti e Bryant Garth[49] já propunham as seguintes mudanças para que o acesso à justiça pudesse ser observado: (i) reformas dos procedimentos judiciais, de modo a reduzir custos, simplificar os atos processuais e atender-se a natureza e as especificidades dos diferentes conflitos levados ao judiciário; (ii) incentivo aos métodos alternativos de resolução de conflitos, tais como o juízo arbitral e a conciliação; (iii) instituição de procedimentos e cortes especiais para casos economicamente diferenciados, bem como para casos que tenham matérias mais específicas.

Apesar de os escritos de Cappelletti e Garth serem da década de 1970, pode-se dizer que eles nunca foram tão atuais.

As rápidas e desafiadoras transformações oriundas da globalização econômica[50], a velocidade da troca de informações e a complexa multiplicação de litígios, obrigam o processualista moderno a ter um olhar diferenciado sobre a forma de resolução de conflitos.

---

[48] BUENO, Cassio Scarpinella. *Curso Sistematizado de Direito Processual Civil*. 6ª. ed. São Paulo: Saraiva, 2012. p. 91. v. 1.

[49] CAPPELLETTI, Mauro; GARTH, Bryant. *Acesso à Justiça*. Tradução de Ellen Gracie Northfleet. Porto Alegre: Fabris, 1988.

[50] FARIA, José Eduardo (org). *Direito e Globalização Econômica*. São Paulo: Malheiros, 1998.

NOTAS SOBRE A EFETIVIDADE DO PROCESSO E O PRINCÍPIO DA PROPORCIONALIDADE

O Poder Judiciário enfrenta um desafio institucional. Precisa estar pronto para efetivamente garantir e realizar o direito material a ser tutelado, não podendo mais se limitar a conferir meras formais e tardias respostas jurisdicionais aos demandantes, as quais não raro fracassam em aplicabilidade no real mundo dos fatos.

E é missão do processualista auxiliar o Poder Judiciário e a ciência processual neste desafiador momento de transformação, revisitando velhos institutos e propondo a criação de novos, ou mesmo apresentando um olhar diferente sobre o contexto presente, tudo na linha de colaborar com a busca da tão sonhada efetividade processual.

Como bem destaca Rodolfo de Camargo Mancuso[51], o desafio para o Poder Judiciário, e também para o processualista, é a obtenção de uma tutela jurisdicional de qualidade, a qual deve revestir-se dos seguintes atributos: "ser justa (resolução da pendência em modo equânime), jurídica (tecnicamente hígida e convincente), econômica (boa relação custo benefício), tempestiva (prolatada num processo sem dilações excessivas), razoavelmente previsível (apta a permitir um verossímil prognóstico sobre o desfecho da causa) e efetiva (idônea a assegurar a exata fruição do direito, valor ou bem da vida reconhecidos no julgado)".

A meta é transcender o mero debate científico dos institutos processuais, contribuindo-se para que surjam instrumentos de maior eficiência para a proteção dos direitos tutelados[52].

A eficaz proteção do direito material, conferindo-se os instrumentos necessários para a sua efetiva garantia e realização, é a diretriz da moderna ciência processual; é o verdadeiro desafio do Poder Judiciário e do processualista dos tempos contemporâneos.

Na realidade, a efetividade processual é caminho indispensável para a materialização da justiça, tida aqui como a garantia de se dar a cada um o

---

[51] MANCUSO, Rodolfo de Camargo. *Acesso à Justiça*. São Paulo: RT, 2011. p. 475.

[52] Não sendo outra a doutrina de Kazuo Watanabe: "O direito e o processo devem ser aderentes à realidade, de sorte que as normas jurídico-materiais que regem essas relações devem propiciar uma disciplina que responda adequadamente a esse ritmo de vida, criando mecanismos de segurança que reajam com agilidade e eficiência às agressões ou ameaças de ofensa. E, no plano processual, os direitos e pretensões materiais que resultam da incidência dessas normas materiais devem encontrar uma tutela rápida, adequada e ajustada ao mesmo compasso". (WATANABE, Kazuo. *Da Cognição no Processo Civil*. 2ª. ed. Campinas: Bookseller, 2000. p. 141).

DIREITO DOS NEGÓCIOS APLICADO

que lhe é devido, de acordo com uma relação de igualdade, seja ela simples ou proporcional[53], conforme já enfatizado por Piero Calamandrei[54].

Como bem lembra a lição de Giorgio Costantino[55], a preocupação com a efetividade processual se acentua nos procedimentos de execução, onde há um verdadeiro teste de fogo para a eficiência do Poder Judiciário e para os mecanismos processuais existentes, já que é nesta etapa em que a satisfação do direito do legítimo credor deve ocorrer.

A profunda e necessária relação entre a efetividade e a execução já foi muito bem observada por Miguel Angel Fernández – Ballesteros, afirmando-se com propriedade que: "asi todas las actividades necesarias para que la tutela sea 'efectiva' – como quiere el art. 24, I. de nuestra Constitución – están encomendadas al proceso de ejecución; de ahi su importanda científica y práctica" [56].

Este tema teve a especial atenção de Marcelo Lima Guerra[57], para quem a efetividade processual passa a ser direito fundamental do credor na execução, cujo legítimo crédito deve ser protegido e amparado pelo sistema processual: "No presente trabalho, o que se denomina direito fundamental à tutela executiva corresponde, precisamente, à peculiar manifestação do postulado da máxima coincidência possível no âmbito da tutela executiva. No que diz com a prestação de tutela executiva, a máxima coincidência traduz-se na exi-

---

[53] MONTORO, André Franco. *Introdução à Ciência do Direito*. 22ª. ed. São Paulo: RT, 1994. p. 129.

[54] "E, entretanto, também a técnica dos juristas, se deve respeitar os limites do ius conditum, tem em si mesma, não obstante o limitado desses confins, um acorde moral que a inspira e vivifica. Se ao jurista, que é essencialmente um legalista, não lhe é permitido tomar parte ativa (enquanto quer seguir como jurista) na luta pela instauração de leis mais justas, é seu ofício, entretanto, igualmente importante, o de lutar ativamente a fim de que o direito vigente seja aplicado justamente; e também, com essa luta, mais modesta e mais próxima à terra, se possa contribuir a fazer menos ásperas as misérias humanas e a defender a civilidade". (CALAMANDREI, Piero. *Estudos de Direito Processual na Itália*. Tradução: Ricardo Rodrigues Gama. Campinas: LZN Editora, 2003. p. 88).

[55] "In referimento ai processi esecutivi, ocorre ricordare il ruolo fondamentale della esecuzione forzata nell'ambito della tutela giurisdizionale: non basta ottenere il riconoscimento o la attribuzione di ovvero un provvidimento anticipatorio, né prevedere titoli esecutivi stragiudiziali se non si dispone anche degli strumenti per realizzare coattivamente qucl diritto nel caso di mancata cooperazione del soggeto o dei soggeti obbligati (...) L'esecuzione forzata, nel suo complesso, tuttavia, constituisce il settore della giustizia civile che presenta piu limitati margini di efficienza". (COSTANTINO, Giorgio. *Le Riforme della Giustizia Civile nella XIV Legislatura*. Rivista di Diritto Processuale 1-2005/30).

[56] FERNÁNDEZ – BALLESTEROS, Miguel Angel. *La Ejecución Forzosa y Las Medidas Cautelares en La Nueva Ley de Enjuiciamiento Civil*. Madrid: Iurgium, 2001. p. 13.

[57] GUERRA, Marcelo Lima. *Direitos Fundamentais do Credor e a Proteção do Credor na Execução Civil*. São Paulo: RT, 2003. p. 90.

NOTAS SOBRE A EFETIVIDADE DO PROCESSO E O PRINCÍPIO DA PROPORCIONALIDADE

gência de que existam meios executivos capazes de proporcionar a satisfação integral de qualquer direito consagrado em título executivo. É a essa exigência, portanto, que se pretende "individualizar", no âmbito daqueles valores constitucionais englobados no "due process", denominando-a direito fundamental à tutela executiva e que consiste, repita-se, na exigência de um sistema completo de tutela executiva, no qual existam meios executivos capazes de proporcionar pronta e integral satisfação a qualquer direito merecedor de tutela executiva".[58]

Sidnei Agostinho Beneti[59], dentro da mesma margem de relação entre a efetividade e a execução, proclama que: "tem-se que decidir e executar. De nada adianta à parte ver a bela sentença ornada de citações poliglotas e abstrata doutrina de sutis filamentos. A parte quer saber do dinheiro dela; o réu criminal deseja ver se recebeu a pena adequada ou foi absolvido; a vítima busca verificar se quem lhe causou dano foi condenado; o locador quer o despejo do inquilino inadimplente. A prestação jurisdicional com a practização do decidido, simples fato, cuja beleza, para o juiz, é mais significativa do que arranjos florais de extratos de livros pinçados no afogadilho das últimas horas – que geralmente não provam cultura, mas simplesmente acesso a uma biblioteca própria ou alheia".

Rodolfo de Camargo Mancuso[60], abordando sobre a crise de efetividade dos comandos condenatórios, leciona que esta: "além de ser muito grave em si mesma, na medida em que a constituição federal erige a eficiência dentre os princípios retores do setor público, ainda projeta inquietantes externalidades negativas: desprestigia a função judicial do Estado, na medida em que não oferece aos jurisdicionados a devida contrapartida por haver criminalizado a justiça de mão própria (Código Penal, artigo 345); desestimula o acesso à justiça dos que têm os seus direitos injustamente resistidos ou contrariados; penaliza aqueles que, embora tendo obtido o reconhecimento judicial de suas posições de vantagem, todavia não conseguem usufruí-las concretamente, ante as postergações e resistências consentidas na fase jurissatisfativa; fo-

---

[58] Luis Roberto Barroso, com a mesma preocupação quanto à efetividade na execução, doutrina que a efetividade apenas ocorre quando se dá a: "realização do direito, o desempenho concreto de sua função social. Ela representa a materialização, no mundo dos fatos, dos preceitos legais e simboliza a aproximação, tão intima quanto possível, entre o dever ser normativo e o ser da realidade social". (BARROSO, Luis Roberto. *O Direito Constitucional e a efetividade de suas normas: limites e possibilidades da constituição brasileira*. 5ª. ed. Rio de Janeiro: Renovar, 2001. p. 85).

[59] BENETI, Silvio Agostinho. *Da Conduta do Juiz*. São Paulo: Saraiva, 2003. p. 13.

[60] MANCUSO, Rodolfo de Camargo. *Acesso à Justiça*. São Paulo: RT, 2011. p. 111.

menta a hostilidade entre os contraditores, ante a dilação excessiva das lides; exacerba a contenciosidade social, ao insulflar os bolsões de frustração e de insatisfação ao interno da coletividade".

E na busca de implantação de ferramentas processuais que objetivam preservar o constitucional direito à efetividade do processo, é natural que ocorra eventual colisão entre direitos e garantias preservados na Constituição Federal e nas demais normas infraconstitucionais.

Veja-se que a própria garantia constitucional do devido processo legal pode servir para fundamentar a efetividade do processo em favor do titular do direito material lesado, com o necessário trâmite do feito em prazo razoável; mas, ao mesmo tempo, também deve servir como necessário escudo contra atropelos processuais que, em nome da simples celeridade, visam mitigar o legítimo direito de defesa do demandado, de modo a se evitar uma flagrante "injustiça célere".

Na medida em que, em um determinado caso concreto, certas garantias constitucionais, de lado a lado, podem vir a entrar em uma rota de colisão, surge a crucial importância de compreensão do princípio da proporcionalidade.

Aristóteles[61] já havia sinalizado para a importância de se analisar as situações concretas pelo prisma da proporcionalidade e da perspectiva, tudo de modo a se obter o equilíbrio e o meio termo, sendo estes o caminho para o justo.

Há muito debate na doutrina sobre a natureza do princípio da proporcionalidade, havendo grandes nomes, como Robert Alexy[62], que sustentam ser a proporcionalidade, na verdade, uma regra, com diretrizes mais concretas do que os princípios, e cuja aplicação não deveria ser passível de ponderações.

Celso Ribeiro Bastos[63] advoga que a proporcionalidade seria uma regra hermenêutica, devendo ser aplicada como diretriz balizadora para a incidência dos demais métodos de interpretação rotineiramente adotados pelo cientista do direito (gramaticais, lógico, sistemático, teleológico, entre outros).

---

[61] ARISTÓTELES. *Éthique de Nicomaque*. Paris: GF – Flammarion.
[62] ALEXY, Robert. *Teoria dos Direitos Fundamentais*. Tradução de Virgilio Afonso da Silva. 2ª. ed. São Paulo: Malheiros, 2012.
[63] BASTOS, Celso Ribeiro. *Hermeneutica e interpretação constitucional*. 2ª. ed. São Paulo: IBDC, 1999. p. 185.

NOTAS SOBRE A EFETIVIDADE DO PROCESSO E O PRINCÍPIO DA PROPORCIONALIDADE

Humberto Bergmann Ávila[64] pontua que a proporcionalidade seria uma espécie de postulado normativo aplicado. Defende que a proporcionalidade não seria princípio, na medida em que apenas teria aplicabilidade dentro da trilogia necessidade, adequação e ponderação; alega que seu objeto seria neutro, não sendo sopesado com nenhum outro princípio. O mesmo autor sustenta, ainda, que a proporcionalidade não seria regra, pois não disciplina nenhuma conduta humana.

Já Francisco Fernandes Araújo sustenta que uma regra não seria idônea para resolver conflito entre princípios e, portanto, a proporcionalidade não poderia ser qualificada como simples regra.[65]

A corrente que mais predomina na doutrina é a que enquadra a natureza da proporcionalidade como princípio, conforme bem assinalado por Gisele dos Santos Góes[66]. A mesma autora define a proporcionalidade como sendo o princípio dos princípios, e afasta a classificação de Alexy, por entender que regras necessariamente devem prescrever condutas, o que não ocorre com o princípio em tela[67].

Regra ou princípio – a depender de qual corrente reinará nos calorosos debates acadêmicos –, é certo que o mecanismo da proporcionalidade conduz o magistrado a ponderar entre os valores constitucionalmente garantidos,

---

[64] ÁVILA, Humberto Bergmann. *Teoria dos princípios: da definição à aplicação dos princípios jurídicos.* São Paulo: Malheiros, 2003. p. 175.

[65] ARAÚJO, Francisco Fernandes. *Princípio de proporcionalidade: significado e aplicação prática.* Campinas: Copola, 2002. p. 32.

[66] "Majoritariamente, produz eco na doutrina a caracterização da proporcionalidade como princípio, norma-princípio. Só para mencionar, Eduardo García de Enterría e Tomás-Ramón Fernández, Mauro Cappelletti, Suzana de Toledo Barros, Regina Maria de Macedo Nery Ferrari, Nelson Nery Junior, J. J. Gomes Canotilho, Jorge Miranda, dentre outros, meditam sobre o tema e adotam a nomenclatura "princípio", que deve ser tida aqui com o eixo central do sistema, de onde obrigatoriamente são formuladas as interpretações e aplicações dos enunciados jurídicos". (GÓES, Gisele Santos Fernandes. *Princípio da Proporcionalidade no Processo Civil.* São Paulo: Saraiva, 2004. p. 69).

[67] "Quando esse postulado axiológico se positiva, normatiza-se, transforma-se em princípio; como, porém, a proporcionalidade não é um princípio qualquer, porque não pode ser ponderada, ela passa a ser o princípio dos princípios, isto é, a premissa do sistema equivalente à norma fundamental que em nada se compara à do paradigma Kelseniano, em razão de que não é estática e não está só no topo da pirâmide, mas, tem aplicação direta e imediata na base, acompanhando a interpretação da evolução jurídica, ainda mais, porque se apresenta como procedimento que envolve as decisões. Por fim, não é mera regra, porque não dispõe sobre condutas e não tem natureza fechada; ao contrário, como princípio dos princípios do ordenamento, promove o arejamento do sistema jurídico em contato com a realidade, atualizando-o constantemente (...)". (GÓES, Gisele Santos Fernandes. *Princípio da Proporcionalidade no Processo Civil.* São Paulo: Saraiva, 2004. p. 71).

podendo fazer uma escolha que acarretará, ou não, na opção de determinado valor em detrimento de outro.

Em definição exemplar, João Batista Lopes sintetiza: "Em sentido amplo, refere-se a doutrina ao princípio da proporcionalidade como compreensivo de subprincípios (adequação, necessidade e princípio da proporcionalidade em sentido estrito). Para o fim destas reflexões, interessa-nos, particularmente, o princípio da proporcionalidade em sentido estrito, isto é, o sopesamento dos valores e interesses em jogo a que procede o juiz para chegar à solução do conflito. Considerando que cada princípio tem o seu peso, deve o juiz, ao julgar a causa, comparar os pesos dos princípios em tensão conflitiva para chegar à solução que atenda aos valores da ordem jurídica".[68]

Há muitos doutrinadores que entendem ser o princípio da proporcionalidade sinônimo do princípio da razoabilidade, bem como havendo grandes juristas que sustentam que proporcionalidade e razoabilidade são princípios distintos.

Paulo Bonavides, inspirado no direito português[69], estuda o princípio da proporcionalidade como mecanismo de controle do excesso, muito voltado ao agente público e a forma de exercício do seu respectivo poder: "O princípio da proporcionalidade ('Verhältnismässigkeit') pretende, por conseguinte, instituir como acentua Gentz, a relação entre fim e meio, confrontando o fim e o fundamento de uma intervenção com os efeitos desta, para que se torne possível um controle do excesso ('eine Übermasskontrolle')." [70]

Suzana de Barros Toledo defende que razoabilidade e proporcionalidade seriam sinônimos e teriam a mesma natureza voltada a controlar o excesso no exercício de poder por parte do agente público.[71]

Para Celso Antonio Bandeira de Mello, o princípio da proporcionalidade decorre naturalmente do princípio da razoabilidade: "Em rigor, o princípio da proporcionalidade não é senão faceta do princípio da razoabilidade. Merece um destaque próprio, uma referência especial, para ter-se maior visibilidade da fisionomia específica de um vício que pode surgir e entremostra-se sob esta feição de desproporcionalidade do ato, salientando-se, destarte, a possibilidade

---

[68] LOPES, João Batista. Princípio da proporcionalidade e efetividade do processo civil. In: MARINONI, Luiz Guilherme (Coord.). *Estudos de direito processual civil. Homenagem ao Professor Egas Dirceu Moniz de Aragão.* São Paulo: RT, 2006. p. 136.

[69] CANOTILHO, J. J. Gomes. *Direito Constitucional.* 6ª. ed. Coimbra: Almedina, 1993.

[70] BONAVIDES, Paulo. *Curso de Direito Constitucional.* 25ª. ed. São Paulo: Malheiros, 2010. p. 357.

[71] BARROS, Suzana de Toledo. *O Princípio da Proporcionalidade e o Controle da Constitucionalidade das Leis Restritivas de Direitos Fundamentais.* Brasília: Brasília Jurídica, 1996. p. 54.

NOTAS SOBRE A EFETIVIDADE DO PROCESSO E O PRINCÍPIO DA PROPORCIONALIDADE

de correção judicial animada neste fundamento. Posto que se trata de um aspecto específico do princípio da razoabilidade, compreende-se que sua matriz constitucional seja a mesma, isto é, assiste nos próprios dispositivos que consagram a submissão da Administração ao Cânone da legalidade".[72]

Francisco Fernandes de Araújo, na linha de diferenciar os princípios, estabelece que a razoabilidade estaria mais atrelada a uma diretriz de interpretação, com indicação de como não agir e de como controlar o excesso de poder, enquanto que a proporcionalidade seria um princípio de dosimetria entre valores em colisão, de modo a estabelecer a melhor equação entre estes valores em um determinado caso concreto: "a razoabilidade é um princípio de interpretação, que está (ou deve estar) presente em todo agir individual e social, enquanto a proporcionalidade, além desse aspecto, também é um princípio de calibragem ou dosimetria na feitura e na aplicação da norma, isto é, tem uma 'materialização' mais forte do que o princípio da razoabilidade".[73]

Com o mesmo sentir, Gisele dos Santos Góes[74] doutrina que: "A razoabilidade se esgota na função de bloqueio. Bloqueio do que é inaceitável ou arbitrário. Logo, considera-se o princípio em si mesmo, possuindo função negativa, na esteira do estabelecimento do que é inadmissível. A proporcionalidade é detentora da função de bloqueio, mas também incorpora a de resguardo na materialização da melhor medida possível dos direitos constitucionais fundamentais. Esse aspecto demonstra sua função positiva. Portanto, possibilita o conhecimento na sua relação com os demais princípios e regras do sistema jurídico"[75].

---

[72] BANDEIRA DE MELLO, Celso Antonio de. *Curso de Direito Administrativo*. 22ª. ed. São Paulo: Malheiros, 2006. p. 107.

[73] ARAÚJO, Francisco Fernandes de. *Princípio da Proporcionalidade – Significado e Aplicação Prática*. Campinas: Copola, 2002. p. 54. No mesmo sentido: "O princípio da racionalidade proscreve a ilogicidade, o absurdo, a incongruência na ordenação da vida privada; fulmina, portanto, os condicionamentos logicamente desconectados da finalidade que legitima a interferência do legislador na matéria ou desproporcional em relação a ela. As opções legislativas devem se apresentar com escolhas racionais, aptas não só a conduzir aos efeitos desejados, como a fazê-lo do melhor modo possível. O princípio da razoabilidade – cuja inspiração na idéia de racionalidade não se pode negar – incorpora valores éticos ao universo jurídico fulminando as opções legislativas desatenta desses padrões". (SUNDFELD, Carlos Ari. *Direito Administrativo Ordenador*. São Paulo: Malheiros, 1997. p. 68).

[74] GÓES, Gisele Santos Fernandes. *Princípio da Proporcionalidade no Processo Civil*. São Paulo: Saraiva, 2004.p. 62.

[75] Willis Santiago Guerra Filho, na mesma linha, advoga na linha de que razoabilidade e proporcionalidade seriam princípios diferentes: "O princípio da proporcionalidade é originário do direito público alemão e não pode ser confundido, como ultimamente vem acontecendo entre

DIREITO DOS NEGÓCIOS APLICADO

A análise da jurisprudência do STF permite concluir que razoabilidade e proporcionalidade geralmente foram aplicadas como princípios semelhantes, principalmente quando a administração pública está sendo questionada em algum dos seus atos.

Em pesquisa realizada em 03.10.2012 no site eletrônico do STF[76], ao se introduzir o termo "princípio da proporcionalidade", no campo busca de jurisprudência, foram obtidos 240 acórdãos como resultado. Desse total, 119 acórdãos versavam sobre matéria constitucional relacionada ao direito penal, 63 eram relacionados ao direito privado e 58 ao direito público.

O acórdão mais antigo esboçando a aplicação do princípio da proporcionalidade versava sobre a proteção do direito de propriedade, havendo explícita aplicação da proporcionalidade como sinônimo de razoabilidade, na linha de controle de excessos. É o que se verifica da análise do acórdão do RE n. 18.331 de relatoria do Min. Orozimbo Nonato, datado de 21.09.1951.

Igual aplicação foi feita pelo STF, em 1984, quando do julgamento da representação n. 1077 que versava sobre a constitucionalidade de dispositivos que elevavam a taxa judiciária no Estado do Rio de Janeiro, conforme acórdão da relatoria do Min. Moreira Alves, datado de 28.09.1984.

Em 1993, o STF, em julgamento de ação declaratória de inconstitucionalidade (ADI n. 855), igualmente fundamentou o acórdão nos princípios da razoabilidade e proporcionalidade para afastar norma que impunha a obrigatoriedade da pesagem dos caminhões distribuidores de GLP, conforme voto do Min. Sepúlveda Pertence de 01.07.1993.

Em 1998, em acórdão sobre a submissão compulsória ao fornecimento de sangue para a pesquisa de DNA, o STF já se valeu do princípio da proporcionalidade para fundamentar solução envolvendo colisão de direitos fundamentais, apesar de ainda se referir à razoabilidade em conjunto com a proporcionalidade; como se princípios similares fossem: "DNA: submissão compulsória ao fornecimento de sangue para a pesquisa do DNA: estado da questão no

nós, com o princípio da razoabilidade, de origem anglo-saxônica, pois não apenas são diversos em sua destinação, como o são verdadeiramente incomensuráveis. A desobediência ao princípio da razoabilidade significa ultrapassar irremediavelmente os limites do que as pessoas em geral, de plano, considerariam aceitável, em termos jurídicos. É um princípio com função negativa. Já o princípio da proporcionalidade tem uma função positiva a exercer na medida em que pretende demarcar aqueles limites, indicando como nos mantermos dentro deles – mesmo quando não pareça, a primeira vista, 'irrazoável' ir além." (GUERRA FILHO, Willis Santiago. *Dos Direitos Humanos aos Direitos Fundamentais*. Porto Alegre: Livraria do Advogado, 1997. p. 25.).

[76] www.stf.jus.br. Acesso em 03.10.2012.

NOTAS SOBRE A EFETIVIDADE DO PROCESSO E O PRINCÍPIO DA PROPORCIONALIDADE

direito comparado: precedente do STF que libera do constrangimento o réu em ação de investigação de paternidade (HC 71.373) e o dissenso dos votos vencidos: deferimento, não obstante, do HC na espécie, em que se cuida de situação atípica na qual se pretende – de resto, apenas para obter prova de reforço – submeter ao exame o pai presumido, em processo que tem por objeto a pretensão de terceiro de ver-se declarado o pai biológico da criança nascida na constância do casamento do paciente: hipótese na qual, à luz do princípio da proporcionalidade ou da razoabilidade, se impõe evitar a afronta à dignidade pessoal que, nas circunstâncias, a sua participação na perícia substantivaria. (Habeas Corpus n. 76060, Rel. Min. Sepúlveda Pertence, primeira turma, 15.05.1998)".

Todavia, no art. 2º da Lei n. 9.784, de 29.01.99, que estabelece os princípios do processo administrativo, razoabilidade e proporcionalidade já aparecem como institutos distintos[77].

E no projeto de um novo CPC, os princípios também aparecem como sendo distintos: "Art. 8. Ao aplicar o ordenamento jurídico, o juiz atenderá aos fins sociais e às exigências do bem comum, resguardando e promovendo a dignidade da pessoa humana e observando a proporcionalidade, a razoabilidade, a legalidade, a publicidade e a eficiência".

Em acórdãos mais recentes, já é possível identificar no STF alguns julgados se referindo ao princípio da proporcionalidade como fundamento para a solução de conflitos entre direitos fundamentais, mantendo-se o uso do princípio da razoabilidade como o da proibição do excesso e controle dos atos da administração pública. É o que se denota dos julgados constantes da Arguição de Descumprimento de Preceito Fundamental n. 130/DF, julgada em 30.04.2009, da relatoria do Min. Carlos Britto, e do Habeas Corpus n. 108026/MS, julgado em 27.03.2012, da relatoria do Min. Celso de Mello.

A finalidade do princípio da proporcionalidade como norte para a harmonização de direitos fundamentais é consagrada na doutrina de José Eduardo Suppioni de Aguirre[78]; sendo certo que este princípio é apontado como norma de fundamental importância, com força de princípio constitucional, com a função de preservar a essência dos valores e demais princípios constitucionais

---

[77] "Art. 2º. A Administração Pública obedecerá, dentre outros, aos princípios da legalidade, da finalidade, da motivação, da razoabilidade, da proporcionalidade, da moralidade, da ampla defesa, do contraditório, da segurança, do interesse público e da eficiência.".

[78] AGUIRRE, José Eduardo Suppioni. *A Aplicação do Princípio da Proporcionalidade no Processo Civil*. Campinas: PUCCampinas (Dissertação de Mestrado), 2003.

DIREITO DOS NEGÓCIOS APLICADO

da Magna Carta, equilibrando os mesmos em eventuais colisões que possam vir a ocorrer nos casos concretos[79].

O princípio da proporcionalidade encontra fundamento constitucional no principio do devido processo legal, conforme sustenta Raquel Denize Stumm na medida em que é através daquele que se sopesam os valores em jogo e se preservam, com a devida equação, as garantias inerentes ao *due process of law*[80].

Já para Suzana de Toledo Barros, o princípio da proporcionalidade também teria fundamento no parágrafo 2º, do art. 5º, da CF de 1988, na medida em que teria verdadeira natureza de garantia fundamental, buscando preservar os demais direitos fundamentais, e sempre com a máxima eficiência possível.[81]

Willis Santiago Guerra Filho[82] classifica o princípio da proporcionalidade como sendo uma garantia fundamental, a qual também tem uma dimensão processual externada através da cláusula do devido processo legal: "Em assim sendo, o princípio da proporcionalidade se consubstanciaria em uma garantia fundamental, ou seja, direito fundamental com uma dimensão processual, de tutela de outros direitos – e garantias – fundamentais, passível de se derivar da cláusula do devido processo, visando à consecução da finalidade maior de um Estado Democrático de Direito, que é o respeito à dignidade humana".

O STF, ao examinar as ações declaratórias de inconstitucionalidade ns. 1.720-9 e 1.976-7, reconheceu a natureza constitucional do princípio da proporcionalidade, conforme se extrai do voto condutor do Min. Moreira Alves: "Das alegações de inconstitucionalidade basta-me para considerar relevante a fundamentação jurídica do pedido a alegação da ofensa ao princípio constitucional do devido processo em sentido material que é o constante do artigo 5º, LIV, da Constituição, porquanto, pelo menos em exame compatível com liminar, ferem a razoabilidade e a proporcionalidade em que se traduz o princípio constitucional acima referido (...)".

Willis Santiago Guerra Filho coroa o princípio da proporcionalidade como verdadeira expressão da essência da CF de 1988, visto que sem ele não se

---

[79] No mesmo sentido: CASTRO, Daniel Penteado de. *Poderes instrutórios do juiz no processo civil: fundamentos, interpretação e dinâmica*. São Paulo: Saraiva, 2013. p. 258.

[80] STUMM, Raquel Denize. *Princípio da Proporcionalidade no Direito Constitucional Brasileiro*. Porto Alegre: Livraria do Advogado, 1995. p. 173.

[81] BARROS, Suzana de Toledo. *O Princípio da Proporcionalidade e o Controle da Constitucionalidade das Leis Restritivas de Direitos Fundamentais*. Brasília: Brasília Jurídica, 1996. p. 54.

[82] GUERRA FILHO, Willis Santiago. Direitos Fundamentais, Dignidade Humana e Princípio da Proporcionalidade. In: DE LUCCA, Newton, MEYER-PFLUG, Samantha Ribeiro, e NEVES, Mariana Barboza Baeta (coord.). *Direito Constitucional Contemporâneo. Homenagem ao professor Michel Temer*. São Paulo: Quartier Latin, 2012. p. 389.

NOTAS SOBRE A EFETIVIDADE DO PROCESSO E O PRINCÍPIO DA PROPORCIONALIDADE

teria como garantir o adequado equilíbrio e respeito aos direitos individuais, sociais, coletivos e difusos constitucionalmente garantidos[83].

Desta forma, o princípio da proporcionalidade se apresenta como precioso e fundamental mecanismo de cotejo entre os demais princípios, direitos e garantias constitucionais e infraconstitucionais, de modo a possibilitar a obtenção da melhor equação para dirimir eventuais colisões entre tais princípios, direitos e garantias; sempre com a finalidade de preservar a pura essência dos valores constitucionais consagrados no sistema jurídico.

O princípio da proporcionalidade, conforme geralmente estudado na doutrina, se compõe de três subprincípios, quais sejam, adequação, necessidade e proporcionalidade em sentido estrito. A adequação implica na verificação da finalidade da garantia a ser preservada e aplicada, e na conformidade da mesma com o caso concreto apreciado pelo magistrado. A necessidade implica na séria ponderação se realmente outros direitos merecem relativização diante da garantia a ser preservada no caso concreto. E a proporcionalidade em sentido estrito implica na busca do que J.J. Gomes Canotilho[84] denominou como sendo o equilíbrio; a justa medida entre os fins e os meios.

Nicoló Trocker, lembrado na obra de Ricardo Raboneze[85], tenta formular um critério para a adequada aplicação da proporcionalidade, sendo, para ele, de crucial importância: (i) determinar quais são os valores em jogo; (ii) verificar a ordem normativa de prioridades; e (iii) determinar o cânone da proporcionalidade (entre o meio empregado e o fim a ser obtido).

A correta aplicação do princípio da proporcionalidade é um importante meio para se compreender como chegar-se ao necessário equilíbrio entre os interesses do autor e as garantias do réu; de tal sorte a se preservar a busca da efetividade processual, com a realização do legítimo direito do autor, sem que, com isso, seja agredido o devido processo legal e os direitos de defesa do réu.

---

[83] GUERRA FILHO, Willis Santiago. *Dos Direitos Humanos aos Direitos Fundamentais*. Porto Alegre: Livraria do Advogado, 1997. p. 59.

[84] CANOTILHO, J. J. Gomes. *Direito Constitucional*. 6ª. ed. Coimbra: Almedina, 1993.

[85] RABONEZE, Ricardo. *Provas obtidas por meios ilícitos*. 3ª. ed. São Paulo: Síntese, 2000. p. 26.

A Solução Negociada e a Figura Jurídica da Transação: Associação Necessária?

André Luís Bergamaschi
Fernanda Tartuce

1. Introdução

O presente artigo trata da relação entre "solução negociada" ou "solução consensual" de controvérsias e a figura jurídica da transação (art. 840 do Código Civil[1]).

Por "solução negociada" ou "solução consensual" entende-se tanto a que é atingida pela negociação direta entre as partes quanto aquela facilitada por um terceiro imparcial valendo-se da conciliação (instituto mais ligado à obtenção de uma "solução") ou da mediação (instituto vinculado primariamente ao restabelecimento da comunicação eficiente entre os envolvidos, que pode incidentalmente culminar na "solução" do conflito por um acordo).

A relação entre "solução consensual" e transação deve ser melhor esclarecida por dois motivos: um de cunho jurídico-processual e outro ligado à percepção dos operadores do direito sobre a utilização dos meios consensuais para resolução de conflitos.

Primeiramente, o instituto da transação vinha previsto em diversos dispositivos do Código de Processo Civil de 1973 como determinante da utilização

---

[1] Art. 840. É lícito aos interessados prevenirem ou terminarem o litígio mediante concessões mútuas.

ou não de meios consensuais de solução de conflitos; exemplo disso era o art. 331 do Código de Processo Civil, que determina a realização de audiência preliminar (ato processual que envolve a tentativa de conciliação) apenas se "versar a causa sobre direitos que admitam transação".

Também o art. 447, parágrafo único, do CPC de 1973, em uma interpretação estritamente literal, limitava a utilização da conciliação em causas de família "nos casos e para os fins em que a lei consente a transação".

A ideia que parecia levar o legislador processual a restringir a utilização da conciliação (e, consequentemente, a abertura para a solução negociada) era a seguinte: a transação, segundo a lei, envolve "concessões recíprocas" (nos termos do art. 840 do Código Civil). "Concessão" implica em abrir mão de um direito (total ou parcialmente); no caso de direitos que não admitem transação, a conciliação não pode ser realizada, porque resultaria, naturalmente, em uma composição em que alguém abriria mão de uma parte ou de todo o direito.

O Novo Código de Processo Civil (Lei n. 13.105/2015) deixou um pouco de lado a utilização do termo "transação", passando a utilizar o termo "autocomposição" em seu lugar com mais frequência: o art. 334, §4º, inciso II, dispõe que não será realizada audiência de conciliação "quando não se admitir a autocomposição"; também o art. 166, §3º, como outro exemplo, dispõe que os conciliadores e mediadores poderão se valer de técnicas de negociação "com o objetivo de proporcionar ambiente favorável à autocomposição". O termo "autocomposição" não nos remete diretamente ao art. 840 do Código Civil, e pode designar arranjos negociais mais amplos do que a "transação".

O termo "transação", contudo, é utilizado uma vez no novo diploma para designar o resultado da autocomposição: no art. 487, inciso III, *b*, é previsto que haverá resolução de mérito quanto o juiz homologar "a transação".

Em segundo lugar, a associação entre solução negociada e "concessões recíprocas" impinge nas partes em conflito e em seus advogados a ideia de que se entra em uma negociação ou em uma conciliação com a finalidade de "fazer concessões" ou "obter a concessão de algo pelo outro". Essa ideia é corrente e se reflete no dia-a-dia do exercício da advocacia, sendo comum inclusive na fala de conciliadores que dizem: "vocês estão aqui para todos cederem um pouco" ou, ainda, "melhor abrir mão de um pouco agora do que esperar pelo final do processo".

Essa associação está correta? Essa é uma das respostas que esse artigo pretende fornecer, desconstruindo a ideia de que negociar sobre uma situação controversa implicaria necessariamente em "concessões recíprocas".

2. O ato de negociar e a solução negociada

A negociação pode ser entendida como a comunicação estabelecida diretamente entre as partes para buscar um acordo[2].

Em certo sentido, a negociação é o processo de comunicação em que duas ou mais pessoas decidem sobre a distribuição de valores escassos[3]; em outras palavras, negocia-se para obter com o outro aquilo que sozinho não se obteria.

A negociação é trivial e se expande para as mais diversas situações de escassez: colegas de trabalho, por exemplo, negociam sobre o horário de uma reunião ou a posição das escrivaninhas, assim como filhos negociam com os pais quando poderão utilizar o *tablet* para jogos de diversão.

A negociação pode também ter contornos afetivos quando, por exemplo, namorados negociam sobre o uso do celular no tempo livre que passam juntos. Ela também pode focar o âmbito dos interesses econômicos: vendedor e comprador negociam porque um deseja o objeto que pertence ao outro, enquanto o outro deseja obter dinheiro se desfazendo do mesmo objeto. No mesmo sentido, dois empresários negociam os termos de uma *joint-venture* para a realização de um projeto que demanda a expertise de ambos.

O que se percebe analisando o ato de negociar é que ele sempre visa o atingimento de um interesse (qualquer que seja sua natureza) que pode ser alcançado *com a colaboração* do outro.

A negociação pode ocorrer em contextos litigiosos ou não – o que não quer dizer que não haja um ambiente em que percepções, posições e interesses estejam em conflito. Independentemente da percepção do outro como opositor ou adversário, há sempre questões a se responder e opções a fazer. Mesmo para a tomada de decisão sobre onde almoçar com a família no domingo, certamente haverá pontos a serem definidos – ainda que nenhum dos envolvidos assuma a postura de adversário dos demais. Existem até mesmo conflitos que têm como pretexto a distribuição de valores escassos, mas que, no fundo, são apenas impasses aparentes ocasionados por falhas de comunicação ou questões emocionais.

---

[2] TARTUCE, Fernanda; FALECK, Diego; Gabbay, Daniela. **Meios alternativos de solução de conflitos**. Rio de Janeiro: FGV, 2014, p 19.

[3] MOURÃO, Alessandra Nascimento S. F. *et al.* **Resolução de conflitos:** Fundamentos da Negociação para o ambiente jurídico. São Paulo: Saraiva (Série GVlaw), 2014, p. 24.

A negociação pode ser situada como um *meio* de solução de conflitos quando ela recai sobre uma situação de insatisfação[4].

O ato de negociar para realizar um interesse pressupõe, naturalmente, a presença e a disposição das pessoas capazes de satisfazê-lo. A solução negociada muitas vezes não é a única possível, havendo alternativas a ela. Pode-se usar da própria força ou pode-se delegar a solução a um julgador. Dois irmãos que discutem sobre em qual canal de TV sintonizar podem negociar a respeito, utilizando a comunicação para clarear e harmonizar seus interesses ou, ainda, valer-se de critérios de legitimidade para tentar fazer prevalecer o canal proposto por um ou pelo outro. Por outro lado, o mais velho pode simplesmente tomar à força o controle remoto, ou, então, ambos podem chamar sua mãe para decidir.

Contudo, a simples opção por uma das alternativas à negociação em determinados casos pode ser valoradas negativamente. Voltando ao caso dos dois irmãos e do controle da TV, a violência é de, toda forma, repreensível. Se estivermos tratando de dois irmãos de 35 e 40 anos, delegar a decisão à mãe não parece ser uma opção adequada à idade dos envolvidos no conflito. Nesse caso, negocia-se por entender que tal iniciativa é mais civilizada e coaduna-se melhor com a autonomia dos envolvidos.

A negociação, para além do trivial, está presente no dia-a-dia das profissões jurídicas, onde ela normalmente recai sobre questões que assumirão contornos jurídicos e serão traduzidas em termos jurídicos para gerar os efeitos desejados.

O advogado privado talvez seja o mais que, tradicionalmente, é mais exposto a contínuas negociações ao falar em nome de seu cliente. Defensores públicos, exercendo função análoga às dos advogados privados em benefício da população pobre também devem estar expostos a situações negociais em elevado grau.

A negociação também se faz cada vez mais presente em outras searas advocatícias. Os advogados públicos também estão cada vez mais envolvidos em atividades negociais na medida em que avança o incentivo ao uso de meios consensuais no âmbito da administração (inclusive com a ampliação de figuras contratuais) e a ideia de administração pelo contrato[5].

---

[4] Para um maior desenvolvimento do conceito de conflito, confira: TARTUCE, Fernanda. **Mediação nos conflitos civis.** 2. ed. São Paulo: Método, 2015, *no prelo.*

[5] Para um estudo aprofundado do tema, confira: PALMA, Juliana Bonacorsi de. **Atuação administrativa consensual:** Estudo dos acordos substitutivos no processo administrativo sancionador,

Mesmo promotores e procuradores de Justiça se engajam formalmente em negociações em vista das previsões legais de realização de termo de ajuste de conduta (art. 5º, §6º da Lei n. 7.347/85).

Os juízes, ainda que não se envolvam em negociações representando algum interesse, lidam com a questão durante a condução do processo ao estimular as partes a se autocompor, especialmente em tempos de fomento judiciário da solução consensual, mesmo que o Novo CPC (Lei n. 13.105/2015) tenha atribuído preferencialmente a conciliadores e mediadores o envolvimento nas atividades de autocomposição (art. 139, V).

Isso demonstra que a todos, e, neste particular, aos profissionais da área jurídica, cumpre preparar-se para entender a dinâmica inerente à negociação e munir-se de instrumentos para torna-la mais eficiente.

Não obstante, prepondera ainda no âmbito jurídico a *terceirização do conflito*, ou seja, a delegação da solução do conflito a um terceiro, mormente o Poder Judiciário; tal postura é reflexo de uma cultura *demandista* ou *judiciarista*[6].

Talvez essa postura seja explicada pelo desconhecimento do potencial da solução negociada e pela *forma* com que se comumente negocia, sem explorar todo esse potencial.

3. Posições versus interesses

O ato de negociar é eficiente? Em relação às suas alternativas, é a via melhor, em termos de custo financeiro, custo emocional, tempo, resultado?

Costuma-se responder a tais questões positivamente. A negociação é, por excelência, o mais fluido, básico e elementar meio de se resolver controvérsias, sendo também o meio menos custoso porque os envolvidos, por si mesmos, resolvem a disputa sem a ajuda de terceiros (e sem, portanto, os gastos decorrentes da inclusão de outras pessoas)[7].

É preciso considerar, porem, que uma resposta mais precisa deverá levar em conta em que bases se negocia; afinal, o negociador deve estar preparado para lidar eficientemente com a negociação.

Dissertação (mestrado) – Faculdade de Direito da Universidade de São Paulo (USP), São Paulo, 2009, p. 82-83.

[6] MANCUSO, Rodolfo de Camargo. **A resolução dos conflitos e a função judicial.** São Paulo: RT, 2009, p. 98.

[7] TARTUCE, Fernanda; FALECK, Diego; Gabbay, Daniela. **Meios alternativos de solução de conflitos**. Rio de Janeiro: FGV, 2014, p 19.

Um entrave verificado ao desenvolvimento de negociações eficientes foi identificado no livro *Getting to Yes*, dos autores Roger Fisher, William Ury e Bruce Patton[8], desenvolvido no âmbito do programa de negociação da Escola de Direito da Universidade de Harvard: é a chamada "barganha posicional". Tal entrave se relaciona de forma bastante clara com o que se entende por "transação" e como ela contribui para a percepção de que, negociando, sempre haverá perda para um dos lados.

A barganha posicional é aquela em que os negociadores assumem uma posição objetiva inicial, normalmente contraposta à posição do outro, e cada um deles, apegado às suas posições, vai cedendo um pouco desde que o outro também conceda um pouco, até que atinjam um ponto médio entre suas posições em que ambos tenham perdido um pouco, "pelo bem do acordo"[9].

A barganha posicional normalmente causa uma insatisfação recíproca porque ambas as partes sentem que poderiam ter obtido mais da negociação, às custas, é claro, do comprometimento da posição alheia. Quando uma das partes é completamente "vitoriosa", ou seja, consegue atingir 100% de sua posição, a outra normalmente se sentirá "derrotada", e o custo incorrido pela parte "vitoriosa" será o comprometimento do relacionamento entre as partes[10].

Além de se inserir em uma lógica de ganhador-perdedor ou perdedor--perdedor, comprometendo a satisfação das partes com a solução negociada e a relação entre os envolvidos, a barganha posicional estimula dois comportamentos opostos: o *concessivo*, pelo qual alguém cede o que for necessário para obter o acordo, e o *agressivo*, em que um faz de tudo para impor o acordo a outrem[11].

Outra desvantagem da barganha posicional é a inibição da criatividade na busca de soluções. Como alternativa à tal situação, os autores do *Getting to yes* propõem um modelo de negociação *baseado em princípios*. Um dos pontos principais desse modelo é, em vez de se limitar à tentativa de prevalência de sua posição em uma negociação, procurar *quais são os interesses subjacentes à posição assumida*. Isso significa questionar: o que está por trás da posição? Quais são os desejos e as necessidades que a parte busca atender em uma negociação e a leva a assumir determinada posição?[12]

---

[8] FISHER, Roger; URY, William; PATTON, Bruce. **Getting to Yes:** negotiating agrément without giving in. 3 ed. New York: Penguin Books, 2011.

[9] Cf. FISHER, Roger; URY, William; PATTON, Bruce. **Getting to Yes,** *op. cit.,* p. 3-5.

[10] FISHER, Roger; URY, William; PATTON, Bruce. **Getting to Yes,** *op. cit.,* p. 7.

[11] FISHER, Roger; URY, William; PATTON, Bruce. **Getting to Yes,** *op. cit.,* p. 8.

[12] FISHER, Roger; URY, William; PATTON, Bruce. **Getting to Yes,** *op. cit.,* p. 10-11.

A diferença entre *posições* e *interesses* é fundamental para entender que há casos em que, não obstante a parte se afaste da posição inicialmente assumida, não há necessariamente uma "concessão de seus interesses", pois estes podem ser atingidos de outra forma que possa ser atendida e aceita também pela outra parte, que agregue valor ao acordo e que também atenda aos interesses alheios.

Nesse ponto é começa a surgir uma inconsistência na associação entre "solução negociada" e "transação": é possível negociar fazendo "concessões recíprocas", mas também é possível negociar sem concessões. Em outras palavras, mesmo que as partes se afastem das posições inicialmente assumidas (ou que absolutamente não assumam posições) "cedendo" assim em suas posições, seus interesses subjacentes podem restar atendidos sem ser necessário comprometer o interesse alheio.

Mas o que isso tem a ver com o Direito? Essas categorias ("posição" e "interesse") não têm uma definição legal, não configuram por si só institutos jurídicos. Rodolfo de Camargo Mancuso bem aponta que "interesse" é uma palavra plurívoca[13] e que a apreensão da lei se dá na noção de "direito subjetivo", que é o interesse individual chancelado com a proteção estatal[14]. A ideia de "interesse subjacente", em contraposição à posição, não é completamente apreendida pelo Direito. Contudo, essa diferenciação permite entender melhor a operação de meios tradicionais de solução de conflitos.

Tome-se o processo judicial. Sabe-se que a linguagem jurídica traduz apenas uma parte da realidade. Assim, por exemplo, toda a angústia e a tristeza que circundam uma relação mal resolvida que culmina em um evento desastroso acaba sendo traduzida como uma "demanda indenizatória por danos morais" em que se pleiteia determinado valor com a finalidade de se reparar os maus sentimentos infligidos.

Além da ação judicial, através de seu recorte normativo, trazer à tona apenas parte do conflito, a forma mais corrente que oferece para solucioná-lo é por meio de uma sentença de mérito, que, em regra, deve se ater aos exatos termos do pedido formulado pelo autor (art. 492 do Novo CPC – Lei n. 13.105/2015).

Voltando ao caso dos danos morais, a única forma de resolução *de parte do conflito que restou traduzida pelo direito* é por meio da concessão de uma quantia em dinheiro pleiteada pela parte. Ora, o que é este pleito senão uma *posição* assumida pelo autor como forma de resolver o conflito? Não há espaço, na via

---

[13] MANCUSO, Rodolfo de Camargo. **Interesses difusos:** conceito e legitimação para agir. 6. ed. São Paulo: RT, 2004, p. 25.

[14] MANCUSO, Rodolfo de Camargo. **Interesses difusos**, p. 51.

tradicional, para a busca do real interesse envolvido a fim de se reformular a pretensão do autor.

O Código de Processo Civil de 1973 já parecia ter alguma abertura para o aprofundamento no plano dos interesses no art. 461, §5º, que previa que nas ações de obrigação de fazer ou não fazer, para a efetivação da tutela específica ou obtenção do resultado prático equivalente, o juiz poderá determinar *as medidas necessárias* para tanto. O Novo CPC (Lei n. 13.105/2015), em seu art. 536, repete essa redação. Isso quer dizer que há espaço para o juiz entender qual o interesse subjacente ao pleito formulado e determinar que se o cumpra da maneira que parecer mais adequada e – por que não? – menos custosa para o devedor.

4. Negociação baseada em princípios

O modelo proposto na supracitada obra envolve uma dinâmica de negociação um pouco mais complexa do que simplesmente estipular uma posição inicial e um *bottom line*, tentando obter do outro qualquer coisa entre esses dois pontos. Envolve preparação e conhecimento da situação de fato, tanto em relação ao negociador quanto à(s) outra(s) pessoa(a) presente(s) na negociação.

A negociação baseada em princípios envolve um método que demanda mais atenção do que conhecimento teórico, mas no qual é possível clarear algumas diretrizes e alguns pontos importantes para consideração. Entre as diretrizes indicadas, estão:

1 – *Separar as pessoas dos problemas*[15]: essa diretriz envolve reconhecer que os negociadores envolvidos em um impasse têm sempre dois tipos de interesses: na substância do problema e na relação; trata-se de decorrência natural da condição das pessoas em si. Um possível entrave a uma negociação eficiente ocorre quando os negociadores misturam o relacionamento e a substância do problema, o que impede uma visão objetiva direcionada à efetiva solução. Quando a negociação se torna uma barganha posicional e as partes envolvidas passam a se identificar com as posições adotadas, a negociação torna-se um conflito de egos de forma que o relacionamento passa atuar em desfavor da substância. Nesse cenário, a interferência das questões pessoais pode atravancar uma solução consensual eficiente.

---

[15] Cf. FISHER, Roger; URY, William; PATTON, Bruce. **Getting to Yes**, *op. cit.*, p. 19-41.

O método recomenda, então, que se separem as pessoas do problema substancial, ou seja, que se criem duas linhas de desenvolvimento da negociação: uma direcionada à solução do problema substancial e outra esforçada em construir um bom relacionamento. Propõe-se que não se trabalhe o relacionamento com concessões no plano da substância, mas sim mudando a maneira de lidar com o próprio relacionamento: abrindo e melhorando a comunicação quando ela estiver ruidosa; entendendo e discutindo as percepções de cada um quando elas parecem conflitar; acolhendo emoções exaltadas e deixando-as serem processadas.

O objetivo dessa diretriz não é outro senão impedir que os negociadores se envolvam de maneira emocional na negociação de modo ineficiente, ou seja, impedindo um resultado em que seus interesses e os do outro sejam atendidos, seja porque a relação se deteriora ao longo da negociação, seja porque, a fim de salvar a relação, a parte traia o atingimento de seu interesse.

2 – Focar em interesses e não em posições[16]: aqui o método proposto começa a ajudar-nos em nossa pergunta sobre a relação entre transação e solução negociada. A ideia é que o negociador saiba diferenciar a posição objetiva assumida e o interesse que se está perseguindo. Atrás de toda a posição existe um ou vários interesses subjacentes; uma negociação eficiente pressupõe a busca pelo conhecimento desses interesses.

Quando, por exemplo, negociando o prazo de um contrato de prestação de serviços a empresa tomadora insiste em um prazo de 6 meses enquanto a prestadora afirma que só assinará um contrato de, no mínimo, dois anos, vale perquirir: o que estaria realmente sendo buscado com esses prazos? Talvez o prestador queira estabilidade e previsibilidade em suas contas, enquanto o tomador queira um tempo para avaliar o novo prestador contratado.

Apenas conhecendo e acessando tais interesses é possível construir uma solução que agrade a ambos, em vez de um simples "meio-termo" que pode não atender a nenhum dos dois lados e deixar ambos apenas um pouco menos insatisfeitos. É o reconhecimento dos interesses que permite a construção de uma solução negociada que se revela melhor do que a autotutela ou a imposição por um terceiro.

Identificando os interesses de todos os negociadores, estes podem verificar que há interesses convergentes, divergentes ou simplesmente diferentes. A partir daí, a solução consiste em aproveitar os interesses convergentes e tentar,

---

[16] FISHER, Roger; URY, William; PATTON, Bruce. **Getting to Yes,** *op. cit.,* p. 42-57.

na medida do possível, conciliar interesses divergentes. Contudo, nesse processo, as partes são capazes de melhor atingir seus próprios interesses do que se insistissem em uma posição que, pelo "bem do acordo", teria que ceder em algum momento em maior ou menor grau.

3 – Inventar opções de ganho mútuo[17]: essa diretriz indica que, uma vez identificados os diversos interesses presentes, os negociadores apresentem-se como "resolvedores de problemas", estimulando sua criatividade e buscando desenvolver diversas opções para o seu atendimento. Os negociadores devem estar engajados em resolver os problemas da negociação e não apenas aquilo que os preocupa individualmente.

O método proposto passa pelo *brainstorming* de ideias, permitindo que, sem julgamento, os envolvidos na negociação inventem as mais diversas opções para apenas em seguida avalia-las. Possivelmente, após a geração de diferentes opções, os negociadores encontrarão soluções melhores que suas *posições* iniciais indicavam.

4 – Por fim, outra diretriz é a insistência em critérios objetivos[18] para ponderação das opções criadas. Negociar com base apenas na vontade ("é assim porque quero que assim seja"), típico da barganha posicional, é ineficiente e não se amolda a critérios justos, podendo, assim, comprometer a relação.

Por outro lado, é mais fácil negociar com alguém se baseando em critérios objetivos, discutindo sua validade e sua aplicação ao caso. Tal conduta cria resultados mais sensatos do que basear-se apenas na vontade.

A preparação para a negociação é ponto também importantíssimo. Segundo o método de negociação baseada em princípios, a preparação para a negociação pode ser decomposta na identificação de sete elementos, descobertos com base nas diretrizes já apontadas. É importante conhecer não apenas os elementos em relação a si mesmo, como também em relação às pessoas com quem se irá negociar. São eles[19]:

---

[17] FISHER, Roger; URY, William; PATTON, Bruce. **Getting to Yes**, *op. cit.*, p. 58-81.
[18] FISHER, Roger; URY, William; PATTON, Bruce. **Getting to Yes**, *op. cit.*, p. 82-95.
[19] Um resumo da preparação para a negociação pode ser encontrado na seguinte obra: FISHER, Roger; SHAPIRO, Daniel. **Beyond Reason:** using emotions as you negotiate. Nova York: Penguin, 2005, p. 205 e ss.

- *Relacionamento:* Como os negociadores se sentem uns em relação aos outros? Como gostariam que se sentissem? Como é possível construir um relacionamento bom para ajudar a negociação?
- *Comunicação:* A comunicação está fluindo ou é unilateral? Como fazer para que se estabeleça uma comunicação mais eficiente?
- *Interesses:* Os interesses dos negociadores estão claros para eles mesmos e para os outros? Como é possível identifica-los e esclarecê-los?
- *Opções:* Foram criadas opções de ganho mútuo? Ou a negociação ainda se situa em um plano de perde-ganha, em que são necessárias concessões? A solução é realizar, sozinho ou com os outros negociadores, um *brainstorming* de ideias sem comprometimento.
- *Legitimidade:* A negociação está se pautando por critérios objetivos? As pessoas estão preocupadas em conferir justiça à solução? A orientação é insistir que as opções propostas sejam analisadas com base nesses critérios e que os outros negociadores também forneçam critérios que legitimem suas preferências.
- *Alternativas:* Quais são as alternativas à solução negociada? Elas atendem seus interesses? Quais suas vantagens e desvantagens? Qual é sua melhor alternativa não negociada? E a do outro?
- *Compromissos:* Está claro sobre o que cada negociador pode se comprometer? As partes estão assumindo compromissos realistas?

Esclarecer para si mesmo esses elementos e tentar identifica-los em relação aos outros é parte essencial da negociação, e permite que sua potencialidade seja explorada.

5. Transação de acordo com a Lei.

No dicionário Aurélio, encontramos as seguintes definições para "transigir" e "transigente"[20]:

> **Transigir** (zi). (...)
> V. int. 1. Chegar a acordo; condescender: *"após duas horas de propostas e contrapropostas, o plenário transigiu".* T. i. 2. Chegar a acordo; ceder; condescender; contemporizar: *Não transige com os desonestos; "Não cortejeis a popularidade. Não transijais com as conveniências"* (Rui Barbosa, Oração aos moços).

[20] FERREIRA, Aurélio Buarque de Hollanda. **Novo Dicionário Aurélio de Língua Portuguesa.** 3. ed. Curitiba: Positivo, 2004, p. 1977.

DIREITO DOS NEGÓCIOS APLICADO

Transigente (...)

Adj. 2 g. 1. Que transige; tolerante, condescendente. S. 2 g. 2. Pessoa que transige.

Nota-se que os termos sugerem que o ato de transigir é, de fato, um ato tolerante, que abre mão de algo pelo bem do acordo. A previsão do Código Civil reforça essa ideia: segundo o art. 840, *"é lícito aos interessados prevenirem ou terminarem o litígio mediante concessões mútuas"*.

A transação é negócio jurídico normalmente relacionado com a composição em juízo, ao lado das figuras do "reconhecimento jurídico do pedido" e da "renúncia ao direito em que se funda a ação".

Na transação, teríamos uma composição por concessão recíproca; no reconhecimento jurídico do pedido a concessão é inteiramente feita pelo réu e na renúncia ela é feita inteiramente pelo autor. Verifica-se que não há propriamente uma forma de extinção do processo por autocomposição que não implique, em sua definição normativa, em concessão por alguma das partes[21].

Contudo, como vimos, é possível que soluções negociadas ou consensuais sejam dadas a conflitos sem que haja concessões dos interesses das partes envolvidas. Haveria então alguma imprecisão nas definições normativas dos possíveis resultados da autocomposição?

Tratemos especificamente da transação, objeto desse estudo: segundo sua definição legal, é o negócio pelo qual um litígio é prevenido ou resolvido mediante concessões recíprocas. Mas o que é objeto dessas concessões?

Seriam os direitos subjetivos das partes? É até possível dizer que, ao transacionar, as partes estejam abrindo mão de parte de seus direitos subjetivos. Mas, para se falar seguramente em existência de direitos subjetivos, é necessário que estes já estejam reconhecidos com caráter de definitividade (através de um título judicial, por exemplo).

A maior parte dos litígios não se encontra em tal grau de maturação da certeza do direito. Pelo contrário, os litígios justamente existem porque há uma *crise de incerteza* do direito, que necessita de sentença judicial para dirimi-la. Assim, na maior parte das vezes, o que se concede em uma transação não é o direito em si, de forma que a "concessão recíproca" de direitos não é elemento definidor da transação.

---

[21] Neste sentido, cf.: DINAMARCO, Cândido Rangel. **Manual das pequenas causas**. São Paulo: RT, 1986, p. 77.

É mais precisa a definição de Maria Helena Diniz nesse tocante:

> A transação é um negócio jurídico bilateral, pelo qual as partes interessadas, fazendo-se concessões mútuas, previnem ou extinguem obrigações litigiosas ou duvidosas. (...) A transação seria uma composição amigável entre os interessados sobre seus direitos, em que cada qual abre mão de parte de suas pretensões, fazendo cessar as discórdias[22].

> A transação é um instituto jurídico sui generis, por consistir numa modalidade especial de negócio jurídico bilateral, que se aproxima do contrato (RT. 277:266; RF, 117:407), na sua constituição, e do pagamento, nos seus efeitos. É um negócio jurídico bilateral declaratório, uma vez que, tão-somente, reconhece ou declara direito, tornando certa uma situação jurídica controvertida e eliminando a incerteza que atinge um direito[23].

A transação recai, portanto, sobre as pretensões das partes (como afirmamos anteriormente, normalmente coincidem com suas posições) e não sobre seus direitos ou interesses de fundo. Pelo contrário, ela é forma *consensual* de se reconhecer direitos, conferindo-os às partes e não abrindo mão deles, necessariamente.

Veja que a partícula "concessões mútuas" pode ser retirada do trecho citado sem que se prejudique a compreensão sobre qual é o objetivo da autocomposição.

Assim, não é da essência da autocomposição e da solução consensual de conflitos a existência de "concessões mútuas" – nem de direitos, pois estes normalmente não estão definidos, nem de interesses, pois é possível construir arranjos negociais que atendam aos interesses de ambas as partes da mesma forma que suas posições iniciais (ou suas pretensões) poderiam (ou não) atender.

Assim, em uma solução consensual de litígios, não há, necessariamente, "concessões recíprocas" de direitos ou interesses; essa relação não é necessária. Por consequência, não há relação necessária entre solução consensual e "transação" em sua definição legal.

A fim de clarear o conceito e desembaraçar a associação entre solução consensual e "concessão", poderíamos sugerir dois caminhos: o primeiro implica

---

[22] DINIZ, Maria Helena. **Curso de Direito Civil Brasileiro.** 19. ed. São Paulo: Saraiva, 2004, v. 2, p. 324-325.

[23] DINIZ, Maria Helena. **Curso de Direito Civil Brasileiro,** *op. cit.,* p. 331.

em simplesmente passar a utilizar o conceito de transação como "negócio jurídico que extingue ou previne litígios" suprimindo-se a menção a "concessões recíprocas" e reconhecendo que a transação mais se assemelha a um contrato como amplo espaço de liberdade das partes para construção e rearranjo de obrigações jurídicas.

O segundo caminho implica em admitir que existam outras formas de solução consensual que não envolvam abrir mão de direitos e interesses, reservando a figura jurídica da transação para aqueles casos em que efetivamente verifica a transação – o que efetivamente ocorre, por exemplo, no acordo feito em sede de execução em que o exequente confere um desconto ao executado em troca do pagamento à vista da dívida.

A associação entre solução consensual, transação e concessões recíprocas aparece como empecilho de uma série de situações negociais, mas que vai cedendo aos poucos diante da realidade.

Exemplo disso é o termo de ajustamento de conduta previsto na Lei n. 7.347/85, segundo o qual na ação civil pública "[o]s órgãos públicos legitimados poderão tomar dos interessados compromisso de ajustamento de sua conduta às exigências legais, mediante cominações, que terá eficácia de título executivo extrajudicial" (art. 5º, §6º).

Sabe-se que, em regra, ação civil pública tem como objeto direitos ditos transindividuais dos quais os legitimados à sua defesa não podem abrir mão. Assim, o Ministério Público, em uma demanda ambiental que tenha como pedido a interrupção de determinada produção fabril por conta do alto grau de toxicidade de seus detritos, não pode renunciar à preservação do bem ambiental. Por trás desse pedido, há, evidentemente, o interesse de se garantir a integridade do meio ambiente e da saúde das pessoas que circundam a fábrica. Em regra, o Ministério Público não poderia abrir mão desses interesses, o que não o impede, todavia, de construir uma solução consensual com a empresa responsável pela fábrica no sentido de tomar medidas para sanar o problema da poluição sem que, necessariamente, interrompa-se a atividade. Nesse cenário, pode-se adotar uma solução consensual que não abra mão dos interesses em jogo.

6. Transação, negociação, conciliação e mediação.

Da mesma forma que não pode confundir a noção tradicional de transação, não se deve confundi-la com os meios pelo qual podem ser obtidas as soluções consensuais.

A negociação é o envolvimento direto das partes na tentativa de solução do conflito ou composição de interesses.

A conciliação é meio facilitador da negociação mediante a introdução de um terceiro imparcial que auxilia as partes a negociarem, clarificando pontos e elementos importantes para a negociação, estimulando a criação de opções e a busca de critérios para avaliação. A conciliação é mais voltada à obtenção do resultado, ou seja, ao atingimento de um acordo[24].

Já a mediação é meio que pode até incidentalmente facilitar a negociação e composição de interesses, sendo seu objetivo principal o restabelecimento da comunicação. Seu foco reside no trabalho do relacionamento das partes, mais do que na questão substancial. A solução do conflito substancial é incidente à mediação, mas não se caracteriza como seu objetivo nem a define[25].

A negociação, por sua vez, está presente inevitavelmente no desenvolvimento da conciliação e da mediação. Assim, em decorrência do que já se pontuou no item anterior, não há que entender que o resultado da conciliação ou da mediação, se obtido, virá a implicar uma perda para os participantes. Pelo contrário, uma negociação bem esclarecida e bem preparada pode gerar valor ao acordo, através de opções de ganhos mútuos que podem se afigurar ainda melhor do que a posição inicial.

7. Considerações finais

Parte da resistência à utilização dos meios consensuais de solução de conflitos advém da falha noção de que o acordo significa, necessariamente, em concessão de direitos ou de interesses, ou seja, sempre haveria algo a perder.

Parte disso advém da vinculação da solução consensual, seja por negociação, conciliação ou mediação, à ideia de transação, negócio jurídico que, conforme a Lei civil, implicaria em "concessões recíprocas".

A alternativa de negociar de forma estruturada, baseando-se não em posições rígidas, mas sim nos interesses subjacentes, permite a criação de opções que acomodem os interesses de todos os envolvidos e, ainda, que agreguem valor ao que cada um dos negociadores desejava inicialmente.

---

[24] Nesse sentido, cf.: SAMPAIO, Lia Regina Castaldi; BRAGA NETO, Adolfo. **O que é mediação de conflitos**. São Paulo: Brasiliense, 2007, p. 17-19.
[25] Nesse sentido, cf.: SAMPAIO, Lia Regina Castaldi; BRAGA NETO, Adolfo. **O que é mediação de conflitos**. São Paulo: Brasiliense, 2007, p. 19-22.

DIREITO DOS NEGÓCIOS APLICADO

Para tanto, é importante que os operadores do direito estejam sempre preparados para a negociação e desenvolvam-na não com base em posições, mas sim em interesses.

Sob esta perspectiva, cai por terra a associação entre solução consensual e transação na forma concebida pela lei, e, junto com ela, todos os dispositivos legais e ideias sociais que vinculem o uso dos meios consensuais de solução de conflitos à "transigibilidade" do direito.

Referências

DINAMARCO, Cândido Rangel. **Manual das pequenas causas**. São Paulo: RT, 1986.

DINIZ, Maria Helena. **Curso de Direito Civil Brasileiro.** 19. ed. São Paulo: Saraiva, 2004, v. 2.

FERREIRA, Aurélio Buarque de Hollanda. **Novo Dicionário Aurélio de Língua Portuguesa.** 3. ed. Curitiba: Positivo, 2004.

FISHER, Roger; SHAPIRO, Daniel. **Beyond Reason:** using emotions as you negotiate. Nova York: Penguin, 2005.

FISHER, Roger; URY, William; PATTON, Bruce. **Getting to Yes:** negotiating agrément without giving in. 3 ed. New York: Penguin Books, 2011.

MANCUSO, Rodolfo de Camargo. **A resolução dos conflitos e a função judicial.** São Paulo: RT, 2009.

MANCUSO, Rodolfo de Camargo. **Interesses difusos:** conceito e legitimação para agir. 6. ed. São Paulo: RT, 2004.

MOURÃO, Alessandra Nascimento S. F. *et al.* **Resolução de conflitos:** Fundamentos da Negociação para o ambiente jurídico. São Paulo: Saraiva (Série GVlaw), 2014.

PALMA, Juliana Bonacorsi de. **Atuação administrativa consensual:** Estudo dos acordos substitutivos no processo administrativo sancionador, Dissertação (mestrado) – Faculdade de Direito da Universidade de São Paulo (USP), São Paulo, 2009.

SAMPAIO, Lia Regina Castaldi; BRAGA NETO, Adolfo. **O que é mediação de conflitos.** São Paulo: Brasiliense, 2007.

TARTUCE, Fernanda. **Mediação nos conflitos civis.** 2. ed. São Paulo: Método, 2015, *no prelo.*

TARTUCE, Fernanda; FALECK, Diego; Gabbay, Daniela. **Meios alternativos de solução de conflitos.** Rio de Janeiro: FGV, 2014.

O Incidente de Resolução de Demandas Repetitivas Previsto no Projeto do Novo CPC e seus Reflexos para as Sociedades Empresárias[1]

Luiz Antonio Ferrari Neto

1. Introdução

Em 2009, por meio de determinação do então presidente do Senado, José Sarney, foi determinada a instituição de Comissão de Juristas com a finalidade de elaborar um novo Código de Processo Civil (Ato 379/2009). Tal comissão contou com a presença de diversos processualistas, sendo presidida por Luiz Fux, então Ministro do STJ, hoje Ministro do STF, e tendo como relatora a Advogada e Professora Teresa Arruda Alvim Wambier.

Depois de árduo trabalho da Comissão, foi apresentado o anteprojeto, o qual recebeu no Senado o n. 166/2010.

Dentre as muitas novidades trazidas pela Comissão de Juristas, verifica-se uma forte tendência em se obedecer ao posicionamento dos Tribunais. Foi com base nesta mesma tendência que surgiu o chamado incidente de resolução de demandas repetitivas ("IRDR"), o qual, segundo a exposição de motivos

---

[1] O presente artigo tem como base a pesquisa realizada sob a orientação do Prof. Dr. João Batista Lopes para a elaboração e defesa da dissertação de mestrado, ocorrida em set/2010 na PUC-SP, na qual faziam parte da banca os Prof. Drs. Olavo de Oliveira Neto e Leonardo Ferres da Silva Ribeiro, cujo título é *Incidente de Resolução de Demandas Repetitivas: Meios de Uniformização da Jurisprudência no Direito Processual Civil Brasileiro.*

DIREITO DOS NEGÓCIOS APLICADO

constante do anteprojeto, tornará o processo mais célere[2]. Esta obra tem por finalidade analisar este novo instituto, sem a pretensão de esgotar o tema.

2. A importância da uniformização da jurisprudência

A ideia de se seguir o posicionamento dos Tribunais não é nova no direito. Decorre do princípio da igualdade; da necessidade de segurança jurídica na aplicação do direito abstrato ao caso concreto; da previsibilidade que se espera dos julgamentos pelos Tribunais, bem como da própria necessidade de estabilidade para o sistema jurídico e, por via de consequência, estabilidade para o próprio Estado e para seus cidadãos[3].

A própria criação de normas escritas, existente a vários séculos, bem como a codificação, que surgiu no início do século XIX teve, dentre outras finalidades, a busca por isonomia e segurança jurídica[4]. Esta decorreu de uma luta da burguesia contra os desmandos da Aristocracia.

[2] "Criou-se o incidente de julgamento conjunto de demandas repetitivas, a que adiante se fará referência. Por enquanto, é oportuno ressaltar que levam a um processo mais célere as medidas cujo objetivo seja o julgamento conjunto de demandas que gravitam em torno da mesma questão de direito, por dois ângulos: a) o relativo àqueles processos, em si mesmos considerados, que, serão decididos conjuntamente; b) no que concerne à atenuação do excesso de carga de trabalho do Poder Judiciário – já que o tempo usado para decidir aqueles processos poderá ser mais eficazmente aproveitado em todos os outros, em cujo trâmite serão evidentemente menores os ditos "tempos mortos" (= períodos em que nada acontece no processo). [...] Criaram-se figuras, no novo CPC, para evitar a dispersão excessiva da jurisprudência. Com isso, haverá condições de se atenuar o assoberbamento de trabalho no Poder Judiciário, sem comprometer a qualidade da prestação jurisdicional. [...] Com os mesmos objetivos, criou-se, com inspiração no direito alemão, o já referido incidente de Resolução de Demandas Repetitivas, que consiste na identificação de processos que contenham a mesma questão de direito, que estejam ainda no primeiro grau de jurisdição, para decisão conjunta".

[3] A própria ideia de criação do Estado, segundo Hobbes, teve por objetivo a segurança: "[...] it followeth that in such condition every man has a right to everything, even to one another's body. And therefore, as long as this natural right of every man to everything endureth, there can be no security to any man, how strong or wise soever he be [ ]" (HOBBES, Thomas. *Leviathan*. English Works of Thomas Hobbes, by Sir William Molesworth, Bart, vol. 3. 1839, disponível em: http://books.google.com.br/books?id=kLh8HU5ByX0C&printsec=frontcover&hl=pt=-BR&source-gbs_ge_summary_r&cad=0#v=onepage&q&f=false, acesso em 22/07/2014, às 23h00

[4] "Em efecto, el deseo de seguridad es uno de los motivos radicales que lleva al hombre a producir Derecho positivo, gracias al cual pueda, hasta certo punto, estar certo y garantizado respecto de la conducta de los otros, y sepa a que atenerse respecto de lo que uno pueda hacer en relación con ellos, y de lo que ellos puedan hacerle a uno (SICHES, Luis Recasens. *Introducción al estúdio del derecho*. 12. ed. México: Porrúa, 1997, p. 63)

Visando garantir segurança contra estes desmandos, após a revolução francesa, os juízes nada podiam fazer senão serem a boca que pronunciava as palavras da lei *"la bouche de la loi"*. Isto porque o juiz era visto como um membro da aristocracia[5].

Assim, era e é a Lei que rege a vida em sociedade[6]. Visando evitar que os juízes tivessem atuação criativa no julgamento dos casos, foram sendo editadas cada vez mais leis, evitando-se ao máximo, permitir a atuação dos juízes fora do que estava expressamente previsto. Esta enxurrada de leis, todavia, gerou efeito inverso[7].

Não fosse apenas isto, por mais clara fossem as leis, não havia (e não há) como engessar a interpretação e aplicação das normas pelos magistrados. Normas com conceitos indeterminados, por exemplo, sempre exigiram atuação dos magistrados para sua aplicação.

Essa função interpretativa do magistrado, todavia, não tem qualquer relação com discricionariedade. Discricionariedade significa juízo de conveniência e oportunidade. E isto, definitivamente os juízes não têm![8].

Assim, entendida a necessidade de interpretação e aplicação das leis pelos magistrados e, aplicando-se o princípio da livre convicção motivada, é certo que poderemos ter decisões das mais variadas para uma mesma situação

---

[5] MARINONI, Luiz Guilherme. *Prova*. 2. ed. São Paulo: RT, 2011, p. 30; SILVA, Ovídio Araujo Batista da; GOMES, Flávio Luiz. Teoria Geral do Processo Civil. 6. ed. São Paulo: RT, 2011, p. 58; CAPPELLETTI, Mauro. *Juízes legisladores?* (trad. Carlos Alberto Alvaro de Oliveira). Porto Alegre: Sérgio Antonio Fabris, 1993, p. 32

[6] Mesmo nos países de tradição do *common law*, onde se afirmava que o direito era regulado pelos tribunais, verificamos a existência cada vez mais crescente de edição de leis, visando regular a vida em sociedade.

[7] CAPPELLETTI, Mauro. *Juízes legisladores?* (trad. Carlos Alberto Alvaro de Oliveira). Porto Alegre: Sérgio Antonio Fabris, 1993, p. 18-19

[8] "Interpretar o direito é formular *juízos de legalidade*, ao passo que a *discricionariedade* é exercida mediante a formulação de *juízos de oportunidade*. *Juízo de legalidade* é atuação no campo da *prudência*, que o intérprete autêntico desenvolve contido pelo *texto*. Ao contrário, o *juízo de oportunidade* comporta uma opção entre *indiferentes jurídicos*, procedida *subjetivamente* pelo agente. Uma e outra são praticadas em distintos planos lógicos". (GRAU, Eros Roberto. *Ensaio e discurso sobre a interpretação / aplicação do direito*. 5. ed. São Paulo: Malheiros, 2009, p. 283 – grifos no original). LOPES, Maria Elizabeth de Castro. Anotações sobre a discricionariedade judicial. In: MEDINA, José Miguel Garcia et al (Coord). *Os poderes do juiz e o controle das decisões judiciais: estudos em homenagem à professora Teresa Arruda Alvim Wambier*. São Paulo: RT, 2008, p. 95-96. WAMBIER, Teresa Arruda Alvim. *Omissão judicial e embargos de declaração*. São Paulo: RT, 2005, p. 359. Mesmo Cappelletti, que afirmava haver discricionariedade, a descrevia com limites: CAPPELLETTI, Mauro. *Juízes legisladores?* (trad. Carlos Alberto Alvaro de Oliveira). Porto Alegre: Sérgio Antonio Fabris, 1993, p. 23-24.

DIREITO DOS NEGÓCIOS APLICADO

jurídica. Isto não é desejável pelo sistema jurídico, mas é previsível que ocorra. Daí a existência dos Tribunais.

Eis aqui uma das funções dos Tribunais, uniformizar a interpretação e aplicação das leis para os diversos casos que foram julgados pelos juízes. Desta forma, os Tribunais locais devem uniformizar a interpretação e aplicação do direito do próprio Tribunal (daí a importância do incidente de uniformização de jurisprudência) e dos juízes a ele submetidos. O Superior Tribunal de Justiça, por sua vez, uniformiza a interpretação do direito federal, extirpando a divergência existente entre Tribunais, bem como a divergência existente dentro do próprio Tribunal[9].

Temos, no sistema processual civil brasileiro, diversos mecanismos que visam à eliminação de divergências. São eles: (i) incidente de uniformização de jurisprudência; (ii) assunção de competência; (ii) declaração de inconstitucionalidade; (iii) recurso especial (iv) recurso extraordinário; (v) embargos de divergência em recurso especial e extraordinário.

Antonio Joaquim Ribas já afirmara que é uma lógica do sistema, decorrente da estruturação hierárquica do Judiciário, a existência de força das decisões das Cortes Superiores sobre as inferiores[10]. Isso ocorre para que os órgãos inferiores adotem a opinião dos superiores, evitando-se assim uma "luta estéril em prejuízo das partes"[11].

Por isto, a existência de decisões conflitantes deve ser combatida, pois estas geram instabilidade, insegurança jurídica[12], falta de isonomia, além de descrédito do Judiciário perante a sociedade. Isto sem falar na problemática enfrentada pelos advogados frente a seus clientes, que não conseguem ser precisos sobre qual as chances de seu cliente em determinada demanda, pois não se sabe, ao certo, qual o posicionamento do Tribunal sobre a questão.

Vê-se com isto que, apesar da aparente novidade, a ideia de se uniformizar e de se seguir o posicionamento das Cortes Superiores não é nova, também não sendo nova a previsão de institutos que têm a finalidade de uniformizar a interpretação e aplicação do direito.

---

[9] Daí a importância de acesso ao recurso especial (seja por ofensa à lei, seja pela existência de divergência jurisprudencial) e dos embargos de divergência.

[10] *Apud* TUCCI, José Rogério Cruz e. *Eficácia do precedente judicial na história do direito brasileiro.* Revista do Advogado. ano XXIV, n. 78: São Paulo: AASP, 2004

[11] TUCCI, José Rogério Cruz e. *Eficácia do precedente judicial na história do direito brasileiro.* Revista do Advogado. ano XXIV, n. 78: São Paulo: AASP, 2004, p. 44.

[12] VIGLIAR, José Marcelo Menezes. *Uniformização de jurisprudência: segurança jurídica e dever de uniformizar.* São Paulo: Atlas, 2003, p. 198

Considerando que a Constituição Federal atribuiu à União a competência para legislar sobre a maior gama de matérias, caberá ao STJ e STF dar a última palavra na interpretação e aplicação destas normas. Feito isto, os juízes e Tribunais inferiores deverão obedecer ao entendimento dos Tribunais Superiores, não só no caso sub judice, mas nos demais casos envolvendo a mesma situação fática e jurídica[13].

Para isto, todavia, não pode haver surpresas no âmbito dos Tribunais Superiores, ou seja, não podem os Tribunais Superiores manterem divergência nos seus entendimentos, nem mesmo realizar alterações de entendimentos sem que tenha havido razão plausível para tanto[14].

Não se está falando que os Tribunais não poderão julgar de forma diferente ao precedente. Para isto, há as técnicas do *overruling* e do *distinguishing*, mas as mudanças nestas situações não podem ser constantes, como hoje verificamos.

Note que mesmo no sistema Britânico, na qual em 1966 passou-se a admitir que a *House of Lords* poderia deixar de seguir seus próprios precedentes, ela ainda os segue. Isto decorre da própria necessidade de *predictability* – previsibilidade[15].

O incidente de resolução de demandas repetitivas passa a ser mais uma forma de se obter a uniformização do entendimento jurisprudencial, substituindo-se o incidente de uniformização de jurisprudência, previsto no CPC atual.

---

[13] Em sentido contrário: "Aos magistrados que acham meritório não ter as suas sentenças reformadas (prova apenas de subserviência intelectual) e seguem, por isso, de modo absoluto e exclusivo, a orientação ministrada pelos acórdãos dos tribunais superiores, Pessina recorda o verso de Horário: os demasiado cautos e temerosos da procela não se alteriam ao prestígio, nem à glória: arrastam-se pela terra, como serpentes – *serpit humi tutus mimium timidusque procellae*". (MAXIMILIANO, Carlos. *Hermenêutica e aplicação do direito.* 3. ed. Rio de Janeiro: Freitas Bastos, 1941, p. 225)

[14] São diversos os exemplos na qual se verifica divergência no entendimento do STJ. Até mesmo com edições de Súmulas, verifica-se a alteração de entendimento do Tribunal. Isto sem falar na aplicação distorcida dos enunciados, criados para regular uma dada situação e que acabam regulando outra. Podemos citar o entendimento sobre valor residual garantido; extensão da fiança locatícia para período posterior ao previsto no contrato em razão da prorrogação tácita da locação; o entendimento sobre fraude à execução; sobre a possibilidade de pagamento de custas recursais por meio da internet; termo *a ad quem* da contagem do prazo para incidência da multa prevista no art. 475-J do STJ; quantidade de prestações que podem ser objeto de execução nos termos do art. 733 do CPC etc.

[15] Conforme destacou Neil Andrews, em palestra proferida na PUC-SP em maio/2012, apesar de haver a possibilidade de a Corte Britânica deixar de seguir seus precedentes, esta apenas o havia feito em 29 oportunidades, o que demonstra a alta previsibilidade do direito naquele país.

DIREITO DOS NEGÓCIOS APLICADO

3. O incidente de resolução de demandas repetititvas – IRDR

Durante a realização dos trabalhos pela Comissão de Juristas instituída para elaborar o anteprojeto do Novo CPC, o Ministro Luiz Fux solicitou aos membros a realização de uma proposta para resolução de demandas que envolvessem idêntica questão de direito. Foram apresentadas propostas, sendo escolhida pelos membros a constante do Projeto de Lei do Senado 166/2010. Após apresentação de substitutivo ao texto entregue ao Senado pela Comissão, o texto foi votado e aprovado, sem que tenha ocorrido qualquer alteração no texto elaborado pela Comissão de Juristas.

Assim, seguindo a mesma ideia hoje existente para o julgamento de demandas repetitivas no âmbito dos Tribunais Superiores[16], surge no Projeto do Novo CPC a ideia de se instaurar um incidente que vise à solução das questões de direito de modo uniforme. Esta será analisada a partir de um caso concreto, aplicando-se o que for ali decidido para todos os demais casos que envolvam mesma discussão jurídica, seja ela de direito material ou de direito processual.

Tal ideia se baseia na necessidade de se atender aos princípios da segurança jurídica, isonomia e prestação da tutela jurisdicional num prazo razoável.

Por meio desse incidente, pretendeu a comissão fazer com que casos idênticos tenham a mesma resposta do Judiciário, fazendo com que essa resposta seja dada diretamente pelo tribunal local, com vistas a acelerar a resolução da questão e evitando que diversas demandas sejam ainda analisadas pelo Judiciário[17]. A ideia inicial é de redução da quantidade de demandas de massa, pressupondo-se que litígios de massa precisam de uma solução também de massa, mas sem fazer uso de ações coletivas.

[16] Respectivamente, Lei 11.418/2006 e Lei 11.672/2008.

[17] "Criou-se o incidente de julgamento conjunto de demandas repetitivas, a que adiante se fará referência. Por enquanto, é oportuno ressaltar que levam a um processo mais célere as medidas cujo objetivo seja o julgamento conjunto de demandas que gravitam em torno da mesma questão de direito, por dois ângulos: a) o relativo àqueles processos, em si mesmos considerados, que, serão decididos conjuntamente; b) no que concerne à atenuação do excesso de carga de trabalho do Poder Judiciário – já que o tempo usado para decidir aqueles processos poderá ser mais eficazmente aproveitado em todos os outros, em cujo trâmite serão evidentemente menores os ditos "tempos mortos" (= períodos em que nada acontece no processo). [...] Criaram-se figuras, no novo CPC, para evitar a dispersão excessiva da jurisprudência. Com isso, haverá condições de se atenuar o assoberbamento de trabalho no Poder Judiciário, sem comprometer a qualidade da prestação jurisdicional. [...] Com os mesmos objetivos, criou-se, com inspiração no direito alemão, o já referido incidente de Resolução de Demandas Repetitivas, que consiste na identificação de processos que contenham a mesma questão de direito, que estejam ainda no primeiro grau de jurisdição, para decisão conjunta". (exposição de motivos do anteprojeto de Novo CPC)

62

Após a aprovação pelo texto no Senado, o projeto foi encaminhado para análise na Câmara, sendo também aprovado, agora com algumas alterações ao texto legal.

Como a aprovação do texto legal pela Câmara se deu com algumas alterações de redação, o projeto teve que voltar para o Senado. O estudo abaixo foi elaborado com base no texto do projeto aprovado pela Câmara e que retornou ao Senado.

3.1. Conceito, natureza jurídica e finalidade

O instituto aqui analisado, está previsto nos artigos 988 a 999 do texto aprovado pela Câmara dos Deputados e constante do SCD 166/2010. Caso seja aprovado, este será encaminhado para sanção ou veto presidencial.

Como o próprio nome diz, trata-se de verdadeiro incidente, não podendo ser classificado como ação, recurso ou processo.

Mais precisamente, trata-se de um incidente processual[18] e não de um processo incidente. Isto porque não resulta num direito de ação. Não há nova relação jurídica processual, nem pretensão autônoma. Ele representa uma alteração da marcha processual[19].

A resolução do IRDR ocorrerá no curso do próprio processo, sem que haja alteração procedimental. Todavia, havendo requerimento para instauração do IRDR, formar-se-á um procedimento separado para resolução destas questões de direito. Para que haja a resolução da questão de direito de forma objetiva, foge-se à normalidade do processo.

Esse incidente, que ocorrerá numa demanda individual (ou até mesmo coletiva), terá por finalidade a objetivação da questão de direito existente na(s) lide(s) selecionada(s).

A questão controvertida capaz de gerar a multiplicidade de processos será submetida ao Tribunal. Posteriormente, o juízo a quo prosseguirá na análise das demais questões do processo, aplicando-se o entendimento exarado pelo Tribunal no tocante à *quaestio juris* controvertida e solucionada com eficácia objetiva.

---

[18] Em sentido contrário, entendendo que se trata não de incidente processual, mas de "avocação pelo tribunal de parcela das questões relevantes para o mérito": YOSHIKAWA, Eduardo Henrique de Oliveira. *O incidente de resolução de demandas repetitivas no novo Código de Processo Civil.* Comentários aos arts. 930 a 941 do PL 8.046/2010. Revista de Processo. ano 37. vol. 206. São Paulo: RT, 2012, p. 243 e ss.

[19] FERNANDES, Antonio Scarance. *Incidente processual.* São Paulo: RT, 1991, p. 41

DIREITO DOS NEGÓCIOS APLICADO

No que tange à objetivação e à multiplicidade de processos que envolvam as mesmas questões de direito, o projeto não fala quantas demandas devem ser propostas para que sejam consideradas repetitivas a ponto de ser passível o incidente. Fala o texto que há necessidade de *"efetiva repetição de processos"* (art. 988). Assim, não basta a mera potencialidade de repetição de processos. É preciso que isto efetivamente tenha ocorrido.

No direito inglês, o Código de Processo (CPR) nada fala sobre o tema. Apesar disso, afirma-se lá que não se fará a ordem para a reunião de demandas se não houver, pelo menos, dez demandas ajuizadas[20].

De acordo com a redação do projeto, haverá a necessidade de que haja efetiva repetição de demandas e de que já haja causa no âmbito do Tribunal. Não se fala, todavia, que a repetição de demandas se dê no âmbito do Tribunal, mas o ideal, todavia, é que isto ocorra, pois teríamos a tese e a antítese em várias demandas, e aumentaria e muito o grau de profundidade dos Tribunais sobre a questão. Com isto haveria argumentos dos mais variados, evitando-se assim decisões que não abarquem o maior número possível de situações.

Diante disto, podemos dizer que o IRDR é o um incidente que tem por finalidade uniformizar o entendimento, no âmbito do Tribunal, de questões de direito material ou processual controversas, que será instaurado diante da efetiva repetição de processos sobre a mesma controvérsia, com o objetivo de se manter a isonomia e segurança jurídica.

3.2. Hipóteses de Cabimento

De acordo com a redação do texto aprovado pela Câmara dos Deputados, o IRDR será cabível apenas para resolver repetição de processos que envolvem questão de direito. Não será possível a utilização do IRDR para dirimir repetição de processos decorrentes de questões de fato. Caso isto ocorra, poderá ser o caso de ajuizamento de ação coletiva para proteção de direitos individuais homogêneos. Nem mesmo a conversão da ação individual em coletiva, prevista

---

[20] HODGES, Christopher. *Multi-Party Actions*. Oxford: Oxford University Press, 2001, p. 30. "The Rules do not prescribe a minimum number of claims for which a GLO order will be made. The Practice Direction is also silent on the point, although a draft of it had stated that, in general, the court will not make an order unless there are at least ten separate claims raising common issues. The number ten had been mentioned from 1992 to 1997 under Legal Aid Board's Arrangements, which defined a multi-party action as: any action or actions in which 10 or more assisted persons have causes of action which involve common issues of fact or law arising out of the same cause or event".

no projeto (art. 334) será possível, pois este veda expressamente a conversão quando a demanda tratar de direitos individuais homogêneos (§ do art. 334).

Eis aqui uma grande diferença entre o IRDR e o *Musterverfahren* (KapMuG)[21] do direito alemão, instituto que teria inspirado a Comissão de Juristas que elaborou o anteprojeto do CPC[22].

Isto porque a própria origem do KapMuG decorre de lesão sofrida por investidores do mercado de capitais, decorrente de falsas informações contidas nos prospectos informativos por ocasião da colocação das ações da *Deutsche Telekom* no mercado de capitais, que ocorreu respectivamente nos anos de 1999 e 2000. Os prospectos continham informações equivocadas, apresentando valorização imobiliária do patrimônio muito acima do valor real[23].

Para se chegar ao valor mobiliário apresentado, foi utilizado método de cálculo que estava em desacordo com as determinações legais. Em função disso, os investidores adquiriram as ações da companhia, mas logo depois ocorreu grande desvalorização destas em razão das falsas informações. Isso levou cerca de 17.000 investidores ao Tribunal de Frankfurt para reclamarem seus prejuízos[24].

Até que se tentou, na Câmara dos Deputados, fazer com que o IRDR pudesse ser utilizado para resolução de questões de fato, mas na redação final aprovada naquela casa do Congresso, apenas se previu a possibilidade de utilização do incidente para resolução de questões de direito (seja de direito material, seja de direito processual, conforme texto que já constava do anteprojeto).

---

[21] *Kapitalanleger-Musterverfahrengesetz* – Lei do procedimento modelo para os investidores em mercado de capitais

[22] No direito alemão a figura se chama Musterverfahren e gera decisão que serve de modelo (= Muster) para a resolução de uma quantidade expressiva de processos em que as partes estejam na mesma situação, não se tratando necessariamente, do mesmo autor nem do mesmo réu. (WITTMANN, Ralf-Thomas. *Il "contenzioso di massa" in Germania. In* GIORGETTI ALESSANDRO e VALERIO VALLEFUOCO, *Il Contenzioso di massa in Italia, in Europa e nel mondo.* Milão: Giuffrè, 2008, p. 178)

[23] CAPONI, Remo. *Modelli europei di tutela collettiva nel processo civile: esperienze tedesca e italiana a confronto.* Rivista Trimestrale di Diritto e Procedura Civile. Vol. LXI, n. 4. Milão: Giuffrè, 2007, p. 1.250

[24] Há divergência com relação à quantidade de ações decorrentes deste mesmo fato. Citando o número acima referido: CONSOLO, Claudio; RIZZARDO, Dora. *Due modi di mettere le azioni collettive alla prova: Inghilterra e Germania.* Rivista Trimestrale di Diritto e Procedura Civile. vol LX, n. 3. Milão: Giuffrè, 2006, p. 894. Afirmando que se tratava de 2.500 ações, envolvendo 754 advogados e 14.447 investidores: WITTMANN, Ralf-Thomas. *Il 'contenzioso di massa' in Germania. In* GIORGETTI, Alessandro; VALLEFUOCO, Valerio. *Il contenzioso di massa in Italia, in Europa e nel mondo. Profili di comparazione in tema di azioni di classe ed azioni di gruppo.* Milano: Giuffrè, 2008, p. 176-177

DIREITO DOS NEGÓCIOS APLICADO

Não será possível a instauração do IRDR na hipótese de a questão de direito já ser objeto de análise em recurso repetitivo. Isto faz sentido, na medida em que a resolução do IRDR terá a eficácia de uniformizar o entendimento, no âmbito do Tribunal local, daquela questão de direito. Se já há, no âmbito de Tribunal Superior, julgado que terá esta mesma finalidade, mas em âmbito nacional, não há razão para instauração do IRDR, até porque haveria o risco de contradição entre o julgamento do IRDR e o julgamento pelo Tribunal Superior.

3.3. Legitimidade para instauração do IRDR

De acordo com o texto do projeto, são legitimados para instaurar o IRDR: (i) relator; (ii) órgão colegiado do Tribunal; (iii) partes; (iv) MP; Defensoria Pública; (v) pessoa jurídica de direito público; (vi) associação cuja finalidade institucional inclua a defesa do interesse objeto do incidente[25].

As partes, apesar de estarem em juízo, em nome próprio, defendendo, na grande maioria das vezes, direito próprio, quando requererem a instauração do incidente de resolução de demandas repetitivas, passarão a atuar também defendendo interesses que não dizem respeito a elas apenas, mas também às demais pessoas que têm demanda envolvendo aquela *quaestio juris* e outras que por ventura ainda não ajuizaram demanda, mas que poderão ajuizar[26].

No que se refere à legitimidade do MP para instaurar o incidente, pensamos que ela não exige pertinência temática. Seja porque o próprio texto prevê a necessidade de participação do MP, ao menos como fiscal da lei, seja porque há previsão constitucional afirmando que uma das funções do MP é a defesa da ordem jurídica (art. 127, *caput*). Deste modo, havendo potencialidade de grande número de demandas, capaz de gerar insegurança jurídica, tem o MP,

---

[25] No direito inglês, o autor, o réu e também a Corte têm legitimidade para requerer a aplicação do caso ao procedimento do Group Litigation Order, podendo ser feito a qualquer momento. Antes da Rule 19, apenas as partes tinham legitimidade para requerer a análise da questão (HODGES, Christopher. *Multi-Party Actions*. Oxford: Oxford University Press, 2001, p. 31). No direito alemão, por sua vez, apenas as partes têm competência, não podendo o juiz instaurar o procedimento modelo (Musterverfahren) de ofício.

[26] No direito inglês, todas as partes das demandas individuais serão incluídas no *Group Litigation Order* (GLO). No direito brasileiro não há essa previsão. Parece-nos que a ideia do legislador não será criar uma coisa julgada coletiva, mas simplesmente resolver uma *quaestio juris* numa demanda que servirá de precedente a ser obedecido por todos no âmbito daquele tribunal.

O INCIDENTE DE RESOLUÇÃO DE DEMANDAS REPETITIVAS PREVISTO NO PROJETO...

por dever funcional, legitimidade para requerer a instauração do incidente de resolução de demandas repetitivas[27].

Pensamos que deva ser necessária a demonstração de pertinência temática para os demais legitimados (associação, defensoria pública, pessoa jurídica de direito público).

Na demanda originária poderá ocorrer alguma das hipóteses de intervenção de terceiros. Caso isto tenha ocorrido, pensamos que este terceiro[28], que passou a fazer parte, possa suscitar o incidente.

Não verificamos a possibilidade de ocorrer intervenção de terceiros no incidente de resolução de demandas repetitivas, salvo a assistência e *amicus curiae*. Quanto à assistência, pensamos ser possível a intervenção ante a falta de melhor regulamentação da questão como no direito inglês e alemão. Explicamos: no direito alemão há a escolha de um líder para a defesa da tese do autor e de outro líder para a defesa da tese do réu (Musterkläger ou o Musterbeklagte). No direito inglês, por sua vez, não há previsão sobre a escolha do advogado que defenderá os interesses do grupo, mas a doutrina afirma que é conveniente que se forme um grupo de advogados e que seja escolhido um líder, tudo feito por escrito, para que este advogado líder defenda os interesses do grupo[29].

Como não há previsão de qual caso será o escolhido, nem de que o Tribunal, admitindo a questão, determine aos juízes e desembargadores relatores a remessa de outros casos que tenham riqueza de argumentações num e noutro sentido, o que seria salutar, é essencial garantir a participação de outros litigantes que tenham suas demandas suspensas, para que eles possam também

---

[27] Em sentido contrário, todavia, já se manifestou Leonardo José Carneiro da Cunha: "[...] Quer isso dizer que a legitimidade do Ministério Público para suscitar o incidente de resolução de demandas repetitivas deve, na mesma linha da legitimidade para o ajuizamento de ação civil pública em defesa de direitos individuais homogêneos, ser aferido concretamente, somente sendo reconhecida, se transparecer, no caso, relevante interesse social" (*Anotações sobre o incidente de resolução de demandas repetitivas previsto no projeto do novo Código de Processo Civil*. Revista de Processo. ano 36. vol. 193. São Paulo: RT, 2011

[28] Não nos cabe, neste trabalho, entrar no mérito se este interveniente seria terceiro ou parte, a depender da hipótese de intervenção.

[29] HODGES, Christopher. *Multi-Party Actions*. Oxford: Oxford University Press, 2011, p. 32; ROSSONI, Igor Bimkowski. O "Incidente de Resolução de Demandas Repetitivas" e a Introdução do Group Litigation no Direito Brasileiro: Avanço ou Retrocesso? Disponível em: http://www.tex. pro.br/tex/listagem-de-artigos/50-artigos-dez-2010/7360-o-incidente-de-resolucao-de-demandas-repetitivas-e-a-introducao-do-group-litigationno-direito-brasileiro-avanco-ou-retrocesso, acesso em 07.11.2011, às 11h13

apresentar argumentações num e noutro sentido, dando maior subsídio para que o Tribunal possa apreciar a questão da maneira mais objetiva possível.

Se a ideia do incidente é decidir a questão de forma objetiva, parece-nos fundamental a riqueza de argumentação. Pode-se dizer que a participação de outros que tiveram suas demandas suspensas trará o efeito de enriquecer o debate sobre a *quaestio juris* controvertida.

Numa interpretação analógica desse instituto, podemos nos utilizar do julgamento de recursos representativos de controvérsia. Para Teresa Wambier é possível a intervenção do recorrente, que teve seu recurso sobrestado, na qualidade de *amicus curiae*, afirmando que este poderá trazer novos argumentos, posicionamento com o qual concordamos[30]. Todavia a 1ª Seção do STJ vem se posicionando em sentido contrário, afirmando haver na espécie mero interesse subjetivo[31].

Embasados nas lições de Cassio Scarpinella Bueno, que distingue as figuras do assistente e do *amicus curiae*, pensamos que a intervenção nesses casos não deva ser feita na qualidade de *amicus curiae* e sim na qualidade de assistente, pois aqueles que terão seus processos suspensos (assim como aqueles que terão seus recursos suspensos, no caso de julgamento dos recursos excepcionais por amostragem) poderão ser indevidamente[32] afetados pelo resultado da demanda, pois correrão o risco de não terem seu direito acolhido sem que tenha sido analisada sua argumentação (que pode ser diferente da apresentada no(s) caso(s) selecionado(s)).

Assim, pensamos que o ideal seria um melhor detalhamento da matéria para que houvesse a previsão legal de formação de grupos com a escolha de advogados líderes, a exemplo do direito comparado. Com essa formação dos grupos, a apresentação dos argumentos num ou noutro sentido seriam mais ricas, aumentando ainda mais a objetividade do julgado. Não obstante, como não se prevê essa formação de grupos, é preciso encontrar um meio de tornar a discussão sobre a quaestio o mais rica possível. Desta feita, pensamos que a permissão da assistência seria uma forma adequada para que isso ocorra. A justificar isso temos o próprio art. 119, parágrafo único do Projeto[33], que autoriza a intervenção em qualquer procedimento e em todos os graus de

---

[30] WAMBIER, Teresa Arruda Alvim. *Recurso Especial, recurso extraordinário e ação rescisória*. 2. ed. São Paulo: RT, 2009, p. 304 e 308.

[31] STJ. 1ª Seção, Rcl. 4982-SP, rel. Min. Benedito Gonçalves, j. 27.04.2011

[32] BUENO, Cassio Scarpinella. *Amicus curiae no processo civil brasileiro – um terceiro enigmático*. 2. ed. São Paulo: Saraiva, 2008, p. 443-444

[33] Atual art. 50, parágrafo único do CPC.

O INCIDENTE DE RESOLUÇÃO DE DEMANDAS REPETITIVAS PREVISTO NO PROJETO...

jurisdição. Isso em razão de ausência de proibição e da própria falta de melhor regulamentação quanto à formação de grupos líderes, como existente no direito alemão e inglês.

3.4. Procedimento

A instauração do incidente se dará por meio de petição endereçada ao Presidente do Tribunal local (ou quando o requerimento for formulado pelo desembargador relator ou outro colegiado do Tribunal, por meio de ofício dirigido ao Presidente do Tribunal local).

O projeto dá a entender que o incidente deverá ser gerado por meio de um instrumento. Não fica claro, todavia, quais seriam os documentos essenciais à formação do incidente. Fala-se apenas de documentos que demonstrem os pressupostos de admissibilidade do incidente. Pensamos, todavia, que não sejam apenas os documentos que demonstrem a efetiva repetição de processos que devam ser juntados à petição (ou ao ofício[34]). Deverá ser juntada também cópia das procurações dos advogados das partes, pois é preciso demonstrar quem faz parte do processo e, por isto, tem legitimidade para a instauração do incidente. Também é necessário demonstrar o estágio atual do processo (ou seja, que a demanda ainda não foi julgada), pois se o recurso dirigido ao Tribunal com a questão controvertida já tiver sido julgado, não mais será possível o manejo do IRDR. Também se faz necessário juntar cópias das peças que contenham a tese e antítese da questão de direito controvertida que deu azo ao pedido de incidente.

Instaurado o incidente, este passará a fazer parte de um banco de dados eletrônico do Tribunal e também do cadastro eletrônico do CNJ. O texto do Projeto fala em dar-se a mais ampla publicidade. Cremos, contudo, que esta publicidade apenas acabará ocorrendo por meio de divulgação nas páginas eletrônicas dos Tribunais.

Seria importante que esta publicidade fosse além. Que o Tribunal, assim que instaurado o incidente, notificasse entidades ligadas ao direito objeto da controvérsia (Procon, INPI; Agências Reguladoras; CRM, Seccional da OAB, etc), para que estes possam solicitar sua participação na qualidade de *amicus curiae*, o que enriqueceria o debate e traria melhor resultado na decisão do Tribunal local sobre a questão controvertida.

---

[34] Quando o incidente for instaurado por desembargador ou colegiado do Tribunal

Após a instauração do IRDR, ele será encaminhado a um órgão do Tribunal e será distribuído a um relator, que o apreciará. A definição deste órgão será dada pelo Regimento Interno de cada Tribunal. Aqui houve uma evolução, em nosso sentir, com relação à redação do texto aprovado pelo Senado. Isto porque, pela redação originária, o julgamento do IRDR seria realizado sempre pelo Pleno (ou Órgão Especial), mesmo que a maioria dos membros daquela Corte cuidassem de outras matérias que não tinham qualquer relação com a matéria objeto do incidente.

Segundo o texto, a apreciação da instauração ou não do incidente compete ao colegiado e não ao seu relator. A decisão deste pela falta de pressupostos para a instauração do incidente não tem o condão de impedir a instauração futuramente, desde que estejam presentes os pressupostos para sua instauração quando da apresentação do novo requerimento. Não há qualquer previsão de recurso contra a decisão que admite ou rejeita a instauração do incidente.

Um dos principais efeitos da instauração do incidente será a suspensão de todos os processos que estejam tramitando no âmbito de atuação do Tribunal. Aqui ocorrerá algo semelhante ao que já pode acontecer hoje com os recursos repetitivos no âmbito dos Tribunais Superiores[35].

Interessante notar que o texto prevê que a suspensão de todos os processos ocorrerá no momento em que for admitido o incidente. Pensamos que haja apenas uma ressalva quanto a isto: no processo na qual a parte requereu a instauração do IRDR, a suspensão ocorrerá com a comunicação da instauração do incidente pela parte ao colegiado na qual tramita sua demanda (ou com a expedição de ofício pelo magistrado que o requereu).

Desta forma, seria importante que o texto previsse que, quando a instauração do IRDR não seja realizada pelo magistrado, que este seja comunicado dela. A razão disto é simples: a demora no juízo de admissibilidade e posterior comunicação desta aos demais juízos poderá fazer com que o mérito da demanda seja julgado antes mesmo do incidente que é prejudicial ao resultado daquela, criando um antagonismo e insegurança desnecessários ao trâmite do processo. A razão da suspensão em momento anterior ao juízo de admissibilidade neste caso se dá em razão da prejudicialidade do incidente quanto ao mérito do processo que lhe deu origem.

---

[35] Exemplo suspensão de demandas: RE 591.797; RE 626.307, que tratam da correção das cadernetas de poupança em razão dos planos Bresser; Verão e Collor I (ainda pendente de julgamento, apesar de a suspensão ter ocorrido em 27/08/2010); REsp 1.418.593, que tratou da discussão sobre a possibilidade ou não da purgação da mora mediante pagamento das parcelas vencidas ou do pagamento da integralidade do saldo devedor nos contratos de alienação fiduciária.

Apesar de o texto prever que a instauração do incidente tem o efeito de suspender a prescrição das pretensões que sejam objetos do incidente, entendemos que mesmo assim não se poderá impedir a distribuição de novas demandas que tratem da matéria afeta ao julgamento do IRDR. Isto porque a demanda a ser ajuizada pela parte pode conter outras questões de direito e outras pretensões que não ficarão suspensas em razão da admissibilidade do IRDR. Desta forma, a parte deverá ajuizar sua demanda, cabendo ao juiz, assim que recebê-la, determinar sua suspensão (se o caso), nos termos do que foi determinado pelo Desembargador Relator que aprecia o IRDR.

Apesar de não constar disposição específica sobre a necessidade de intimação das partes dos demais processos que serão suspensos, entendemos que ela deva ocorrer, aplicando-se analogicamente a disposição constante do art. 1.050, § 8º[36], que trata do julgamento dos recursos repetitivos.

Intimada da decisão, caso a parte entenda que houve equívoco do juiz na determinação da suspensão da causa (porque esta não trataria da mesma questão de direito objeto do IRDR, por exemplo), a parte poderá pleitear o andamento da demanda, demonstrando a existência do *distinguishing*[37]. Caso o juiz não acolha a distinção feita pela parte, será o caso desta interpor agravo de instrumento, nos termos do art. 990, § 4º e 1.028, XVIII.

Apesar de suspensa a demanda, será possível a análise de tutelas de urgência pelo magistrado na qual tramita a causa suspensa.

Voltando ao IRDR, o relator, além de determinar a suspensão das demais demandas que versem sobre a mesma questão de direito, poderá requisitar informações ao órgão no qual tramita o processo que deu origem ao IRDR, devendo intimar o MP, para que este se manifeste.

Tendo em vista a importância e efeitos da decisão prolatada no incidente, será fundamental a participação dos *amici curiae*, que passará a ser regulada pelo art. 138 do projeto.

No prazo comum de quinze dias, serão ouvidas as partes, demais interessados, os *amici curiae*, sendo-lhes facultado juntar documentos, bem como

---

[36] § 8º "As partes deverão ser intimadas da decisão de suspensão de seu processo, a ser proferida pelo respectivo juiz ou relator, quando informado da decisão a que se refere o inciso II do caput".

[37] Também entendemos que poderá haver pedido para continuidade da tramitação do processo quando o objeto do incidente envolver apenas um dos pedidos e o processo em si envolver outros pedidos que possam ser analisados pelo juízo. Nesta hipótese, seria importante haver a continuidade do processo, seja para a apreciação de outras questões de direito não abrangidas pela instauração do IRDR, seja para a apreciação das questões de fato, determinando-se a produção de provas.

DIREITO DOS NEGÓCIOS APLICADO

requerer as diligências necessárias à solução da controvérsia. Após, será a vez de o MP se manifestar, por igual prazo.

É salutar a previsão para realização de audiência pública com a finalidade de trazer a manifestação de experts no tema que é objeto de debate (art. 992).

Após o término das diligências, será designada data para realização do julgamento do incidente.

No julgamento do IRDR há a previsão de sustentação oral pelos advogados do autor e réu do processo que deu origem ao incidente; do MP.

O texto aprovado na Câmara manteve a omissão com relação ao prazo de sustentação ser comum ou individual. Apesar da omissão, pensamos que o prazo seja individual. Isto porque há previsão de prazo individual de 15 minutos para a sustentação oral nas demandas puramente individuais (art. 950). Seria antagônico pensar que na sustentação oral do IRDR o prazo de 30 minutos seja comum às partes e ao MP.

Após a manifestação destes, dá-se a possibilidade aos demais interessados (entre eles os *amici curiae*) para que realizem a sustentação em prazo comum de 30 minutos, podendo ser aumentado o prazo comum, a critério do órgão julgador.

Após, haverá a prolação da decisão sobre a questão de direito controvertida. Importante que todas as fundamentações utilizadas pelas partes (teses e antíteses) façam parte do acórdão, fazendo com que a questão de direito discutida seja a mais ampla possível.

A decisão do incidente será aplicada a todos os casos pendentes no âmbito de competência do Tribunal (incluindo-se os juizados), bem como aos casos futuros. Eis aqui mais uma diferença entre o IRDR e o *Group Litigation Order* (GLO) do direito inglês[38] e o KapMuG alemão[39].

Segundo o texto do projeto, a aplicação da decisão do incidente para os demais casos ocorrerá na hipótese de não haver recurso especial ou extraordinário. Se houver, o recurso será recebido sempre com o efeito suspensivo, o que é salutar, haja vista a possibilidade de se criar insegurança jurídica caso a tese já fosse aplicada de imediato. Com isto, interposto o recurso excepcional, ele será recebido com efeito suspensivo e encaminhado diretamente para a superior instância, mantendo-se suspensas as demais causas, até que a Corte

---

[38] HODGES, Christopher. *Multi-Party Actions*. Oxford: Oxford University Press, 2001, p. 43-46

[39] CABRAL, Antonio do Passo. *O novo procedimento-modelo (Musterverfahren) alemão: uma alternativa às ações coletivas*. Revista de Processo. ano 32. vol. 147. São Paulo: RT, 2007, p. 123 e ss.

Superior decida o especial e/ou o extraordinário. Não haverá juízo de admissibilidade pelo Tribunal de segunda instância.

Outro ponto salutar é a possibilidade de suspensão dos demais processos que tramitem perante outros tribunais e que trate da mesma questão de direito. Verificando-se a instauração do incidente perante um dos Tribunais locais, a parte que tiver demanda versando sobre a mesma controvérsia, mas que esteja com sua demanda tramitando perante outro Tribunal, poderá requerer a um dos Tribunais Superiores (STJ ou STF) que a suspensão dos processos se dê em nível nacional, até que seja julgado o recurso excepcional interposto no incidente ou até que transcorra *in albis* o prazo para a interposição destes recursos.

Caso transcorra *in albis* o prazo para a interposição do recurso excepcional, os processos que tramitem noutros tribunais voltarão a correr normalmente. Nada impede que, perante outro Tribunal, seja instaurado o incidente.

Decidido o IRDR e não havendo recurso, ou havendo e este não tenha seu mérito enfrentado pelo Tribunal Superior, a decisão deverá ser aplicada para os demais casos no âmbito do respectivo tribunal. Caso o juiz deixe de aplicar o precedente fixado no IRDR, a parte prejudicada poderá se valer da reclamação constitucional.

4. Eficácia e limites da decisão exarada no IRDR

No que tange à eficácia territorial, a decisão prolatada no incidente terá eficácia no âmbito do Tribunal que a analisa (Estado, Distrito Federal ou Território ou ainda no âmbito da Região, no caso dos TRFs). O julgado poderá ter eficácia nacional apenas na hipótese de o Tribunal Superior (STJ ou STF) analisar o recurso excepcional e enfrentar o mérito da questão controvertida.

No aspecto temporal, como descrito acima, o precedente deverá ser aplicado para os casos pendentes de apreciação que estavam suspensos, devendo ainda ser aplicado aos casos futuros. Haverá aqui a possibilidade de concessão da tutela de evidência, inclusive. Somente não poderá ser aplicado aos casos futuros se houver revisão da tese jurídica, que poderá ocorrer nas hipóteses descritas no § 3º, do art. 995.

Quanto à limitação material, pensamos que a vinculação ocorrerá apenas em relação aos casos apreciados e nos limites das argumentações analisadas pelo tribunal. Não haverá vinculação em relação a toda e qualquer argumentação. Isso porque apesar de o incidente pretender a objetivação da interpretação e aplicação do direito realizada pelo Tribunal, essa objetivação ocorrerá apenas em relação às matérias devidamente apreciadas pelo tribunal e nos limites do que foi apreciado. Ou seja, isso não impedirá o ajuizamento de demandas, desde haja fundamentação distinta da analisada pelo Tribunal.

Caberá, todavia, à parte que mover a demanda sabendo da existência do resultado do incidente, diante da publicidade realizada pelo Tribunal local e pelo CNJ, provar que seu caso se difere do apreciado no incidente, ou que houve evolução do contexto social, político, econômico ou cultural da sociedade, ou ainda que, em função de outra fundamentação (legal ou constitucional), o caso deva ser apreciado em razão da diferença entre seu caso e o precedente (*distinguishing*).

Lembremos que no direito inglês será o juiz do caso futuro que verificará se o caso anterior lhe servirá de precedente. Isso porque ele fará a análise das questões de fato e de direito e aplicará a mesma razão do caso anterior ao caso sub judice. Na Inglaterra a própria norma que regula o GLO prevê que as partes dos casos futuros não ficarão vinculados ao que foi decidido no GLO. Se lá, que é o berço da adoção do sistema de precedentes, o legislador afirma que os casos futuros não ficarão vinculados aos precedentes, porque aqui no Brasil eles ficariam vinculados, de forma indiscriminada?

Como ressaltado por Christopher Hodges, não é porque não há vinculação que as partes podem sair demandando contra o que foi decidido na GLO. Para isso, seria necessário trazer nova fundamentação que não tenha sido objeto de análise na GLO. Desta forma, pensamos que no Brasil também deverá ser observado o precedente, mas não de uma forma indiscriminada e sim, nos limites do que for apreciado pelo Tribunal, competindo ao juiz do caso futuro analisar se a questão controvertida que foi objeto de apreciação no precedente é a mesma que esta aguardando sua apreciação. Caso seja, o precedente se encaixará perfeitamente, caso não, será o caso de realizar a distinção.

5. Reflexo do incidente para as sociedades empresárias

O texto legal não prevê limitação das matérias que poderão ser objetos do IRDR. Diferentemente do que ocorre com as ações coletivas, na qual há restrição seja em relação às matérias, seja em relação à eficácia territorial da coisa julgada, decorrente do art. 16 da Lei 7.347/85 (constitucionalmente questionável). Vale lembrar que há grande diferença entre a criação de um precedente e a formação de coisa julgada com eficácia *erga omnes*.

Desta forma, grandes questões envolvendo matéria tributária certamente serão alvo de controvérsias a serem solucionadas por meio do IRDR. O mesmo vale para questões envolvendo direito do consumidor e também matéria processual.

Podemos lembrar algumas demandas que foram levadas aos tribunais, tais como a discussão sobre o prazo prescricional para a repetição de indébito nos casos de Tributos sujeitos à homologação; limites à responsabilização do sócio na hipótese de falta de pagamento do tributo; legalidade da cobrança de tarifa básica de telefonia fixa; termo a quo da contagem do prazo para incidência da multa prevista no atual 475-J do CPC; não incidência desta mesma multa nas execuções provisórias.

As sociedades, muitas das vezes, serão afetadas pelas matérias objeto de análise por meio do IRDR. O que pode ocorrer, em determinadas situações, será a suspensão dos processos que versem matéria de total interesse econômico destas (e, até mesmo, vital para a sobrevivência dos seus negócios). Basta lembrar que dos temas citados acima, que foram e são objeto de análise pelas Cortes Superiores as afetam economicamente, a exemplo da que envolve a cobrança de tarifa básica de telefonia. A decisão em sentido contrário à possibilidade da cobrança poderia ter gerado grande desfalque às companhias de telefonia. Numa relação jurídica que se perpetua, como esta, a demora na solução das controvérsias poderá gerar instabilidade e insegurança. É certo que o incidente tem a pretensão de ser resolvido de forma rápida e que sua finalidade é antecipar o momento da formação do precedente (hoje os precedentes que devem ser seguidos ocorrem apenas após a prolação de decisão nas hipóteses dos art. 543-B e 543-C).

A preocupação maior gira em torno da suspensão da prescrição das pretensões. Isto porque após o resultado do IRDR, a depender da questão, haverá ampla divulgação, fazendo com que milhares se socorram do judiciário para pleitearem seus direitos, que não estará prescrito em razão da disposição contida no § 5º, do art. 990.

A guisa de exemplo, muitos poupadores ajuizaram demandas sobre a questão envolvendo o reajuste das cadernetas de poupança decorrente dos planos econômicos. Caso esta questão estivesse sendo resolvida por meio do IRDR, com aplicação da suspensão da prescrição, após o resultado da demanda, ainda que tenha passado longo tempo, aquele que não ajuizou demanda, poderá agora fazê-lo, sem que tenha ocorrido a prescrição (hoje, a parte já não mais ajuizaria a demanda em razão da prescrição).

DIREITO DOS NEGÓCIOS APLICADO

É preciso analisar com cautela esta questão da suspensão da prescrição. No mais, pensamos que o incidente seja bem-vindo, pois agilizará a formação do incidente.

6. Referências

AMARAL, Guilherme Rizzo. Efetividade, segurança, massificação e a proposta de um "incidente de resolução de demandas repetitivas". *Revista de Processo*. ano 36. vol. 196, São Paulo: RT, 2011

ANDREWS, Neil. Multi-party proceedings in England: representative and group actions. *Duke Journal of Comparative & International Law*, vol. 11. Durham: 2001

_____. Multi-party litigation in England: current arrangements and proposals for change. *Revista de processo*. ano 34. vol 167. São Paulo: RT, 2009

_____. *O moderno processo civil: formas judiciais e alternativas de resolução de conflitos na Inglaterra*. São Paulo: RT, 2009

ARAÚJO FILHO, Luiz Paulo. *Comentários ao Código de Defesa do Consumidor: direito processual*. 2. ed. São Paulo: Saraiva, 2009

ARMELIN, Donaldo. *Observância à coisa julgada e enriquecimento ilícito – postura ética e jurídica dos magistrados e advogados*. Conselho da Justiça Federal. Caderno do CEJ 23

ARRUDA ALVIM, José Manoel de. *Mandado de Segurança, Direito Público e Tutela Coletiva*. São Paulo: RT, 2002

_____. A EC n. 45 e o instituto da repercussão geral. In: WAMBIER, Teresa Arruda Alvim. (Org.). *Reforma do Judiciário*. Revista dos Tribunais, 2005

_____; ASSIS, Araken; ARRUDA ALVIM, Eduardo. *Comentários ao Código de Processo Civil*. Rio de Janeiro: GZ, 2012

ASSIS, Araken de. *Manual dos recursos*. 4. ed. São Paulo: RT, 2012

BARROSO, Luís Roberto. *Interpretação e aplicação da Constituição*. 7. ed. São Paulo: Saraiva, 2009

BARBOSA, Andrea Carla; CANTOARIO, Diego Martinez. O incidente de resolução de demandas repetitivas no projeto de Código de Processo Civil: apontamentos iniciais. In. FUX, Luiz. (coord.) *O novo processo civil brasileiro: direito em expectativa (reflexões acerca do projeto do novo Código de Processo Civil)*. Rio de Janeiro: Forense, 2011

BARBOSA MOREIRA, José Carlos. *Comentários ao Código de Processo Civil*. vol. V. 15. ed. Rio de Janeiro: Forense, 2009

BASTOS, Antonio Adonias Aguiar. Situações jurídicas homogêneas: um conceito necessário para o processamento das demandas de massa. *Revista de processo*. ano 35. vol. 186. São Paulo: RT, 2010

BEDAQUE, José Roberto dos Santos. *Efetividade do processo e técnica processual*. 3. ed. São Paulo: Malheiros, 2010

BUENO, Cassio Scarpinella. *Amicus curiae no processo civil brasileiro – um terceiro enigmático*. 2. ed. São Paulo: Saraiva, 2008

_____. *Curso sistematizado de direito processual civil*. vol. 1. 4. ed. São Paulo: Saraiva, 2010

_____. *Curso Sistematizado de Direito Processual Civil. vol 2 Tomo III*. São Paulo: Saraiva, 2010

BUZAID, Alfredo. A crise do supremo tribunal federal. *Revista de direito processual civil*. ano III. vol. 6. Saraiva: São Paulo, 1962

——————. *Anteprojeto de Código de Processo Civil*. Rio de Janeiro, 1964

CABRAL, Antonio do Passo. O novo procedimento-modelo (Musterverfahren) alemão: uma alternativa às ações coletivas. *Revista de Processo*. ano 32. vol. 147. São Paulo: RT, 2007

CAMBI, Eduardo. Jurisprudência lotérica. *Revista dos Tribunais*. vol. 786. RT: São Paulo, 2001

CAPONI, Remo. *Modelli europei di tutela collettiva nel processo civile: esperienze tedesca e italiana a confronto*. Rivista Trimestrale di Diritto e Procedura Civile. Vol. LXI, n. 4. Milão: Giuffrè, 2007

CAPPELLETTI, Mauro. *Juízes legisladores?* (trad. Carlos Alberto Alvaro de Oliveira). Porto Alegre: Sérgio Antonio Fabris, 1993

——————.; GARTH, Bryant. *Acesso à Justiça*. Tradução de Ellen Gracie Northfleet). Porto Alegre: Sergio Antonio Fabris Editor, 1988

CHIARLONI, Sergio. Efficacia del precedente giudiziario e tipologia dei contrasti di giurisprudenza. *Rivista trimestrale di diritto e procedura civile*. ano XLIII, vol. 1. Milão: Giuffrè, 2007

COLE, Charles D. Stare decisis na cultura jurídica dos Estados unidos. O sistema de precedente vinculante do common law. *Revista dos Tribunais*. Vol. 752. São Paulo: RT, 1998

CONSOLO, Claudio; RIZZARDO, Dora. *Due modi di mettere le azioni collettive alla prova: Inghilterra e Germania. Rivista Trimestrale di Diritto e Procedura Civile*. vol LX, n. 3. Milão: Giuffrè, 2006

CUNHA, Leonardo José Carneiro da. Anotações sobre o incidente de resolução de demandas repetitivas previsto no projeto do novo Código de Processo Civil. *Revista de Processo*. ano 36. vol. 193. São Paulo: RT, 2011

——————. O regime processual das causas repetitivas. *Revista de processo*. ano 35. vol. 179. São Paulo: RT, 2010

FERNANDES, Antonio Scarance. *Incidente processual*. São Paulo: RT, 1991

GAIO JUNIOR, Antônio Pereira. Incidente de resolução de demandas repetitivas no projeto do novo CPC e breves apontamentos. *Revista dos Tribunais*. São Paulo: RT, 2011

GRAU, Eros Roberto. *Ensaio e discurso sobre a interpretação / aplicação do direito*. 5. ed. São Paulo: Malheiros, 2009

GRINOVER, Ada Pellegrini; WATANABE, Kazuo; MULLENIX, Linda. *Os processos coletivos nos países de civil law e common law: uma análise de direito comparado*. São Paulo: RT, 2008

HOBBES, Thomas. *Leviathan*. English Works of Thomas Hobbes, by Sir William Molesworth, Bart, vol. 3. 1839, disponível em: http://books.google.com.br/books?id=kLh8 HU5ByX0C&printsec=frontcover&hl=pt-BR&source=gbs_ge_summary_r&cad=0# v=onepage&q&f=false, acesso em 22/07/2014, às 23h00

HODGES, Christopher. *Multi-Party Actions*. Oxford: Oxford University Press, 2001

LOPES, Maria Elizabeth de Castro. Anotações sobre a discricionariedade judicial. In: MEDINA, José Miguel Garcia et al (Coord). *Os poderes do juiz e o controle das decisões judiciais: estudos em homenagem à professora Teresa Arruda Alvim Wambier*. São Paulo: RT, 2008

MARINONI, Luiz Guilherme. *Precedentes obrigatórios*. 2. ed. São Paulo: RT, 2011

——————. *Prova*. 2. ed. São Paulo: RT, 2011

DIREITO DOS NEGÓCIOS APLICADO

_____. Eficácia vinculante: a ênfase à ratio decidenti e à força obrigatória dos precedentes. *Revista de Processo*. ano 35. vol. 184. São Paulo: RT, 2010

_____. (coord.) *A força dos precedentes*. Salvador: JusPodivm, 2010

_____. *O projeto do CPC críticas e propostas*. São Paulo: RT, 2010

MARTINS, Pedro Batista. *Recursos e processos da competência originária dos tribunais*. Atualização: Alfredo Buzaid. Rio de Janeiro: Forense, 1957

MAXIMILIANO, Carlos. *Hermenêutica e aplicação do direito*. 3. ed. Rio de Janeiro: Freitas Bastos, 1941

NEVES, António Castanheira. *Questão de facto – Questão de direito ou o problema metodológico da juridicidade*. Coimbra, Almedina, 1967

NERY JUNIOR, Nelson; NERY, Rosa Maria de Andrade. *Código de Processo Civil Comentado e legislação extravagante*. 11. ed. São Paulo: RT, 2010

NERY JUNIOR, Nelson. *Princípios do Processo na Constituição Federal*. 9. ed. São Paulo: RT, 2009

NERY JUNIOR, Nelson. *Teoria Geral dos Recursos*. 6. ed. São Paulo: RT, 2004

NUNES, Jorge Amaury Maia. *Segurança jurídica e súmula vinculante*. São Paulo: Saraiva, 2010

WAMBIER, Teresa Arruda Alvim (coord). *Aspectos Polêmicos e Atuais dos Recursos Cíveis e Assuntos Afins*. v. 9. São Paulo: RT, 2006

RAMIRES, Maurício. *Crítica à aplicação de precedentes no direito brasileiro*. Porto Alegre: Livraria do Advogado, 2010

ROSSI, Júlio César. O precedente à brasileira: súmula vinculante e o incidente de resolução de demandas repetitivas. *Revista de Processo*. ano 37. vol. 208. São Paulo: RT, 2012

ROSSONI, Igor Bimkowski. *O "Incidente de Resolução de Demandas Repetitivas" e a Introdução do Group Litigation no Direito Brasileiro: Avanço ou Retrocesso?* Disponível em: http://www.tex.pro.br/tex/listagem-de-artigos/50-artigos-dez-2010/7360-o-incidentede--resolucao-de-demandas-repetitivas-e-a-introducao-do-group-litigation-no-direito-brasileiro-avanco-ou-retrocesso, acesso em 07.11.2011, às 11h13

SANCHES, Sydney. *Uniformização da jurisprudência*. São Paulo: RT, 1975

SICHES, Luis Recasens. *Introducción al estudio del derecho*. 12. ed. México: Porrúa, 1997

SILVA, Ovídio Araujo Baptista da; GOMES, Flávio Luiz. *Teoria Geral do Processo Civil*. 6. ed. São Paulo: RT, 2011

TARANTO, Caio Márcio Gutterres. *Precedente judicial: autoridade e aplicação na jurisdição constitucional*. Rio de Janeiro: Forense, 2010

TARUFFO, Michele. Some remarks on group litigation in comparative perspective. *Duke Journal of Comparative & International Law*, vol. 11. Durham: 2001

_____. Precedente e giurisprudenza. *Rivista trimestrale di diritto e procedura civile*. ano LXI, vol. 3. Milão: Giuffrè, 2007

TRINDADE, Ariadne Maués. *Da distinção entre questão de fato e questão de direito para fins de cabimento dos recursos extraordinário e especial*. Dissertação de Mestrado defendida na PUC-SP em 2003, p. 150

TUCCI, José Rogério Cruz e. *Precedente judicial como fonte do direito*. São Paulo: RT, 2004

_____. *Eficácia do precedente judicial na história do direito brasileiro*. *Revista do Advogado*. ano XXIV, n. 78: São Paulo: AASP, 2004

VIGLIAR, José Marcelo Menezes. *Uniformização de Jurisprudência: segurança jurídica e dever de uniformizar*. São Paulo: Atlas, 2003

WALTER, Gerhard. Mass tort litigation in Germany and Switzerland. *Duke Journal of Comparative & International Law*, vol. 11. Durham: 2001

WAMBIER, Teresa Arruda Alvim. *Omissão judicial e embargos de declaração*. São Paulo: RT, 2005

_____. *Recurso Especial, recurso extraordinário e ação rescisória*. 2. ed. São Paulo: RT, 2009

WITTMANN, Ralf-Thomas. Il 'contenzioso di massa' in Germania. In GIORGETTI, Alessandro; VALLEFUOCO, Valerio. *Il contenzioso di massa in Italia, in Europa e nel mondo. Profili di comparazione in tema di azioni di classe ed azioni di gruppo*. Milano: Giuffrè, 2008

YOSHIKAWA, Eduardo Henrique de Oliveira. *O incidente de resolução de demandas repetitivas no novo Código de Processo Civil. Comentários aos arts. 930 a 941 do PL 8.046/2010*. *Revista de Processo*. ano 37. vol. 206. São Paulo: RT, 2012, p. 243 e ss.

ZAINAGUI, Maria Cristina. A súmula vinculante e a questão da interpretação. In SILVA, Bruno Freire e; MAZZEI, Rodrigo (coord). *Reforma do Judiciário: Análise interdisciplinar e estrututal do primeiro ano de vigência*. Curitiba: Juruá, 2006

Alternativas Trabalhistas
em Caso de Crise Econômica ou Financeira

Arthur Cahen

Introdução

Uma das maiores preocupações das empresas em momentos de crise da economia ou nas suas finanças é saber como lidar com as questões trabalhistas, não apenas pela função social que as empresas têm, mas, sobretudo, por conta da rigidez e aparente engessamento da legislação trabalhista.

Muito embora haja uma ideia geral de que a lei favorece apenas os trabalhadores e não abre margem a flexibilizações, isso não constitui uma verdade absoluta.

Nosso ordenamento jurídico traz em seu bojo algumas ferramentas legais que podem ser utilizadas pelas empresas para viabilizar a sobrevivência do negócio, salvar postos de trabalho ou, ao menos, reduzir os impactos negativos decorrentes de uma eventual redução de quadro em um momento de abalo na economia ou na sua situação financeira.

Boa parte dessas alternativas envolve alguma espécie de negociação sindical para poder ser implantada e operacionalizada. Por isso, os sindicatos profissionais acabam tendo fundamental importância para os empregadores e trabalhadores nos momentos de dificuldades, eis que podem, através da negociação coletiva, criar com as empresas formas de solução ou mitigação dos resultados danosos decorrentes de uma crise.

DIREITO DOS NEGÓCIOS APLICADO

Desta feita, as entidades sindicais têm relevante e valioso papel na construção das alternativas de controle e gestão de crise nas empresas.

Assim sendo, face à enorme importância de se fazer uma gestão responsável das pessoas e das relações de trabalho, respeitando a ordem legal e os direitos trabalhistas, optamos por conceituar e explicar um pouco de cada um desses recursos legais que podem ser manejados pelas empresas, com auxílio dos sindicatos, para administrar momentos de instabilidade e adversidade, com o fito de tentar garantir a manutenção de um dos direitos fundamentais mais importantes conferidos aos cidadãos: o direito ao trabalho.

1. Compensação de jornada

No Brasil a duração da jornada de trabalho é de 08 (oito) horas diárias e 44 (quarenta e quatro) horas semanais, a teor do quanto disposto no artigo 7º, XIII, da Constituição Federal e no artigo 58 e seguintes da Norma Consolidada.

Entretanto, o legislador, atento às necessidades das empresas, estabeleceu a possibilidade de o trabalho diário se estender além das 08 (oito) horas diárias até o limite de 10 (dez) horas, de modo a atender necessidades extraordinárias de serviço, ou ainda, para permitir que as horas extras trabalhados num dia, sejam compensadas pela correspondente diminuição em outro dia, sem que isso implique a necessidade de se pagar as excedentes como extras, desde que respeitado o limite de jornada semanal.

Tal possibilidade é assegurada pelo disposto no parágrafo 2º do artigo 59 da CLT, que estatui que

> *Poderá ser dispensado o acréscimo de salário se, por força de acordo ou convenção coletiva de trabalho, o excesso de horas em um dia for compensado pela correspondente diminuição em outro dia, de maneira que não exceda, no período máximo de um ano, à soma das jornadas semanais de trabalho previstas, nem seja ultrapassado o limite máximo de dez horas diárias.*

Depois que o texto em destaque passou a vigorar, muito se debateu sobre qual foi o intuito do legislador ao falar da necessidade de se estabelecer a compensação de jornada em *"acordo ou convenção coletiva de trabalho".*

Havia quem defendia que a compensação de jornada poderia ser instituída sem qualquer limitação, seja através de acordo individual, seja por meio de negociação coletiva.

Porém, após intensos debates doutrinários e jurisprudenciais acerca da interpretação do supracitado dispositivo legal, o Tribunal Superior do Trabalho, cristalizando o entendimento predominante sobre o tema, publicou a Súmula n.º 85, cuja redação atual assim dispõe:

COMPENSAÇÃO DE JORNADA.

I. A compensação de jornada de trabalho deve ser ajustada por acordo individual escrito, acordo coletivo ou convenção coletiva.

II. O acordo individual para compensação de horas é válido, salvo se houver norma coletiva em sentido contrário.

III. O mero não atendimento das exigências legais para a compensação de jornada, inclusive quando encetada mediante acordo tácito, não implica a repetição do pagamento das horas excedentes à jornada normal diária, se não dilatada a jornada máxima semanal, sendo devido apenas o respectivo adicional.

IV. A prestação de horas extras habituais descaracteriza o acordo de compensação de jornada. Nesta hipótese, as horas que ultrapassarem a jornada semanal normal deverão ser pagas como horas extraordinárias e, quanto àquelas destinadas à compensação, deverá ser pago a mais apenas o adicional por trabalho extraordinário.

V. As disposições contidas nesta súmula não se aplicam ao regime compensatório na modalidade "banco de horas", que somente pode ser instituído por negociação coletiva.

Denota-se, desta forma, que o acordo de compensação de horas firmado nos moldes do parágrafo 2º do artigo 59 da CLT pode ser ajustado por acordo individual escrito, sem intervenção sindical, para autorizar o regime de compensação semanal, desde que não haja norma coletiva dispondo em contrário e que não ocorra prestação de horas extras habituais.

Contudo, em se tratando do chamado "banco de horas", este há de ser negociado, pactuado e validado através de instrumento coletivo de trabalho.

Desse modo, as empresas podem estabelecer acordo de compensação de jornada semanal para racionalizar sua produção durante a semana, estabelecendo trabalhos de segunda-feira a sábados (alternados) ou de segunda a sexta-feira com duração superior a 08 (oito) horas diárias, de forma compensada. Ou, ainda, instituir "banco de horas", a fim de que, nos períodos de baixa produtividade, os empregados cumpram jornadas aquém das habitualmente praticadas sem que a empresa tenha de remunerar de forma extraordinária as horas destinadas à compensação futura.

Com isso, os empregadores têm como dar maior eficiência ao seu negócio, racionalizando a produção às necessidades da empresa, mormente nos momentos de adversidade econômica ou financeira.

A vantagem do banco de horas negociado coletivamente é que ele pode prever a possibilidade de as horas creditadas no banco serem compensadas

DIREITO DOS NEGÓCIOS APLICADO

ou remuneradas dentro do prazo de até 01 (um) ano – prazo bastante elástico e que permite às empresas fazer um planejamento adequado e consciente de compensação, de modo a atender às suas necessidades.

Salienta-se que a acumulação das horas no banco se sujeita ao limite máximo de 01 (um) ano de permanência ou, observando o que ocorrer primeiro, ao limite da carga horária semanal multiplicada pelas semanas existentes em 01 (um) ano. Além disso, não se pode considerar como hora suscetível de ingressar no "banco de horas" qualquer uma excedente do limite máximo de 10 (dez) horas diárias.

Assim, se a empresa precisar distribuir as horas trabalhadas no ano de uma forma mais adequada à operação ou se passar por um momento de baixa produtividade com perspectiva de retomada em curto prazo, ela pode reduzir a carga de horas diárias ou mesmo liberar os trabalhadores em alguns dias, sem perder as horas pagas e não laboradas, porquanto essas poderão ser compensadas no momento em que a empresa retomar sua produtividade normal, respeitadas as premissas e limites apontados acima, sob pena de descaracterização do acordo, seja de compensação ou de "banco de horas".

2. Férias coletivas

Outro mecanismo de gestão que as empresas possuem para os momentos de baixa produtividade em um determinado período do ano ou em um momento de crise de curta duração é a possibilidade de conceder férias coletivas aos seus empregados.

De acordo com o artigo 139 da CLT, as férias coletivas poderão ser concedidas a todos os empregados ou de determinados estabelecimentos ou setores da empresa.

As férias poderão ser gozadas em 02 (dois) períodos anuais desde que nenhum deles seja inferior a 10 (dez) dias corridos, exceto para as pessoas menores de 18 (dezoito) e maiores de 50 (cinquenta) anos, que devem usufruí-las em um só período, por expressa determinação legal.

Para que as férias coletivas sejam válidas, as empresas devem respeitar alguns ditames legais, dentre os quais destacamos o dever da empresa comunicar tanto o órgão do Ministério do Trabalho e Emprego, quanto a entidade sindical representativa da categoria profissional acerca da concessão das férias coletivas, sob pena de incorrer em infrações a preceito de Lei que podem sujeitá-la a sanções administrativas, bem como a discussões no que concerne a validade das férias coletivas concedidas.

84

Ademais, faz-se necessário que as empresas verifiquem se a norma coletiva de trabalho aplicável aos seus empregados não contém disposições referentes ao tema, que também deverão ser observadas.

O empregado que não possui 01 (um) ano de trabalho completo, por força do artigo 140 da CLT, gozará, na oportunidade, de férias coletivas proporcionais, iniciando-se, então, novo período aquisitivo. Assim, de acordo com Claudia Salles Vilela Vianna[1], *"o empregado que possua apenas seis meses de trabalho em uma determinada empresa não fará jus a 30 dias de férias coletivas, mas sim de apenas 15 dias".*

Na hipótese de as férias coletivas serem superiores às férias proporcionais a que o empregado faria jus, não pode o empregador descontar o valor correspondente aos dias não trabalhados que excederem o saldo de férias proporcionais que o trabalhador teria direito. Exemplo: se o empregado tinha direito a 15 dias de férias e lhe foi concedido um período de 20 dias, considera-se o gozo dos dias excedentes ao direito como sendo licença remunerada, que deverá ser paga em folha de pagamento normal, sem o acréscimo constitucional de 1/3 de férias.

Vale lembrar, ainda, que esses dias considerados como licença remunerada não poderão ser compensados e/ou descontados dos trabalhadores, em nenhuma circunstância.

No que tange a conversão de parte das férias coletivas em abono pecuniário, lembramos que tal possibilidade somente pode ser instituída mediante ajuste coletivo de trabalho (art. 143, § 2º, da CLT), independentemente de requerimentos individuais feitos pelos empregados.

Todavia, conforme lição do saudoso Valentin Carrion[2], *"incube exclusivamente à livre vontade do empregador o momento, a abrangência (todas as seções da empresa ou não) e até o fracionamento"* das férias coletivas. Assim, a aplicação de férias coletivas constitui prerrogativa exclusiva do empregador, salvo no tocante ao abono, que deve ser negociado coletivamente.

Por conta disso, este instituto mostra-se um importante instrumento de condução do negócio, nas hipóteses de crise de curta duração, pois pode ser utilizado ao alvedrio e necessidade da empresa, sem a necessidade de anuência e intervenção direta do ente sindical.

---

[1] *Manual Prático das Relações Trabalhistas*, 7ª Ed. São Paulo: LTr, 2005, p.470.
[2] *Comentários à CLT*, 39ª ed. São Paulo: Saraiva, 2014, p.204.

3. Redução da jornada de trabalho e de salários

Em regra, os contratos de trabalho estabelecem a jornada a ser cumprida pelos trabalhadores de cada empresa de acordo com os limites da lei, categoria ou norma coletiva.

Como contraprestação ao trabalho existe a correspondente remuneração, que não pode ser reduzida, por expressa determinação constitucional (art. 7º, VI).

Contudo, nos momentos de crise, em que não haja demanda ou necessidade de integral cumprimento da jornada pelos empregados e que seja necessário o enxugamento dos custos operacionais, podem as empresas tentar estabelecer uma redução de jornada, com a respectiva diminuição dos salários.

Esclareça-se, no entanto, que tal medida não pode ser implementada pela empresa unilateralmente. Isso porque, de acordo com o artigo 2.º da CLT, o empregado não responde pessoalmente pelos riscos do empreendimento.

Além disso, o poder diretivo da empresa encontra limites, sendo vedada a promoção de alterações contratuais que impliquem prejuízos diretos ou indiretos, ainda que contem com a autorização expressa do trabalhador (artigo 468 da CLT).

Assim sendo, a redução da jornada e dos salários não pode ser aplicada por meio de mera pactuação entre empregador e empregado.

Entretanto, o fato de tal possibilidade não poder ser efetivada pela empresa unilateralmente não quer dizer que ela não possa ser negociada. Fala-se isto, pois reza o artigo 7.º, incisos VI e XIII, da Constituição Federal, que:

> *Art. 7º São direitos dos trabalhadores urbanos e rurais, além de outros que visem à melhoria de sua condição social:*
> *[...]*
> *VI – irredutibilidade do salário, **salvo o disposto em convenção ou acordo coletivo**;*
> *[...]*
> *XIII – duração do trabalho normal não superior a oito horas diárias e quarenta e quatro semanais, facultada a compensação de horários e a **redução da jornada, mediante acordo ou convenção coletiva de trabalho**;* (grifamos)

Por força dos comandos constitucionais acima transcritos, é possível concluir que seria lícito ao empregador estatuir, mediante instrumento coletivo de trabalho, a redução dos salários de seus empregados e/ou da jornada de trabalho destes, sem se expor a geração de riscos de ordem trabalhista.

Porém, apesar do acolhimento desse embasamento predominar em nossa jurisprudência, há corrente minoritária dispondo que a flexibilização de direitos trabalhistas, inclusive no que tange à redução salarial e/ou de jornada de trabalho, somente poderia ocorrer caso houvesse justificativa capaz de sustentar tais medidas extraordinárias, ou, ainda, que houvesse o estabelecimento de benefício proporcional em favor do empregado, sob pena de caracterização de renúncia a direitos, o que é vedado em nosso sistema legal.

Neste sentido Gustavo Felipe Barbosa Garcia[3] assevera que apenas nas situações especificamente excepcionadas pela Constituição Federal é que se pode admitir a flexibilização de direitos, possibilitando a aplicação de regra menos benéfica ao trabalhador, mas sempre exigindo que a medida seja justificada e demonstrada como adequada à própria proteção do trabalho. Para o referido autor, *"referidas exceções, mesmo previstas na Constituição, não podem ser interpretadas como se estivesse autorizada qualquer flexibilização prejudicial ao trabalhador"*.

Dessa forma, apesar de possível a estipulação de redução salarial e de jornada de trabalho mediante acordo coletivo de trabalho, certo é que outros requisitos devem restar preenchidos. A doutrina e a jurisprudência exigem, além da previsão normativa, que a redução salarial se dê em caráter transitório e excepcional e que se justifique por um momento de crise comprovável. Ou seja, não basta a empresa intentar a alteração e negociá-la com o sindicato. É preciso que, na prática, a empresa esteja passando por um momento de crise em decorrência de questões econômicas ou financeiras, devendo haver, em ambas as hipóteses, sólida e robusta prova da condição desfavorável.

Importante também que a redução observe o limite mínimo salarial estabelecido constitucionalmente, a fim de evitar o risco de futuras demandas trabalhistas requerendo pagamentos de diferenças salariais.

Forçoso destacar que o artigo 2.º, da Lei n.º 4.963/1965, determina que a empresa que, em face de conjuntura econômica, devidamente comprovada, se encontrar em condições que recomendem, transitoriamente, a redução da jornada normal ou do número de dias do trabalho, poderá fazê-lo, com a respectiva redução salarial.

Contudo, condiciona o estabelecimento deste regime diferenciado à assinatura de prévio acordo com a entidade sindical representativa da categoria profissional, por prazo certo, não excedente de 03 (três) meses, prorrogável, nas mesmas condições, se ainda indispensável, e sempre de modo que a

---

[3] *Curso de direito do trabalho.* São Paulo : Método, 2008, 2.ed., p. 104.

redução do salário mensal resultante não seja superior a 25% (vinte e cinco por cento) do salário contratual, respeitado o salário mínimo e reduzidas proporcionalmente a remuneração e as gratificações de gerentes e diretores.

Em que pese não ter sido formalmente revogado, parte da doutrina defende que trechos do referido dispositivo legal se mostram incompatíveis com o comando do artigo 7.º, VI, da Constituição Federal. Neste sentido é o ensinamento de Eduardo Gabriel Saad[4], ao asseverar que:

> A 23 de dezembro de 1965 (um ano após a revolução de março de 1964), editou-se a Lei n. 4.923, que dispunha em seu artigo 2.º ser lícito à empresa reduzir a jornada normal, ou os dias de trabalho, quando comprovasse que a conjuntura recomendava a providência. [...]
>
> Admitia-se, no máximo, redução salarial da ordem de 25% respeitado o salário mínimo, sendo atingidos pela medida os gerentes e diretores da empresa.
>
> Essa situação se modificou sensivelmente com ao advento da Constituição Federal, de 5 de outubro de 1988. Os incisos VI e VIII, do seu art. 7.º, admitem a redução tanto do salário como da jornada de trabalho, desde que isso se faça por meio de acordo ou convenção coletiva de trabalho. [...]
>
> Temos como certo, porém, que perderam eficácia os pontos da Lei n. 4.923 que estabelecem: o mínimo de redução salarial; a diminuição dos dias de trabalho ou da jornada; fixando período máximo de 90 dias, prorrogável por igual prazo.
>
> Tais reduções perdem validade porque reduzem o alcance dos referidos dispositivos constitucionais.

Por outro lado, o Ministro do Tribunal Superior do Trabalho, Maurício Godinho Delgado[5] entende que:

> Embora existam posições que defendam a inexistência de limites à negociação coletiva, não é esta a melhor interpretação do conjunto da ordem jurídica. Parece claro que a Constituição recepcionou, em parte, antigos preceitos legais que estabeleciam parâmetros para a redução salarial (critério da motivação tipificada) – agora submetidos tais preceitos, sempre, ao crivo da negociação coletiva. Desse modo, a redução permitida pela norma autônoma negociada teria de se enquadrar nas situações de força maior ou prejuízos devidamente comprovados (art. 503, CLT) ou, pelo menos, conjuntura econômica adversa (Lei n. 4.923, de 1965), respeitado o percentual de 25% de redução e o salário mínimo legal (art. 503, CLT).

---

[4] *Consolidação das Leis do Trabalho: comentada*. São Paulo: LTr, 2008, 41. ed., p. 19.

[5] *Curso de direito do trabalho*. São Paulo: LTr, 2008, 7. ed., p. 1036.

Diante da controvérsia, recomenda-se que as empresas que pretedem negociar a redução de jornada e salários para os seus empregados o façam observando os ditames e premissas previstos na Lei nº 4.923/1965, sendo eles:

- Crise econômica comprovável;
- Negociação coletiva homologada pelo Ministério do Trabalho e Emprego;
- Redução de, no máximo, 25% do salário, respeitando-se o salário mínimo;
- Estipulação de prazo certo, com duração de até 03 (três) meses, sendo possível a prorrogação dentro das mesmas condições;
- Não realização de jornada extraordinária no período de vigência das reduções de jornada e salário; e
- Redução proporcional da remuneração e das gratificações dos gerentes e diretores.

Aplicando-se tal parâmetro, por exemplo, a um módulo de trabalho de 44 (quarenta e quatro) horas semanais, a empresa poderia reduzir a jornada para 33 (trinta e três) horas – ou seja, em 25% (vinte e cinco por cento) – com a correspondente redução salarial.

Tal medida, por óbvio, traz grandes vantagens administrativas às empresas, não apenas pela redução do custo com os salários, mas também com outras despesas envolvidas na operação (ex.: transporte, alimentação, etc.).

A nosso ver, para tornar ainda mais defensável eventuais reduções realizadas, entendemos que a empresa que for negociar a aplicação desse instituto, pode dar alguma vantagem, como, por exemplo, assumir o compromisso de, ao menos enquanto a redução perdurar, não efetivar a dispensa imotivada dos trabalhadores atingidos pela alteração contratual, a fim de gerar uma contrapartida à redução temporária do direito e eliminar as discussões acerca da validade da negociação.

Assim, reputamos ser possível e plenamente viável a implantação dessa modalidade de ajuste com intuito de se estabelecer a redução de jornada e salário de trabalhadores, por um período máximo de até 06 (seis) meses, de modo a autorizar uma imediata diminuição de custos para a empresa, sem a necessidade de reduzir os quadros e, por conseguinte, sem a exposição de risco de geração de passivo trabalhista.

Destaca-se, ainda, que além do formato tradicional de redução de jornada e salário indicado acima, foi criado em 06/07/2015, com a publicação da Medida Provisória (n.º 680/2015), o chamado Programa de Proteção ao Emprego (PPE).

Esse programa estabelece, em suma, que as empresas que se encontrem comprovadamente em situação de dificuldade econômico-financeira, poderão reduzir, temporariamente, em até 30% (trinta por cento), a jornada de trabalho de seus empregados, com a redução proporcional dos salários.

O diferencial, nesse caso, é que o Governo Federal, durante o período de redução da jornada/salário, pagará aos trabalhadores atingidos uma compensação pecuniária no valor equivalente a 50% (cinquenta por cento) do valor da redução salarial que tiverem sofrido, limitada ao valor de R$900,84 (novecentos reais e oitenta e quatro centavos). Assim, se um trabalhador ganha R$2.000,00 e a empresa em que trabalha aderir ao PPE, o salário dele poderia cair para R$1.400,00, mas ele receberia R$1.700,00, pois o Governo, por meio do Fundo de Amparo ao Trabalhador (FAT), arcaria com R$300,00 (valor que equivale a 50% da redução).

Vale destacar que as empresas somente poderão aderir ao PPE até 31/12/2015 e o programa terá que atender a alguns requisitos, a saber: (i) não poderá durar mais do que 12 (doze) meses; (ii) a adesão terá de ser feita via Acordo Coletivo de Trabalho negociado entre empresa e Sindicato profissional; (iii) A redução temporária da jornada de trabalho deverá abranger todos os empregados da empresa ou, no mínimo, todos os empregados de um setor específico; (iv) a empresa não poderá dispensar, sem justa causa, os empregados que tiverem sua jornada de trabalho reduzida enquanto vigorar a adesão da empresa ao PPE, e, após o seu término, pelo prazo equivalente a 1/3 (um terço) do período de adesão; (v) a empresa não poderá contratar novos empregados para executar, total ou parcialmente, as mesmas atividades exercidas pelos trabalhadores abrangidos pelo Programa; e (vi) o salário a ser pago pela empresa durante o período de redução da jornada de trabalho não poderá ser inferior ao valor do salário mínimo.

A criação desse programa traz vantagens para as empresas, que poderão reduzir, temporariamente, os custos de sua mão de obra, e ao próprio Governo, que buscou incentivar a manutenção de postos de trabalho e reduzir seus gastos com benefícios como o Seguro-Desemprego.

4. Suspensão dos contratos de trabalho

No que diz respeito à suspensão do contrato de trabalho, esta encontra regulamentação no artigo 476-A da Norma Celetista. Referido dispositivo legal preceitua que:

Art. 476-A. O contrato de trabalho poderá ser suspenso, por um período de dois a cinco meses, para participação do empregado em curso ou programa de qualificação profissional oferecido pelo empregador, com duração equivalente à suspensão contratual, mediante previsão em convenção ou acordo coletivo de trabalho e aquiescência formal do empregado, observado o disposto no art. 471 desta Consolidação.

§ 1º Após a autorização concedida por intermédio de convenção ou acordo coletivo, o empregador deverá notificar o respectivo sindicato, com antecedência mínima de quinze dias da suspensão contratual.

§ 2º O contrato de trabalho não poderá ser suspenso em conformidade com o disposto no caput deste artigo mais de uma vez no período de dezesseis meses.

§ 3º O empregador poderá conceder ao empregado ajuda compensatória mensal, sem natureza salarial, durante o período de suspensão contratual nos termos do caput deste artigo, com valor a ser definido em convenção ou acordo coletivo.

§ 4º Durante o período de suspensão contratual para participação em curso ou programa de qualificação profissional, o empregado fará jus aos benefícios voluntariamente concedidos pelo empregador.

§ 5º Se ocorrer a dispensa do empregado no transcurso do período de suspensão contratual ou nos três meses subseqüentes ao seu retorno ao trabalho, o empregador pagará ao empregado, além das parcelas indenizatórias previstas na legislação em vigor, multa a ser estabelecida em convenção ou acordo coletivo, sendo de, no mínimo, cem por cento sobre o valor da última remuneração mensal anterior à suspensão do contrato.

§ 6º Se durante a suspensão do contrato não for ministrado o curso ou programa de qualificação profissional, ou o empregado permanecer trabalhando para o empregador, ficará descaracterizada a suspensão, sujeitando o empregador ao pagamento imediato dos salários e dos encargos sociais referentes ao período, às penalidades cabíveis previstas na legislação em vigor, bem como às sanções previstas em convenção ou acordo coletivo.

§ 7º O prazo limite fixado no caput poderá ser prorrogado mediante convenção ou acordo coletivo de trabalho e aquiescência formal do empregado, desde que o empregador arque com o ônus correspondente ao valor da bolsa de qualificação profissional, no respectivo período.

Com base na regra acima, podemos concluir que para que a suspensão seja formalizada, deve a empresa cumprir os seguintes requisitos legais:

- Ter autorização prevista em norma coletiva;

DIREITO DOS NEGÓCIOS APLICADO

- Estabelecer período de suspensão dentro dos parâmetros fixados em lei;
- Fornecer programa de qualificação profissional com duração equivalente ao período de suspensão contratual;
- Ter autorização formal dos empregados atingidos;
- Formalizar o processo de suspensão do contrato de trabalho junto ao Ministério do Trabalho e Emprego;
- Notificar o sindicato no prazo legal, sobre a data de início da suspensão contratual; e
- Não suspender o contrato de trabalho de seus empregados nessa modalidade mais de uma vez no período de dezesseis meses.

Ademais, para que a suspensão do contrato de trabalho seja operada e goze de pleno respaldo legal, se faz curial que os trabalhadores selecionados sejam colocados efetivamente para realizar algum curso no período de suspensão contratual.

Na hipótese de não ser ministrado curso ou programa de qualificação profissional ou caso o trabalhador permaneça trabalhando, ficará descaracterizada a suspensão do contrato de trabalho, sujeitando a empresa ao pagamento dos salários e dos encargos sociais referentes ao período ajustado.

No período em que os trabalhadores estiverem realizando curso de qualificação profissional, estes não terão direito a percepção de salários, mas poderão receber benefícios voluntariamente concedidos pelo empregador, assim como ajuda compensatória de natureza indenizatória.

Ainda, farão jus à bolsa de qualificação profissional, a ser custeada pelo Fundo de Amparo ao Trabalhador – FAT (art. 2º-A da Lei 7.998/1990), que deve ser requerida pelos trabalhadores nas unidades de atendimento do Ministério do Trabalho e Emprego.

A periodicidade, os valores, o cálculo do número de parcelas e os demais procedimentos operacionais de pagamento da bolsa de qualificação profissional, bem como os pré-requisitos para habilitação serão os mesmos adotados em relação ao benefício do Seguro-Desemprego, exceto quanto à dispensa sem justa causa.

Desta feita, tal bolsa equivale ao benefício do seguro-desemprego, de modo que os empregados que completarem o período mínimo estabelecido por lei de trabalho, receberão entre 02 (duas) e 05 (cinco) parcelas, dependendo do período, sendo que seu valor será calculado com base nos 03 (três) últimos salários do empregado, em valor nunca inferior a 01 (um) salário mínimo.

Ressalta-se, ainda, que para ter direito ao benefício da Bolsa de Qualificação, o trabalhador deve comprovar[6]:

- ter recebido salários consecutivos nos últimos seis meses imediatamente anteriores à data da suspensão do contrato, de pessoa jurídica ou pessoa física equiparada à jurídica;
- ter trabalhado pelo menos seis meses nos últimos três anos, com pessoa jurídica ou pessoa física equiparada à jurídica;
- não estar recebendo nenhum benefício de prestação continuada da Previdência Social, exceto o auxílio-acidente e a pensão por morte;
- não possuir renda própria, suficiente a sua manutenção e de sua família;
- a suspensão do contrato de trabalho, devidamente anotada na Carteira de Trabalho e Previdência Social – CTPS;
- a inscrição em curso ou programa de qualificação profissional, devendo constar, inclusive, a sua duração.

Já o prazo para o trabalhador com contrato de trabalho suspenso requerer o benefício da Bolsa de Qualificação Profissional conta-se a partir da data de início da suspensão do contrato de trabalho até o seu término, sendo que o benefício será pago nas agências e correspondentes bancários da Caixa Econômica Federal.

A primeira parcela da Bolsa de Qualificação profissional será liberada 30 (trinta) dias após a data de suspensão do contrato de trabalho e as demais, se houver, a cada 30 (trinta) dias.

Como o recurso utilizado para custear a Bolsa Qualificação é proveniente do Fundo de Amparo ao Trabalhador, se o trabalhador que tiver seu contrato de trabalho suspenso for demitido antes de completados 16 (dezesseis) meses de reativação do seu contrato, este não receberá o seguro desemprego.

Se a empresa precisar prorrogar o período de suspensão além do limite de 05 (cinco) meses, poderá fazê-lo, com aquiescência formal do trabalhador e desde que assuma integralmente o custeio do valor correspondente à Bolsa Qualificação.

O acordo que instituir a suspensão do contrato de trabalho dos empregados deve prever uma multa de, no mínimo, um salário, ao empregado que vier a ser dispensado pela empresa nos 90 (noventa) dias subsequentes ao retorno ao trabalho.

Nota-se, desse modo, que a suspensão do contrato de trabalho estatuída na forma do artigo 476-A do Texto Consolidado, constitui excelente ferramenta

[6] http://portal.mte.gov.br/seg_desemp/perguntas-e-respostas.htm

de gestão para as empresas. Isso porque, com a instituição deste mecanismo as empresas conseguem desonerar sua folha (repassando parte substancial de seu custo para o Fundo de Amparo do Trabalhador), sem gerar altos custos com rescisões contratuais e possibilitando o retorno da sua mão de obra (treinada) depois de superado o período de baixa ou de crise.

Por último, importante destacar que nos filiamos à tese de que é possível a suspensão do contrato de trabalho, sem remuneração, em situações em que a empresa vislumbre a possibilidade de reativação futura da mão de obra e mediante a concessão de alguns benefícios em contrapartida. Essa licença não remunerada, a nosso ver, precisa ser negociada e estabelecida através de um acordo coletivo firmado com a entidade sindical representativa da categoria profissional para gozar de plena validade, e deve ter como finalidade precípua a tentativa de manutenção dos postos de trabalho e a não inviabilização da atividade econômica da empresa que esteja comprovadamente em uma situação financeira ou econômica instável, mas com perspectivas reais de recuperação. Destacamos, entretanto, que nossa posição diverge do entendimento de parte da doutrina e da jurisprudência.

5. Programa de demissão voluntária (PDV)

Quando nenhuma das medidas já discutidas surtir os resultados esperados ou sendo necessária a redução do quadro de empregados, mesmo com a adoção de uma ou várias das possibilidades abordadas acima, têm as empresas formas de realizar cortes mitigando os impactos negativos da medida.

Uma delas é o chamado Programa de Demissão Voluntária (PDV), que em que pese não goze de previsão legal é costumeiramente utilizado.

Na prática, o PDV consiste em um mecanismo de incentivo à demissão, feito pelo empregador, através da instituição de um acordo que contemple o pagamento de uma determinada indenização a todos os empregados que se enquadrem em parâmetros pré-determinados e que se candidatem e concordem com a rescisão de seus contratos de trabalho.

Trata-se, assim, de uma transação extrajudicial entre empregado e empregador que objetiva incentivar o desligamento voluntário do trabalhador, mediante o estabelecimento e concessão de uma vantagem pecuniária.

Em que pese se tratar de um acordo extrajudicial, tem se defendido que para que o PDV seja válido, se faz mister que ele conte com a anuência e assistência do Sindicato da categoria, a fim de evitar futuros questionamentos relacionados à validade de sua constituição e para impedir alegações de vício de consentimento por parte dos trabalhadores.

A nosso ver, o regramento do PDV deverá ser estabelecido por meio de negociação coletiva e, dentre outras previsões, o instrumento que o instituir deverá conter:

- A apresentação da justificativa do plano;
- O público elegível;
- Prazo para adesão e possibilidade de prorrogação;
- Os valores e modo de pagamento da indenização pela adesão que será paga além das verbas rescisórias;
- A demonstração da reciprocidade de concessões;
- Benefícios que serão mantidos e/ou concedidos e o prazo de manutenção.

É importante que o documento que criar o PDV também tenha parâmetros objetivos e pré-determinados para estabelecer quais condições o empregado deve preencher, para poder participar do plano.

Apesar de não haver disposição legal nesse sentido, há quem defenda a impossibilidade de a empresa ofertar o PDV a apenas determinado grupo de empregados, por entender que tal situação constituiria violação ao princípio constitucional da isonomia ou, dependendo do critério, violação ao princípio da não discriminação. Deste modo, o critério deve ser objetivo, porém, não pode ser discriminatório, nem tampouco não isonômico.

Além disso, importante destacar que as empresas não podem condicionar o pagamento da indenização e demais benefícios por adesão ao PDV à quitação total e irrestrita do contrato de trabalho, na medida em que o Tribunal Superior do Trabalho prega que eventual quitação abrange, exclusivamente, as verbas arroladas no instrumento de rescisão (Orientação Jurisprudencial nº 270 da SDI-1 do TST[7]). Portanto, a adesão ao plano de demissão voluntária por parte do empregado, por si só, não gera quitação ampla, geral e irrestrita de todos os direitos decorrentes do contrato de trabalho, estando esta limitada às parcelas expressamente consignadas no documento rescisório, nos termos do parágrafo 2º, do artigo 477, da Norma Consolidada.

---

[7] *Nº 270 PROGRAMA DE INCENTIVO À DEMISSÃO VOLUNTÁRIA. TRANSAÇÃO EXTRA-JUDICIAL. PARCELAS ORIUNDAS DO EXTINTO CONTRATO DE TRABALHO. EFEITOS. A transação extrajudicial que importa rescisão do contrato de trabalho ante a adesão do empregado a plano de demissão voluntária implica quitação exclusivamente das parcelas e valores constantes do recibo.*

DIREITO DOS NEGÓCIOS APLICADO

A vantagem do PDV para os trabalhadores é que as empresas possibilitam para aqueles que não tenham mais interesse em dar continuidade ao pacto laboral, mas que não querem pedir demissão (para não perder o direito de levantar o FGTS), a oportunidade de se candidatar para ser demitido, recebendo todos os direitos decorrentes da uma dispensa sem justa causa, mais os que forem negociados no programa.

Por outro lado, para as empresas, a vantagem do PDV é que essas conseguem promover a redução de seus quadros de uma forma negociada e democrática, minimizando com isso os riscos de questionamentos, e que sobre o valor pago a título de indenização pela adesão ao programa não há a incidência de INSS (art. 28, § 9º, "e", 5, da lei 8.212/91), de FGTS (art. 15, § 6º, da lei 8.036/90) e do Imposto de Renda (Súmula 215 do Superior Tribunal de Justiça e Instrução Normativa SRF nº 165/1998), sendo o pagamento das indenizações considerado como despesa dedutível para as empresas.

Importante frisar que apesar de a doutrina e a jurisprudência reconhecerem a validade da instituição do PDV com participação sindical, há corrente minoritária e superada que considera que tal espécie de transação extrajudicial não encontra guarida em nosso ordenamento jurídico e, portanto, condiciona a validade da manifestação volitiva do empregado à sua submissão perante Comissão de Conciliação Prévia – CCP.

Em que pese não compartilharmos desse entendimento, há mérito na ideia de celebração de PDV perante CCP, por força do disposto no parágrafo único, do artigo 625-E da CLT[8].

Outrossim, vale ressaltar que a jurisprudência atual e predominante se posiciona no sentido de que se o rompimento do pacto laboral se deu em consequência da livre iniciativa do empregado, que recebeu, em contrapartida, as vantagens oferecidas pela empresa, não há vício capaz de inquinar a validade da rescisão. Tal posicionamento tem reconhecido, inclusive, que os efeitos da adesão espontânea do trabalhador ao PDV equivalem à válida renúncia à eventual garantia de emprego no período da estabilidade.

Destarte, as empresas que tiverem interesse em instituir o PDV podem fazê-lo de forma negociada com a entidade sindical profissional, criando

---

[8] Art. 625-E. Aceita a conciliação, será lavrado termo assinado pelo empregado, pelo empregador ou seu proposto e pelos membros da Comissão, fornecendo-se cópia às partes.
Parágrafo único. O termo de conciliação é título executivo extrajudicial e terá eficácia liberatória geral, exceto quanto às parcelas expressamente ressalvadas.

vantagens e obtendo quitação aos valores expressamente consignados no termo de rescisão, inclusive em relação a trabalhadores estáveis.

6. Dispensa em massa

No Brasil não existe lei vedando expressamente a possibilidade de as empresas efetuarem dispensas em massa[9].

Contudo, a jurisprudência mais atual, dos Tribunais Regionais e do Tribunal Superior do Trabalho, fixou entendimento de que as demissões coletivas somente são válidas se negociadas com o sindicato profissional da categoria.

A Justiça do Trabalho, ao impor a participação do sindicato no processo demissional coletivo, força as empresas a ter de negociar com os sindicatos as demissões e a conceder benefícios sociais e pecuniários aos demitidos, em retribuição, para validar o processo demissional.

As empresas que efetuaram, recentemente, dispensa coletiva sem negociar com os sindicatos, viram as demissões serem revertidas ou suspensas judicialmente, bem como foram compelidas a negociar com as entidades sindicais profissionais uma forma negociada de operacionalização das dispensas.

As decisões proferidas no sentido de que as empresas não podem, unilateralmente, realizar demissões coletivas, têm se baseado nas regras contidas na Convenção 158 da Organização Internacional do Trabalho – OIT (referida norma foi ratificada pelo Brasil e denunciada posteriormente, quando foi banida de nosso ordenamento jurídico) e no direito comparado de outros países (especialmente da Espanha, Portugal, México e Argentina).

Pela Convenção 158 da OIT, havendo dispensas coletivas por motivos econômicos, técnicos, estruturais ou análogos, o empregador deverá informar oportunamente à representação dos trabalhadores, manter negociações com essa representação e notificar a autoridade competente, cientificando-a da sua pretensão, dos motivos da dispensa, do número de trabalhadores atingidos e do período durante o qual as dispensas ocorrerão.

Nossos julgadores, ao aplicarem analogicamente essa regra nas discussões levadas à Justiça, fixaram ser abusiva a dispensa coletiva sem nenhuma negociação prévia com os sindicatos profissionais. Essa posição se consolidou

---

[9] Em que pese não exista um conceito definindo quando uma demissão de vários trabalhadores se torna em massa, atraindo a necessidade de ser negociada, tem os julgadores compreendido que essa se caracteriza quando o número de trabalhadores dispensados excede a média habitual de rotatividade da mão de obra da empresa.

DIREITO DOS NEGÓCIOS APLICADO

no Tribunal Superior do Trabalho e ganhou notoriedade com o julgamento do dissídio coletivo suscitado por sindicatos profissionais contra a Empresa Brasileira de Aeronáutica S/A – EMBRAER, após a rescisão não negociada do contrato de trabalho de 4.200 trabalhadores (Processo n.º TST-RO-DC-309/2009-000-15-00.4).

Desse modo, muito embora existam magistrados que se posicionam contra a obrigatoriedade de se negociar com os sindicatos a realização das demissões em massa, como o Desembargador, do Tribunal Regional do Trabalho da 2ª Região, Sérgio Pinto Martins[10], certo é que a posição que tem prevalecido é a de que a negociação deve sim ser implementada.

Por conta disso, o ideal é que as demissões em massa sejam negociadas com o sindicato, a fim de se eliminar as chances de discussões administrativas ou judiciais.

Na prática, essas negociações devem estatuir um pacote de benefícios aos trabalhadores demitidos, além dos direitos rescisórios preconizados na lei, bem como devem prever o compromisso de tentativa de readmissão da mão de obra dispensada, entre outras estipulações a serem negociadas.

Portanto, reputamos que em caso de crise econômica ou financeira, essa também se mostra uma alternativa relevante para as empresas, seja para viabilizar a redução do quadro, seja para evitar eventuais discussões decorrentes da concretização de dispensas não negociadas.

Conclusão

Do exposto, evidencia-se ser possível às empresas se valerem de mecanismos legais para gerir e lidar com momentos de crise, sem, com isso, impor aos trabalhadores redução expressiva de direitos e sem infringir os preceitos constitucionais e legais pétreos e irrenunciáveis.

Muito embora o leque de alternativas não seja enorme e existam alguns freios legais ou fixados pela doutrina e jurisprudência para impedir eventual vilipêndio aos direitos obreiros, certo é que as empresas possuem alternativas para auxiliá-las a gerir os momentos de crise.

Como visto acima, boa parte desses institutos envolvem a participação direta ou indireta dos entes sindicais, o que, mostra-se salutar, pois dá aos

[10] MARTINS, Sergio Pinto Despedida Coletiva. Editora Magister – Porto Alegre. Disponível em: <www.editoramagister.com/doutrina_ler.php?id=614 > Data de inserção: 10/12/2009. Data de acesso: 18/02/2012.

sindicatos a possibilidade de auxiliar as empresas a buscar soluções para enfrentar os momentos de dificuldade e confere às empresas maior segurança jurídica em relação ao que for negociado.

Torna-se, portanto, indubitável a importância de se discutir e debater a perspectiva de construção dessas medidas como forma de fomento dessas iniciativas e de ampliação da sua utilização pelas empresas, na prática.

Referências

CARRION, Valentin. *Comentários à CLT*, 39ª ed. São Paulo: Saraiva, 2014, p.204.

DELGADO, Maurício Godinho. *Curso de direito do trabalho*. São Paulo: LTr, 2008, 7. ed., p. 1036.

GARCIA, Gustavo Felipe Barbosa. Curso de direito do trabalho. São Paulo: Método, 2008, 2.ed., p. 104.

MARTINS, Sergio Pinto Despedida Coletiva. Editora Magister – Porto Alegre. Disponível em: <www.editoramagister.com/doutrina_ler.php?id=614> Data de inserção: 10/12/2009. Acesso em fevereiro de 2012.

MINISTÉRIO DO TRABALHO E EMPREGO. Disponível em: <http://portal.mte.gov.br/seg_desemp/perguntas-e-respostas.htm> Acesso em junho de 2014.

SAAD, Eduardo Gabriel. Consolidação das Leis do Trabalho: comentada. São Paulo: LTr, 2008, 41. ed., p. 19.

VIANNA, Cláudia Salles Vilela. Manual Prático das Relações Trabalhistas, 7ª Ed. São Paulo: LTr, 2005, p.470.

O Protesto de CDA como Violação do Princípio da Preservação da Empresa

Maurício Pereira Faro
Bernardo Motta Moreira

1. Introdução

Foi com grande satisfação que recebemos o convite dos Professores Adalberto Simão Filho, Elias Marques de Medeiros Neto e Janahim Figueira para escrevermos algumas linhas destinadas à obra coletiva sobre temática do direito dos negócios.

Diante da grande polêmica instalada nos últimos anos, consideramos oportuno trazer ao debate o tema relativo à possibilidade de que as Fazendas Públicas adotem o protesto de Certidões de Dívida Ativa (CDA's) perante os Tabeliães de Protesto como meio de buscar o adimplemento de créditos tributários.

No entendimento do Fisco, a CDA seria título executivo passível de protesto, considerando que tal ato objetivaria tão somente comprovar a inadimplência e o descumprimento da obrigação tributária pelo devedor.

Por outro lado, é cediço que a única razão para a adoção do protesto pelo Fisco, é o incremento da arrecadação, por meio do constrangimento ao pagamento do crédito tributário devido, o que desviaria, portanto, a própria finalidade do instituto. Com efeito, estaríamos diante de um perigoso e unilateral instrumento de coerção a ser adotado pelo Estado para satisfação de seus créditos, sejam aqueles realmente devidos ou até mesmo indevidos.

Para incrementar a discussão, é digno de nota que, nos últimos dias do ano de 2012, mais precisamente no dia 28/12/2012, foi publicada a Lei nº 12.767, que versa, principalmente, sobre a extinção das concessões de serviço público de energia elétrica e a prestação temporária do serviço e sobre a intervenção para adequação do serviço público de energia elétrica. Outrossim, foram realizadas diversas alterações, em outros diplomas legislativos.

Entre essas alterações, o art. 25 da nova lei incluiu o parágrafo único ao art. 1º da Lei nº 9.492/1997, autorizando expressamente que os entes públicos levem a protesto as certidões de dívida ativa por eles expedidas.

Abstraindo a evidente inconstitucionalidade formal do mencionado dispositivo, em face da violação do processo legislativo e dos arts. 59 e 62 da Constituição da República, eis que a Lei nº 12.767 decorreu da conversão da Medida Provisória nº 577, de 2012, que nada tratava sobre a questão, mas apenas da extinção das concessões de serviço público de energia elétrica,[1] consideramos importante debruçamos novamente sobre a possibilidade de protesto da CDA, principalmente em face das recentes decisões judiciais do Superior Tribunal de Justiça.[2]

Nesse contexto, o presente trabalho partirá da análise do recente julgado do STJ, proferido nos autos do Recurso Especial nº 1.126.515/PR, no fim do ano de 2013, que representou alteração da orientação que o Tribunal vinha adotando. Posteriormente, será analisado o reiterado uso das malfadas sanções políticas pelos entes públicos e como tais medidas violam o princípio da preservação da empresa, que não deve ser somente um vetor normativo aplicado durante a extinção da pessoa jurídica, mas durante toda sua existência, evitando-se, por exemplo, a tributação confiscatória e abusiva. Após, estudaremos as normas que regem o instituto do protesto e da Certidão de Dívida Ativa, no intuito de avaliar a compatibilidade entre referidos instrumentos de cobrança.

---

[1] Ressalte-se ainda que a Confederação Nacional dos Trabalhadores da Indústria (CNTI) ajuizou Ação Direta de Inconstitucionalidade (ADI 5018) contra a Lei 12.767/2012. A entidade profissional sustenta que a Medida Provisória 577/2012, que deu origem à lei, não observou os pressupostos da urgência e da relevância, previstos no artigo 62, *caput*, da Constituição da República.

[2] Já tivemos a oportunidade de dissertar sobre o tema outras vezes. Remetemos o leitor para a seguinte obra: MOREIRA, Bernardo Motta; FARO, Maurício Pereira. "Protesto de Certidão de Dívida Ativa: Incompatibilidade com a Cobrança de Créditos por Meio de Execução Fiscal". *Revista Brasileira de Direito Tributário e Finanças Públicas*, v. 18, Editora Magister, p. 49-58, 2010.

2. A virada jurisprudencial do Superior Tribunal de Justiça

Até o final do ano de 2013, o Superior Tribunal de Justiça, por suas primeira e segunda turmas, vinha se manifestando no sentido de que não haveria interesse do Poder Público em em levar a protesto a Certidão da Dívida Ativa, haja vista que esta seria um título que já goza de presunção de certeza e liquidez e confere publicidade à inscrição do débito na dívida ativa.[3]

A Corte chegou a decidir que o protesto indevido de certidão de dívida ativa não geraria sequer dano moral, justamente porque se trataria de ato desnecessário e inócuo (REsp 1.093.601/RJ, Rel. Ministra Eliana Calmon, Segunda Turma, DJe 15/12/2008). Naquela oportunidade, reiterou-se o entendimento de que "a certidão de dívida ativa, além da presunção de certeza e liquidez, é também ato que torna público o conteúdo do título, não havendo interesse de ser protestado, medida cujo efeito é a só publicidade".

Todavia, recentemente, no julgamento do Recurso Especial nº 1.126.515/PR, a Segunda Turma do STJ alterou a sua orientação para admitir o protesto de CDA.[4] No acórdão, publicado no dia 16/12/2013, o Relator Ministro

---

[3] Por todos, vide a seguinte ementa: "PROCESSUAL CIVIL E TRIBUTÁRIO. EXECUÇÃO FISCAL. CDA. PROTESTO. DESNECESSIDADE. AUSÊNCIA DE INTERESSE MUNICIPAL. PRECEDENTES. 1. A CDA, além de já gozar da presunção de certeza e liquidez, dispensa o protesto. Correto, portanto, o entendimento da Corte de origem, segundo a qual o Ente Público sequer teria interesse para promover o citado protesto. Precedentes. 2. Agravo regimental não provido". (AgRg no Ag 1172684/PR, Rel. Ministro Mauro Campbell Marques, Segunda Turma, julgado em 05/08/2010, DJe 03/09/2010).

[4] Eis a ementa do julgado: "PROCESSUAL CIVIL E ADMINISTRATIVO. PROTESTO DE CDA. LEI 9.492/1997. INTERPRETAÇÃO CONTEXTUAL COM A DINÂMICA MODERNA DAS RELAÇÕES SOCIAIS E O "II PACTO REPUBLICANO DE ESTADO POR UM SISTEMA DE JUSTIÇA MAIS ACESSÍVEL, ÁGIL E EFETIVO". SUPERAÇÃO DA JURISPRUDÊNCIA DO STJ. 1. Trata-se de Recurso Especial que discute, à luz do art. 1º da Lei 9.492/1997, a possibilidade de protesto da Certidão de Dívida Ativa (CDA), título executivo extrajudicial (art. 586, VIII, do CPC) que aparelha a Execução Fiscal, regida pela Lei 6.830/1980. 2. Merece destaque a publicação da Lei 12.767/2012, que promoveu a inclusão do parágrafo único no art. 1º da Lei 9.492/1997, para expressamente consignar que estão incluídas "entre os títulos sujeitos a protesto as certidões de dívida ativa da União, dos Estados, do Distrito Federal, dos Municípios e das respectivas autarquias e fundações públicas". 3. Não bastasse isso, mostra-se imperiosa a superação da orientação jurisprudencial do STJ a respeito da questão. 4. No regime instituído pelo art. 1º da Lei 9.492/1997, o protesto, instituto bifronte que representa, de um lado, instrumento para constituir o devedor em mora e provar a inadimplência, e, de outro, modalidade alternativa para cobrança de dívida, foi ampliado, desvinculando-se dos títulos estritamente cambiariformes para abranger todos e quaisquer "títulos ou documentos de dívida". Ao

DIREITO DOS NEGÓCIOS APLICADO

contrário do afirmado pelo Tribunal de origem, portanto, o atual regime jurídico do protesto não é vinculado exclusivamente aos títulos cambiais.

5. Nesse sentido, tanto o STJ (RESP 750805/RS) como a Justiça do Trabalho possuem precedentes que autorizam o protesto, por exemplo, de decisões judiciais condenatórias, líquidas e certas, transitadas em julgado.

6. Dada a natureza bifronte do protesto, não é dado ao Poder Judiciário substituir-se à Administração para eleger, sob o enfoque da necessidade (utilidade ou conveniência), as políticas públicas para recuperação, no âmbito extrajudicial, da dívida ativa da Fazenda Pública.

7. Cabe ao Judiciário, isto sim, examinar o tema controvertido sob espectro jurídico, ou seja, quanto à sua constitucionalidade e legalidade, nada mais. A manifestação sobre essa relevante matéria, com base na valoração da necessidade e pertinência desse instrumento extrajudicial de cobrança de dívida, carece de legitimação, por romper com os princípios da independência dos poderes (art. 2º da CF/1988) e da imparcialidade.

8. São falaciosos os argumentos de que o ordenamento jurídico (Lei 6.830/1980) já instituiu mecanismo para a recuperação do crédito fiscal e de que o sujeito passivo não participou da constituição do crédito.

9. A Lei das Execuções Fiscais disciplina exclusivamente a cobrança judicial da dívida ativa, e não autoriza, por si, a insustentável conclusão de que veda, em caráter permanente, a instituição, ou utilização, de mecanismos de cobrança extrajudicial.

10. A defesa da tese de impossibilidade do protesto seria razoável apenas se versasse sobre o "Auto de Lançamento", esse sim procedimento unilateral dotado de eficácia para imputar débito ao sujeito passivo.

11. A inscrição em dívida ativa, de onde se origina a posterior extração da Certidão que poderá ser levada a protesto, decorre ou do exaurimento da instância administrativa (onde foi possível impugnar o lançamento e interpor recursos administrativos) ou de documento de confissão de dívida, apresentado pelo próprio devedor (e.g., DCTF, GIA, Termo de Confissão para adesão ao parcelamento, etc.).

12. O sujeito passivo, portanto, não pode alegar que houve "surpresa" ou "abuso de poder" na extração da CDA, uma vez que esta pressupõe sua participação na apuração do débito. Note-se, aliás, que o preenchimento e entrega da DCTF ou GIA (documentos de confissão de dívida) corresponde integralmente ao ato do emitente de cheque, nota promissória ou letra de câmbio.

13. A possibilidade do protesto da CDA não implica ofensa aos princípios do contraditório e do devido processo legal, pois subsiste, para todo e qualquer efeito, o controle jurisdicional, mediante provocação da parte interessada, em relação à higidez do título levado a protesto.

14. A Lei 9.492/1997 deve ser interpretada em conjunto com o contexto histórico e social. De acordo com o "II Pacto Republicano de Estado por um sistema de Justiça mais acessível, ágil e efetivo", definiu-se como meta específica para dar agilidade e efetividade à prestação jurisdicional a "revisão da legislação referente à cobrança da dívida ativa da Fazenda Pública, com vistas à racionalização dos procedimentos em âmbito judicial e administrativo".

15. Nesse sentido, o CNJ considerou que estão conformes com o princípio da legalidade normas expedidas pelas Corregedorias de Justiça dos Estados do Rio de Janeiro e de Goiás que, respectivamente, orientam seus órgãos a providenciar e admitir o protesto de CDA e de sentenças condenatórias transitadas em julgado, relacionadas às obrigações alimentares.

16. A interpretação contextualizada da Lei 9.492/1997 representa medida que corrobora a tendência moderna de intersecção dos regimes jurídicos próprios do Direito Público e Privado. A todo instante vem crescendo a publicização do Direito Privado (iniciada, exemplificativamente, com a

Herman Benjamin, ao dar provimento ao recurso especial do município de Londrina, que questionava decisão do Tribunal de Justiça do Paraná no sentido de que seria vedado o protesto de títulos que não fossem cambiais, apresentou os seguintes argumentos:

a) a Lei nº 9.492/97 teria ampliado as espécies de documentos de dívida que poderiam ser levadas ao protesto, o que incluiu a CDA. Acrescentou que, após alteração sofrida com a edição da Lei nº 12.767/12, passaram a constar expressamente entre os títulos sujeitos a protesto as Certidões de Dívida Ativa da União, dos estados, do Distrito Federal, dos municípios e das respectivas autarquias e fundações públicas;

b) a natureza bifronte do protesto viabilizaria sua utilização, inclusive para a CDA e as decisões judiciais condenatórias transitadas em julgado. O protesto, além de representar instrumento para constituir em mora e/ou comprovar a inadimplência do devedor, seria meio alternativo para o cumprimento da obrigação. Com efeito, o art. 19 da Lei 9.492/1997 disciplina o pagamento dos títulos ou documentos de dívida levados a protesto. Assim, embora a disciplina do Código de Processo Civil (art. 586, VIII, do CPC) e da Lei 6.830/1980 atribua exequibilidade à CDA, qualificando-a como título executivo extrajudicial apto a viabilizar o imediato ajuizamento da Execução Fiscal – ou seja, sob esse restrito enfoque efetivamente não haveria necessidade do protesto – a Administração Pública vem reiterando sua intenção de adotar o protesto como meio alternativo para buscar, extrajudicialmente, a satisfação de sua pretensão creditória, principalmente em relação aos baixos valores;

c) da mesma forma do que ocorre em relação aos títulos cambiários, o protesto de CDA seria medida legítima porque pressupõe a anuência do sujeito passivo em relação ao conteúdo do débito. Segundo o Ministro, se a origem do vínculo obrigacional, em vez de contrato ou ato jurídico, for diretamente a lei (é o caso dos tributos) – em que a manifestação de vontade do sujeito passivo é irrelevante –, haveria, na verdade, até menos motivos para recusar o protesto. A inscrição em dívida ativa ou decorreria de um lançamento de ofício, no qual são assegurados o contraditório e a ampla defesa (impugnação e recursos

limitação do direito de propriedade, outrora valor absoluto, ao cumprimento de sua função social) e, por outro lado, a privatização do Direito Público (por exemplo, com a incorporação – naturalmente adaptada às peculiaridades existentes – de conceitos e institutos jurídicos e extrajurídicos aplicados outrora apenas aos sujeitos de Direito Privado, como, e.g., a utilização de sistemas de gerenciamento e controle de eficiência na prestação de serviços).
17 Recurso Especial provido, com superação da jurisprudência do STJ." (REsp 1126515/PR, Rel. Ministro Herman Benjamin, Segunda Turma, julgado em 03/12/2013, DJe 16/12/2013)

DIREITO DOS NEGÓCIOS APLICADO

administrativos), ou de confissão de dívida pelo devedor. Em qualquer uma dessas hipóteses, o sujeito passivo terá concorrido para a consolidação do crédito tributário;

d) A permissão de protesto da CDA estaria de acordo com os objetivos do "II Pacto Republicano de Estado por um sistema de Justiça mais acessível, ágil e efetivo", publicado em 2009. Além disso, o Conselho Nacional de Justiça considerou legais atos normativos das corregedorias dos Tribunais de Justiça do Rio de Janeiro e de Goiás que permitiram a inclusão da CDA entre os títulos passíveis de protesto.

Com o devido respeito ao entendimento do Tribunal, entendemos que o tema merece melhores reflexões, sob pena de ofender direitos constitucionais dos contribuintes. É o que se passa a demonstrar.

3. A inconstitucionalidade das chamadas Sanções Políticas. O princípio da preservação da empresa como limitação ao poder de tributar.

Entre os princípios fundamentais previstos na Constituição da República Federativa do Brasil – CRFB, temos que "*a República Federativa do Brasil, formada pela união indissolúvel dos Estados e Municípios e do Distrito Federal, constitui--se em Estado Democrático de Direito e tem como fundamentos*" (art. 1º) "*os valores sociais do trabalho e da livre iniciativa*" (inciso IV). A livre iniciativa é, portanto, princípio fundamental do Estado Democrático de Direito, sendo, inclusive, consagrado, dentre os direitos e garantias fundamentais, o direito individual de "*livre exercício de qualquer trabalho, ofício ou profissão, atendidas as qualificações profissionais que a lei estabelecer*" (art. 5º, inciso XIII, CRFB).

Por seu turno, a ordem econômica é "*fundada na valorização do trabalho humano e na livre iniciativa*" (art. 170, CRFB), sendo "*assegurado a todos o livre exercício de qualquer atividade econômica, independentemente de autorização de órgãos públicos, salvo nos casos previstos em lei*" (art. 170, parágrafo único, CRFB).

Segundo Eros Grau, a valorização do trabalho humano e o reconhecimento do valor social do trabalho, "*em sua interação como os demais princípios contemplados no texto constitucional, expressam prevalência que José Afonso da Silva reporta como prioridade sobre os demais valores da economia de mercado.*"[5]

Desse modo, percebe-se que o princípio da valorização do trabalho encontra-se vinculado ao princípio da preservação da empresa. Tal se dá também em

---

[5] GRAU, Eros Roberto. *A Ordem Econômica na Constituição de 1988.* 10ª ed., São Paulo: Malheiros, 2005, p. 99.

relação aos princípios constitucionais da dignidade, da livre iniciativa, da livre concorrência e do combate contra o abuso do poder econômico. Vale dizer, o princípio da preservação da empresa está implícito no ordenamento jurídico constitucional, da mesma forma que o princípio da função social da empresa.

Nesse contexto, se a empresa cumpre uma função social e é geradora de empregos e de riqueza, sua preservação não interessa apenas a seus credores, mas também ao Fisco. Por isso, o princípio da preservação da empresa não deve ser restringido ao período de crise econômico-financeira da entidade, mas estendido, em prol dos contribuintes, durante toda a existência da entidade no mercado, como proteção em face do poder de tributar. Nesse sentido, leciona a professora Misabel Derzi que

> "tomar isoladamente a regra da continuidade da atividade empresarial, para somente aplicá-la em momentos de crise, é torná-la inócua, como lembra Calixto Salomão Filho. No decurso da atividade empresarial, tributos desproporcionais e inadequados à capacidade econômica da empresa, podem ser a causa direta de sua ruína e fulminam os fundamentos do Direito Tributário"[6].

Tendo como vetor tais importantes princípios e garantias constitucionais, fica claro que o Estado não poderá utilizar-se de meios coercitivos que obstem ou restrinjam o exercício de determinada atividade econômica, com o escopo único de impor ao contribuinte a quitação de seus débitos tributários. Cumpre ao Estado buscar satisfazer seu crédito por meio da cobrança extrajudicial (lavrando o respectivo auto de infração em face do administrado inadimplente) ou judicialmente, por meio do processo de execução fiscal, no qual goza de inúmeros privilégios.

Sobre o tema, esclarece Ruy Barbosa Nogueira

> "que dispondo o fisco o privilégio da execução fiscal, que desde logo se inicia pela penhora de bens do devedor, as chamadas sanções políticas não passam de resquícios ditatoriais, que deveriam desaparecer de nossa legislação, pois no Estado Democrático de Direito, não nos parece que seja justo à administração fazer uma verdadeira execução da dívida por suas próprias mãos e, nesse caso, ele efetivamente a faz, pois não convoca o Poder Judiciário e muitas vezes corresponde,

---

[6] DERZI, Misabel Abreu Machado. "O Princípio da Preservação das Empresas e o Direito à Economia de Imposto". *Grandes Questões Atuais do Direito Tributário*. ROCHA, Valdir de Oliveira (coord.). 10º vol., São Paulo: Dialética, 2006, pp. 336-358.

DIREITO DOS NEGÓCIOS APLICADO

mutatis mutandis, à verdadeira pena de morte, ou seja, ruína econômica das empresas, antes do julgamento pelo Poder Judiciário."[7]

As impropriamente denominadas sanções políticas se tratam de sanções administrativas não patrimoniais de caráter interventivo (sanções indiretas) que têm um caráter típico de garantia do crédito tributário, ao pretenderem, mediante força coercitiva, garantir o adimplemento das obrigações tributárias. Ao lado de garantias do crédito tributário e de sanções pesadas contra o inadimplente, são medidas que visam coagir o contribuinte a pagar a exigência ainda que a entenda indevida, ao ponto de tornar-lhe mais interessante pagar o tributo para depois discuti-lo.[8]

O Supremo Tribunal Federal já sumulou a inconstitucionalidade das referidas sanções,[9] nos termos seguintes: "*é inadmissível a interdição de estabelecimento como meio coercitivo para cobrança de tributos*" (Súmula 70); "*é inadmissível a apreensão de mercadorias como meio coercitivo para pagamento de tributos*" (Súmula 323) e "*não é lícito à autoridade proibir que o contribuinte em débito adquira estampilhas, despache mercadorias nas alfândegas e exerça suas atividades profissionais*" (Súmula 547).

Entretanto, do exame da legislação tributária em regência, percebe-se que a Administração Tributária vem tentando, sistematicamente, impor sanções políticas aos contribuintes. Ante a necessidade de incremento da arrecadação para fazer frente ao aumento dos gastos públicos, o Estado, em todos os níveis da Federação, procura garantir suas receitas com instrumentos que possibilitem sua rápida realização, com o desestímulo ao não-pagamento. Some-se a isto a presunção das Fazendas Públicas de que o contribuinte não quer pagar impostos, e que, em sua maioria, seriam todos sonegadores e que agiriam de má-fé.

---

[7] NOGUEIRA, Ruy Barbosa. *Curso de Direito Tributário*, 14ª ed. São Paulo: Saraiva, 1995, p. 206.

[8] Para uma análise precisa acerca das sanções tributárias, vale conferir TÔRRES, Heleno Taveira. "Pena de Perdimento de Bens nas Importações e seus Limites Constitucionais". *Grandes Questões Atuais do Direito Tributário*. ROCHA, Valdir de Oliveira (coord.). 10º vol., São Paulo: Dialética, 2006, pp. 162-200.

[9] Ainda sobre a definição de sanção política, atente-se para a precisa lição do eminente professor e juiz aposentado do Tribunal Regional Federal da 5ª Região, Hugo de Brito Machado: "*Em Direito Tributário a expressão sanções políticas corresponde a restrições ou proibições impostas ao contribuinte, como forma indireta de obrigá-lo ao pagamento do tributo, tais como a interdição do estabelecimento, a apreensão de mercadorias, o regime especial de fiscalização, entre outras. Qualquer que seja a restrição que implique cerceamento de liberdade de exercer atividade lícita é inconstitucional, porque contraria o disposto nos artigos 5º, inciso XIII, e 170, parágrafo único, do Estatuto Maior do País*" (MACHADO, Hugo de Brito. "Sanções Políticas no Direito Tributário", *Revista Dialética de Direito Tributário* nº 30, São Paulo: Dialética, 1998, p. 46).

O PROTESTO DE CDA COMO VIOLAÇÃO DO PRINCÍPIO DA PRESERVAÇÃO DA EMPRESA

Ocorre que o Estado Democrático de Direito não pode tolerar tais medidas, que estão limitadas por diversos princípios, como os princípios da moralidade administrativa, da proteção da confiança, da razoabilidade e proporcionalidade, além do princípio da preservação da empresa, que, no campo do Direito Tributário, estaria muito próximo ou mesmo se confundiria com o princípio da capacidade contributiva[10]. Ora, o poder de tributar jamais pode servir de entrave ao exercício dos direitos e garantias fundamentais. Certo é que o Estado tem o dever de combater a sonegação fiscal, de buscar a igualdade e a solidariedade entre os contribuintes e, ainda, de arrecadar tributos para a manutenção de suas atividades essenciais. Mas sempre com o respeito à liberdade.[11]

Visto esse ponto, cumpre agora entendermos porque o protesto de CDA configura meio coercitivo indevido para o adimplemento do débito tributário, isto é, uma verdadeira sanção política.

4. Impossibilidade de se levar a Certidão de Dívida Ativa a Protesto por configurar ilegítima Sanção Política

Nos causou uma certa perplexidade as assertivas do Ministro Relator Herman Benjamin, ao julgar o REsp nº 1.126.515/PR acima referido, no sentido de que além de o protesto possuir a natureza tradicional de meio de prova

---

[10] Segundo a doutrina de Misabel Derzi, *"o princípio da preservação da empresa – pelo menos no que tange à graduação dos impostos – é a versão, no campo tributário, do princípio da capacidade econômica de pagar impostos durante a vida societária. Restringi-lo ao período de crise econômico-financeira, que no Direito Comercial, quer no Tributário (...) é negar-lhe efetividade. E mais, no que tange ao Direito Tributário seria ignorar a própria Constituição Federal que, de modo algum, autoriza a expropriação ou o confisco por meio de carga tributária excessiva"* in "O Princípio da Preservação das Empresas e o Direito à Economia de Imposto". *Grandes Questões Atuais do Direito Tributário*. ROCHA, Valdir de Oliveira (coord.). 10º vol., São Paulo: Dialética, 2006, pp. 336-358.

[11] Vale a transcrição das seguintes lições de Navarro Coêlho: *"Nossa Carta Magna assegura a todos o exercício dos ofícios e das profissões nos termos da lei. Mas esta lei, comum, requerida pela própria carta, é para explicitar a regulação do ofício ou da profissão, nunca para restringi-la em favor do 'Príncipe e de seus Tributos'. O dispositivo em foco assegura aos brasileiros o livre exercício dos ofícios e das profissões, obedecidas as condições de capacidade para o exercício das mesmas. Isto sendo satisfeito, tudo o mais que o legislador ordinário fizer visando direta ou indiretamente a impedir ou restringir o exercício dos ofícios e das profissões será inconstitucional. (...) Não pode o legislador, portanto, a título de sancionar descumprimento de obrigação tributária principal ou acessória, impedir ou mesmo restringir as atividades dos contribuintes, interditando estabelecimentos, negócios ou instrumentos de trabalho. Tais atos só serão possíveis e legítimos se exercidos com base no poder de polícia da administração pública havendo motivo real para a interferência estatal e o poder seja exercitado regularmente, sem excesso, abuso ou desvio, conforme o direito administrativo"* (COÊLHO, Sacha Calmon Navarro. "Infração Tributária e Sanção". *Sanções Administrativas Tributárias*. MACHADO, Hugo de Brito (coord.). São Paulo: Dialética, 2004, p. 432).

DIREITO DOS NEGÓCIOS APLICADO

da inadimplência do devedor, constituiria tal ato "relevante instrumento de cobrança extrajudicial". O Ministro chegou a aduzir que que a Lei de Execuções Fiscais (nº 6.830/80) apenas regulamentaria a atividade judicial de recuperação dos créditos públicos, e não vedaria a adoção de mecanismos extrajudiciais para essa finalidade.

Com o devido acatamento, não nos parece ser escorreito esse entendimento. Ora, se a Lei de Executivos Fiscais já prevê a forma de cobrança dos créditos do Estado e não fala nada sobre a possibilidade do protesto, é realmente possível protestar? Ou melhor, diante do arcabouço legal e prerrogativas da cobrança fiscal, seria realmente necessário protestar a CDA?

O ato de protesto, em nosso ordenamento, encontra-se regulamentado pela Lei nº 9.492, de 10 de setembro de 1997, a qual dispõe, em seu art. 1º, no seguinte sentido:

> Art. 1º Protesto é o ato formal e solene pelo qual se prova a inadimplência e o descumprimento de obrigação originada em títulos e outros documentos de dívida.

Sendo assim, a importância em se efetuar o protesto do título reside justamente no fato de que, sem esse ato, não haveria prova apta e suficiente a permitir que o credor do título emitido pudesse levá-lo ao Judiciário visando sua execução.

Acerca da natureza do protesto e a importância de sua realização, confira-se o magistério de Fábio Ulhôa Coelho: *"o protesto deve-se definir como ato praticado pelo credor, perante o competente cartório, para fins de incorporar ao título de crédito a prova de fato relevante para as relações cambiais"*.[12]

Cabe dizer, assim, que é o protesto que conferirá ao título de crédito, de maneira geral, a certeza e a liquidez necessárias para ser executado, decorrendo daí a importância de ser levado a protesto nos respectivos cartórios. *Contrario sensu*, nos casos em que o título não necessite desse ato de seu possuidor para ser executado, obviamente que o protesto do título configurará abuso de direito, acaso efetuado.

No caso de Certidões de Dívida Ativa, estas são títulos executivos extrajudiciais produzidas unilateralmente pela Fazenda Pública (federal, estadual, distrital ou municipal), cuja previsão encontra guarida no art. 585, inciso VII, do Código de Processo Civil:

---

[12] COELHO, Fábio Ulhôa, Curso de Direito Comercial – Vol. I, 4ª Ed., São Paulo: Saraiva , 2004, p. 415.

Art. 585. São títulos executivos extrajudiciais: (...)

VII – a certidão de dívida ativa da Fazenda Pública da União, dos Estados, do Distrito Federal, dos Territórios e dos Municípios, correspondente aos créditos inscritos na forma da lei.

Esta modalidade de título executivo extrajudicial, consoante disposto na regra acima transcrita, obedecerá às disposições da legislação específica para sua constituição, sendo certo que tais regras encontram-se insertas na Lei nº 6.830/1980, a qual disciplina as Execuções Fiscais, mais especificamente no art. 2º, que dispõe de forma detida acerca da regular inscrição e respectiva expedição da Certidão de Dívida Ativa, afirmando por meio de seu §3º que a inscrição em dívida ativa conferirá a liquidez e certeza do título:

"Art. 2º – Constitui Dívida Ativa da Fazenda Pública aquela definida como tributária ou não tributária na Lei nº 4.320, de 17 de março de 1964, com as alterações posteriores, que estatui normas gerais de direito financeiro para elaboração e controle dos orçamentos e balanços da União, dos Estados, dos Municípios e do Distrito Federal. (...)

§ 3º – A inscrição, que se constitui no ato de controle administrativo da legalidade, será feita pelo órgão competente para apurar a liquidez e certeza do crédito e suspenderá a prescrição, para todos os efeitos de direito, por 180 dias, ou até a distribuição da execução fiscal, se esta ocorrer antes de findo aquele prazo."

Nesse sentido, fácil a percepção de que a liquidez e certeza do título executivo acima mencionado decorrem diretamente da lei, sendo portanto, absolutamente desnecessário seu protesto a fim de se iniciar a execução forçada. A simples expedição da Certidão de Dívida Ativa pelo ente público competente já é suficiente para que se promova a Execução Fiscal, nos moldes da referida lei especial.[13]

---

[13] Não discrepa desse entendimento os dispositivos constantes do Código Tributário Nacional (Lei nº 5.172, de 25 de outubro de 1966, recepcionado pela Constituição de 1988 como lei complementar): *"Art. 201 – Constitui dívida ativa tributária a proveniente de crédito dessa natureza, regularmente inscrita na repartição administrativa competente, depois de esgotado o prazo fixado, para pagamento, pela lei ou por decisão final proferida em processo regular.*
Parágrafo único. A fluência de juros de mora não exclui, para os efeitos deste artigo, a liquidez do crédito.
Art. 202 – O termo de inscrição da dívida ativa, autenticado pela autoridade competente, indicará obrigatoriamente:
I – o nome do devedor e, sendo caso, o dos co-responsáveis, bem como, sempre que possível, o domicílio ou a residência de um e de outros;
II – a quantia devida e a maneira de calcular os juros de mora acrescidos;

DIREITO DOS NEGÓCIOS APLICADO

Repare-se que a não exigência do protesto no caso das CDA's decorre dos privilégios que foram garantidos à Fazenda Pública com a edição da Lei nº 6.830/80, a fim de facilitar a recuperação de seus créditos, agilizando assim, o início da fase judicial, cabendo a essa lei regular a constituição desse título de natureza pública.

Ademais, é inquestionável que esta norma não prevê a possibilidade de protesto do mencionado título em qualquer hipótese, sendo previsto tão somente para os demais títulos executivos, decorrentes de relações disciplinadas pelo Direito Civil ou Comercial.

Nesse passo, não se deve confundir um procedimento (protesto) no direito civil com outro (expedição de CDA), tendo em vista a relação jurídica entre credor e devedor. Na seara do Direito Civil e Comercial a relação é eminentemente privada, ao passo que no Direito Tributário o vínculo é de Direito Público, com todas as consequências inerentes a este, dentre as quais a necessidade de agir em consonância com a Lei nº 6.830/80, observando os preceitos nela inseridos.

E por que o protesto de CDA's configura sanção política?

Como visto anteriormente, o protesto de um título extrajudicial, ainda que supostamente líquido e certo, como é o caso da CDA, acarreta na indicação e inscrição do débito nele consubstanciado na Certidão de Protestos de Títulos, de modo que deverá ser expedida com efeitos de positiva, acaso requerida por algum parceiro comercial do contribuinte.

Esse fato, obviamente, dificulta sobremaneira as atividades empresariais deste, posto se tratar de documento amplamente consultado no âmbito das relações privadas, eis que indicativo da adimplência dos débitos da parte. Ou seja, por meio dessa certidão, teoricamente, poder-se-ia aferir se o contratante

---

III – a origem e a natureza do crédito, mencionada especificamente a disposição da lei em que seja fundado;
IV – a data em que foi inscrita;
V – sendo caso, o número do processo administrativo de que se originar o crédito.
Parágrafo único. A certidão conterá, além dos requisitos deste artigo, a indicação do livro e da folha da inscrição.
Art. 203 – A omissão de quaisquer dos requisitos previstos no artigo anterior ou o erro a eles relativo são causas de nulidade da inscrição e do processo de cobrança dela decorrente, mas a nulidade poderá ser sanada até a decisão de primeira instância, mediante substituição da certidão nula, devolvido ao sujeito passivo, acusado ou interessado, o prazo para defesa, que somente poderá versar sobre a parte modificada.
Art. 204 – A dívida regularmente inscrita goza da presunção de certeza e liquidez e tem o efeito de prova pré-constituída.
Parágrafo único. A presunção a que se refere este artigo é relativa e pode ser ilidida por prova inequívoca, a cargo do sujeito passivo ou do terceiro a que aproveite."

112

usualmente costuma deixar de adimplir seus compromissos financeiros ou se, ao contrário, trata-se de fiel pagador de suas dívidas.

Nesse importante contexto, tendo em conta que a existência de protestos em nome de qualquer contribuinte que esteja sujeito à prática de atividades comerciais, é deletério ao deslinde de suas atividades negociais, por óbvio que se busca manter a Certidão de Protesto de Títulos sempre em caráter negativo, sendo certo que a efetivação do protesto desses títulos é meio coercitivo para o pagamento dos débitos consubstanciados nos mesmos.

Em âmbito privado, essa coerção é absolutamente razoável, haja vista que o título é produzido bilateralmente pelas partes.[14]

Contudo, no âmbito do direito público, no qual é produzida a Certidão de Dívida Ativa, essa coerção indireta – verdadeira sanção política – é inadmissível, já que a Administração Pública goza de meio específico para cobrar seus débitos, qual seja a Execução Fiscal, disciplinada pela Lei nº 6.830/80, sendo o protesto meio coercitivo absolutamente irrazoável e ilegal.

É importante ressaltar que o Superior Tribunal de Justiça já se manifestou reiteradas vezes acerca da completa falta de interesse da Fazenda Pública em protestar a Certidão de Dívida Ativa, decorrendo dessa interpretação que o único objetivo em efetuar-se o protesto é aplicar sanção política ao contribuinte.[15] Esses fundamentos de decidir foram simplesmente negligenciados pelo próprio Tribunal ao alterar sua orientação jurisprudencial. Espera-se

---

[14] Venosa, citando Ermínio Amarildo Darold, assinala que o protesto "guarda, também, a relevante função de constranger legalmente o devedor ao pagamento, sob pena de ter lavrado e registrado contra si ato restritivo de crédito, evitando, assim, que todo e qualquer inadimplemento vislumbre na ação judicial a única providência jurisdicional possível" (VENOSA, Silvio de Salvo. Direito Civil, 3ª ed., Atlas, São Paulo, 2003, p. 471).

[15] *"TRIBUTÁRIO. AGRAVO REGIMENTAL NO AGRAVO REGIMENTAL NO AGRAVO DE INS-TRUMENTO. CRÉDITO TRIBUTÁRIO. PROTESTO PRÉVIO. DESNECESSIDADE. PRESUNÇÃO DE CERTEZA E LIQUIDEZ. (...) 2. Não há necessidade de protesto prévio do título emitido pela Fazenda Pública. Se a CDA tem presunção relativa de certeza e liquidez, servindo inclusive como prova pré-constituída, o inadimplemento é caracterizado como elemento probante. Logo, falta interesse ao Ente Público que justifique o protesto prévio da CDA para satisfação do crédito tributário que este título representa. (...)"* (AgRg no Ag 936.606/PR, Rel. Ministro José Delgado, Primeira Turma, julgado em 06/05/2008, DJe 04/06/2008). *"II – A presunção legal que reveste o título emitido unilateralmente pela Administração Tributária serve tão somente para aparelhar o processo executivo fiscal, consoante estatui o art. 38 da Lei 6.830/80. (Lei de Execuções Fiscais). III – Dentro desse contexto, revela-se desnecessário o protesto prévio do título emitido pela Fazenda Pública."* (REsp nº 287824/MG, Relator Ministro Francisco Falcão, Primeira Turma, DJ de 20.02.2006).

DIREITO DOS NEGÓCIOS APLICADO

que haja alguma revisão ou mesmo uniformização na Primeira Seção do STJ ou que o STF possa avaliar o tema sob o enfoque do direito constitucional.

Como já dito anteriormente, o protesto de CDA é desnecessário para o ajuizamento da Execução Fiscal, restando claro que o uso deste meio de coerção pela Fazenda Pública configura verdadeira sanção política, objetivando coagir o contribuinte, de maneira indireta, ao pagamento dos valores consubstanciados nas mencionadas certidões, sem sequer possibilitar que possa se defender por meio de Embargos à Execução, previsto na legislação que rege as Execuções Fiscais.

A propalada utilidade "social" do protesto da CDA, que teria por escopo aumentar a efetividade da arrecadação dos créditos fiscais é, na verdade, um eufemismo para amenizar a efetiva coação indireta do contribuinte para a quitação de tributos, sem utilizar-se do arcabouço jurídico-tributário próprio. O raciocínio das Fazendas Públicas é o seguinte: se não há interesse do Poder Público em ajuizar a Execução Fiscal para cobrança de pequenos valores, porque não constranger o contribuinte a quitá-los mediante o protesto?

A melhor doutrina, como expõe Raphael Silva Rodrigues, é no sentido de que, ainda que exista expressa previsão na Lei nº 9.492/1997, com a inovação legislativa trazida pela Lei nº 12.767/2012, o protesto das CDA's não pode ser encarado como simples medida de recuperação de créditos e de desobstrução do Poder Judiciário, já que configura flagrante desvio de finalidade.[16]

Outro ponto relativo ao tema merece ser trazido ao debate: uma norma que pretenda transferir a terceiros a atividade de cobrança da dívida ativa, viola frontalmente o preceito do §3º do art. 131 da Constituição da República de 1988, segundo o qual *"na execução da dívida ativa de natureza tributária, a representação da União cabe à Procuradoria-Geral da Fazenda Nacional"*. Pelo princípio da simetria, nos Estados-Membros e Municípios, competirá, privativamente, às procuradorias estaduais e municipais a cobrança judicial e extrajudicial da dívida ativa.

---

[16] RODRIGUES, Raphael Silva. "Protesto extrajudicial de Certidão de Dívida Ativa (CDA): aspectos constitucionais, legais e processuais". *Revista Dialética de Direito Processual*, v. 133, 2013, p. 112. O professor da PUC-Minas conclui que "em respeito àqueles que defendem a ideia de que a interpretação contextualizada da Lei nº 9.492/1997 representa medida que corrobora a tendência moderna de interssecção dos regimes jurídicos próprios do Direito Público e Privado, entendemos que o objetivo do nosso sistema jurídico foi o de conferir à Administração Pública todos os meios necessários para a cobrança da dívida fiscal, de modo que o protesto da CDA consubstancia-se em prática vexatória e coercitiva, posto que tal medida poderá implicar no cerceamento do livre exercício da atividade econômica do cidadão" (p. 113).

Nesse sentido, veja-se o seguinte trecho do voto proferido pelo Min. Celso de Mello, relator da ADI nº 881-1/ES, DJ de 25.04.1997:

> A outorga dessas funções jurídicas à Procuradoria-Geral do Estado – mais precisamente aos Procuradores de Estado – decorre de um modelo estabelecido pela própria Constituição Federal, que, ao institucionalizar a Advocacia de estado, delineou o seu perfil e discriminou as atividades inerentes aos órgãos e agentes que a compõem. O conteúdo normativo do artigo 132 da Constituição da República revela os limites materiais em cujo âmbito processar-se-á a atuação funcional dos integrantes da Procuradoria-Geral do Estado e do Distrito Federal. Nele contem-se norma que, revestida de eficácia vinculante e cogente para as unidades federadas locais, não permite conferir a terceiros – senão os próprios Procuradores do Estado e do Distrito Federal, selecionados em concurso público de provas e títulos – o exercício intransferível e indisponível das funções de representação estatal e de consultoria jurídica do Poder Executivo.

Cumpre registrar que, em matéria semelhante, a própria Associação Nacional dos Procuradores de Estado (ANAPE), impetrou ADI (nº 3786-2) contra a Resolução do Senado nº 33/2006 que *"autoriza a cessão, para cobrança, da dívida ativa dos Municípios a instituições financeiras"*, pois, entre outros argumentos pela inconstitucionalidade, referida legislação retiraria importantes atribuições das Procuradorias, especificamente a que se refere à cobrança da dívida ativa.

E, naqueles autos, o Parecer do d. Procurador-Geral da República foi justamente pela inconstitucionalidade da resolução senatorial, ao fundamento de que *"a cobrança da dívida ativa não pode ser transferida a terceiros particulares, sob pena de violação à Constituição"* (fl. 289 dos autos).

É dizer, toda a atividade de cobrança judicial e extrajudicial do crédito tributário é de responsabilidade exclusiva das Procuradorias Federais, Estaduais e Municipais, sendo vedado que terceiros, como é o caso de Tabeliães de Protesto de Título,atuem nessa seara por meio dos atos de protesto.

5. A Certidão de Dívida Ativa como título executivo extrajudicial produzido unilateralmente pela Fazenda Pública

O Ministro Herman Benjamin, nas suas razões de decidir, fez questão de registrar que não se confundiria o poder unilateral do Fisco constituir o crédito tributário com a situação posterior da inscrição em dívida ativa. Para o Ministro, esta última nunca seria feita "de surpresa", sem o conhecimento do sujeito

DIREITO DOS NEGÓCIOS APLICADO

passivo, pois a inscrição em dívida ativa ou decorreria de um lançamento de ofício, no qual são assegurados o contraditório e a ampla defesa (impugnação e recursos administrativos), ou de confissão de dívida pelo devedor.

Como, em qualquer uma dessas hipóteses, o sujeito passivo teria concorrido para a consolidação do crédito tributário, segundo o Ministro Relator, seria possível sim o protesto do título daí decorrente. O Ministro afirma que nas hipóteses em que a constituição do crédito tributário se dá mediante o denominado autolançamento (entrega de DCTF, GIA, etc., isto é, documentos de confissão de dívida), a atitude do contribuinte de apurar e confessar o montante do débito é equiparável ao do emitente de cheque, nota promissória ou letra de câmbio.

Nesse ponto, é de suma importância fazermos algumas considerações, por entendermos, *data venia*, que o equívoco do julgamento foi flagrante, especialmente no que diz respeito à suposta participação do contribuinte na emissão da Certidão de Dívida Ativa no caso da constituição do crédito tributário pela declaração do sujeito passivo (débitos "confessados" ou crédito tributário "não contencioso").

De fato, tem-se entendido, no cotidiano das relações tributárias, que a circunstância de o contribuinte já ter prestado informações à Fazenda Pública, por meios de declarações, o tornaria confesso quanto aos fatos declarados, motivo pelo qual estaria dispensado o processo administrativo, autorizando, de imediato, a inscrição do débito em dívida ativa, dando-se início à Execução Fiscal.

O entendimento de que a declaração do tributo por meio de DCTF (Declaração de Contribuições e Tributos Federais), ou documento equivalente, dispensa o Fisco de proceder à constituição formal do crédito tributário foi adotado pelo Superior Tribunal de Justiça, no âmbito do Recurso Especial representativo de controvérsia n.º 962.379/RS, julgado no regime dos recursos repetitivos.[17] Vale a transcrição da seguinte ementa:

---

[17] Código de Processo Civil: "Art. 543-C. Quando houver multiplicidade de recursos com fundamento em idêntica questão de direito, o recurso especial será processado nos termos deste artigo. § 1º Caberá ao presidente do tribunal de origem admitir um ou mais recursos representativos da controvérsia, os quais serão encaminhados ao Superior Tribunal de Justiça, ficando suspensos os demais recursos especiais até o pronunciamento definitivo do Superior Tribunal de Justiça. § 2º Não adotada a providência descrita no § 1º deste artigo, o relator no Superior Tribunal de Justiça, ao identificar que sobre a controvérsia já existe jurisprudência dominante ou que a matéria já está afeta ao colegiado, poderá determinar a suspensão, nos tribunais de segunda instância, dos recursos nos quais a controvérsia esteja estabelecida. § 3º O relator poderá solicitar informações, a serem prestadas no prazo de quinze dias, aos tribunais federais ou estaduais a respeito da controvérsia.

"TRIBUTÁRIO. TRIBUTO DECLARADO PELO CONTRIBUINTE E PAGO COM ATRASO. DENÚNCIA ESPONTÂNEA. NÃO CARACTERIZAÇÃO. SÚMULA 360/STJ.

1. Nos termos da Súmula 360/STJ, "O benefício da denúncia espontânea não se aplica aos tributos sujeitos a lançamento por homologação regularmente declarados, mas pagos a destempo". É que a apresentação de Declaração de Débitos e Créditos Tributários Federais – DCTF, de Guia de Informação e Apuração do ICMS – GIA, ou de outra declaração dessa natureza, prevista em lei, é modo de constituição do crédito tributário, dispensando, para isso, qualquer outra providência por parte do Fisco. Se o crédito foi assim previamente declarado e constituído pelo contribuinte, não se configura denúncia espontânea (art. 138 do CTN) o seu posterior recolhimento fora do prazo estabelecido.

2. Recurso especial desprovido. Recurso sujeito ao regime do art. 543-C do CPC e da Resolução STJ 08/08 (REsp 962379/RS, Rel. Ministro Teori Albino Zavascki, Primeira Seção, DJe 28.10.2008)."

Esse iterativo entendimento do STJ foi sumulado do seguinte modo: "*a entrega de declaração pelo contribuinte reconhecendo débito fiscal constitui o crédito tributário, dispensada qualquer outra providência por parte do fisco*" (Súmula 436, Primeira Seção, DJe 13/05/2010).

Na prática, a constituição do crédito tributário deixou de ser atividade privativa da autoridade administrativa "*tendente a verificar a ocorrência do fato gerador da obrigação correspondente, determinar a matéria tributável, calcular o montante do tributo devido, identificar o sujeito passivo*" (art. 142 do CTN). A entrega de declaração tornou-se uma atividade de alto risco para o contribuinte, que pode ver-se compelido a liquidar tributo que não decorre da efetiva ocorrência

§ 4º O relator, conforme dispuser o regimento interno do Superior Tribunal de Justiça e considerando a relevância da matéria, poderá admitir manifestação de pessoas, órgãos ou entidades com interesse na controvérsia. § 5º Recebidas as informações e, se for o caso, após cumprido o disposto no § 4o deste artigo, terá vista o Ministério Público pelo prazo de quinze dias. § 6º Transcorrido o prazo para o Ministério Público e remetida cópia do relatório aos demais Ministros, o processo será incluído em pauta na seção ou na Corte Especial, devendo ser julgado com preferência sobre os demais feitos, ressalvados os que envolvam réu preso e os pedidos de habeas corpus. § 7º Publicado o acórdão do Superior Tribunal de Justiça, os recursos especiais sobrestados na origem: I – terão seguimento denegado na hipótese de o acórdão recorrido coincidir com a orientação do Superior Tribunal de Justiça; ou II – serão novamente examinados pelo tribunal de origem na hipótese de o acórdão recorrido divergir da orientação do Superior Tribunal de Justiça. § 8º Na hipótese prevista no inciso II do § 7º deste artigo, mantida a decisão divergente pelo tribunal de origem, far-se-á o exame de admissibilidade do recurso especial. § 9º O Superior Tribunal de Justiça e os tribunais de segunda instância regulamentarão, no âmbito de suas competências, os procedimentos relativos ao processamento e julgamento do recurso especial nos casos previstos neste artigo".

do fato gerador, em montante não correspondente ao previsto na legislação, ou mesmo em situações em que ele próprio não seria o sujeito passivo da obrigação.

A despeito da irresignação de boa parte da doutrina,[18] que considera que essa figura do débito "confessado" viola o princípio do contraditório, assegurado constitucionalmente aos litigantes em processo administrativo, fato é que todos os Tribunais têm admitido tal procedimento.

Agora, aproveitar-se da figura do crédito tributário "não contencioso" e considerar que a declaração do sujeito passivo, ao constituir o crédito tributário, aproxima a emissão da Certidão de Dívida Ativa a um cheque ou nota promissória, como fez o Ministro Relator, é atentar contra o bom senso, ignorando o próprio ordenamento jurídico.

O sistema jurídico positivo confere liquidez e certeza ao título executivo constituído com a inscrição em dívida ativa, mas confere *status* de controle interno da legalidade ao ato de inscrição. Por isso, os atributos conferidos à CDA de liquidez e certeza decorrem da imposição legal de que haja o controle de legalidade por parte das Procuradorias dos entes públicos, isto é, profissionais habilitados para realizar a última verificação do crédito tributário. A

---

[18] Nas palavras do professor da UFMG, Paulo Adyr Dias do Amaral: "Em brutal contradição com o art. 142 do Código Tributário Nacional, o Decreto-lei n. 2.124, de 13-6-1984, que alterou a legislação do imposto de renda, atribuiu à declaração do contribuinte o efeito de confissão [...] podendo ser executada de imediato, mediante inscrição em dívida ativa. Na esfera estadual, a questão se repete. A Consolidação da Legislação Tributária Administrativa de Minas Gerais, *v.g.*, em seu artigo 65, prevê expressamente a figura do crédito tributário não contencioso: [...] Art. 65 – Constitui crédito tributário não contencioso, o resultante: I – de ICM relativo a operações escrituradas nos livros fiscais ou declaradas em documentos instituídos pelo regulamento do ICM para essa finalidade; II – de qualquer outro tributo, de competência do Estado, incidente sobre o valor de operações escrituradas em livro oficial adotado pelo contribuinte ou responsável, ou formalmente declaradas à repartição fazendária. § 1º – Nas hipóteses deste artigo, o crédito tributário não pago no prazo de 30 (trinta) dias, contando do recebimento do A.I., será imediatamente inscrito em dívida ativa. § 2º – Nos casos deste artigo, o A.I. pode ser expedido pelo próprio fiscal autor do trabalho ou por processamento eletrônico. [...] Art. 95 – Não cabe impugnação no caso do crédito tributário não contencioso previsto no artigo 65. Preceitos dessa natureza têm levado o contribuinte à impetração de mandado de segurança, pleiteando a instauração de processo administrativo. Previsão similar é encontrada nas legislações municipais. Em Belo Horizonte, *v.g.*, a Lei Municipal n. 6.808, de 29-12-1994, também dispõe sobre o *crédito tributário não contencioso*, estabelecendo que sua exigibilidade não é suspensa pela defesa porventura deduzida – artigo 2º, § 1º. [...] O que tem sido designado sob esse rótulo (*crédito tributário não contencioso) seria, na verdade, a desnecessidade de processo administrativo* – sob o argumento de que o próprio sujeito passivo já teria efetivado o lançamento" (AMARAL, Paulo Adyr Dias do. *Processo Administrativo Tributário* – e o problema da supressão do contraditório. 2ª ed. Belo Horizonte: Del Rey, 2011, pp. 184-185, grifos no original).

legislação admite a lavratura de um título executivo – líquido e certo – não porque decorreria de uma confissão de dívida por parte do sujeito passivo!

É sim a CDA o único título executivo extrajudicial no qual não há, de maneira expressa, a manifestação de vontade do devedor. No caso específico da certidão de dívida ativa, a formação de título executivo extrajudicial independe da prévia manifestação da vontade do devedor, ou da intervenção do Estado-Juiz, como sucede nos demais documentos elencados no Código de Processo Civil.[19]

Essa correlação foi feita com primazia pelo professor Raphael Silva Rodrigues, que demonstrou a total desnecessidade do protesto de CDA:

> "Outra distinção da Certidão de Dívida Ativa em relação aos demais títulos executivos extrajudiciais, previstos no artigo 585, I a IV, do CPC, está no fato de que ela é constituída unilateralmente pela Fazenda Pública. Isto quer dizer que o ato de inscrição é privativo e autônomo e se opera indiferentemente da concordância ou não do devedor, o que não ocorre nos títulos executivos extrajudiciais comuns.
>
> Concluindo, a certidão de dívida ativa é um título executivo extrajudicial dotado de inúmeros privilégios, pois é o meio pelo qual a Fazenda Pública executa os seus créditos. E para promover o ajuizamento da ação de execução fiscal, não é necessário o protesto da certidão de dívida ativa, haja vista que o Código

---

[19] Para Cândido Rangel Dinamarco, títulos executivos extrajudiciais "são os atos da vida privada aos quais a lei processual agrega tal eficácia e assim também são as inscrições de dívida ativa" (DINAMARCO, Cândido Rangel. *Instituições de Direito Processual Civil*. v. IV, 1ª. ed., São Paulo: Malheiros Editores, 2004, p. 248). Os títulos executivos extrajudiciais são aqueles formados entre credor e devedor, fora do âmbito do Poder Judiciário, tendo origem na manifestação de vontade das partes de um contrato e estão previstos no rol do art. 585 do CPC. Confira-se: "Art. 585. São títulos executivos extrajudiciais: I – a letra de câmbio, a nota promissória, a duplicata, a debênture e o cheque; II – a escritura pública ou outro documento público assinado pelo devedor; o documento particular assinado pelo devedor e por duas testemunhas; o instrumento de transação referendado pelo Ministério Público, pela Defensoria Pública ou pelos advogados dos transatores; III – os contratos garantidos por hipoteca, penhor, anticrese e caução, bem como os de seguro de vida; IV – o crédito decorrente de foro e laudêmio; V – o crédito, documentalmente comprovado, decorrente de aluguel de imóvel, bem como de encargos acessórios, tais como taxas e despesas de condomínio; VI – o crédito de serventuário de justiça, de perito, de intérprete, ou de tradutor, quando as custas, emolumentos ou honorários forem aprovados por decisão judicial; VII – a certidão de dívida ativa da Fazenda Pública da União, dos Estados, do Distrito Federal, dos Territórios e dos Municípios, correspondente aos créditos inscritos na forma da lei; VIII – todos os demais títulos a que, por disposição expressa, a lei atribuir força executiva". O título extrajudicial independe de prévio processo de conhecimento, motivo pelo qual o seu grau de eficácia é menor em relação ao título judicial, na medida em que se amplia a matéria de defesa permitida ao devedor, através dos embargos (art. 745).

DIREITO DOS NEGÓCIOS APLICADO

de Processo Civil e a Lei de Execução Fiscal exigem que a ação de cobrança se fundamente em título líquido e certo."[20]

Há muito, ao dissertar sobre a "ação de Execução Fiscal", Ronaldo Cunha Campos demonstrou que o título executivo extrajudicial, via de regra, encontra seu fundamento no consenso das partes. Para o saudoso professor, no caso da Execução Fiscal, a Fazenda Pública não exibe título onde tal consenso se traduza, de modo que, se estável o resultado do procedimento administrativo e consequentemente a inscrição em dívida ativa e a certidão, o consenso do devedor é substituído pelo contraditório oferecido neste procedimento.[21] Assim sintetiza seu entendimento:

> "A Fazenda cria a oportunidade de impugnar sua pretensão com vista à formação de título unilateral. O consenso (concordância do obrigado) característica do título extrajudicial, ver-se-ia neste terreno substituído pelo mecanismo acima apontado. A presunção de certeza (que substitui o consenso) implica a abertura da oportunidade de impugnar a pretensão fiscal. Esta oportunidade é peça essencial ao mecanismo da substituição do consenso. A presunção assim criada proviria portanto de a) inocorrência de impugnação. Desta ausência se presumiria a aceitação da exigência fiscal pelo devedor; b) rejeição das razões de resistência à pretensão, ou seja, da impugnação, em procedimento sujeito às regras próprias. Presumir-se-ia o caráter infundado desta resistência precisamente porque se submeteu esta a um reexame, isto em procedimento quando se teria assegurado ao impugnante oportunidade de provar os fundamentos de sua resistência, de sua impugnação. A presunção de certeza e liquidez, em matéria tributária, repousaria assim em sistemática onde a obrigatória oferta da oportunidade de impugnar a pretensão fiscal (CTN, art. 145, I) assume o papel de viga mestra".[22]

Na esteira do entendimento do jurista acima apontado, para se aceitar o processo de Execução Fiscal, é mister a apresentação do título executivo extrajudicial, a saber, a certidão de dívida ativa. Formada unilateralmente, esta somente manteria o seu caráter executivo se apoiada em regular procedimento e processo administrativo, assegurando-se ao cidadão contribuinte o contraditório e ampla defesa, o que somente há quando assegurado o processo tributário administrativo.

---

[20] RODRIGUES, Raphael Silva. Protesto extrajudicial de Certidão de Dívida Ativa (CDA): aspectos constitucionais, legais e processuais. Revista Dialética de Direito Processual, v. 133, 2013, p. 106.

[21] CAMPOS, Ronaldo Cunha. *A ação de Execução Fiscal*. Rio de Janeiro: Aide, 1995, pp. 60-61.

[22] CAMPOS, Ronaldo Cunha. *A ação de Execução Fiscal*. Rio de Janeiro: Aide, 1995, pp. 65-66.

Definitivamente não há como admitir o consenso ou mesmo participação do contribuinte, no caso dos "débitos confessados". As legislações tratam as declarações dos contribuintes como confissões, sendo-lhe tolhido o acesso ao processo administrativo fiscal (crédito tributário "não contencioso") e admitindo-se a constituição do crédito tributário e sua posterior inscrição em dívida ativa. É absurda a tentativa de equiparar tal ato à emissão de um título cambiário!

Não se pode perder de vista que a suposta confissão somente teria validade na medida em que efetivamente corresponder ao fato. Em não havendo essa correlação, inexistindo os fatos, a declaração viciada de vontade em nada interessaria ao Direito Tributário. Como é cediço, a obrigação tributária, perante o princípio da legalidade, decorre exclusivamente de lei (e não da vontade das partes), de modo que, mesmo que o sujeito passivo confesse a ocorrência do fato jurídico tributário e, posteriormente, reste provado que aquele fato não ocorreu, a sua manifestação de vontade demonstrada na confissão não terá o condão de validar a obrigação.

Por isso, é falacioso o argumento de que haveria participação do sujeito passivo na lavratura da CDA, para fundamentar o direito de levá-la a protesto, principalmente em se tratando de "débitos confessados" pelo devedor.

Mais uma vez, estamos diante da tolerância da jurisprudência a atos abusivos e atentatórios ao direito dos contribuintes, em nome da praticidade. Não se pode admitir o constrangimento do sujeito passivo em nome da eficiência! Certamente, não é o direito de protestar a CDA que diminuirá o abarrotamento do Poder Judiciário.

6. Conclusão

Considerando que o protesto se demonstra como inegável medida de restrição ao contribuinte que objetiva, de forma indireta, o pagamento de tributo, cerceando o pleno exercício de sua atividade empresarial, configura-se como manifesta sanção política aplicada pela Fazenda Pública o que, conforme já expressado pela doutrina e já decidido pelo Supremo Tribunal Federal, afigura-se inconstitucional.[23]

---

[23] "(...) o Estado não pode valer-se de meios indiretos de coerção, convertendo-os em instrumentos de acertamento da relação tributária, para em função deles – e mediante interdição ou grave restrição ao exercício de atividade empresarial, econômica ou profissional – constranger o contribuinte a adimplir obrigações fiscais eventualmente

DIREITO DOS NEGÓCIOS APLICADO

A preocupação do recente julgamento do STJ, que voltou atrás para admitir o protesto de CDA's, em obter resultados positivos, como o cumprimento da obrigação definida no título sem a intervenção do Poder Judiciário, irá, na realidade, criar mais litígios e insatisfações, aumentando, reflexamente, o número de demandas judiciais, objetivando, por exemplo, a sustação do protesto, mecanismo muito utilizado no âmbito das relações empresariais, ou mesmo objetivando indenizar o dano moral decorrente do protesto indevido.

É sabido e ressabido que o protesto de título gera uma série de dificuldades para aquele que teve o título protestado. Os contribuintes que, mesmo de diante de débitos tributários indevidos, unilateralmente constituídos em CDAs, mas indevidamente protestados pela Fazenda Pública, terão dificuldades na obtenção de crédito no mercado e até mesmo em adquirir produtos de fornecedores. Lembre-se ainda, restarão prejudicados para participar de qualquer licitação ou concorrência pública.

Por isso, para nós a inconstitucionalidade da medida é evidente, constituindo sanção política, que atenta contra a preservação da empresa. Não é possível se admitir a constrição do patrimônio do contribuinte e o seu constrangimento em nome da eficiência.

em atraso." (Voto do Min. Celso de Mello, do Supremo Tribunal Federal, nos autos RE nº 413.782/SC, Tribunal Pleno, Relator Min. Marco Aurélio, DJ de 03/06/2005).

Da Divergência de Decisões no Âmbito dos Juizados Especiais: Insegurança Jurídica e suas Consequências

Luiz Guilherme Pennacchi Dellore

Introdução

Este artigo pretende brevemente analisar uma situação que, apesar de corriqueira, é pouco enfrentada na doutrina: a insegurança decorrente da grande disparidade existente nas decisões proferidas no âmbito dos Juizados Especiais Cíveis (JEC).

Dúvida não há que a doutrina processual, especialmente a partir da virada do milênio[1], vem se preocupando mais com a divergência jurisprudencial e, consequentemente, com a observância de precedentes.

Reflexos dessa preocupação podem ser vistos:

a) na vigente legislação, mas especificamente tendo como foco o CPC e os recursos para tribunais superiores[2] – e não os Juizados.

---

[1] Dentre diversas outras obras, podemos destacar, de LUIZ GUILHERME MARINONI, *Precedentes Obrigatórios, passim.*

[2] Basta verificar a repercussão geral para o recurso extraordinário (CPC, art. 543-A, inserido pela L. 11.418/06), o recurso especial repetitivo (CPC, art. 543-C, inserido pela L. 11.672/08) e o recurso de revista repetitivo (CLT, art. 896-B, inserido pela L. 13.015/14).

DIREITO DOS NEGÓCIOS APLICADO

b) no Novo Código de Processo Civil, que imprime maior importância aos precedentes[3] – novamente, sem abranger o JEC.

Assim, parece-nos que é importante retomar o tema na instabilidade jurisprudencial existente no âmbito dos Juizados Especiais[4], inclusive sob a perspectiva do desestímulo ao desenvolvimento de atividades empresariais.

O JEC foi criado com a finalidade de facilitar o acesso à justiça, simplificando os atos processuais. A doutrina, praticamente em uníssono, elogiou o novo sistema[5]. Mas algumas vozes não foram tão entusiastas, já antevendo alguns dos problemas que hoje nos afligem.

Assim, o presente trabalho tem por objetivo analisar (i) o surgimento dos Juizados, (ii) a crítica realizada por parte da doutrina processual e (iii) a análise do sistema sob a perspectiva de permissão de decisões divergentes – e as consequências que daí decorrem, especialmente em relação à atividade empresarial.

1. Juizados especiais cíveis: origens e finalidade

Em 1984 foram instituídos no Brasil os chamados Juizados de Pequenas Causas (L. 7.244/1984). Uma das inspirações foram as small claim's courts do direito anglo-saxão[6].

---

[3] L. 13.105/15, que tem capítulo que trata do "precedente judicial" (art. 926 e ss.).

[4] Em anterior artigo já fizemos a análise do problema da instabilidade e divergências jurisprudenciais do JEC (Da esquizofrenia do sistema recursal dos Juizados Especiais Cíveis: a profusão de decisões contrárias à jurisprudência do Superior Tribunal de Justiça. *Processo Civil: homenagem a José Ignacio Botelho de Mesquita*, p. 127-144.), sendo que muitas das premissas então expostas são aqui retomadas (especialmente nos itens 1 e 2). Vale destacar que nossa visão a respeito do tema não foi objeto de modificação; ao contrário, ficou reforçada e torna urgente que se repensem os paradigmas em que se fundam os Juizados.

[5] Nesse sentido, com elogios à inovação dos Juizados: ADROALDO FURTADO FABRÍCIO (A experiência brasileira dos Juizados de Pequenas Causas, *Revista de Processo* 101, p. 175 e ss.), ALEXANDRE FREITAS CÂMARA (*Juizados Especiais Cíveis Estaduais, Federais e da Fazenda Pública*, p. 5), APARECIDA DINALLI (Do acesso à justiça: Juizados Especiais Cíveis, *Revista de Direito Constitucional e Internacional* 51, p. 25 e ss.), ATHOS GUSMÃO CARNEIRO (Considerações sobre o processo e os juizados de pequenas Causas, *Revista de Processo* 51, p. 23 e ss.), FELIPE BORRING ROCHA (*Juizados Especiais Cíveis*, p. xxxiii e ss.), JOEL DIAS FIGUEIRA JÚNIOR (*Juizados Especiais Estaduais Cíveis e Criminais*, p. 41 e ss.), KAZUO WATANABE (*Juizado Especial de Pequenas Causas*, p. 1 e ss.) e MARCUS ORIONE GONÇALVES CORREIA, Juizados Especiais Federais, *Revista dos Tribunais* 801, p. 92 e ss.).

[6] Neste sentido, ADROALDO FURTADO FABRÍCIO (op. cit., p. 176) e MARCUS ORIONE GONÇALVES CORREIA (op. cit, p. 92). De seu turno, FELIPE BORRING ROCHA aponta que os seguintes países apresentam modelos mais simples para a solução de lides de menor valor:

Além disso, nasce esse Juizado, em nosso país, sob a inspiração do denominado "Projeto Florença de acesso à Justiça", de MAURO CAPELLETTI[7]. Esse projeto teve por objetivo traçar um diagnóstico das razões pelas quais muitos litígios não eram levados para solução perante o Poder Judiciário.

O estudo concluiu que isso ocorria principalmente em virtude dos seguintes fatores:

(i) formalismo inerente ao processo judicial;
(ii) altos custos da manutenção da organização judiciária;
(iii) altos custos para a parte, que dependeria de um advogado.

Tais dificuldades afastariam a parte do Poder Judiciário e, consequentemente, impediria a solução de inúmeros litígios pela jurisdição estatal. E tais conflitos, então, seriam resolvidos pelo próprio grupo, possivelmente pela força, criando graves problemas de natureza social. Esta situação seria causa de instabilidade social, acarretando a ocorrência de crimes e da formação de associações de criminosos.

Assim, a ideia que inspirou a criação do Juizado de Pequenas Causas foi a de criar uma nova via de acesso para essas demandas (em regra, realmente de pequenos valores) que, de outro modo, não chegariam ao Judiciário.

Nesse contexto, a exposição de motivos do projeto de lei do Juizado de Pequenas Causas apontou que o objetivo da criação de tal estrutura era sanar "a falta de acesso à Justiça para a solução de conflitos de pequena monta".

Assim, com a criação de uma estrutura simplificada e a diminuição das formalidades, os litígios não levados para composição perante o Judiciário, poderiam então passar a sê-lo. Com isso, seria dada vazão à "litigiosidade latente ou contida"[8].

Como exposto, a lei que criou os Juizados de Pequenas Causas é de 1984. Por sua vez, a Constituição de 1988 determinou, em seu artigo 98, a criação de Juizados Especiais Cíveis para processamento de causas de menor complexidade. Ou seja, a Constituição substituiu a expressão "pequenas causas"

Itália, França, Alemanha, EUA, Inglaterra, Rússia, Polônia, Japão, México, Colômbia, Costa Rica, Guatemala e Uruguai (op. cit., p. xxxiii).

[7] MAURO CAPPELLETI e BRYANT GARTH, Acesso à Justiça, passim.

[8] Como é cediço, trata-se da terminologia de KAZUO WATANABE (op. cit., p. 2).

DIREITO DOS NEGÓCIOS APLICADO

(até hoje de uso corrente entre o jurisdicionado, vale destacar) pelo termo "especial cível"[9].

Em atenção ao comando constitucional foi editada a L. 9.099/1995, que criou o Juizado Especial Cível.

De seu turno, posteriormente foi criado o Juizado Especial Federal (JEF – L. 10.259/2001), no âmbito da justiça federal. Posteriormente, houve a criação do Juizado da Fazenda Pública Estadual (JEFP – L. 12.153/2009). Esses três diplomas constituem o "sistema dos Juizados Especiais".

Considerando a existência de mecanismos de uniformização de jurisprudência no JEF e JEFP, ainda que ocorram decisões divergentes em tais Juizados, o problema é menor do que o verificado no âmbito do JEC. Assim, o foco deste artigo será a análise da questão à luz do que ocorre no âmbito do Juizado Especial Cível (Lei 9.099/1995).

Mas, afinal, o que são os Juizados?

Trata-se tanto (i) de um procedimento distinto daqueles previstos no CPC ou em legislação extravagante, como (ii) de uma estrutura paralela à usual formatação do Poder Judiciário. Isso, como já exposto, com o objetivo de simplificação das formas, de modo a facilitar o acesso à Justiça.

Em relação ao aspecto procedimental, buscou-se menos rigor nas formas, além de se conceder liberdade ao magistrado para a condução do iter processual[10]. No tocante à estrutura, buscou-se desvincular os Juizados da estrutura tradicional do Judiciário, de modo a não existir a revisão da decisão por parte dos Tribunais já constituídos (TJ e STJ), com a criação dos Colégios Recursais como órgãos responsáveis pelo duplo grau. Isso, reitere-se com o objeto de afastar a litigiosidade contida e atribuir maior celeridade à decisão da lide.

Contudo, infelizmente, parece-nos não ser o que se verifica no cotidiano. Na realidade, trata-se de um procedimento variável conforme o juiz que preside o processo e, não raro, existem dúvidas que dificultam a atuação das partes – e, algumas vezes, com situações mais formalistas que o próprio CPC.

---

[9] A União, no Distrito Federal e nos territórios, e os Estados criarão: I – juizados especiais cíveis, providos por juizes togados, ou togados e leigos, competentes para a conciliação, o julgamento e a execução de causas cíveis de menor complexidade e infrações penais de menor potencial ofensivo, mediante os procedimentos oral e sumaríssimo, permitidos, nas hipóteses previstas em lei, a transação e o julgamento de recursos por turmas de juizes de primeiro grau.

[10] Na verdade, a realidade mostra que isso traz mais problemas do que soluções. Como exemplo, a dúvida envolvendo o momento da apresentação da contestação. Diante da lacuna legislativa, há Juizados que entendem ser a audiência de conciliação, sendo que outros entendem ser a audiência de instrução – e outros criam ainda outros momentos para tal importante ato. Isso sendo capaz de causar prejuízos à parte que não acostumada a litigar perante determinado juizado.

Não se nega a importância dos Juizados, no sentido de permitir que mais litigantes procurassem o Judiciário. Mas, se o JEC tem entendimentos consolidados como a impossibilidade de complemento das custas de preparo de recurso[11] (situação muito mais formalista que a regra prevista no art. 511, § 2º do CPC[12]), não se pode dizer que esse sistema permite o adequado e efetivo acesso à Justiça. Infelizmente.

E isso se agrava com a existência – e permanência – de decisões absolutamente discrepantes no âmbito dos Juizados. Tanto entre as decisões proferidas no bojo do próprio JEC (entre os diversos magistrados e turmas recursais), como em relação às correntes jurisprudenciais firmadas nos tribunais superiores, especialmente no âmbito do STJ.

Ademais, se de um lado se fala em ausência de efetivo acesso à justiça, do outro, e ainda mais grave, é possível se afirmar que a instabilidade jurisprudencial acarreta tamanha insegurança jurídica que é um desestímulo à atividade empresarial organizada.

É urgente que ocorram modificações – legislativas e culturais – para que isso não mais se verifique nos Juizados.

2. A crítica de botelho de mesquita ao sistema dos juizados

Um dos dispositivos de maior relevância para se compreender o sistema do JEC é o art. 6º da L. 9.099/95, cuja redação é a seguinte:

> "O juiz adotará em cada caso a decisão que reputar mais justa e equânime, atendendo aos fins sociais da lei e as exigências do bem comum".

Como se percebe, o comando legal aponta não haver obrigatoriedade para que o juiz aplique a lei. Há permissão para se buscar uma decisão com base

---

[11] A questão é tão consolidada no âmbito dos Juizados que chegou a acarretar a edição do enunciado 80 do FONAJE (Fórum Nacional dos Juizados Especiais, que congrega magistrados atuantes no JEC em todo o país): "O recurso inominado será julgado deserto quando não houver o recolhimento integral do preparo e sua respectiva comprovação pela parte, no prazo de 48 horas, não admitida a complementação intempestiva (art. 42, § 1º, da Lei 9.099/1995)". Como esse, há diversos outros enunciados que (i) são mais formalistas que o CPC, (ii) que dificultam o acesso à Justiça e (iii) são verdadeiras armadilhas para o advogado (que dizer, então, para a parte que litiga sem advogado?).
[12] "A insuficiência no valor do preparo implicará deserção, se o recorrente, intimado, não vier a supri-lo no prazo de cinco dias". Regra repetida no art. 1.007, § 2º do NCPC.

DIREITO DOS NEGÓCIOS APLICADO

no senso de justiça do julgador. Assim, é de se indagar: haveria a observância do princípio da legalidade perante o JEC?

Além disso, vale destacar ser do autor a opção pelo uso da vara cível da Justiça Estadual ou da vara do JEC (L. 9.099/1995, art. 3º, § 3º). E não cabe ao réu se opor à opção realizada pelo autor.

Ou seja, é possível ao autor escolher o juízo responsável pelo julgamento da causa (com base na equidade, reitere-se), sem que seja possível ao réu objetar tal escolha. Assim, haveria a observância do princípio da isonomia e do devido processo legal?

Esse panorama não é comentado por grande parte da doutrina estudiosa do JEC. Mas isso não passou incólume pela pena de BOTELHO DE MESQUITA[13]. Afirma o autor que o Juizado foi uma[14]:

> "Justiça feita para satisfazer o ímpeto dos juízes mais impacientes com a obrigação que o processo lhes impunha, de decidir em conformidade com a lei e a prova dos fatos, em lugar de decidir de modo que mais adequado lhes parecesse às suas tendências políticas e socioculturais".

E fundamenta seu raciocínio exatamente à luz do supra mencionado art. 6º. Esclarece ainda que, no anteprojeto – então como art. 5º – a redação era a seguinte[15]:

> "O juiz decidirá com base na lei, atendendo a seus fins sociais e às exigências do bem comum, adotando, em cada caso, a solução que reputar mais justa ou equânime".

Já a redação final (em vigor) foi a seguinte:

> "O juiz adotará em cada caso a decisão que reputar mais justa e equânime, atendendo aos fins sociais da lei e as exigências do bem comum".

---

[13] .O presente artigo, com redação concluída no início de agosto de 2014, é o primeiro que escrevo após o passamento do mestre, ocorrido em junho de 2014. Assim, fica consignada também a homenagem a um dos maiores processualistas que o Brasil já teve.

[14] O Juizado Especial em face das garantias constitucionais. Revista Jurídica 330, p. 10.

[15] Op. cit., p. 11.

DA DIVERGÊNCIA DE DECISÕES NO ÂMBITO DOS JUIZADOS ESPECIAIS

Destarte, na redação definitiva do dispositivo foi suprimida a determinação de que o "juiz decidirá com base na lei". Trata-se de uma "sutil" distinção entre a redação do anteprojeto e a redação aprovada no Congresso.

Agregue-se a isso o não cabimento da ação rescisória (L. 9.099/1995, art. 59) e a impossibilidade de recurso especial (CF, art. 105, III) e tem-se a conclusão a que chegou BOTELHO DE MESQUITA[16]: não há controle de legalidade perante o JEC. Assim conclui o Professor[17]:

> "É, portanto, jurisdição que não se submete nem ao princípio da legalidade (CF, art. 5º, II), nem à garantia do devido processo legal (CF, art. 5º, LIV e LV)."

Admite o autor a constitucionalidade dos Juizados se a utilização fosse "facultativa para ambas as partes"[18]. Mas, como já visto, assim não é:

> "(...) em um estado que se pretende afirmar como Estado Democrático de Direito, é impensável que possa ficar à opção de uma das partes do litígio privar a outra do benefício da lei e das garantias do devido processo legal. A tanto se opõem, é óbvio, os valores da soberania, da cidadania, da dignidade da pessoa humana, e o princípio de que todos são iguais perante a lei, sem distinção de qualquer natureza (CF, art. 1º, incisos I, II e III, e art. 5º, caput.)".

Em síntese, aponta BOTELHO DE MESQUITA a inconstitucionalidade do JEC, visto que sua utilização (e, portanto, a observância do princípio da legalidade) fica a critério exclusivo do autor.

Mas, como é cediço, os Juizados são diariamente utilizados em todo o Brasil, e não se vislumbra qualquer possibilidade de que ele venha a ser declarado inconstitucional. E, duas décadas depois de sua edição, isso não seria sequer recomendável, pois causaria uma séria insegurança jurídica.

Mas isso não deve impedir – ao contrário, deve estimular – que se tenha uma postura crítica quanto ao JEC. E que se repensem suas bases.

Isso, inclusive, considerando o problema que se verifica na prática quanto aos Juizados, é que analisado no tópico seguinte: a divergência de decisões.

---

[16] Op. cit., p. 12.
[17] Op. cit., p. 13.
[18] Op. cit., p. 13.

DIREITO DOS NEGÓCIOS APLICADO

3. A possibilidade (ou estímulo?) de prolação de decisões díspares e contrárias à jurisprudência do STJ

Conforme exposto no tópico anterior, o Juizado está calcado em um julgamento não necessariamente lastreado na lei, mas no "senso de justiça" do magistrado, conforme art. 6º da L. 9.099/95.

Sendo assim, considerando as diferentes visões e perspectivas dos juízes, o sistema naturalmente permite a prolação de decisões divergentes.

Sem pesquisas que assim demonstrem, mas com base na observação empírica dos Juizados, é possível verificar que, conforme o perfil do magistrado que atua em determinada vara, as decisões seguem um determinado padrão. Mas do magistrado e não do Poder Judiciário como um todo.

Nesse sentido, um bom exemplo diz respeito ao dano moral em relações de consumo. Há magistrados que são propensos à concessão de indenizações em valores mais elevados (adeptos da corrente dos danos morais punitivos), ao passo que outros fixam os danos morais em valores mais moderados (os que se filiam à teoria dos danos morais compensatórios).

Ainda pior, essa análise empírica também é realizada por advogados que conhecem o foro onde atuam e, muitas vezes, "escolhem" o Juizado onde ajuizar determinada demanda[19], prestigiando ou preterindo determinado magistrado[20] – e modificando o local de ajuizamento de novas demandas conforme mudam os julgadores.

Ou seja, para situações absolutamente idênticas – como, por exemplo, uma inscrição indevida em cadastro restritivo de crédito – é possível que existam decisões absolutamente díspares.

Mas o leitor poderia afirmar: "isso ocorre não apenas no JEC, mas em qualquer esfera do Poder Judiciário".

---

[19] Apesar de a prática importar em clara violação ao princípio do juiz natural, isso é possível, considerando o art. 4º da L. 9.099/95, que prevê uma série de foros concorrentes igualmente competentes. Ou seja, em uma situação de dano moral decorrente de relação de consumo, o autor pode ajuizar uma demanda no domicílio do réu (seja o principal ou filial), em seu próprio domicílio ou no local do ato ou fato.

[20] Na região do foro central da Capital do Estado de São Paulo, existem diversos Juizados vinculados a Faculdades de Direito, geograficamente muito próximos e que, assim, permitem a escolha por parte dos advogados dos autores. E, por volta do ano de 2010, era notório entre os advogados militantes da região que uma determinada juíza, que atuava perante um desses Juizados, concedia danos morais em raríssimas situações. Resultado: os advogados consumeiristas deixaram de se utilizar de tal Juizado até que a juíza fosse removida.

130

DA DIVERGÊNCIA DE DECISÕES NO ÂMBITO DOS JUIZADOS ESPECIAIS

De fato, a disparidade na fixação de indenizações por danos morais também se verifica nas varas usuais e Tribunais. Mas, em menor grau.

Para comprovar a assertiva, basta verificar que, fora do sistema dos Juizados, (i) o juiz não pode julgar com base na equidade, (ii) tampouco o recurso pode ser julgado com base na equidade, (iii) se o Tribunal intermediário não uniformizar a condenação, ainda é possível recurso para o STJ e (iv) o STJ tem firme jurisprudência no sentido de ser possível recurso especial para discutir valor de indenização por dano moral, não incidindo a Súmula 7/STJ, quando a condenação for "irrisória ou exorbitante"[21].

Portanto, se a causa não for ajuizada no JEC – por opção do autor, reitere-se – é possível que o réu tenha um julgamento com base na legalidade, que o Tribunal (composto por desembargadores e não por juízes de primeiro grau) reforme a decisão ou que o STJ a reforme.

Enquanto isso, no âmbito dos Juizados, o réu tem um julgamento com base na equidade (conforme permitido pela própria lei), com a possibilidade de recurso para um Colégio Recursal, que igualmente julgará por equidade e composto por juízes de primeiro grau (com visão mais semelhante à do juiz que sentenciou; diferentemente do que ocorre com os desembargadores do TJ em relação aos juízes de primeiro grau), sem a possibilidade de se chegar ao STJ. E, frise-se, sem que seja possível ao réu impugnar a escolha pelo JEC.

Ou seja, isso tudo acarreta uma possibilidade bem maior de decisões díspares no âmbito dos Juizados do que em relação à Justiça Cível tradicional. Essa possibilidade pode, também, ser lida como um verdadeiro estímulo a cada juiz do JEC ter o "seu entendimento", sem pensar como um corpo, como parte de um único Poder da República.

E, como se não bastasse isso tudo, o sistema dos Juizados ainda permite a existência de decisões que sejam contrárias à jurisprudência do STJ[22].

---

[21] A título exemplificativo, o seguinte julgado: "(...) 1. Indenização por dano moral reduzida para R$ 30.000,00 (trinta mil reais), uma vez constatada a flagrante exorbitância do quantum fixado em 400 (quatrocentos) salários mínimos na instância ordinária. Hipótese em que reconhecido o abalo extrapatrimonial decorrente da injustificada demora do hospital conveniado e da operadora de plano de saúde em providenciar a internação da beneficiária para a realização de curetagem uterina (em razão de aborto espontâneo). Enriquecimento ilícito da autora afastado. Observância dos princípios da razoabilidade e da proporcionalidade. 2. Agravo regimental desprovido. (AgRg no AREsp 379.033/SP, Rel. Ministro MARCO BUZZI, QUARTA TURMA, julgado em 24/06/2014, DJe 01/08/2014)".

[22] Situação que foi exposta com vagar em nosso artigo anterior a respeito dos juizados, apontando a esquizofrenia do sistema.

DIREITO DOS NEGÓCIOS APLICADO

Isso porque, em regra, não é possível rever as decisões do Colégio Recursal no STJ.

Para ilustrar o que se pretende expor, vale comparar a estrutura da Justiça Comum Estadual e a estrutura do JEC.

A Justiça Comum Estadual tem a seguinte divisão:

1º grau Vara cível	2º grau TJ	Tribunal Superior (legislação infraconstitucional) STJ	Tribunal Superior (Constituição) STF

Já no JEC a estrutura é a seguinte:

1º grau Vara do JEC	2º grau Colégio Recursal	Tribunal Superior (legislação infraconstitucional) ---	Tribunal Superior (Constituição) STF

Como se percebe, à luz da L. 9.099/1995, não há a previsão de recurso para discutir as decisões do Colégio Recursal, no âmbito infraconstitucional, por tribunais já previamente previstos no sistema.

Ou seja, não cabe recurso especial para atacar o acórdão do Colégio Recursal. É o que restou sedimentado na súmula 203 do STJ, que tem a seguinte redação:

"Não cabe recurso especial contra decisão proferida por órgão de segundo grau dos juizados especiais".

Contudo, essa falta de possibilidade de controle por parte do STJ acabou por criar uma situação insustentável e verdadeiramente incompreensível[23]: a existência de sensíveis divergências na decisão de conflitos análogos, entre o JEC e os demais órgãos da Justiça Comum Estadual. Tanto em relação aos próprios Colégios Recursais entre si, como entre os Colégios Recursais e o STJ.

Diversos são os exemplos de decisões de Colégios Recursais em dissonância com a jurisprudência do STJ.

[23] De modo algum neste momento a crítica é pessoal aos magistrados que atuam nos Colégios Recursais e decidem de forma distinta do pacificado pelo STJ – até porque agem exatamente na linha do permitido pela lei (julgar com base em equidade e sem que haja controle por parte de Tribunal Superior). A crítica é ao SISTEMA PROCESSUAL, o qual permite a prolação e permanência de uma decisão proferida por um juízo inferior sem que seja possível o recurso e modificação da decisão por parte do juízo superior. Considerando que este é um artigo acadêmico que busca contribuir para o debate e reflexão a respeito do tema, é certo que esta ressalva é despicienda. Mas, *ad cautelam* e de modo a evitar quaisquer mal-entendidos, vale esta breve ressalva.

DA DIVERGÊNCIA DE DECISÕES NO ÂMBITO DOS JUIZADOS ESPECIAIS

A título meramente exemplificativo, destacamos as seguintes situações:

a) decisões afirmando que a assinatura básica de telefonia é ilegal[24], em sentido contrário à Súmula 356 do STJ[25];
b) decisões determinando a imediata devolução da quantia paga pelo consorciado[26], contrárias à posição fixada pelo STJ em sede de REsp repetitivo, a qual determina a devolução somente quando do encerramento do grupo[27];
c) decisões determinando o pagamento de indenização por dano moral em virtude de inscrição indevida em cadastros restritivos de crédito, mesmo que haja pretérita legítima inscrição[28], em afronta à Súmula 385 do STJ[29] – além do próprio valor do dano moral, como já exposto ao longo deste tópico.

Como se percebe desse breve rol apresentado, são situações que envolvem empresas no polo passivo e demonstram hipóteses corriqueiras no cotidiano empresarial – e, infelizmente, forense.

Ademais, são situações de massa, em que o STJ pacificou o entendimento a favor das empresas, mas que, no âmbito do JEC, ainda são proferidas decisões contrárias à jurisprudência da Corte Superior. Contribuindo para a morosidade do Poder Judiciário, maior custo para as empresas e insegurança jurídica.

Diante disso, ainda que não haja previsão legal de recurso para o STJ, a própria jurisprudência encontrou mecanismos para resolver essa situação extremamente nociva de decisões do Colégio Recursal contrárias ao firme

---

[24] STJ, Rcl 3938.
[25] "É legítima a cobrança da tarifa básica pelo uso dos serviços de telefonia fixa".
[26] STJ, Rcl 5531.
[27] "RECURSO ESPECIAL REPETITIVO. JULGAMENTO NOS MOLDES DO ART. 543-C DO CÓDIGO DE PROCESSO CIVIL. CONSÓRCIO. DESISTÊNCIA. DEVOLUÇÃO DAS PARCELAS PAGAS PELO CONSORCIADO. PRAZO. TRINTA DIAS APÓS O ENCERRAMENTO DO GRUPO. 1. Para efeitos do art. 543-C do Código de Processo Civil: é devida a restituição de valores vertidos por consorciado desistente ao grupo de consórcio, mas não de imediato, e sim em até trinta dias a contar do prazo previsto contratualmente para o encerramento do plano. 2. Recurso especial conhecido e parcialmente provido. (REsp 1119300/RS, Rel. Ministro LUIS FELIPE SALOMÃO, SEGUNDA SEÇÃO, julgado em 14/04/2010, DJe 27/08/2010)"
[28] STJ, Rcl 6130.
[29] "Da anotação irregular em cadastros de proteção de crédito, não cabe indenização por dano moral, quando preexistente legítima inscrição, ressalvado o direito ao cancelamento".

DIREITO DOS NEGÓCIOS APLICADO

entendimento do Superior Tribunal responsável pela pacificação da matéria infraconstitucional. É que se analise a seguir.

3.1. A solução – paliativa e incompleta – da reclamação para a divergência entre colégio recursal e STJ

O quadro exposto no tópico anterior demonstra uma verdadeira situação de imprevisibilidade no seio do Poder Judiciário.

Especificamente diante do não cabimento de recurso especial de decisão proferida pelo Colégio Recursal e da proliferação de decisões contrárias à jurisprudência do STJ, passou-se a postular pela criação, no JEC, da uniformização de jurisprudência, já existente nos demais Juizados.

A uniformização está prevista nos Juizados Especiais Federais (art. 14 da L. 10.259/2001) e nos Juizados Especiais da Fazenda Pública (arts. 18 e 19 da L. 12.153/2009). Assim, nesses Juizados, se há divergência entre os Colégios Recursais ou entre estes e o STJ, é cabível o uso do incidente de modo a se buscar a unificação da interpretação jurisprudencial.

Há anos a criação da uniformização no JEC é discutida no Congresso[30]. Mais recentemente, a partir de um projeto elaborado pelo STJ, tramita na Câmara o PL 5.741/13, que cria a "Turma Nacional de Uniformização de Jurisprudência dos Juizados Especiais dos Estados e do Distrito Federal" que seria responsável para evitar as discrepâncias.

Considerando o aqui exposto, parece-nos algo fundamental para a melhoria da prestação jurisdicional. Mas há vozes em contrário, por óbvio[31].

---

[30] É possível anteceder até o PL 4.273/2004 da Câmara, renumerado como PL 16/2007 do Senado (a respeito da tramitação desse projeto, cf. FÁBIO LIMA QUINTAS e LUCIANO CORRÊA GOMES, A jurisdição do Superior Tribunal de Justiça sobre os Juizados Especiais Cíveis: antecedentes, perspectivas e o controle por meio da reclamação, *Revista de Processo*, 196, item 5).

[31] Em notícia jornalística (*O Globo*, 23/06/2014, Sentença em juizado especial poderá demorar mais), aponta-se divergência de entendimento entre os próprios Ministros do STJ. Segundo o jornal, para a Ministra NANCY ANDRIGHI "Esse projeto só interessa a bancos, grandes consórcios, empresas de telecomunicações que vão tentar postergar ao máximo o direto do consumidor. Ele vai pôr abaixo o juizado especial, que se pretende uma Justiça célere, pois abala um de seus principais pilares que é o julgamento por equidade, bom senso. Pois como é possível uniformizar sentenças julgadas a partir da equidade, que é um valor subjetivo?". De seu turno, o relator do projeto no âmbito do STJ (e que foi aprovado por aquela Corte, frise-se), Ministro LUIS FELIPE SALOMÃO assim se manifestou: "Quando cada tribunal entende uma lei de maneira diferente, o STJ precisa uniformizar essa interpretação. Então, para o sistema do juizado especial é preciso ter uma turma nacional de uniformização. Essa criação não é um degrau, uma instância a mais. Ela vai dar organicidade ao sistema e evitar a insegurança jurídica, pois evitará que uma turma recursal

DA DIVERGÊNCIA DE DECISÕES NO ÂMBITO DOS JUIZADOS ESPECIAIS

Contudo, até que tal mecanismo seja criado – se efetivamente for criado –, é compreensível o inconformismo das partes e a tentativa de modificação de decisões do Colégio Recursal contrárias à jurisprudência do STJ.

Nesse contexto, os jurisdicionados passaram a buscar a modificação das decisões via recurso extraordinário, que é cabível de acórdão do Colégio Recursal, por força de previsão constitucional.

Contudo, indubitavelmente a maior parte das vezes a decisão do Colégio Recursal viola a legislação infraconstitucional e não a Constituição, o que acarreta o não conhecimento dos REs. Isso em nada obstante, a questão acabou por chamar a atenção e sensibilizar os magistrados do STF.

Considerando esse quadro, decidiu o STF, em julgado proferido em agosto de 2009[32], que até a criação de um incidente de uniformização de jurisprudência para o JEC será cabível reclamação, endereçada ao STJ, de acórdão de Colégio Recursal contrário à jurisprudência do Superior Tribunal.

A decisão no STF foi por maioria de votos (vencidos os Ministros MARCO AURÉLIO e CARLOS BRITTO), relatora a Ministra ELLEN GRACE[33].

É certo que a reclamação não tem previsão constitucional ou infraconstitucional para essa hipótese. Mas, entre prevalecer uma situação de insegurança quanto à solução da lide ou a insegurança no uso de um instrumento processual, optou o STF por prestigiar a segurança quanto ao mérito – o que parece ter sido a opção "menos pior"[34].

---

decida de uma maneira, enquanto a de outro estado dê outro parecer . São nítidas as diferenças de pensamento – e isso também se reproduz na doutrina e jurisprudência.

[32] EDcl no RE n. 571.572 (DJe 26/11/2009).

[33] Afirmou a relatora:"Desse modo, até que seja criado o órgão que possa estender e fazer prevalecer a aplicação da jurisprudência do STJ, em razão de sua função constitucional, da segurança jurídica e da devida prestação jurisdicional, a lógica da organização do sistema judiciário nacional recomenda se dê à reclamação prevista no art. 105, I, f, da CF amplitude suficiente à solução deste impasse".

[34] ALEXANDRE FREITAS CÂMARA critica o cabimento da reclamação, afirmando que o texto constitucional não previu tal hipótese de utilização do referido instrumento (op. cit., p. 156/157). Também JOEL DIAS FIGUEIRA JÚNIOR discorda da solução criada pelo STF, ao argumento de ser ela contrária ao princípio da oralidade e de seu sub-princípio da celeridade (op. cit., p. 311). CLÁUDIA HELENA POGGIO CORTEZ entende que a reclamação é indevida pois (a) não há efeito vinculante nas decisões do STJ e (b) aumenta-se o cabimento da reclamação, fora das hipóteses previstas para tanto (O cabimento de reclamação constitucional no âmbito dos Juizados Especiais Estaduais, Revista de Processo 188, p. 260) Já EDUARDO CAMBI e VINÍCIUS SECAFEN MINGATI manifestam-se de maneira favorável ao uso da reclamação, destacando ser uma forma que se encontrou para a obtenção de segurança jurídica (Nova hipótese de cabimento da reclamação, protagonismo judiciário e segurança jurídica, Revista de Processo 196, p. 295 e ss.). No mesmo sentido, FÁBIO LIMA QUINTAS e LUCIANO CORRÊA GOMES: "(...) até que sobrevenha lei,

DIREITO DOS NEGÓCIOS APLICADO

Em complemento à decisão do STF, para "regulamentar" o uso da reclamação como sucedâneo de recurso de acórdão proferido por Colégio Recursal[35], o STJ editou a Resolução n. 12/2009 – complementada por diversos julgados das 1ª e 2ª Seções de referida Corte Superior.

De modo a tentar evitar uma verdadeira avalanche de causas repetitivas para o STJ, a referida resolução previu a possibilidade de suspensão dos demais processos que tratem acerca do mesmo tema[36].

Contudo, é certo que essa solução é meramente paliativa – e parcial.

Paliativa porque não se trata de algo do próprio sistema, mas de uma situação momentânea (como inclusive exposto pelo STF), passível de utilização até que haja a criação da turma de uniformização no âmbito do JEC.

E parcial porque – uma vez mais, com o objetivo de evitar uma grande quantidade de reclamações – o próprio STJ desenvolveu uma jurisprudência restritiva quanto ao uso dessa reclamação contra decisões de Juizados. Em alguns casos, trata-se de clara hipótese de jurisprudência defensiva[37], como se verifica na impossibilidade de juntada de documentos posteriormente ao ajuizamento da reclamação[38].

a reclamação configura forma privilegiada de controle das decisões proferidas pelos Juizados Especiais Cíveis" (op. cit., item 9).

[35] A respeito desse tema, com mais profundidade, nosso artigo anterior a respeito do tema.

[36] "Art. 2º. Admitida a reclamação, o relator: I – poderá, de ofício ou a requerimento da parte, presentes a plausibilidade do direito invocado e o fundado receio de dano de difícil reparação, deferir medida liminar para suspender a tramitação dos processos nos quais tenha sido estabelecida a mesma controvérsia, oficiando aos presidentes dos tribunais de justiça e aos corregedores-gerais de justiça de cada estado membro e do Distrito Federal e Territórios, a fim de que comuniquem às turmas recursais a suspensão; (...)".

[37] Sem aprofundar a análise desse tema, apenas cabe destacar que (i) a criação ou exacerbação de requisitos de admissibilidade para os recursos (o que pode ser um conceito de jurisprudência defensiva) é algo lastimável, mas (ii) dúvida não há que o STJ não tem missão constitucional para unificar a jurisprudência dos Juizados; isso, claramente, seria de competência de turmas de uniformização criadas exatamente para esse fim.

[38] "AGRAVO REGIMENTAL. RECLAMAÇÃO. RESOLUÇÃO STJ Nº 12/2009. JUIZADOS ESPECIAIS CÍVEIS E CRIMINAIS. AUSÊNCIA DA CERTIDÃO DE PUBLICAÇÃO DO ACÓRDÃO RECLAMADO. JUNTADA POSTERIOR. IMPOSSIBILIDADE. 1. Inexistindo nos autos, por ocasião do ajuizamento da Reclamação prevista na Resolução STJ 12/2009, cópia do acórdão proferido no julgamento dos embargos declaratórios e respectiva certidão de publicação, é de rigor a negativa de seguimento do feito. 2. A Reclamação, que deve ser apresentada no prazo de 15 dias, se assemelha ao agravo de instrumento previsto no art. 544 do Código de Processo Civil no que pertine à sua formação, não sendo possível, após o ajuizamento da Reclamação, a juntada de peças essenciais. 3. Agravo regimental não provido. (AgRg na Rcl 7.446/SP, Rel. Ministro MAURO CAMPBELL MARQUES, PRIMEIRA SEÇÃO, julgado em 25/04/2012, DJe 04/05/2012)".

DA DIVERGÊNCIA DE DECISÕES NO ÂMBITO DOS JUIZADOS ESPECIAIS

O fato é que o STJ pacificou que (i) o prazo da reclamação é de 15 dias[39], (ii) não cabe reclamação para matéria processual[40], mas apenas de mérito[41] e (iii) somente se admite a reclamação diante de violação de súmula ou recurso especial repetitivo[42].

Com todas essas limitações, é plenamente possível que sejam proferidas decisões nos Juizados, processuais ou de mérito, que sejam contra a jurisprudência do STJ, mas que não poderão ser revistas pela Corte Superior e permanecerão no sistema.

Portanto, os problemas envolvendo os Juizados não se resolvem com o uso da reclamação ou tampouco com a criação do incidente de uniformização de

---

[39] "ADMINISTRATIVO. RECLAMAÇÃO. RESOLUÇÃO 12/STJ, DE 14.12.09. TELEFONIA FIXA. COBRANÇA DE TARIFA BÁSICA MENSAL. INTERPOSIÇÃO BEM APÓS O PRAZO RECURSAL (15 DIAS) PREVISTO NA RESOLUÇÃO. INTEMPESTIVIDADE. AGRAVO REGIMENTAL DESPROVIDO. 1. Nos termos do art. 1o. da Resolução 12/2009, as Reclamações destinadas a dirimir divergência entre acórdão prolatado por Turma Recursal Estadual e a jurisprudência desta Corte, serão oferecidas no prazo de quinze dias, contados da ciência, pela parte, da decisão impugnada. (...) 3. A presente Reclamação foi ajuizada somente em 27.11.2013, ou seja, bem depois do prazo recursal (15 dias) previsto na Resolução 12/2009, sendo, portanto, intempestiva. 4. O fato de a Resolução STJ 12/09 ter sido editada posteriormente ao julgamento proferido pela Turma Recursal não é capaz de reabrir o prazo previsto no seu art. 1o. ou de tornar a Reclamação um substituto de recurso contra decisão que nega seguimento a Recurso Extraordinário (AgRg na Rcl 12.194/MS, Rel. Min. ARNALDO ESTEVES LIMA, DJe 02.08.2013). 5. Agravo Regimental da OI S/A desprovido. (AgRg na Rcl 15.560/MS, Rel. Ministro NAPOLEÃO NUNES MAIA FILHO, PRIMEIRA SEÇÃO, julgado em 23/04/2014, DJe 06/05/2014)".

[40] "DIREITO CIVIL E PROCESSUAL CIVIL. RECLAMAÇÃO. TARIFAS BANCÁRIAS. LEGALIDADE. TARIFA DE CADASTRO. 1.- A Reclamação de que trata a Resolução/STJ nº 12/2009 não pode ser proposta para discutir questões de direito processual (AgRg no MS 18.665/MT, Rel. Ministro CASTRO MEIRA, CORTE ESPECIAL, DJe 12/11/2012). (...) (Rcl 16.644/ES, Rel. Ministro SIDNEI BENETI, SEGUNDA SEÇÃO, julgado em 28/05/2014, DJe 02/06/2014)".

[41] O que torna, paradoxalmente, o JEC mais formalista que o CPC. Como exemplo, a impossibilidade de complemento de custas de preparo – como já mencionado nas notas 11 e 12 supra.

[42] "DIREITO CIVIL E PROCESSUAL CIVIL. RECLAMAÇÃO. TARIFAS BANCÁRIAS. LEGALIDADE. TARIFA DE CADASTRO. (...) 2.- A expressão "jurisprudência do Superior Tribunal de Justiça" constante no art. 1º da Resolução/STJ nº 12/2009, deve ser interpretada em sentido estrito, admitindo-se como tal, apenas o entendimento absolutamente consolidado no âmbito desta Egrégia Corte, no que se refere à aplicação da lei, ou seja, apenas quando este Tribunal já tenha editado Súmula a respeito da matéria de direito material controvertida ou proferido julgamento de Recurso Especial representativo da controvérsia sobre a questão, pelo rito dos Recursos Especiais Repetitivos (CPC, art. 543-C, com a redação da Lei 11.672, de 8.5.2008).(AgRg na Rcl 4312/RJ, Rel. Ministro PAULO DE TARSO SANSEVERINO, SEGUNDA SEÇÃO, DJe 25/10/2010). (...) (Rcl 16.644/ES, Rel. Ministro SIDNEI BENETI, SEGUNDA SEÇÃO, julgado em 28/05/2014, DJe 02/06/2014)".

jurisprudência. O paradigma dos Juizados é que deve ser repensado como um todo, a partir da exposição de BOTELHO DE MESQUITA.

Uma reflexão interessante é a realizada por LESLIE FERRAZ. A autora, a partir de estudos estatísticos frutos de suas pesquisas de campo, formula algumas interessantes propostas a respeito dos Juizados, propondo uma releitura de sua atuação[43]:

> As demandas de massa (relativas, majoritariamente, a questões de consumo) tramitam, em sua grande maioria, nos Juizados Especiais.
>
> Contudo, em termos de políticas públicas, esta é a pior solução a ser adotada, pois fragmenta o conflito, suprime o peso político da demanda e reduz a abrangência dos beneficiados, já que apenas aqueles que procuram o Judiciário são indenizados. Como se não bastasse, esta política vem comprometendo a capacidade de processamento dos Juizados.
>
> Portanto, a primeira solução deveria ser o direcionamento destas demandas para uma arena mais apropriada. Eu defendo que demandas que ocultam questões coletivas não deveriam tramitar nos Juizados. Elas deveriam ser objeto de uma ação coletiva, que protegesse todos os prejudicados.

Prossegue a autora destacando que também as agências reguladoras e outros órgãos deveriam atuar mais firmemente, de modo que a solução não fosse, invariavelmente, o Poder Judiciário. E conclui[44]:

> Tentando objetivar a resposta, para solucionar este problema, teríamos que enfrentar várias frentes: (i) fortalecer a regulação no Brasil; (ii) fortalecer nossa tutela coletiva; (iii) com o funcionamento destes dois sistemas, afastar quaisquer demandas de índole coletiva dos Juizados Especiais.

Ou seja, uma releitura do acesso à justiça, não no sentido de sua ampla universalização perante o Judiciário, mas sim na perspectiva de solução do conflito, ainda que por órgãos administrativos – aliado à efetiva exclusão de causas massificadas perante o JEC. Sem dúvidas, sua visão do sistema acarreta interessantes reflexões. É um assunto que vale ser aprofundado, mas que foge aos limites deste artigo.

---

[43] Entrevista ao periódico Carta Forense, 04 ago. 2014, disponível em <http://www.cartaforense.com.br/conteudo/entrevistas/criticas-ao-novo-cpc/14160>, acesso em 11 ago. 2014.

[44] Op. cit.

DA DIVERGÊNCIA DE DECISÕES NO ÂMBITO DOS JUIZADOS ESPECIAIS

De qualquer forma, considerando que ainda não há turma de uniformização e que no momento sequer se cogita da retirada das causas massificadas de consumo dos Juizados, necessária a análise do sistema atual, de lege lata.

E, nesse contexto, o que se tem é um quadro de decisões díspares em primeiro grau e decisões que Colégio Recursal que podem ser contrárias à jurisprudência do STJ, sem que haja como uniformizar os entendimentos.

Esse quadro é altamente danoso à sociedade. E especialmente desestimulante à atividade empresarial.

3.2. A insegurança jurídica e suas consequências

Do exposto nos tópicos anteriores, tem-se o seguinte panorama: (i) a escolha pelo Juizado é exclusiva do autor, não sendo possível ao réu impugná-la; (ii) o julgamento no JEC é fundado em juízo de equidade, não legalidade; (iii) o recurso no JEC é julgado também com base em equidade, e por juízes de 1º grau, com a tendência de manutenção da decisão recorrida; (iv) salvo se a matéria de mérito estiver sumulada ou for julgada como repetitivo no STJ, uma decisão de Colégio Recursal não tem como ser alterada perante a Corte Superior e (v) há situações de massa com entendimento do STJ de uma maneira (favoráveis a empresas), mas que são decididas no Colégio Recursal de maneira contrárias às empresas.

Como resultado disso tudo, tem-se uma considerável discrepância entre as decisões preferidas nos Juizados em situações análogas, o que causa sensível insegurança jurídica – isso sem falar na contribuição à morosidade do Judiciário e nos maiores custos com a área jurídica.

Como explicar que dois órgãos do Poder Judiciário, em um mesmo momento histórico, decidam de forma distinta, sem que seja possível à parte buscar a unificação das decisões? Como o advogado deve orientar seu cliente diante de uma situação concreta? A resposta é muito difícil, considerando a instabilidade existente.

E isso tudo desestimula a atividade empresarial.

Nesse sentido, uma das grandes defensoras da isonomia nas decisões para casos análogos, Teresa Arruda Alvim Wambier afirma que a igualdade é "uma conquista dos povos civilizados, que gera segurança, previsibilidade e se constitui numa defesa do sistema contra a arbitrariedade"[45].

---

[45] Sobre a Súmula 343. Revista de Processo 86/150.

DIREITO DOS NEGÓCIOS APLICADO

Por sua vez, Araken de Assis aduz que[46]:

"(...) a preocupação com julgamentos uniformes para casos similares sempre existiu em todos os ordenamentos e épocas e interessa à ordem jurídica hígida e justa, mais do que alhures, a erradicação da incerteza quanto ao direito aplicável às lides".

Partindo especificamente para os efeitos deletérios da insegurança na seara empresarial, digna de nota a exposição de FÁBIO ULHOA[47], para quem a insegurança jurídica:

"distorce o sistema de preços, ao elevar o risco e custo dos negócios; desencoraja investidores e a utilização do capital disponível; estreita a abrangência da atividade econômica, desestimulando a especialização e dificultando a exploração de economias de escala; e diminui a qualidade da política econômica, tornando-a mais instável e deixando de coibir a expropriação do Estado, desestimulando, dessa forma, o investimento, a eficiência, o progresso tecnológico e, por conta de vários desses fatores, as exportações".

A respeito da insegurança e seus reflexos na atividade econômica, Antonio Adonias Bastos escreveu precioso artigo, navegando inclusive pelos mares da análise sociológica e econômica[48], apresentando boa bibliografia a respeito desse tema.

O tema é analisado da seguinte forma[49]:

"Além de favorecer o qualificado acesso à Justiça, o prévio conhecimento do entendimento sedimentado pelos tribunais sobre certa matéria é importante para a estabilização social e econômica, influenciando, inclusive, nos investimentos realizados em determinado país. Neste sentido, a atividade judicial apresenta reflexos sobre o desenvolvimento das sociedades."

---

[46] Manual dos recursos, p. 805.

[47] A Justiça desequilibrando a economia. Valor Econômico, 10.11.2006.

[48] Passagem digna de nota é o comentário ao trabalho de FABIANA RODRIGUES SILVEIRA, que destaca existir uma situação paradoxal na América Latina: de um lado, há um ambiente institucional inseguro para investimentos; de outro, o Poder Judiciário tenta minimizar os efeitos do lucro mal distribuído.

[49] A estabilidade das decisões judiciais como elemento contributivo para o acesso à justiça e para o desenvolvimento econômico. Revista de Processo, 227, p. 309.

E uma de suas conclusões adota a seguinte linha[50]:

> "A inexistência de uma prognose sobre o conteúdo das respostas jurisdicionais impede que os membros da comunidade tenham uma percepção clara sobre a conduta que devem adotar, chegando mesmo a fazer com que deixem de praticar determinados atos ou de celebrar certos negócios, ante o risco a que podem se submeter em decorrência da instabilidade".

O fato é que a atividade empresarial (como qualquer atividade humana, de uma forma geral), precisa de previsibilidade para se desenvolver.

E o sistema jurisdicional pátrio – ainda mais agudamente no âmbito dos Juizados, como visto ao longo do artigo – não traz essa situação de previsibilidade das decisões. Uma simples inscrição indevida realizada por uma falha em uma empresa pode acarretar condenações em valores consideravelmente díspares.

E, mesmo que haja outras inscrições prévias (o que, pela Súmula 385/STJ, não acarretaria condenação), há diversas decisões de Juizados determinando a indenização – o que aumenta os custos (e a dificuldade processual) para que se reforme isso no Colégio Recursal ou mesmo no STJ.

Assim, o exercício de atividade empresarial no Brasil exige uma grande dose de ousadia e coragem, também para enfrentar a insegurança jurídica e a imprevisibilidade acerca das consequências de situações corriqueiras que ocorrem no cotidiano de qualquer empresa. E, por certo, isso limita a abertura de novas empresas e restringe a expansão das existentes – em claro prejuízo do desenvolvimento econômico e da sociedade brasileira.

4. Conclusões e reflexões

Do que foi exposto neste breve artigo, é possível destacar o quanto segue.

O Juizado Especial Cível surge em um contexto no qual se busca simplificar a forma processual, de modo a facilitar o acesso à Justiça, especialmente considerando a litigiosidade contida. O JEC pode ser entendido como (i) um procedimento distinto, em relação ao comum, (ii) em uma estrutura jurisdicional distinta, sem previsão de recurso para o TJ ou STJ.

Além de ser mais informal, o JEC tem na sua base o julgamento com base no "senso de justiça" do magistrado, e não na legalidade. Além disso, a opção

---

[50] Op. cit., p. 312.

DIREITO DOS NEGÓCIOS APLICADO

pelo Juizado é exclusiva do autor, não sendo possível ao réu impugná-la. Diante desse quadro, uma das poucas vozes críticas na doutrina é de Botelho de Mesquita, apontando que essas características violam os princípios da legalidade, isonomia e do devido processo legal.

Há uma série de fatores que permitem – e até mesmo estimulam – a prolação de decisões díspares nos Juizados (tanto entre si como em relação aos Tribunais):

a) decisão com base em juízo de equidade e não de legalidade (dando margem a um maior componente de entendimento pessoal à decisão);
b) recurso julgado pelo Colégio Recursal, também baseado na equidade, composto por juízes de 1º grau, que tendem a modificar menos as decisões do que desembargadores (pois o revisor tem perfil semelhante ao do julgador originário);
c) impossibilidade de se recorrer ao TJ;
d) impossibilidade de se chegar ao STJ, permitindo que a decisão do Colégio Recursal divirja da decisão da Corte que unifica a jurisprudência infraconstitucionalmente.

Em virtude de situações verdadeiramente insustentáveis em casos de massa (como na assinatura básica de telefonia, em que o STJ sumulou sua legalidade e muitos Colégios Recursais afirmavam o contrário), mesmo sem previsão legal, o próprio Judiciário criou uma válvula de escape: determinou o STF que cabível reclamação para o STJ se a decisão do JEC contrariar a jurisprudência do Tribunal Superior.

Contudo, trata-se de decisão paliativa (passível de utilização até que se crie, legislativamente, o incidente de uniformização – já existente no JEF e no JEFP) e parcial (pois, por força da jurisprudência restritiva do STJ, somente é cabível em questões de mérito, e desde que sumuladas ou julgadas em recurso repetitivo).

Assim, com o panorama vigente, tem-se um sistema que permite uma grande variação nas decisões envolvendo situações absolutamente semelhantes.

E essa insegurança jurídica é altamente nociva para a sociedade como um todo, mas para a atividade empresarial em específico.

A decisão a respeito da abertura ou ampliação da atividade empresarial – que gera emprego e riqueza – passa por um ambiente estável nos mais diversos aspectos, inclusive o jurídico.

DA DIVERGÊNCIA DE DECISÕES NO ÂMBITO DOS JUIZADOS ESPECIAIS

Se o empresário não tem a certeza de como o Judiciário decidirá a respeito de aspectos básicos de seu negócio (como nos mencionados exemplos de desistência de consórcio e assinatura básica de telefonia) ou se as decisões são absolutamente variáveis em relação a uma mesma situação de falha na prestação do serviço (como no caso de inscrição indevida em cadastro restritivo), um empresário pode (i) simplesmente desistir de empreender ou (ii) conforme o porte do negócio, optar por outro país para exercer sua atividade. Em quaisquer dos casos, prejuízos à sociedade brasileira.

Diante destas conclusões, é possível apresentar algumas questões para reflexão – que, espero, este artigo tenha atingido o desiderato de provocá-las:

1) O JEC deve permanecer calcado em um juízo de equidade e não legalidade?

2) O sistema do JEC deve permitir (em tempos de súmula vinculante, repercussão geral e REsp repetitivo) a possibilidade de decisões diametralmente opostas ou com grande variação para casos análogos?

3) Deve o JEC ser utilizado para causas massificadas de consumo? (hoje, é fato notório, é o que mais se verifica nos Juizados).

4) Para estimular a atividade empresarial, gerando emprego e renda, a segurança jurídica e previsibilidade das decisões não devem ser objetivos do Judiciário?

Referências

ASSIS. Araken de. Manual dos recursos. São Paulo: Editora Revista dos Tribunais, 2007.

BASTOS, Antonio Adonias. A estabilidade das decisões judiciais como elemento contributivo para o acesso à justiça e para o desenvolvimento econômico. Revista de Processo, 227/295, Jan/2014.

BOTELHO DE MESQUITA, José Ignacio. O Juizado Especial em face das garantias constitucionais. Revista Jurídica 330/9, Abr/2005.

CÂMARA, Alexandre Freitas. Juizados Especiais Cíveis Estaduais, Federais e da Fazenda Pública: uma abordagem crítica. 6. ed. Rio de Janeiro: Lumen Juris, 2010.

CAMBI, Eduardo e MINGATI, Vinícius Secafen. Nova hipótese de cabimento da reclamação, protagonismo judiciário e segurança jurídica. Revista de Processo 196/295, Jun/2011.

CAPPELLETI, Mauro e GARTH, Bryant. Acesso à Justiça. Tradução de Ellen Gracie Northfleet. Porto Alegre: Fabris, 1988.

CARNEIRO, Athos Gusmão. Considerações sobre o processo e os juizados de pequenas Causas. Revista de Processo 51/23, Jul/1988.

COELHO, Fabio Ulhoa. A Justiça desequilibrando a economia. Valor Econômico, 10.11.2006.

DIREITO DOS NEGÓCIOS APLICADO

CORREIA, Marcus Orione Gonçalves. Juizados Especiais Federais, Revista dos Tribunais 801/92, Jul/2002.

CORTEZ, Cláudia Helena Poggio. O cabimento de reclamação constitucional no âmbito dos Juizados Especiais Estaduais. Revista de Processo 188/253, Out/2010.

DINALLI, Aparecida. Do acesso à justiça: Juizados Especiais Cíveis. Revista de Direito Constitucional e Internacional 51/25, Abr/2005.

DELLORE, Luiz. Da esquizofrenia do sistema recursal dos Juizados Especiais Cíveis: a profusão de decisões contrárias à jurisprudência do Superior Tribunal de Justiça. In: Tucci, José Rogério Cruz e; Piva Rodrigues, Walter; Amadeo, Rodolfo da Costa Manso Real. (Org.). Processo Civil: homenagem a José Ignacio Botelho de Mesquita. São Paulo: Quartier Latin, 2013, p. 127-144.

FABRÍCIO, Adroaldo Furtado. A experiência brasileira dos Juizados de Pequenas Causas, Revista de Processo 101/175, Jan/2001.

FERRAZ, Leslie. Críticas ao NCPC. Carta Forense, 04 ago. 2014. Disponível em <http://www.cartaforense.com.br/conteudo/entrevistas/criticas-ao-novo-cpc/14160>. Acesso em 11 ago. 2014.

FIGUEIRA JÚNIOR, Joel Dias e TOURINHO NETO, Fernando da Costa. Juizados Especiais Estaduais Cíveis e Criminais: comentários à Lei 9.099/1995. 6. ed. São Paulo: Editora Revista dos Tribunais, 2009.

O GLOBO, Sentença em juizado especial poderá demorar mais. 23/06/2014.

QUINTAS, Fábio Lima e GOMES, Luciano Corrêa. A jurisdição do Superior Tribunal de Justiça sobre os Juizados Especiais Cíveis: antecedentes, perspectivas e o controle por meio da reclamação. Revista de Processo 196/433, Jun/2011.

ROCHA, Felipe Borring. Juizados Especiais Cíveis: aspectos polêmicos da Lei nº. 9.099, de 26/9/1995. 5. ed. Rio de Janeiro: Lumen Júris, 2009.

WAMBIER, Teresa Arruda Alvim. Sobre a Súmula 343. Revista de Processo 86/148. abr.-jun./1997.

WATANABE, Kazuo et al. Juizado Especial de Pequenas Causas. São Paulo: Editora Revista dos Tribunais, 1985.

A Instabilidade das Decisões Judiciais e a Insegurança Jurídica

André Luis Cais

1. Introdução

Ultimamente, reforça-se a discussão do sistema jurídico brasileiro que é proveniente da civil law com a predominância de compartilhamento do sistema jurídico da common law.

Verifica-se, portanto, um grande fortalecimento e prestígio pelas decisões jurisprudenciais, principalmente pelos Tribunais Superiores que as utilizam de maneira defensiva nos recursos que chegam às altas Cortes.

Segundo Bruno Vasconcelos Carrilho Lopes, "o ordenamento jurídico brasileiro é tradicionalmente tratado como um típico ordenamento jurídico de civil law, em que a jurisprudência não constitui fonte do direito. Mas essa é uma afirmação que, dada a evolução experimentada nas últimas décadas, vem gradualmente tornando-se insustentável".[1]

Conforme o citado autor, o marco dessa evolução é a criação da Súmula da Jurisprudência Predominante do Supremo Tribunal Federal em 1963 (RISTF, arts. 102 e 103).[2] Muito embora as súmulas não possuam força vinculante, pois refletem as posições consolidadas dos seus respectivos tribunais (STF e

---

[1] LOPES, Bruno Vasconcelos Carrilho. Súmula Vinculante. *Apud* GIANNICO, Maurício; MONTEIRO, Vítor José de Mello (coords.). *As Novas Reformas do CPC*. São Paulo, Saraiva, 2009, p. 263.

[2] LOPES, Bruno Vasconcelos Carrilho. *Op. cit.* p. 263.

STJ) acerca de um determinado tema, elas são utilizadas como um parâmetro específico para o julgamento com as causas a elas correlacionadas.

O avanço desta matéria prossegue com o Código de Processo Civil de 1973, que instituiu a uniformização de jurisprudência em seus artigos 476 a 479, dando ensejo à criação da súmula pelos demais tribunais. A Lei nº 10.352, de 27 de dezembro de 2001, criou em paralelo à uniformização de jurisprudência um instituto semelhante (CPC, art. 555, § 1º), mas ambos não encontram grande prestígio na prática forense.

Ainda segundo Lopes:[3]

> Nos anos 90 e no início deste século a evolução tornou-se mais nítida e acelerou. O art. 38 da lei n. 8.038, de 28 de maio de 1990, conferiu competência ao relator dos recursos no Supremo Tribunal Federal e no Superior Tribunal de Justiça para negar seguimento a recurso que contrariar súmula do respectivo tribunal. O art. 557 do Código de Processo Civil foi modificado pela lei n. 9.139, de 3 de novembro de 1995, e, ulteriormente, pela lei n. 9.756, de 17 de dezembro de 1998, para admitir que o relator de recurso em qualquer tribunal negue seguimento a recurso 'em confronto com súmula ou com jurisprudência dominante do respectivo tribunal, do Supremo Tribunal Federal, ou de Tribunal Superior'. No caso de a decisão recorrida estar em 'manifesto confronto com súmula ou com jurisprudência dominante do Supremo Tribunal Federal, ou de Tribunal Superior', é possível que o relator dê provimento ao recurso monocraticamente. A mesma lei de 1998 instituiu a possibilidade de o relator julgar monocraticamente conflito de competência, se houver 'jurisprudência dominante do tribunal sobre a questão suscitada' (CPC, art. 120, parágrafo único), dar provimento a agravo de decisão denegatória de recurso extraordinário ou de recurso especial, com o imediato julgamento do próprio recurso a que se refere o agravo, 'se o acórdão recorrido estiver em confronto com a súmula ou jurisprudência dominante' do tribunal (CPC, art. 544, §§ 3º e 4º) e tornou desnecessário o encaminhamento de arguição de inconstitucionalidade ao plenário ou ao órgão especial dos tribunais 'quando já houver pronunciamento destes ou do plenário do Supremo Tribunal Federal sobre a questão' (CPC, art. 481, parágrafo único). Ulteriormente, a lei n. 10.352, de 26 de dezembro de 2001, apontou para a desnecessidade da remessa necessária nas causas em que for parte o Poder Público, 'quando a sentença estiver fundada em jurisprudência do plenário do Supremo Tribunal Federal ou em súmula deste Tribunal ou do tribunal superior competente (CPC, art. 475, § 3º).

---

[3] LOPES, Bruno Vasconcelos Carrilho. *Op. cit.* p. 264-265.

A INSTABILIDADE DAS DECISÕES JUDICIAIS E A INSEGURANÇA JURÍDICA

Segundo as valiosas lições de Miguel Reale, "numa compreensão concreta da experiência jurídica, como é a da teoria tridimensional do Direito, não tem sentido continuar a apresentar a Jurisprudência ou o costume como fontes acessórias ou secundárias".[4]

Nesse diapasão, no dia 8 de dezembro de 2004, sobreveio a Emenda Constitucional nº 45, que por meio do art. 103-A da Constituição Federal estabeleceu que: "o Supremo Tribunal Federal poderá, de ofício ou por provocação, mediante decisão de dois terços dos seus membros, após reiteradas decisões sobre matéria constitucional, aprovar súmula que, a partir de sua publicação na imprensa oficial, terá efeito vinculante em relação aos demais órgãos do Poder Judiciário e à administração pública direta e indireta, nas esferas federal, estadual e municipal, bem como proceder à sua revisão ou cancelamento, na forma estabelecida em lei". Este instituto foi regulamentado pela Lei nº 11.417, de 19 de dezembro de 2006.

A evolução do poder da vinculação das decisões judiciais ocorreu com a Lei nº 11.276, de 7 de fevereiro de 2006, que acrescentou o § 1º do art. 518, para que o juiz de primeiro grau não receba o "recurso de apelação quando a sentença estiver em conformidade com súmula do Superior Tribunal de Justiça ou do Supremo Tribunal Federal" e ainda a Lei 11.418, de 19 de dezembro de 2006, que instituiu a repercussão geral como requisito de admissibilidade do recurso extraordinário e no § 3º, do art. 543-A, do CPC, que "haverá repercussão geral sempre que o recurso impugnar decisão contrária a súmula ou jurisprudência dominante do Tribunal".

Por fim, a Lei 13.105/2015 que instituiu o novo Código de Processo Civil dedicou os arts. 926 a 928 a questão dos precedentes judiciais, por meio do qual dispõe que os tribunais devem uniformizar sua jurisprudência e mantê-la estável, íntegra e coerente.

É evidente, portanto, que as constantes reformas que o Código de Processo Civil vem sofrendo, especialmente no tocante às questões da vinculação das posições dos Tribunais e, dos Tribunais Superiores, fazem com que os operadores do direito não só modifiquem a forma de visualizar o sistema jurídico, como também passem a reconhecer a força normativa nos precedentes jurisprudenciais, deixando de lado, o direito positivado na sua forma mais pura.

---

[4] REALE, Miguel. *Lições Preliminares de Direito*. São Paulo: Saraiva, 24ª ed., 1999, p. 169.

DIREITO DOS NEGÓCIOS APLICADO

2. Princípio da segurança jurídica e a instabilidade das decisões judiciais

Um princípio identifica o começo de onde algo provém ou é gerado, ou de onde emana o conhecimento. Assim entendido, o princípio significa as normas de comportamento social que geram a qualidade subjetiva do ser humano que a elas correspondem.

Nas palavras do professor Miguel Reale, os princípios "são verdades fundantes de um sistema de conhecimento, como tais admitidas, por serem evidentes ou por terem sido comprovadas, mas também por motivos de ordem prática de caráter operacional, isto é, como pressupostos exigidos pelas necessidades da pesquisa e da praxis".[5]

O princípio da segurança jurídica possui dependência com os direitos e garantias fundamentais da Constituição Federal, sendo englobada e assegurada pelos princípios da irretroatividade da lei, pela coisa julgada, pelo respeito aos direitos adquiridos e aos atos jurídicos perfeitos, bem como a ampla defesa e ao contraditório e também pelo princípio da igualdade.

Muito embora o princípio da segurança jurídica não esteja explícito na Carta Magna, tal fato não tira a sua importância. Ademais, referido princípio é de extrema importância para a estabilidade das relações do particular com o Estado (tanto no âmbito administrativo quanto no judicial) e das relações entre os próprios particulares.

Nesta linha de preceitos, o princípio da segurança jurídica também pressupõe a previsibilidade das decisões judiciais, uma vez que se deve ao menos estabelecer o mínimo de confiança entre os atos emanados pelo Poder Público e às expectativas que os cidadãos possuem em relação às decisões judiciais. Ou seja, ao menos em tese, duas câmaras de um tribunal não podem divergir sobre um determinado posicionamento amparado por uma lei local.

Todavia, como verificamos constantemente na lide diária, o sistema jurídico brasileiro possui uma vasta produção de "normas jurídicas individuais" pelos diversos tribunais pátrios, sem, contudo, haver uma sintonia ou uniformização na aplicação do direito para casos análogos.

Não se busca no presente trabalho, evidentemente, a defesa por uma uniformização de jurisprudência tal qual como o sistema da common law. Porém, não se pode negar que há enorme importância na previsibilidade das decisões judiciais.

---

[5] REALE, Miguel. *Op. cit.* p. 305.

148

Segundo o ex-ministro José Augusto Delgado

A acentuada imprevisibilidade das decisões judiciais fortalece os males provocados pela insegurança jurídica, contribuindo para enfraquecer o regime democrático. A presença da não uniformidade das decisões judiciais, por inexistência de causas jurídicas justificadoras para a mudança de entendimento por parte dos Tribunais Superiores e do Supremo Tribunal Federal, gera intranquilidade, tornando-se causa aumentativa dos conflitos. Ofende, de modo fundamental, aos princípios do regime democrático e do respeito à dignidade humana, da valorização da cidadania e da estabilidade das instituições.[6]

Nesse diapasão, não podemos deixar de citar as palavras de Luiz Flávio Gomes que afirma que "se algo existe de permanente e fixo na legislação brasileira esse algo consiste (seguramente) na sua contínua mudança".[7]

A instabilidade das decisões judiciais nos remete ao velho dito popular de que "cada cabeça uma sentença". Todavia, o Poder Judiciário tem fundamental importância no fortalecimento dos pilares da democracia e do Estado de Direito.

As recentes e constantes alterações que o ordenamento jurídico sofre – como exemplo a criação da súmula vinculante, a implementação dos recursos repetitivos e a repercussão geral nos recursos ao STF – deve se fortalecer e seu pautar em princípios sólidos para que a instabilidade jurídica e a descrença do Judiciário não se perpetuem, prejudicando ainda mais os cidadãos, bem como a economia brasileira com a morosidade do Poder Judiciário.

3. A diversidade de problemas com as constantes alterações jurisprudenciais

Como verificamos na prática forense, a jurisprudência possui uma atuação cada vez mais relevante no sistema jurídico da civil law, muito embora, estas decisões judiciais, em regra, não são dotadas de força obrigatória.

Como é cediço, o Supremo Tribunal Federal e o Superior Tribunal de Justiça estabelecem a possível uniformização das decisões judiciais, tendo partido

---

[6] DELGADO, José. A Imprevisibilidade das decisões judiciais. *In:* Revista Internacional de Direito Tributário, Vol. 8, jul./dez. 2007.

[7] GOMES, Luiz Flávio. *Mudanças Contínuas: a única coisa permanente no direito.* In: POLICHUK. Renata. Precedente e Segurança Jurídica. A Previsibilidade. *Apud* MARINONI, Luiz Guilherme (coord.). A Força dos Precedentes. Salvador, Editora Podivm, 2010, p. 77.

DIREITO DOS NEGÓCIOS APLICADO

de nossa mais alta Corte de Justiça a iniciativa de coordenar ou sistematizar a sua jurisprudência mediante enunciados normativos que resumem as teses consagradas em reiteradas decisões.[8]

São as chamadas súmulas do Supremo Tribunal Federal e também do Superior Tribunal de Justiça que periodicamente são atualizadas, constituindo não um simples repertório de ementas e acórdãos, mas sim um sistema de normas jurisprudenciais a que a Corte, em princípio, subordina os seus arestos.

Tais fatos decorrem, principalmente, em razão da morosidade do nosso Poder Judiciário, acrescido ainda pela baixa eficácia de suas decisões, que são frutos de um excesso de formalismo do nosso sistema jurídico, aliado ainda de inúmeros recursos existentes no sistema processual brasileiro e também pela má gestão dos órgãos públicos e dos respectivos Tribunais.

Diante de todo este quadro, a Emenda Constitucional 45/2004 acrescentou o art. 103-A na Constituição Federal, instituindo a súmula vinculante em nosso ordenamento jurídico, cuja matéria foi regulamentada pela Lei nº 11.417/2006.

É evidente que as súmulas são suscetíveis à revisão pela própria Corte e não possuem força obrigatória sobre os órgãos do Poder Judiciário e da Administração Pública. Todavia, na prática, tal fato não ocorre, levando, às vezes, a um eventual cerceamento de defesa, violando o princípio do contraditório e até mesmo o princípio da segurança jurídica, devidamente consagrados em nossa Carta Magna.

Na prática diária verificamos que é comum que as decisões do Superior Tribunal de Justiça não sejam respeitadas nem no âmbito interno da sua própria Corte. As Turmas não guardam respeito pelas decisões das Seções e, o que é pior, entendem-se livres para decidir casos iguais de forma desigual.[9]

Nas palavras do professor Luiz Guilherme Marinoni: "o common law, que certamente confere maior segurança jurídica do que o civil law, não relaciona previsibilidade com o conhecimento das leis, mas sim com previsibilidade das decisões do Poder Judiciário. O advogado de common law tem possibilidade de aconselhar o jurisdicionado porque pode se valer dos precedentes, ao contrário daquele que atua no civil law, que é obrigado a advertir seu cliente que determinada lei pode – conforme o juiz sorteado para analisar o caso

---

[8] REALE, Miguel. *Op. cit.* p. 175.

[9] Nesse mesmo sentido: MARINONI, Luiz Guilherme. *O Precedente na dimensão da Segurança Jurídica. Apud* MARINONI, Luiz Guilherme (coord.). A Força dos Precedentes. Salvador, Editora Podivm, 2010, p. 216.

– ser interpretada em seu favor ou não. A lógica desta tradição não apenas é inversa, e assim faz surgir a nítida impressão de que o direito da civil law não é tão certo quanto o direito da common law, como milita e se volta contra o próprio sistema, na medida em que estimula a propositura de ações, o aumento da litigiosidade, o acúmulo de trabalho e o aprofundamento da lentidão do Poder Judiciário".[10]

Como em toda situação, existem diversos argumentos favoráveis e desfavoráveis em face das Súmulas vinculantes. Podemos citar como positivas a celeridade e a previsibilidade das decisões judiciais. A uniformização das decisões evita a multiplicação de opiniões distintas entre os diversos órgãos jurisdicionais, ao passo que, a celeridade das decisões serve como anseio a uma carência da população em face da morosidade que impera sob o Poder Judiciário brasileiro. Já como ponto negativo, podemos apontar que a concentração das decisões judiciais pelos órgãos superiores afasta a aproximação dos órgãos jurisdicionais inferiores da coletividade, que possuem maiores aptidões, ao menos em tese, para constatar seus problemas e necessidades, podendo em muitos casos violar os princípios da segurança jurídica e devido processo legal, devidamente consagrados em nossa Carta Magna e a possibilidade de perpetuação do erro.

Não se pode negar, portanto, a importância das decisões judiciais, das súmulas editas pelos Tribunais, das súmulas vinculantes e dos precedentes jurisprudenciais, os quais, evidentemente tem, nos dias de hoje, a finalidade maior na sua aplicação que é a tentativa de desafogar e desonerar os Tribunais Superiores e às instâncias ordinárias dos inúmeros processos que estrangulam o sistema jurídico brasileiro.

Todavia, "esquece" o legislador que a grande maioria dos processos existentes nos Tribunais correspondem aos privilégios que os entes públicos ainda gozam em nosso ordenamento jurídico. O abusivo e retrógrado sistema de reexame necessário, bem como das inúmeras prerrogativas aos entes públicos, tais como o prazo em quadruplo para contestar e em dobro para recorrer, contribui e muito para a morosidade do Poder Judiciário brasileiro.

Ademais, segundo pesquisada realizada para mapear as zonas de estrangulamento do Judiciário pelo Supremo Tribunal Federal, foi detectado ainda que as origens mais importantes do excesso de volume de demandas são ações do Executivo em nível tributário e ações oriundas de atividades econômicas produzidas em regime da intensa massificação, como a telefonia celular,

---

[10] MARINONI, Luiz Guilherme. *Op. cit.* p. 214.

cartões de crédito, financiamentos bancários, planos de saúde, etc. Ou seja, um dos principais fatores de congestionamento do Poder Judiciário são as ações repetitivas.[11]

Existem ainda outros fatores como o desaparelhamento da justiça, a escassez de pessoas, o rito excessivamente demorado do processo de conhecimento e má gestão e aparelhamento do Poder Judiciário.

Todo este emaranhado de problemas, influenciam direta e indiretamente nas decisões judicias que são proferidas pelos diversos tribunais pátrios. E, evidentemente, repercutem na qualidade de suas decisões.

Para José Rogério Cruz e Tucci, um dos principais fatores pela crise do Judiciário é a falta de gestão e segundo afirma, "o novo CPC não vai alterar nada. A distribuição de justiça vai continuar como está. O problema da demora do processo não é de legislação, é de gestão".[12]

Segundo o ilustre doutrinador, a falta de planejamento do processo judicial eletrônico é um dos maiores exemplos. Não há uma uniformização e padrão entre os diversos Tribunais do país e a pretensão de uniformização de sistema por parte do Conselho Nacional de Justiça, certamente, acarretará novos custos aos cofres públicos, pois a diferença entre eles farão com que muitos deverão começar do zero.

Ao criticar o sistema jurídico e órgãos do judiciário – como a nossa alta Corte – Dalmo de Abreu Dallari em valiosos apontamentos afirma que são inúmeros os fatores e situações que corroboram pela crise do Judiciário. Todavia, aponta que em primeiro lugar está o excesso de "processualismo que caracteriza o sistema brasileiro que contribui para o exagerado número de recursos aos tribunais superiores" e que as autoridades brasileiras, tradicionalmente, respeitam pouco a Constituição e as leis, ensejando maior número de ações judiciais contra órgãos públicos. Pontua ainda que há excesso de competências do Supremo Tribunal Federal por sua culpa exclusiva que interpretou "mais competências" como sinônimo de "maior autoridade".[13]

Infelizmente, o novo Código de Processo Civil (Lei 13.105/2015) não "ousou" e manteve ainda a maioria destes posicionamentos paternalistas do Estado, perdendo enorme oportunidade de avançar e muito com a reforma do novo Código de Processo Civil. A velha expressão de que mais uma legislação

---

[11] RODRIGUES, Ruy Zoch. *Ações Repetitivas*. São Paulo: RT, 2010, p. 38.

[12] TUCCI, José Rogério. *Problema de Gestão. Do Ponto de Vista Prático, o novo CPC não vai alterar nada*. Disponível em: http://www.conjur.com.br/2013-dez-22/entrevista-jose-rogerio-tucci-advogado-professor-direito-processual-civil. Acessado em 27 de julho de 2014.

[13] DALLARI, Dalmo de Abreu. *O Poder dos Juízes*. São Paulo: Saraiva, 3ª ed., 2007, p. 115.

A INSTABILIDADE DAS DECISÕES JUDICIAIS E A INSEGURANÇA JURÍDICA

dessa magnitude já nasce defasada infelizmente ainda prevalece em nosso ordenamento pátrio.[14]

Verifica-se, portanto, que o Judiciário brasileiro possui diversos aspectos e temas sobre os seus pontos de estrangulamento. Diante de todo este cenário, os precedentes judiciais possuem relevante importância prática, uma vez que auxiliam na celeridade processual e atuam na questão da previsibilidade das decisões judiciais e, principalmente, são reconhecidos como alternativa para obtenção da uniformidade de entendimento no Judiciário.

O precedente judicial, portanto, pode ser conceituado como o instrumento mediante o qual o Poder Judiciário, como instituição e no exercício da Jurisdição Constitucional, edita normas jurídicas a serem aplicadas em decisões posteriores, atribuindo-lhes racionalidade na medida em que o julgador expressa as razões de decidir.[15]

Segundo Evaristo Aragão dos Santos, o precedente "expressa a ideia de uma decisão, isto é, uma decisão que, independentemente de força vinculativa formal, tem potencial para influenciar na solução de casos futuros. Toda a decisão que tenha esse potencial pode ser considerada, de maneira ampla, como um precedente judicial".[16]

Portanto, é inegável que o precedente judicial possui relevante papel no Poder Judiciário, pois a prática do respeito aos precedentes pode gerar até mesmo economia em contrapartida ao malefício que a instabilidade da jurisprudência representa a sociedade e ao campo econômico.

É comum enfrentarmos o problema de excesso de casos em que há diversidades de interpretações da lei num mesmo momento histórico, o que compromete a previsibilidade, a segurança jurídica e o princípio da igualdade. Tanto os juízes de primeira instância, como os desembargadores dos tribunais de segundo grau decidem reiteradamente de modo diferente questões absolutamente idênticas.

Todavia, tal fato não se restringe apenas aos tribunais de segunda instância. Os Tribunais Superiores também possuem o problema da divergência dos precedentes judiciais, fazendo com que as suas decisões não sirvam como norte de orientação para os demais órgãos do Judiciário.

---

[14] Outros exemplos são o Código Civil de 2002, o Código Penal, etc.

[15] TARANTO, Caio Mário Gutterres. Precedente Judicial. Autoridade e Aplicação na Jurisdição Constitucional. Rio de Janeiro: Forense: 2010, p. 8.

[16] SANTOS, Evaristo Aragão. *Em torno do conceito e da formação do precedente judicial. Apud* WAMBIER, Teresa Arruda Alvim (coord.), *Direito Jurisprudencial.* São Paulo, RT, 2012, p. 143.

DIREITO DOS NEGÓCIOS APLICADO

Vale a pena transcrever três exemplos trazidos pela ilustre Teresa Arruda Alvim Wambier:[17]

Dentre os diversos exemplos, que poderiam ser citados, envolvendo guinadas da jurisprudência brasileira, selecionamos três, por sua relevância: nos dois primeiros, evidencia-se a artificialidade (e consequente inoperatividade) do critério usado para dividir-se a competência recursal dos dois Tribunais Superiores brasileiro, STF e STJ.

a) Por muito tempo se discutiu a respeito da possibilidade, ou não, de cobrança da COFINS das sociedades civis de prestação de serviços profissionais. Isso porque o art. 6º, II, da LC 70/1991, concessivo da isenção, foi revogado pelo art. 56 da Lei 9.430/1996 (lei formalmente ordinária), o que, de acordo com os contribuintes, teria desrespeitado a hierarquia das leis (art. 69 da CF). O STJ acatou a tese dos contribuintes e, em 2003, editou a Súmula 276, segundo a qual 'as sociedades civis de prestação de serviços profissionais são isentas da COFINS, irrelevante o regime tributário adotado'. Contudo, o STF, em 2008, quando do julgamento dos Recursos Extraordinários 377.457/PR e 381.964/MG, da relatoria do Min. Gilmar Mendes, decidiu no sentido diametralmente oposto ao entendimento do STJ, ou seja, pela constitucionalidade da revogação, por meio da Lei 9.430/1996, da isenção da COFINS concedida pela LC 70/1991 às sociedades civis prestadoras de serviços profissionais. Em razão do posicionamento do STF, o STJ, no julgamento da AR 3761/PR, deliberou pelo cancelamento da sua Súmula 276, passando a decidir, a partir de então, no mesmo sentido do STF.

Embora seja louvável que o STJ tenha passado a seguir a orientação do STF, é inevitável a crítica à artificialidade da divisão de competência entre os tribunais superiores. O jurisdicionado não pode confiar no precedente do STJ, pois poderá vir a ser modificado pelo STF, quando entender que a questão é também (ou somente) de índole constitucional.

b) O STJ já se pronunciou, reiteradas vezes, pela impossibilidade de incidência de ICMS sobre serviços de habilitação de telefonia, por entender que se trata de mera atividade-meio que viabiliza, no final, a efetiva prestação de serviço de comunicação (este sim, fato gerador do ICMS). Nesse sentido, há, inclusive, recurso especial, julgado sob o rito dos recursos repetitivos (Resp. 816512/PI, rel. Min. Luiz Fux, j. 13.10.2010). O STF, quando provocado a respeito deste tema, diversas vezes, manifestou-se no sentido de que se tratava de questão infraconstitucional, e que, portanto,

---

[17] WAMBIER, Teresa Arruda Alvim. Precedentes e Evolução do Direito. *Apud* WAMBIER, Teresa Arruda Alvim (coord.), *Direito Jurisprudencial*. São Paulo, RT, 2012, p. 37-38.

154

eventual ofensa à Constituição Federal seria 'reflexa'. Contudo, no início de outubro de 2011, os Ministros do STF 'resolveram' analisar o mérito da matéria, em recurso que tem como partes o DF e a Vivo. Depois de um voto a favor da empresa e outro contra, o julgamento foi interrompido por um pedido de vista do Min. Toffoli.

O que chamou a atenção, aqui, foi o fato de o STF ter dado uma 'guinada' no seu entendimento quanto à natureza da questão em discussão e na sua postura no juízo de admissibilidade dos recursos extraordinários sobre a incidência do ICMS sobre serviços de telefonia. Essa mudança de postura quanto ao juízo de admissibilidade, pode levar, mais uma vez (tal como já aconteceu com a COFINS) a uma alteração brusca também no mérito, surpreendendo os contribuintes.

c) O STF, em diversos julgados, manifestou-se no sentido de que, em respeito ao princípio da não cumulatividade, a aquisição de insumos isentos ou submetidos à alíquota zero geraria direito ao crédito, para fins de apuração do IPI. Nesse sentido, RE 212.484-2/RS (DJ 27.11.1998); RE 350.446-1/PR; 357.277-6/RS; RE 358.493-6/SC, todos julgados em dezembro de 2002. Contudo, em junho de 2007, quando do julgamento do RE 353.657-5/PR, o STF, por maioria apertada (6 votos a 5), reconsiderou seu posicionamento e decidiu pela impossibilidade do creditamento. Conclusão: o entendimento do STF foi radicalmente alterado em 25.06.2007, por ocasião do julgamento do RE 353.657-7/PR, em prejuízo a diversos contribuintes.

Consoante os exemplos trazidos pela citada doutrinadora, resta claro que no atual contexto jurídico brasileiro, a questão dos precedentes judiciais e da uniformização da jurisprudência é extremamente relevante e merece uma profunda reflexão sobre o tema.

E ainda podemos citar como exemplos – dentre outros –, os seguintes casos:[18]

1) A perda de objeto do agravo de instrumento contra tutela antecipada por superveniência de sentença:

Entendimento 1
A sentença de mérito superveniente prejudica o agravo de instrumento interposto contra a tutela antecipada. Órgãos Julgadores: 1ª T, 2ª T, 4ª T, 5ª T, 6ª T (última decisão: 03/05/2007 – 1ª T – Resp. 569585/RS)

---

[18] Exemplos trazidos por DELGADO, José. A Imprevisibilidade das decisões judiciais. *In*: Revista Internacional de Direito Tributário, Vol. 8, jul./dez. 2007.

DIREITO DOS NEGÓCIOS APLICADO

Entendimento 2
A sentença de mérito superveniente não prejudica o agravo de instrumento interposto contra a tutela antecipada. Órgãos Julgadores: 2ª S, 1ª T, 2ª T, 3ª T (última decisão: 08/08/2006 – 3ª T – Resp. 765105/TO)

2) Honorários advocatícios na improcedência do pedido da exceção de pré-executividade

Entendimento 1
Não cabe a condenação do devedor ao pagamento de honorários advocatícios na hipótese de improcedência do pedido de exceção de pré-executividade, tendo em vista o prosseguimento da execução. – CPC, art. 20. ÓRGÃOS JULGADORES: 2ª T, 4ª T, 5ª T. Acórdãos: 4ª T – AgRg no Resp. 756001 RJ – DECISÃO:15/08/2006 DJ:04/09/2006 (unânime) – Min. Cesar Asfor Rocha; 1ª T – Ag 825243 SP – DECISÃO:01/02/2007 DJ:06/02/2007 – Min. Denise Arruda; 2ª T – Ag 803738 SC – DECISÃO:03/10/2006 DJ:26/10/2006 – Min. Herman Benjamin; 5ª T – Resp. 576119 SP – DECISÃO:17/06/2004 DJ:02/08/2004 (unânime) – Min. Laurita Vaz.

Entendimento 2
Cabe a condenação do devedor ao pagamento de honorários advocatícios na hipótese de improcedência do pedido de exceção de pré-executividade, tendo em vista o caráter contencioso do incidente. – CPC, art. 20. ÓRGÃOS JULGA-DORES: 1ª T, 3ª T. Acórdãos: 1ª T – Resp. 613233 RS – DECISÃO:11/05/2004 DJ:31/05/2004 (unânime) – Min. Luiz Fux; 3ª T – Resp. 296932 MG – DECI-SÃO:15/10/2001 DJ:04/02/2002 (unânime) – Min. Carlos Alberto Menezes Direito; 3ª T – Ag 500939 RJ – DECISÃO:22/03/2006 DJ:28/03/2006 – Min. Ari Pargendler.

3) Limitações administrativas em áreas de proteção ambiental

Entendimento 1
A limitação administrativa imposta a áreas privadas com fundamento na legislação ambiental, acarretando o esvaziamento econômico do direito de propriedade, gera para o Estado o dever de indenizar, pois caracteriza desapropriação indireta, ainda que não haja desapossamento. CF/1988, art. 225, § 1º, VII e § 4º. – Lei 4.771/1965, arts. 1º, 2º, 3º e 14. – Lei 9.985/2000, art. 14, I. ÓRGÃOS JULGADORES: 1ª T, 2ª T. Acórdãos: 1ª T – Resp. 439192 SP – DECI-SÃO:07/12/2006 DJ:08/03/2007 (maioria) – Min. Luiz Fux; 1ª T – AI 369469 AgR SP – DECISÃO:31/08/2004 DJ:17/09/2004 (unânime) – Min. Eros Grau; 2ª T – RE 267817 SP – DECISÃO:29/10/2002 DJ:29/11/2002 (unânime)

A INSTABILIDADE DAS DECISÕES JUDICIAIS E A INSEGURANÇA JURÍDICA

– Min. Maurício Corrêa; 2ª T – Resp. 194689 SP – DECISÃO:01/09/2005 DJ:03/10/2005 (unânime) – Min. Castro Meira.

Entendimento 2

A limitação administrativa de caráter geral imposta a áreas privadas com fundamento na legislação ambiental não gera para o Estado o dever de indenizar, pois não caracteriza desapropriação indireta por atos de apossamento. – CF/1988, art. 225, § 1º, III e VII e § 4º. – Lei 4.771/1965, arts. 1º, 2º, 3º e 14. – Lei 9.985/2000, art. 14, I. ÓRGÃOS JULGADORES: 1ª T, 2ª T. Acórdãos: 1ª T – Resp. 257970 SP – DECISÃO:21/02/2006 DJ:13/03/2006 (unânime) – Min. Francisco Falcão; 1ª T – Resp. 628588 SP – DECISÃO:02/06/2005 DJ:01/08/2005 (maioria) – Min. Teori Albino Zavascki; 2ª T – Resp. 160334 SP – DECISÃO:17/02/2005 DJ:11/04/2005 (unânime) – Min. Francisco Peçanha Martins.

Entendimento 3

A limitação administrativa em cobertura vegetal de área privada, fundada na legislação ambiental ou decorrente de desapropriação, somente gera para o Estado o dever de indenizar se houver possibilidade de exploração econômica do bem. – CF/1988, art. 225, §1º, III e VII e §4º. – Lei 4.771/1965, arts. 1º, 2º, 3º e 4º. – Lei 9.985/2000, art. 14, I. ÓRGÃOS JULGADORES: 1ª T, 2ª T. Acórdãos: 1ª T – Resp. 784106 SP – DECISÃO:12/12/2006 DJ:22/03/2007 (unânime) – Min. Francisco Falcão; 1ª T – Resp. 706884 RN – DECISÃO:14/02/2006 DJ:13/03/2006 (unânime) – Min. Luiz Fux; 2ª T – Resp. 503418 SP – DECISÃO:21/11/2006 DJ:07/03/2007 (maioria) – Min. João Otávio de Noronha; 2ª T – Resp. 251315 SP – DECISÃO:01/09/2005 DJ:29/06/2006 (maioria) – Min. Eliana Calmon; 1ª T – AI 529698 AgR SP – DECISÃO:18/04/2006 DJ:12/05/2006 (unânime) – Min. Sepúlveda Pertence

Entendimento 4

A indenização da cobertura vegetal em separado depende da efetiva comprovação de que o expropriado esteja explorando economicamente os recursos vegetais. Lei 8.629/1993, art. 12, § 2º. ÓRGÃOS JULGADORES: 1ª T, 2ª T. Acórdãos: 1ª T – Resp. 613245 RS – DECISÃO:27/03/2007 DJ:09/04/2007 (unânime) – Min. Teori Albino Zavascki; 1ª T – Resp. 886258 DF – DECISÃO:20/03/2007 DJ:02/04/2007 (unânime) – Min. Denise Arruda; 1ª T – Resp. 830617 PA – DECISÃO:12/12/2006 DJ:01/02/2007 (unânime) – Min. José Delgado; 2ª T – Resp. 654273 MG – DECISÃO:24/10/2006 DJ:04/12/2006 (unânime) – Min. João Otávio de Noronha; 2ª T – Resp. 617527 MS – DECISÃO:18/10/2005 DJ:07/11/2005 (unânime) – Min. Castro Meira; 1ª T – Resp. 869559 MT – DECISÃO:08/02/2007 DJ:01/03/2007 – Min. Denise Arruda.

Entendimento 5

A indenização da cobertura vegetal em separado é cabível quando houver potencial para exploração econômica dos recursos vegetais, excluindo-se a área de preservação permanente. – Lei 8.629/1993, art. 12, § 2º. ÓRGÃO JULGADOR: 2ª T. Acórdãos: 2ª T – Resp. 724442 RN – DECISÃO:13/02/2007 DJ:02/03/2007 (unânime) – Min. Eliana Calmon; 2ª T – Resp. 728355 MT – DECISÃO:11/04/2006 DJ:12/06/2006 (unânime) – Min. João Otávio de Noronha.

Verifica-se que, dentre os poucos exemplos colacionados acima e, diante dos inúmeros que poderíamos trazer a tona, são diversos os posicionamentos existentes perante os Tribunais Superiores, fazendo com que os jurisdicionados torçam para que a sorte esteja ao seu lado e o juiz da causa siga o melhor posicionamento que ele espera no resultado final da demanda.

Consoante Luiz Guilherme Marinoni "a doutrina esquece de esclarecer que o juiz da Revolução Francesa nasceu natimorto e que o princípio da estrita separação dos poderes sofreu mutação com o passar do tempo, tendo, nos dias de hoje, outra figura".[19]

Ainda segundo o citado autor, não há dúvida que o papel do atual juiz do civil law e especialmente o do juiz brasileiro, a quem é deferido o dever-poder de controlar a constitucionalidade da lei no caso concreto, muito se aproxima da função exercida pelo juiz do common law, especialmente a realizada pelo juiz americano. Acontece que, apesar da aproximação dos papeis dos magistrados de ambos os sistemas, apenas o common law devota respeito aos precedentes.[20]

É de fácil percepção que a instabilidade das decisões judiciais não só podem, mas como ocasionam diversos prejuízos à economia brasileira, pois a insegurança e a imprevisibilidade das decisões judicias afastam, consequentemente, a concessão de linhas de crédito a longo prazo, pois geram também, mesmo que de forma indireta, insegurança nas relações financeiras.

Ou seja, todos aqueles que pretendem investir no país acabam se afastando, pois a insegurança refletida nos investidores ocasionam um entrave e empecilho ao desenvolvimento nacional.

Em suma, a falta de segurança jurídica (dentre as quais a morosidade do Judiciário e a imprevisibilidade das decisões judiciais são fatores importantes) é um dos grandes entraves ao crescimento sócio econômico do país.

---

[19] MARINONI, Luiz Guilherme. *Precedentes Obrigatórios*. São Paulo: RT, 2010, 2ª ed., p. 100.

[20] Op. cit. p. 100.

4. Conclusão

A finalidade do presente artigo está longe de apontar todas as questões inerentes a este relevante tema e que ainda é tratado de forma incipiente em nosso país. Tampouco não teve a intenção em aprofundar os fundamentos – que são muitos – para justificar o respeito às decisões judiciais e nem tampouco tratar de aspectos técnicos relativos à metodologia do emprego dos precedentes.

A acentuada imprevisibilidade das decisões judiciais fortalece os males provocados pela insegurança jurídica, contribuindo para enfraquecer o regime democrático. A presença da não uniformidade das decisões judiciais, por inexistência de causas jurídicas justificadoras para a mudança de entendimento por parte dos Tribunais Superiores e do Supremo Tribunal Federal, gera intranquilidade, tornando-se causa aumentativa dos conflitos. Ofende, de modo fundamental, aos princípios do regime democrático, do respeito à dignidade humana, da valorização da cidadania e da estabilidade das instituições.

O princípio da segurança jurídica encontra-se diretamente relacionado como os direitos e garantias fundamentais do Estado Democrático de Direito e o sistema jurídico brasileiro encontra hoje grande aproximação com o sistema da common law, na medida em que não podemos mais afastar a jurisprudência como secundária na fonte do Direito.

Esta aproximação deve-se principalmente ao fato de que o nosso ordenamento jurídico encontra-se ultrapassado e transfere aos tribunais a função de uma resposta "célere" para situações não previstas em nossa legislação, adaptando os velhos diplomas às novas realidades e aos novos anseios dos cidadãos, bem como desenvolvendo teorias hermenêuticas que colocam em relevo o papel criativo do Poder Judiciário.[21]

Também não é inovadora a discussão a respeito do impacto econômico das decisões judiciais. A tentativa de respeitar o princípio da segurança jurídica trará somente benefícios, como a distribuição da Justiça e a estabilidade das relações sociais, o que deve ser objetivo principal do Estado Democrático de Direito, e precisa ser seguido constantemente.

Ora, processos que trazem questões repetidas, deveriam ser tratadas no mesmo processo de conhecimento, é o que diz o ministro, e, ainda, conclui: "A falta de segurança jurídica (dentre as quais a morosidade do Judiciário e

---

[21] MELLO, Patrícia Perrone Campos. *Precedentes. O Desenvolvimento Judicial do Direito no Constitucionalismo Contemporâneo.* Rio de Janeiro: Renovar, 2008, p. 316.

DIREITO DOS NEGÓCIOS APLICADO

a imprevisibilidade das decisões judiciais são fatores importantes) é um dos entraves ao crescimento socioeconômico do país

A realidade da sociedade atual é muito dinâmica fazendo com que os dogmas que permeiam o sistema da civil law devam ser ampliados e até mesmo rompidos parcialmente para que um sistema mais dinâmico possa assegurar um Estado justo e eficaz, com soluções equânimes e céleres, concretas e definitivas.

Reduzir o grau de imprevisibilidade das decisões judiciais e, com isso, contribuir para a maior estabilidade do marco institucional é tarefa primordial para o nosso país que almeja por um lugar respeitoso no atual cenário econômico mundial.

Para que a Justiça não desequilibre ainda mais a economia brasileira, a reversão desse quadro é tarefa prioritária para os operadores do direito, que devem ser estimulados a deixar de lado os litígios na sua individualidade para que passem a se preocupar com as repercussões das decisões judiciais na criação de um ambiente institucional que atraia os investimentos produtivos a longo prazo.

5. Referências

DALLARI, Dalmo de Abreu. *O Poder dos Juízes*. São Paulo: Saraiva, 3ª ed., 2007.

DELGADO, José. A Imprevisibilidade das decisões judiciais. In: Revista Internacional de Direito Tributário, Vol. 8, jul./dez. 2007.

LOPES, Bruno Vasconcelos Carrilho. *Súmula Vinculante. Apud* GIANNICO, Maurício; MONTEIRO, Vítor José de Mello (coords.). *As Novas Reformas do CPC*. São Paulo: Saraiva, 2009.

MARINONI, Luiz Guilherme. O Precedente na dimensão da Segurança Jurídica. *Apud* MARINONI, Luiz Guilherme (coord.). *A Força dos Precedentes*. Salvador, Editora Podivm, 2010.

_____. *Precedentes Obrigatórios*. São Paulo: RT, 2010, 2ª ed.

MELLO, Patrícia Perrone Campos. *Precedentes. O Desenvolvimento Judicial do Direito no Constitucionalismo Contemporâneo*. Rio de Janeiro: Renovar, 2008.

MORAES, Alexandre de. *Direito Constitucional*. São Paulo: Atlas, 24ª ed., 2009.

POLICHUK. Renata. *Precedente e Segurança Jurídica*. A Previsibilidade. *Apud* MARINONI, Luiz Guilherme (coord.). *A Força dos Precedentes*. Salvador, Editora Podivm, 2010.

REALE, Miguel. *Lições Preliminares de Direito*. São Paulo: Saraiva, 24ª ed., 1999.

RODRIGUES, Ruy Zoch. *Ações Repetitivas*. São Paulo: RT, 2010.

SANTOS, Evaristo Aragão. *Em torno do conceito e da formação do precedente judicial. Apud* WAMBIER, Teresa Arruda Alvim (coord.), *Direito Jurisprudencial*. São Paulo, RT, 2012.

TARANTO, Caio Mário Gutterres. *Precedente Judicial. Autoridade e Aplicação na Jurisdição Constitucional*. Rio de Janeiro: Forense: 2010.

TUCCI, José Rogério. *Problema de Gestão. Do Ponto de Vista Prático, o novo CPC não vai alterar nada.* Disponível em: http://www.conjur.com.br/2013-dez-22/entrevista-jose-rogerio--tucci-advogado-professor-direito-processual-civil. Acessado em 27 de julho de 2014.

WAMBIER, Teresa Arruda Alvim. Precedentes e Evolução do Direito. *Apud* WAMBIER, Teresa Arruda Alvim (coord.), *Direito Jurisprudencial.* São Paulo, RT, 2012.

Principais Impactos do Novo CPC nas Empresas: Breves Apontamentos

Daniel Penteado de Castro

1. Panorama do Novo Código de Processo Civil – NCPC e Proposta de Análise dos Principais Institutos

O chamado Código de Processo Civil de 1939, denominado código "Buzaid", perdurou por 33 (trinta e três) anos, sobrevindo o Código de Processo de 1973, atualmente em vigor.

Referido diploma sofreu inúmeras reformas, a ponto de chegar a ser chamado de "colcha de retalhos", valendo destacar, dentre as reformas mais expressivas, a introdução do instituto da antecipação de tutela em 1994,[1] diversas alterações no regime do recurso de agravo de instrumento[2] e a mudança estrutural na execução de título executivo extrajudicial e introdução da chamada fase de cumprimento de sentença.[3]

---

[1] Lei nº 8.952/94.

[2] Leis nº 5.295/73, 9.139/95, 10.352/2001 e, por fim, Lei nº 11.187/2005.

[3] Leis nºs 11.382/2006 e 11.232/2005. A doutrina costuma dividir tais reformas em três etapas: a primeira marcada por mudanças no regime da prova pericial, inclusão da tutela monitória e antecipação de tutela; a segunda etapa mediante introdução das Leis nºs 10.352/2001, 10.358/2001 e 10.444/2002 que, em síntese, excluiu o reexame necessário em algumas hipóteses específicas (CPC, art. 475), introduziu a possibilidade de julgamento direto de mérito em apelação tirada contra sentença terminativa (CPC, art. 515, § 3º), além da introdução da técnica da fungibilidade nas tutelas de urgência e recebimento da apelação no efeito meramente devolutivo quando interposta

Na conjectura atual de um Código de Processo Civil que já beira 42 (quarenta e dois) anos de existência e tentativa de sanar infindáveis reclamações, em breve síntese, acerca da morosidade da Justiça e carência de efetividade na entrega da tutela jurisdicional, o Senado Federal baixou o Ato nº 379/2009 e criou uma Comissão de Juristas[4] destinada a elaborar um Anteprojeto de Novo Código de Processo Civil, concebido como o Projeto de Lei no Senado nº 166/2010, projeto este que, após a realização de audiências públicas por todo o pais e sofrer diversas emendas, chegou à Câmara dos Deputados sob o nº 8.046/2010[5]. Após aprovação na respectiva casa legislativa e devolutiva no Senado Federal, o Código de Processo Civil seguiu a sua sanção presidencial e publicação no Diário Oficial do Estado aos 17 de março de 2015 (NCPC).

Frente a uma *vacatio legis* de um ano, o NCPC se torna realidade prática dos jurisdicionados, muito embora haja polêmica acerca de diversos pontos tratados no novel texto que fatalmente serão objeto de posterior reforma e interpretação da jurisprudência.

Não pretendemos neste breve ensaio abordar a exaustão todas as questões técnicas ligadas ao NCPC, tarefa que fugiria da proposta que se prende o título deste artigo, mas referenciar os principais institutos tratados no novel código[6] e impactos no dia a dia das empresas.

---

sentença confirmatória da antecipação (CPC, art. 273, § 7º e art. 520, VII). Por fim, na terceira etapa da reforma, contempladas nas Leis nº 11.187/2005, 11.232/2005, 11.276/2006, 11.277/2006 e 11.280/2006 tem-se, em síntese, mudanças significativas na estrutura do processo de execução de título extrajudicial e judicial (agora denominada fase de cumprimento de sentença), a introdução da prática de atos processuais por meios eletrônicos, o saneamento de nulidades processuais na fase recursal, dentre outras alterações.

[4] Referida Comissão restou integrada, como Presidente, pelo Min. Luiz Fux, do STF); como relatora-geral, pela Profa. TERESA ARRUDA ALVIM WAMBIER, Presidente do IBDP; e, como integrantes, os juristas ADROALDO FURTADO FABRÍCIO, BENEDITO CEREZZO PEREIRA FILHO, BRUNO DANTAS, ELPÍDIO DONIZETE NUNES, HUMBERTO THEODORO JR., JANSEN FIALHO DE ALMEIDA, JOSÉ MIGUEL GARCIA MEDINA, JOSÉ ROBERTO SANTOS BEDAQUE, MARCOS VINICIUS FURTADO COELHO e PAULO CEZAR PINHEIRO CARNEIRO.

[5] O PLS nº 166/2010 teve por relator o Senador VALTER PEREIRA, tramitando na Câmara dos Deputados, sob a relatoria do Deputado Federal BARRADAS CARNEIRO, e, posteriormente, sob a relatoria do Deputado Federal PAULO TEIXEIRA.

[6] Acerca de um panorama geral sobre o NCPC, vide também MEDEIROS NETO, Elias Marques de. Algumas considerações sobre a efetividade processual e os impactos de um Projeto de Novo Código de Processo Civil nas empresas. In. SCALQUETTE, Ana Claudia Silva, SIQUEIRA NETO, José Francisco (coord.). *60 desafios do direito: direito na sociedade contemporânea*, v. 1. São Paulo: atlas, 2013, p. 100-118, CARNEIRO, Athos Gusmão. O novo código de processo civil – breve análise do projeto revisado no senado. In. *Revista de processo* nº 194, abr/2011. São Paulo: RT, p. 139-161.

Para tanto, a abordagem do tema residirá em breve análise dos principais temais introduzidos no NCPC que impactarão a atividade empresarial na condução de departamentos jurídicos internos ou em seu relacionamento com e fluxo de informações trocadas com escritórios de advocacia terceirizados.

2. Honorários Advocatícios

Tema de sensível atenção ao jurisdicionado diz respeito ao regime de honorários advocatícios. Sob a perspectiva daquele que arca com o pagamento da verba sucumbencial, a tradicional condenação em custas processuais e honorários advocatícios reserva-se a parte derrotada na demanda.

Dentre algumas mudanças no regime de honorários, merece destaque a redação do § 11º do art. 85 no NCPC, o qual introduziu a condenação em verba honorária advocatícia em grau recursal, observado o limite de até 20% sobre o valor da condenação. Vale dizer, referido dispositivo, na forma como proposto, pode ensejar que além de eventual arbitramento de honorários em 10% sobre o valor da condenação em primeiro grau e, sobrevindo recurso de apelação, a lhe ser negado provimento, o órgão colegiado de segundo grau poderá condenar o sucumbente em adicionais 10% sobre a condenação já existente, a somar-se 20%.[7]

O intuito do legislador com esta medida reside em mecanismo de desestimulo ao litigante que pretende o reexame de decisão impugnada em primeiro grau, a colocar em risco o aumento da sucumbência já existente acaso sobrevenha resultado desfavorável no recurso interposto[8]. Além de medida de

---

[7] "Art. 85. A sentença condenará o vencido a pagar honorários ao advogado do vencedor.
(...)
§ 11. O tribunal, ao julgar recurso, majorará os honorários fixados anteriormente levando em conta o trabalho adicional realizado em grau recursal, observando, conforme o caso, o disposto nos §§ 2º a 6º, sendo vedado ao tribunal, no cômputo geral da fixação de honorários devidos ao advogado do vencedor, ultrapassar os respectivos limites estabelecidos nos §§ 2º e 3º para a fase de conhecimento.
§ 12. Os honorários referidos no § 11 são cumuláveis com multas e outras sanções processuais, inclusive as previstas no art. 77."

[8] O novel texto não esclarece diversas questões de ordem prática que certamente emergirão e caberá à jurisprudência sedimentar: a) A oposição de embargos de declaração em segundo grau (por vezes necessária para ajustar mero erro material) constante em decisão, quando acolhidos, desafiará a fixação da verba honorária contrária ao Embargado (que, por vezes, sequer deu causa a interposição do recurso)? b) Em especial a oposição de embargos de declaração com a nítida missão de prequestionar matéria com vistas a obtenção de acesso as Cortes Superiores, também não soa razoável a fixação de nova verba honorária advocatícia, mercê diante da redação do art.

DIREITO DOS NEGÓCIOS APLICADO

contenção quanto a interposição de recurso, consequência do novel dispositivo é a estabilização da decisão de primeiro grau e ulterior trânsito em julgado de forma mais rápida, a produzir, consequentemente, maior efetividade.[9]

Consequência deste novel dispositivo, para o plano deste trabalho, reflete em maior comunicação entre os departamentos jurídicos e escritórios terceirizados. Esta proximidade se impõe (porquanto considerando que custo financeiro de um processo ficará mais alto por força da condenação de verba sucumbencial em grau recursal)[10], a exigir melhor reflexão sob eventual interesse em recorrer.

Nessa perspectiva, (i) inicialmente deverá ser realizada análise quanto a possibilidade de êxito em determinado recurso em contraste com o posicionamento atual da jurisprudência do Tribunal acerca das questões que serão devolvidos para reexame. Uma vez (ii) concedida autorização para recorrer, (iii) de rigor que seja melhor examinado o teor da peça recursal que seguirá, tudo isso, com vistas a efetivamente acreditar que a interposição do recurso terá grande chance de êxito, a justificar o "risco" de eventual majoração da verba honorária sucumbencial na hipótese de improvimento recursal.

As providências acima sem dúvida justificam maior proximidade no plano de trabalho no que toca a comunicação e relacionamento entre os escritórios

---

1.025 do NCPC ser empresa em reconhecer a necessidade de oposição dos embargos com vistas a suprir o requisito do prequestionamento necessário a admissibilidade de futuro recurso especial ou extraordinário: "Art. 1.025. Consideram-se incluídos no acórdão os elementos que o embargante suscitou, para fins de pré-questionamento, ainda que os embargos de declaração sejam inadmitidos ou rejeitados, caso o tribunal superior considere existentes erro, omissão, contradição ou obscuridade." c) Ainda, se interposto recurso de agravo destinado a revogar tutela de urgência, porém improvido o recurso (e fixada a verba honorário advocatícia) e, ao sentenciar o processo a ação é julgada improcedente e revogada a tutela antecipada, a operar efeito substitutivo em face do V. acórdão, também não parece razoável a manutenção da verba honorária fixada quando do julgamento do agravo, seja em razão da revogação de referida decisão quando da produção dos efeitos da sentença de improcedência, seja por conta do efeito substitutivo retro citado.

[9] Conforme anota CHARLES FERNANDO VIEIRA DA SILVA (A sucumbência recursal no projeto do novo código de processo civil. In. SILVA, José Anchieta da (Org.) *O novo processo civil. – colégio presidentes dos institutos dos advogados do Brasil*. São Paulo: Lex editora, 2012, p. 142 "A ideologia norteadora dos trabalhos da Comissão foi a de conferir maior celeridade à prestação da justiça, por isso que, à luz desse ideário maior, foram criados novéis institutos e abolidos outros que se revelaram ineficientes ao longo do tempo, mercê da inclusão de ônus financeiro, aptos a desencorajar as aventuras judiciais que abarrotam as Cortes Judiciais do nosso país."

[10] No plano dos honorários adovocatícios, outra inovação no NCPC que também tornará mais caro o custo do processo é a expressa previsão de honorários sucumbenciais devidos aos advogados públicos, consoante redação do art. 85, § 19º: "Art. 85. (...)
§ 19. Os advogados públicos perceberão honorários de sucumbência, nos termos da lei."

terceirizados e as empresas. Já no que tange as ações que são conduzidas internamente por referidos departamentos jurídicos, de curial importância a prévia análise quanto a pertinência de recorrer frente a possibilidade de efetivo êxito, de sorte que a cultura, para alguns setores, de "sempre recorrer" deverá ser repensada frente a majoração da verba honorária em grau recursal.

Portanto, à luz da novel mudança no regime de honorários sucumbencias, tanto os departamentos jurídicos quanto os escritórios terceirizados deverão estar preparados para proporcionar melhor interface de comunicação, seja (i) no que toca a análise das chances de provimento de eventual recurso e respectiva autorização para recorrer, seja (ii) no exame mais profundo da peça recursal que deverá se encontrar alijada a jurisprudência contemporânea, seja, ainda (iii) no que toca a redação de relatório de contingenciamento passar a provisionar a majoração de verba honorária sucumbencial quando interposto recurso.

Por fim, outra mudança significativa no regime de honorários diz respeito a fixação de verba honorária na fase de cumprimento de sentença caso o devedor, intimado para pagamento do débito em quinze dias, não deposite ou deposite parcialmente o quantum debeatur (NCPC, art. 523, § 1º) [11], ponto

---

[11] "Art. 523. No caso de condenação em quantia certa, ou já fixada em liquidação, e no caso de decisão sobre parcela incontroversa, o cumprimento definitivo da sentença far-se-á a requerimento do exequente, sendo o executado intimado para pagar o débito, no prazo de 15 (quinze) dias, acrescido de custas, se houver.

§ 1º Não ocorrendo pagamento voluntário no prazo do caput, o débito será acrescido de multa de dez por cento e, também, de honorários de advogado de dez por cento.

§ 2º Efetuado o pagamento parcial no prazo previsto no caput, a multa e os honorários previstos no § 1º incidirão sobre o restante.

§ 3º Não efetuado tempestivamente o pagamento voluntário, será expedido, desde logo, mandado de penhora e avaliação, seguindo-se os atos de expropriação."

Por sua vez, o art. 520 do NCPC, que trata do regime de cumprimento provisório de sentença, a despeito de dizer que o cumprimento provisório será realizado da mesma forma que o cumprimento definitivo, nenhuma ressalva faz nos parágrafos que compõe o dispositivo e peculiaridades da execução provisória:

"Art. 520. O cumprimento provisório da sentença impugnada por recurso desprovido de efeito suspensivo será realizado da mesma forma que o cumprimento definitivo, sujeitando-se ao seguinte regime:

I – corre por iniciativa e responsabilidade do exequente, que se obriga, se a sentença for reformada, a reparar os danos que o executado haja sofrido;

II – fica sem efeito, sobrevindo decisão que modifique ou anule a sentença objeto da execução, restituindo-se as partes ao estado anterior e liquidando-se eventuais prejuízos nos mesmos autos;

III – se a sentença objeto de cumprimento provisório for modificada ou anulada apenas em parte, somente nesta ficará sem efeito a execução;

DIREITO DOS NEGÓCIOS APLICADO

que também implicará rapidez e agilidade dos escritórios terceirizados quanto a efetiva necessidade de impugnar o cumprimento de sentença frente a novos honorários advocatícios que incidirão caso a impugnação seja afastada.

3. Tutelas de Urgência e Evidência

Em substituição medidas cautelares típicas (art. 813 a 873 do CPC/73) e atípicas (art. 798 do CPC/73) e a tutela antecipada (art. 273 do CPC/73) previstos no sistema atual, o NCPC institui Título único destinado à tutela provisória NCPC (Livro V), extinguindo-se, outrossim, as chamadas medidas cautelares típicas. No bojo do respectivo livro, segui-se o Título I (Disposições Gerais), Título II (Da Tutela de Urgência), este, dividido em Capítulo I (Disposições Gerais), Capítulo II (Do Procedimento da Tutela Antecipada Requerida em Caráter Antecedente) e Capítulo III (Do Procedimento da Tutela Cautelar Requerida em Caráter Antecedente) e, por fim, o Título III é dedicado a Tutela da Evidência. Consoante dispõe o art. 294 do NCPC, a tutela provisória poderá fundar-se na urgência ou na evidência, sendo aquela cautelar ou antecipada, a ser concedida em caráter antecedente ou incidental.[12]

Embora o debate entre antecipação de tutela e medida cautelar tenha conquistado grandioso espaço no meio acadêmico, sob a perspectiva do jurisdicionado que pretende uma resposta efetiva do Estado, pouco importa aprofundar maiores discussões acerca de quando caberá uma ou outra, de

---

IV – o levantamento de depósito em dinheiro e a prática de atos que importem transferência de posse ou alienação de propriedade ou de outro direito real, ou dos quais possa resultar grave dano ao executado, dependem de caução suficiente e idônea, arbitrada de plano pelo juiz e prestada nos próprios autos.

§ 1º No cumprimento provisório da sentença, o executado poderá apresentar impugnação, se quiser, nos termos do art. 525.

§ 2º A multa e os honorários a que se refere o § 1º do art. 523 são devidos no cumprimento provisório de sentença condenatória ao pagamento de quantia certa.

§ 3º Se o executado comparecer tempestivamente e depositar o valor, com a finalidade de isentar-se da multa, o ato não será havido como incompatível com o recurso por ele interposto.

§ 4º A restituição ao estado anterior a que se refere o inciso II não implica o desfazimento da transferência de posse ou da alienação de propriedade ou de outro direito real eventualmente já realizada, ressalvado, sempre, o direito à reparação dos prejuízos causados ao executado.

§ 5º Ao cumprimento provisório de sentença que reconheça obrigação de fazer, de não fazer ou de dar coisa aplica-se, no que couber, o disposto neste Capítulo."

[12] " Art. 294. A tutela provisória pode fundamentar-se em urgência ou evidência.

Parágrafo único. A tutela provisória de urgência, cautelar ou antecipada, pode ser concedida em caráter antecedente ou incidental."

sorte que o tratamento de ambos os institutos, agora unificados num único Livro, converge a perspectiva do NCPC de facilitar o acesso a justiça e proporcionar maior efetividade na concessão da tutela jurisdicional.[13]

Quanto aos requisitos da medida de urgência, restaram mantidos os elementos da urgência e fumaça do bom direito, doravante cunhados de perigo de dano ou risco ao resultado útil do processo e probabilidade do direito (NCPC, art. 300)[14].

Ponto que chama a atenção no NCPC diz respeito a responsabilidade objetiva que recai sobre o beneficiado da medida de urgência quando esta restar revogada na sentença, cessar sua eficácia, o autor protelar a citação do réu ou acolhida a prescrição ou decadência.[15]

Não obstante referido dispositivo puder ter se resumido a mera hipótese de perda de eficácia da antecipação como condição para configurar a responsabilidade objetiva, o NCPC imprimiu maior cautela no ajuizamento de demandas por vezes infundadas ou quando requerida a antecipação de tutela como vã tentativa de se obter resultado favorável no início da demanda sem

---

[13] No que tange a chamada regra da fungibilidade, a redação do parágrafo único do art. 305 do NCPC manteve o que já existe no atual art. 273, § 7º, todavia, sobre a distinção entre tutela cautelar e tutela antecipada em caráter antecedente: "Art. 305. A petição inicial da ação que visa à prestação de tutela cautelar em caráter antecedente indicará a lide e seu fundamento, a exposição sumária do direito que se objetiva assegurar e o perigo de dano ou o risco ao resultado útil do processo. Parágrafo único. Caso entenda que o pedido a que se refere o caput tem natureza antecipada, o juiz observará o disposto no art. 303."

Outros pontos restaram aprimorados no NCPC, tal como a dispensa de custas no ajuizamento de tutela provisória requerida em caráter incidental, (art. 295), assim como a definição da competência de referida medida sempre ao órgão jurisdicional competente para apreciar o mérito do recurso (art. 299, parágrafo único no NCPC), disposição que provavelmente revogará o quanto disposto na Súmula 634 do STF (Não compete ao Supremo Tribunal Federal conceder medida cautelar para dar efeito suspensivo a recurso extraordinário que ainda não foi objeto de juízo de admissibilidade na origem."

[14] Algumas inovações restaram implantadas quanto ao regime de contracautela, como a dispensa de caução ao economicamente hipossuficiente, quando requerida contracautela pelo juiz (NCPC, art. 300, § 1º).

[15] "Art. 302. Independentemente da reparação por dano processual, a parte responde pelo prejuízo que a efetivação da tutela de urgência causar à parte adversa, se:

I – a sentença lhe for desfavorável;

II – obtida liminarmente a tutela em caráter antecedente, não fornecer os meios necessários para a citação do requerido no prazo de 5 (cinco) dias;

III – ocorrer a cessação da eficácia da medida em qualquer hipótese legal;

IV – o juiz acolher a alegação de decadência ou prescrição da pretensão do autor.

Parágrafo único. A indenização será liquidada nos autos em que a medida tiver sido concedida, sempre que possível."

DIREITO DOS NEGÓCIOS APLICADO

haver efetiva certeza do autor se lhe assiste razão, a servir como medida desestimulante da chamada "indústria de liminares", assistindo ao réu, uma vez revogada a antecipação, tão somente fazer prova dos danos que suportou por conta do cumprimento da antecipação inicialmente concedida.[16]

Tal medida agora posta de modo mais claro no NCPC convidará a melhor meditação daquele que procura o Poder Judiciário no anseio desmensurado de obter uma antecipação de tutela em seu favor, porquanto posterior revogação já configura a responsabilidade objetiva.

No meio empresarial, os laços de comunicação entre o departamento jurídico e áreas comerciais da empresa deverão manter-se mais próximos, com vistas a abastecer tanto aquele órgão como os escritórios terceirizados com elementos suficientes não só a concessão da antecipação de tutela mediante demonstração superficial do direito (cognição sumária), mas também o dever de amparar tais áreas com informações que fortaleça a probabilidade de êxito na demanda em decisão definitiva e, desta feita, evitar a revogação da medida e ulterior responsabilidade objetiva.[17]

Outra inovação do NCPC diz respeito a chamada tutela da evidência, a traduzir, em linhas gerais, hipóteses de antecipação da tutela desvinculadas da demonstração do requisito da urgência. Capitaneada no art. 311 do NCPC, independerá da demonstração de dano irreparável ou de difícil reparação a concessão da antecipação quando (i) houver abuso de direito de defesa ou manifesto propósito protelatório da parte, (ii) mediante prova documental dos fatos alegados pela parte e a tese sustentada haver sido firmada em sede de julgamento de casos repetitivos ou sedimentada em súmula vinculante, (iii)

---

[16] Embora louvável a medida na tentativa de traçar melhores contornos acerca da responsabilidade objetiva, o dispositivo em comento não esclarece se para configurar a responsabilização seria necessário que a revogação assuma definitividade. Do contrário, soa inadequado responsabilizar objetivamente o autor que, em sede de agravo de instrumento teve a antecipação revogada para, ao final da demanda sagrar-se vencedor e a antecipação restar concedida em sentença.

Outro ponto de questionamento diz respeito a antecipação de tutela concedida de ofício. Deverá nesta hipótese, uma vez revogada a antecipação, arcar o autor da demanda com eventual dano imanente a responsabilidade objetiva? Sobre maiores aprofundamentos do tema, vide nosso ensaio "Responsabilidade pela fruição da antecipação de tutela. In. BUENO, Cassio Scarpinella, MEDEIROS NETO, Elias Marques, LUCON, Paulo Henrique dos Santos, OLIVEIRA NETO, Olavo de e OLIVEIRA, Patrícia Elias Cozzolino de (Coords.). *20 anos de antecipação de tutela*. São Paulo: Saraiva, 2015, no prelo."

[17] O preceito busca refinar ainda mais o dever de lealdade processual, a desestimular a chicana e deixar como ônus do Autor propor ação em que efetivamente esteja convicto acerca das efetivas chances de êxito, cuidado que deverá ficar redobrado quando formulado pedido de tutela de urgência.

PRINCIPAIS IMPACTOS DO NOVO CPC NAS EMPRESAS: BREVES APONTAMENTOS

se tratar de pedido reipersecutório fundado em prova documental adequada ao contrato de depósito, e, ainda, (iv) os fatos constitutivos do direito do autor forem suficientemente comprovados documentalmente e o réu não oponha prova capaz de gerar dúvida razoável, de sorte que hipóteses (ii) e (iii) acima prescinde a manifestação do réu para a concessão da antecipação.[18]

O abuso de direito de defesa ou manifesto propósito protelatório não reflete novidade à luz do já existente inciso II do art. 273 do CPC em vigor.

As inovações ficam por conta do pedido reipersecutório (cabível, quando se tratar de contrato de depósito), a implementar técnica para atendimento exclusivo de determinada crise de direito material[19], assim como quando o réu não opor prova capaz de gerar dúvida razoável frente aos fatos constitutivos do direito do autor, hipótese que, a nosso sintir, poderá representar uma tutela sumária instavel frente ao subjetivismo do julgador quanto aos conceitos jurídicos indeterminados empregados no art. 311, IV, do CPC[20].

O NCPC também inovou ao introduzir a autorização para o juiz conceder a antecipação de tutela quando o direito do autor restar fundado em súmula vinculante ou julgamento de casos repetitivos. A respeito desta última locução, o art. 522 do NCPC esclarece que a definição de casos repetitivos implica na decisão proferida em (i) incidente de resolução de demandas repetitivas e (ii) recursos especial e extraordinário repetitivos.[21]

---

[18] "Art. 311. A tutela da evidência será concedida, independentemente da demonstração de perigo de dano ou de risco ao resultado útil do processo, quando:
I – ficar caracterizado o abuso do direito de defesa ou o manifesto propósito protclatório da parte;
II – as alegações de fato puderem ser comprovadas apenas documentalmente e houver tese firmada em julgamento de casos repetitivos ou em súmula vinculante;
III – se tratar de pedido reipersecutório fundado em prova documental adequada do contrato de depósito, caso em que será decretada a ordem de entrega do objeto custodiado, sob cominação de multa;
IV – a petição inicial for instruída com prova documental suficiente dos fatos constitutivos do direito do autor, a que o réu não oponha prova capaz de gerar dúvida razoável.
Parágrafo único. Nas hipóteses dos incisos II e III, o juiz poderá decidir liminarmente."
[19] O que desnatura o mecanismo da antecipação de tutela como técnica genérica e de amplitude extensiva regulada por conceitos jurídicos indeterminados.
[20] Repita-se que trata-se de hipótese de antecipação de tutela que prescinde a demonstração requisito da urgência, porém fundada em critérios subjetivos de aferição quanto a sua concessão.
[21] "Art. 928. Para os fins deste Código, considera-se julgamento de casos repetitivos, a decisão proferida em:
I – incidente de resolução de demandas repetitivas;
II – recursos especial e extraordinário repetitivos. "
Parágrafo único. O julgamento de casos repetitivos tem por objeto questão de direito material ou processual.

DIREITO DOS NEGÓCIOS APLICADO

E nesta última hipótese que a atenção do meio empresarial deverá voltar-se. Vale dizer, o NCPC imprimiu tamanha importância a valorização de precedentes e mecanismos de racionalização de julgamento de demandas repetitivas a ponto de tais decisões serem suficientes em si a autorizar a antecipação de tutela e, ainda, prescindir o elemento urgência.

Dessa constatação ganha maior importância a participação da empresa na formação de precedentes oriundos dos institutos acima, tema que abordaremos com maior acuidade nos itens seguintes.

Por fim, os dispositivos retro citados também demandarão maior especialização da advocacia interna de departamentos jurídicos, porquanto sobre eventual antecipação de tutela concedida com base em julgamento de casos repetitivos restará a tentativa de distinguir as circunstâncias que revestem tais precedentes diante da situação verificada no caso concreto[22], o que também demandará maior alinhamento na troca e fluxo de informações entre tal departamento e as áreas correlatas da empresa.[23]

3.1. Estabilização da Antecipação de Tutela

Outra inovação introduzida nos artigos 303 e 304 do NCPC[24] diz respeito a chamada estabilização da antecipação de tutela. Em linhas gerais, o novo

---

[22] Conforme já tivemos a oportunidade de examinar em outra oportunidade: CASTRO, Daniel Penteado de. *Antecipação da tutela sem o requisito da urgência: panorama geral e perspectivas* Tese de doutorado em direito processual defendida perante a Faculdade de Direito da Universidade de São Paulo, São Paulo: 2014.

[23] Em relação a chamada tutela cautelar, manteve-se o prazo de 5 (cinco) dias para contestar (art. 306), a regra de ajuizamento da ação principal em 30 (trinta) dias (art. 308), porém, processado nos mesmos autos e dispensadas novas custas iniciais, sem prejuízo da autonomia da medida cautelar frente a ação principal, em que o indeferimento da primeira não prejudica o julgamento da segunda (art. 310).

[24] " Art. 303. Nos casos em que a urgência for contemporânea à propositura da ação, a petição inicial pode limitar-se ao requerimento da tutela antecipada e à indicação do pedido de tutela final, com a exposição da lide, do direito que se busca realizar e do perigo de dano ou do risco ao resultado útil do processo.

§ 1º Concedida a tutela antecipada a que se refere o caput deste artigo:

I – o autor deverá aditar a petição inicial, com a complementação de sua argumentação, a juntada de novos documentos e a confirmação do pedido de tutela final, em 15 (quinze) dias ou em outro prazo maior que o juiz fixar;

II – o réu será citado e intimado para a audiência de conciliação ou de mediação na forma do art. 334;

III – não havendo autocomposição, o prazo para contestação será contado na forma do art. 335.

§ 2º Não realizado o aditamento a que se refere o inciso I do § 1º deste artigo, o processo será extinto sem resolução do mérito.

PRINCIPAIS IMPACTOS DO NOVO CPC NAS EMPRESAS: BREVES APONTAMENTOS

mecanismo permite que a antecipação de tutela concedida e cumprida pelo Réu, caso não tenha sido objeto de recurso[25], referida medida estabiliza-se, extinguindo-se a demanda (NCPC, arts. 304, caput, § 1º).

Uma vez estabilizada a antecipação, qualquer das partes poderá, no prazo de dois anos, demandar a outra com vistas a reformar ou invalidar a tutela antecipada estabilizada, ocasião que será proferida decisão de mérito.[26]

---

§ 3º O aditamento a que se refere o inciso I do § lo deste artigo dar-se-á nos mesmos autos, sem incidência de novas custas processuais. § 4o Na petição inicial a que se refere o caput deste artigo, o autor terá de indicar o valor da causa, que deve levar em consideração o pedido de tutela final.

§ 5º O autor indicará na petição inicial, ainda, que pretende valer-se do benefício previsto no caput deste artigo.

§ 6º Caso entenda que não há elementos para a concessão de tutela antecipada, o órgão jurisdicional determinará a emenda da petição inicial em até 5 (cinco) dias, sob pena de ser indeferida e de o processo ser extinto sem resolução de mérito.

Art. 304. A tutela antecipada, concedida nos termos do art. 303, torna-se estável se da decisão que a conceder não for interposto o respectivo recurso.

§ 1º No caso previsto no caput, o processo será extinto.

§ 2º Qualquer das partes poderá demandar a outra com o intuito de rever, reformar ou invalidar a tutela antecipada estabilizada nos termos do caput.

§ 3º A tutela antecipada conservará seus efeitos enquanto não revista, reformada ou invalidada por decisão de mérito proferida na ação de que trata o § 2o.

§ 4º Qualquer das partes poderá requerer o desarquivamento dos autos em que foi concedida a medida, para instruir a petição inicial da ação a que se refere o § 2o, prevento o juízo em que a tutela antecipada foi concedida.

§ 5º O direito de rever, reformar ou invalidar a tutela antecipada, previsto no § 2o deste artigo, extingue-se após 2 (dois) anos, contados da ciência da decisão que extinguiu o processo, nos termos do § lo.

§ 6º A decisão que concede a tutela não fará coisa julgada, mas a estabilidade dos respectivos efeitos só será afastada por decisão que a revir, reformar ou invalidar, proferida em ação ajuizada por uma das partes, nos termos do § 2º deste artigo."

[25] Na redação da versão sancionada, é necessário a interposição de recurso contra a sentença que concede a antecipação, sob pena desta estabilizar-se. Fica a dúvida se, ocorrendo a estabilização, de que servirá a contestação apresentada, assim como o exame de matérias preliminares que deverá ser conhecidas e apreciadas de ofício pelo juiz. Dentre tantas preliminares que podem ser suscitadas, em especial aquelas previstas no art. 485, IV, V, VI e IX, deverão servir de óbice a estabilização, ainda que não exista recurso interposto pelo réu contra a decisão que concedeu a antecipação, porquanto o próprio art. 485 do NCPC, ao tratar das matérias preliminares a serem suscitadas pelo réu, expressamente dispõe em seu § 3º que o juiz conhecerá de ofício de tais preliminares, "(...) enquanto não ocorrer o trânsito em julgado.". Outro ponto que caberá a jurisprudência esclarecer diz respeito ao regime sucumbencial quando concedida a tutela e estabilizada: haverá, nesta hipótese, condenação em verba honorária advocatícia?

[26] O NCPC não esclarece o que ocorre após transcorrido o prazo de dois anos imposto para o ajuizamento da demanda citada no art. 304, § 2º, de sorte que referido dispositivo introduziu

O novel instituto teve inspiração em mecanismos semelhantes tal como o art. 669- octies presente no Código de Processo Civil Italiano, o achamado référé presente na Itália e Bélgica ou a Leistungsverfugung reinante no direito alemão, ou seja, técnicas que flexibilizam a relação entre tutela de mérito e tutela cautelar, a permitir a autonomia da segunda em decisão que pode tornar-se definitiva. Mediante tais técnicas é possível valer-se de mecanismos que gozem de efetividade da tutela jurisdicional sem que haja necessidade de posterior apreciação de processo de cognição plena.[27]

A redação atual do NCPC permite a estabilização restrita a tutela provisória requerida em carater antecedente, deixando, por sua vez, de fazer menção expressa a tutela cautelar, conforme modelo divido das tutelas provisórias (NCPC, art. 294).

Portanto, a estabilização terá serventia nas hipóteses que o réu, ciente da medida de urgência concedida, tem conhecimento das poucas chances de êxito para tentar revogar a antecipação concedida, a preferir cumpri-la e assim deixar de impugnar a decisão. Mediante cumprimento da decisão a questão estabiliza-se até ulterior provocação de qualquer das partes no prazo de dois anos. Por sua vez, ao autor que beneficiar-se da antecipação estabilizada, dificilmente haverá interesse em ajuizar ação plenária voltada a obtenção de uma decisão de mérito sobre questão que já foi cumprida e resolvida.

Caberá a experiência forense acompanhar a receptividade e utilização do novel instituto em que a mera não interposição de recurso já autoriza a estabilização em decisão que opera coisa julgada formal. Por outro lado, não se deve olvidar que os rígidos efeitos da revelia presentes no ordenamento brasileiro (CPC, art. 302, 319 e 330, II / NCPC, arts. 341, 344 e 355, II, respectivamente), por si só já autorizam um julgamento antecipado de mérito passível, portanto, de fazer coisa julgada material, o que revela traços mais efetivos se comparado novel estabilização da antecipação de tutela.

À luz do instituto da estabilização, ora proposto, servirá a orientação a departamentos jurídicos para recorrerem das decisões concessivas de antecipação de tutela com vistas a evitar a respectiva estabilização, o que, por sua vez, pode trazer resultados indesejados frente a condenação em verba

---

verdadeiro prazo para regular, de forma genérica, ação de conhecimento a qualquer espécie de direito material.

[27] Cfr. SILVA, Bruno Freire e. Algumas considerações sobre a tutela de urgência no projeto de novo código de processo civil. In. SILVA, José Anchieta da (Org.) *O novo processo civil. – colégio presidentes dos institutos dos advogados do Brasil*. São Paulo: Lex editora, 2012, p. 127-128.

honorária advocatícia no plano recursal, conforme discorrido no item 2 acima (NCPC, art. 85, § 11º).[28]

4. Carga Dinâmica da Prova

Por força da carga dinâmica da prova[29] o juiz poderá determinar o ônus da prova de modo diverso, conforme as circunstâncias trazidas na causa. Daí por que se diz inversão do ônus probatório de modo dinâmico, porquanto o juiz examinará casuisticamente eventual inversão. Para tanto, o artigo 373, §§s 1º ao 3º, do NCPC elegeu três circunstâncias, quais sejam, (i) o juiz verificar a impossibilidade ou excessiva dificuldade do autor comprovar o fato constitutivo de seu direito ou o réu para demonstrar a existência de fato impeditivo, modificativo ou extintivo do direito do autor, ou (ii) a maior facilidade de obtenção de determinada prova do fato contrário ao alegado.

A aplicação do preceito, por óbvio, deverá respeitar algumas balizas, como, a título de exemplo, que a inversão do ônus probatório não reflita em prova diabólica ou fato impossível de ser provado (NCPC, art. 373, § 2º)[30] pela parte

---

[28] Outra opção será propor a ação prevista no art. Art. 304, § 2º, destinada a revogar ou manter a antecipação estabilizada caso não seja interposto recurso, o que também tornará mais dispendioso o exercício do direito de defesa mediante o recolhimento de custas judiciais, mercê quando tratar-se de matéria envolta em litígios de massa que, por vezes, o autor da demanda é beneficiário da justiça gratuita.

[29] Para maior aprofundamento sobre o tema, vide PEYRANO, Jorge W. Informe sobre la doctrina de las cargas probatórias dinâmicas. In. Revista de processo nº 217. São Paulo: RT, 2013, p. 205-219, LOPES, João Batista. Ônus da prova e teoria das cargas dinâmicas no novo código de processo civil. In. Revista de processo nº 204. São Paulo: RT, 2012, p. 204-2012, YOSHIKAWA, Eduardo Henrique de Oliveira. Considerações sobre a teoria da distribuição dinâmica do ônus da prova. In. Revista de processo nº 205. São Paulo: RT, 2012, p. 115-145, BUENO, Cassio Scarpinella. A inversão do ônus da prova no projeto do novo código de processo civil (PL n. 8.046/2010). In. MEDEIROS NETO, Elias, LOPES, Ricardo Augusto de Castro e OLIVEIRA NETO, Olavo de (Coords.) A prova no direito processual civil: estudos em homenagem ao professor João Batista Lopes. São Paulo: Verbatim, 2013, p. 119-128. Ainda, na mesma obra, LAGRASTA NETO, Caetano. Carga dinâmica da prova e direito de família – julgamentos emblemáticos, p. 95-108 e SILVA, Bruno Freire e. A inversão e a distribuição dinâmica do ônus da prova no processo do trabalho, p. 77-94.

[30] Exemplo clássico de prova diabólica diz respeito ao autor de demanda que alega haver sido atropelado por uma avião e pleiteia indenização por perdas e danos, a postular a regra da inversão do ônus probatório de forma indistinta, sob a premissa de que em verdade foi vítima de evento ocasionado em prestação de serviço, a equiparar-se sob a proteção do Código de Defesa do Consumidor e respectiva regra de inversão do ônus probatório (Lei nº 8.078/90, arts. 6º, VIII e 17). A companhia aérea demandada será ônus impossível fazer prova em contrário de que "não

DIREITO DOS NEGÓCIOS APLICADO

que recai o ônus, bem como seja franqueado oportuno exercício do contraditório e ampla defesa com vistas a possibilitar a inversão.[31]

A nosso sentir, conforme já pudemos nos manifestar em outra oportunidade, a carga dinâmica da prova nada mais é do que a aplicação da regra de inversão do ônus probatório sem que exista relação de consumo, mas que, diante das peculiaridades examinadas no caso concreto, autorizar-se-a a inversão em desfavor da parte que detém melhores condições de fazer prova acerca de determinado fato controvertido.[32]

Impacto da carga dinâmica da prova reflete, de igual modo, na melhor interface de comunicação e fluxo de informação entre departamentos jurídicos e demais áreas correlatas da empresa ou, reflexamente, entre a informação obtida pelos setores jurídicos e escritórios terceirizados.

A aplicação do regramento, como exposto, deverá ocorrer em despacho saneador, a dar início a instrução processual. Nessa toada, uma vez iniciada a fase instrutória e aplicada a carga dinâmica, os departamentos jurídicos deverão estar municiados de elementos necessários a fornecer todo o material probatório e assim permitir o amplo exercício do contraditório durante a instrução processual.

Tal providência exigirá não só a dinâmica para fornecer tais subsídios quando solicitado durante a instrução processual, mas também eventuais mudanças na amplitude de arquivamento e registro de dados e informações referentes a toda relação jurídica que porventura venha dar margem a instauração de um litígio judicial.[33]

---

há nexo causal entre suposto dano e conduta da companhia", caracterizando, portanto, prova de fato negativo impossível.

[31] Por essa razão que o art. 357, III, do NCPC é claríssimo ao assegurar a distribuição dinâmica do ônus probatório em despacho saneador, a evitar o elemento surpresa quando a inversão é concedida na sentença e, consequentemente, deixa de franquear a parte a oportunidade de fazer prova em contrário que supere a inversão: " Art. 357. Não ocorrendo nenhuma das hipóteses deste Capítulo, deverá o juiz, em decisão de saneamento e de organização do processo: I – resolver as questões processuais pendentes, se houver; II – delimitar as questões de fato sobre as quais recairá a atividade probatória, especificando os meios de prova admitidos; III – definir a distribuição do ônus da prova, observado o art. 373." De igual modo a parte final do § 1º, do art. 373 do NCPC assegura a aplicação da inversão pelo juiz "(...) desde que o faça por decisão fundamentada, caso em que deverá dar à parte a oportunidade de se desincumbir do ônus que lhe foi atribuído."

[32] A esse respeito, vide nosso *Poderes instrutórios do juiz no processo civil: fundamentos, interpretação e dinâmica*. São Paulo: Saraiva, 2013, p. 166.

[33] A título de exemplo em dada relação comercial havida entre uma transportadora e a beneficiária de tais serviços, esta ajuíza ação declaratória de inexigibilidade dos títulos executivos que lastrearam o serviço prestado, alegando, outrossim, que mediante envio de email informou a prorrogação

Embora a jurisprudência delineará hipóteses mais concretas que restar aplicada a carga dinâmica, os impactos do novel instituto demandarão mudanças significativas nas empresas no que tange a melhor cautela e amplitude no registro de dados e informações, sob pena de carecer elementos probatórios insuficientes a fazer prova em contrário do quanto alegado, a presumir como verdadeira a versão fática narrada pelo beneficiário da inversão dinâmica, nos termos do art. 373 do NCPC.[34]

5. Audiência de conciliação obrigatória

Outra inovação presente que impactará o meio empresarial diz respeito a audiência de conciliação obrigatória prevista no art. 334 do NCPC[35]. Con-

do serviço contratado. A aplicar-se a regra estática do ônus da prova (atual artigo 333, II do Código de Processo Civil e artigo 373, II do NCPC), caberia ao réu fazer prova do fato impeditivo acerca da prorrogação do serviço contratado. Todavia, se o juiz entender que a transportadora teria melhores condições de esclarecer eventual prorrogação do serviço (por ter o dever, por exemplo, de arquivar toda e qualquer troca de informações dos serviços que é contratada), a aplicar-se a carga dinâmica deverá a transportadora fazer prova negativa não só da prorrogação contratada mas também da efetiva prestação do serviço, a tornar devida a cobrança dos valores previstos em contrato.

[34] " Art. 373. O ônus da prova incumbe: I – ao autor, quanto ao fato constitutivo de seu direito; II – ao réu, quanto à existência de fato impeditivo, modificativo ou extintivo do direito do autor.

§ 1º Nos casos previstos em lei ou diante de peculiaridades da causa relacionadas à impossibilidade ou à excessiva dificuldade de cumprir o encargo nos termos do caput ou à maior facilidade de obtenção da prova do fato contrário, poderá o juiz atribuir o ônus da prova de modo diverso, desde que o faça por decisão fundamentada, caso em que deverá dar à parte a oportunidade de se desincumbir do ônus que lhe foi atribuído.

§ 2º A decisão prevista no § 1º deste artigo não pode gerar situação em que a desincumbência do encargo pela parte seja impossível ou excessivamente difícil. "

[35] Art. 334. Se a petição inicial preencher os requisitos essenciais e não for o caso de improcedência liminar do pedido, o juiz designará audiência de conciliação ou de mediação com antecedência mínima de 30 (trinta) dias, devendo ser citado o réu com pelo menos 20 (vinte) dias de antecedência.

§ 1º O conciliador ou mediador, onde houver, atuará necessariamente na audiência de conciliação ou de mediação, observando o disposto neste Código, bem como as disposições da lei de organização judiciária.

§ 2º Poderá haver mais de uma sessão destinada à conciliação e à mediação, não podendo exceder a 2 (dois) meses da data de realização da primeira sessão, desde que necessárias à composição das partes.

§ 3º A intimação do autor para a audiência será feita na pessoa de seu advogado.

§ 4º A audiência não será realizada:

I – se ambas as partes manifestarem, expressamente, desinteresse na composição consensual;

II – quando não se admitir a autocomposição.

§ 5º O autor deverá indicar, na petição inicial, seu desinteresse na autocomposição, e o réu deverá fazê-lo, por petição, apresentada com 10 (dez) dias de antecedência, contados da data da audiência.

DIREITO DOS NEGÓCIOS APLICADO

soante redação do novel dispositivo, o juiz designará de imediato audiência de tentativa de conciliação uma vez preenchidos os requisitos essenciais da petição inicial e desde que não se configure a hipótese de improcedência liminar do pedido.

Vale dizer, a audiência de tentativa de conciliação será obrigatoriamente designada, salvo as hipóteses acima ou, desde que concorra, nos termos do § 4º do art. 334 do NCPC, petição conjunta das partes manifestando desinteresse na tentativa de composição consensual ou, conforme restringe o § 5º de referido dispositivo, o autor logo na petição inicial informar a impossibilidade de composição, a confirmar idêntica vontade por manifestação do réu com dez dias de antecedência que precedem a audiência.

Embora seja louvável a cruzada de estimular a cultura da conciliação e mediação, na tentativa de pacificar litígios logo no seu desenrolar, pecou o legislador ao impor a fórceps o comparecimento das partes em aludida audiência, porquanto a ausência injustificada será considerada ato atentatório à dignidade da justiça, a ser sancionado com multa de litigância de má-fé em até dois por cento da vantagem econômica pretendida ou do valor da causa.

Antes pensar que referida multa fosse revertida em benefício da parte que compareceu à audiência, quiçá a servir como espécie de compensação decorrente das custas para deslocamento até o juízo, contratação de advogado para a diligência, disponibilidade de tempo, etc. Todavia, referida multa é revertida em favor do Estado (NCPC, art. 334, § 8º).

Não bastasse tamanha incongruência, deve-se ter em mente que o Brasil é um país de dimensão continental, a congregar centenas de juízos espalhados em território nacional. O custo para deslocar um advogado e preposto para comparecimento em audiência em Comarca longínqua deixou de ser

§ 6º Havendo litisconsórcio, o desinteresse na realização da audiência deve ser manifestado por todos os litisconsortes.

§ 7º A audiência de conciliação ou de mediação pode realizar-se por meio eletrônico, nos termos da lei.

§ 8º O não comparecimento injustificado do autor ou do réu à audiência de conciliação é considerado ato atentatório à dignidade da justiça e será sancionado com multa de até dois por cento da vantagem econômica pretendida ou do valor da causa, revertida em favor da União ou do Estado.

§ 9º As partes devem estar acompanhadas por seus advogados ou defensores públicos.

§ 10º. A parte poderá constituir representante, por meio de procuração específica, com poderes para negociar e transigir.

§ 11º. A autocomposição obtida será reduzida a termo e homologada por sentença.

§ 12º. A pauta das audiências de conciliação ou de mediação será organizada de modo a respeitar o intervalo mínimo de 20 (vinte) minutos entre o início de uma e o início da seguinte.

ponderado pelo legislador. Aliás, tal medida implicará em maior custo de acesso à justiça, principalmente para uma empresa cujo seguimento de negócio invariavelmente reflete em demandas de massa.

E não seria hipocrisia pensar que para sobreviver numa economia capitalista as empresas não buscam a manutenção ou aumento de suas margens de lucro. De igual modo, a tornar mais longo o caminho que trilha a equação financeira entre produção e entrega final de determinado produto ou prestação de serviços e gastos decorrentes da manutenção e defesa de uma ação judicial, sem dúvida alguma a multiplicação de custo necessária a prover o comparecimento de advogados e prepostos a audiência conciliatória obrigatória implicará, inevitavelmente, no aumento do valor do produto ou serviço final, a ironicamente penalizar o adquirente de referido produto ou serviço e que, por vezes, aciona a empresa no for de seu domicílio.

Deixou o legislador, infelizmente, de pensar neste impacto, para ironicamente impor uma cultura de conciliação por meio de uma ameaça a configurar ato atentatório a dignidade da justiça a ausência de comparecimento a audiência obrigatória.[36]

Desprezou-se o custo que refletirá o cumprimento desta providência na economia das empresas e ulterior repasse ao destinatário final de produto ou serviço, cuja tentativa obrigatória da via conciliatória demandará novos desafios ao empresariado, talvez a implantar internamente núcleos conciliatórios, senão grupos de trabalho cuja missão será entrar em contato com a parte contrária com vistas a compor o litígio antes mesmo de referida audiência.

6. Incidente de resolução de demandas repetitivas e julgamento de recurso especial e extraordinário repetitivo: necessária observância da participação na formação do precedente

Uma das vertentes estruturais do NCPC diz respeito a maior valorização de precedentes judiciais. Buscando proporcionar segurança jurídica, previsibilidade das decisões e preservação da insonomia na resposta que o Poder Judiciário deverá pronunciar-se em situações análogas o perfil do NCPC objetivou

---

[36] São louváveis todas as vias destinadas a ampliar a cultura da conciliação, à exemplo dos esforços dos Tribunais em promover a tradicional "semana da conciliação" ou a intimação das partes para realização de audiência pretérita ao exame de recursos pelo relator. Os resultados obtidos tendem a aumentar. Todavia, não soa adequado impor a via conciliatória obrigatória, até porque eventual transação só é possível quando ambas as partes assim o desejam.

DIREITO DOS NEGÓCIOS APLICADO

melhor valorização dos precedentes judicias que, embora persuasivos, deverão observar um critério racional de prevalência das decisões.

No topo deste critério racional de prevalência dos precedentes se encontram as decisões havidas pelo Supremo Tribunal Federal em controle concentrado de constitucionalidade, seguida da observância do enunciado de súmula vinculante e, ao que importa a abordagem deste item, os precedentes formados em incidente de assunção de competência ou em resolução de demandas repetitivas e em julgamento de recursos extraordinário e especial repetitivos. Subsidiariamente ao escalonamento retro citado, deverão ser observados os enunciados de súmulas do STF e STJ.[37]

No tocante a assunção de competência, o art. 947 do NCPC reproduziu redação semelhante ao quanto previsto no art. 555, § 1º do CPC atual, com o acréscimo de algumas alterações relativas a vinculação de todos os órgãos fracionários.[38] De igual modo, o julgamento de recurso especial e recurso extraordinário repetitivos disciplinados nos artigos 1.036 a 1.041 do NCPC,

---

[37] Art. 926. Os tribunais devem uniformizar sua jurisprudência e mantê-la estável, íntegra e coerente.

§ 1º Na forma estabelecida e segundo os pressupostos fixados no regimento interno, os tribunais editarão enunciados de súmula correspondentes a sua jurisprudência dominante.

§ 2º Ao editar enunciados de súmula, os tribunais devem ater-se às circunstâncias fáticas dos precedentes que motivaram sua criação.

Art. 927. Os juízes e os tribunais observarão:

I – as decisões do Supremo Tribunal Federal em controle concentrado de constitucionalidade;

II – os enunciados de súmula vinculante;

III – os acórdãos em incidente de assunção de competência ou de resolução de demandas repetitivas e em julgamento de recursos extraordinário e especial repetitivos;

IV – os enunciados das súmulas do Supremo Tribunal Federal em matéria constitucional e do Superior Tribunal de Justiça em matéria infraconstitucional." A redação da versão da Cânara dos Deputados soava mais completa, a prever a observância subsidiária dos precedentes dos Tribunais Superiores, tribunais de segundo grau e, horizontalmente, as decisões colegiadas havidas pelo plenário ou órgão especial respectivo.

[38] "Art. 947. É admissível a assunção de competência quando o julgamento de recurso, de remessa necessária ou de processo de competência originária envolver relevante questão de direito, com grande repercussão social, sem repetição em múltiplos processos.

§ 1º Ocorrendo a hipótese de assunção de competência, o relator proporá, de ofício ou a requerimento da parte, do Ministério Público ou da Defensoria Pública, que seja o recurso, a remessa necessária ou o processo de competência originária julgado pelo órgão colegiado que o regimento indicar.

§ 2º O órgão colegiado julgará o recurso, a remessa necessária ou o processo de competência originária se reconhecer interesse público na assunção de competência.

§ 3º O acórdão proferido em assunção de competência vinculará todos os juízes e órgãos fracionários, exceto se houver revisão de tese.

em linhas gerais, contém mecanismo semelhante ao já estabelecido nos artigos 543-B e 543-C em vigor, exceção a impor contornos persuasivos mais rígidos em relação a observância do precedente gerado nestas técnicas de julgamento, entendimento que pudemos examinar com maior profundidade em outra oportunidade.[39]

Dentre os institutos acima cujo precedente formado terá grau de persuasão mais elevado, a novidade trazida no NCPC, portanto, diz respeito ao incidente de resolução de demandas repetitivas previsto nos artigos 976 a 987[40][41].

§ 4º Aplica-se o disposto neste artigo quando ocorrer relevante questão de direito a respeito da qual seja conveniente a prevenção ou a composição de divergência entre câmaras ou turmas do tribunal.

[39] Sobre o tema, vide nosso ensaio: CASTRO, Daniel Penteado de. Questões polêmicas sobre o julgamento por amostragem do recurso especial repetitivo. In. Revista de Processo, v. 206, São Paulo: RT, 2012, p. 79-122.

[40] Art. 976. É cabível a instauração do incidente de resolução de demandas repetitivas quando houver, simultaneamente:

I - efetiva repetição de processos que contenham controvérsia sobre a mesma questão unicamente de direito;

II - risco de ofensa à isonomia e à segurança jurídica.

§ 1º A desistência ou o abandono do processo não impede o exame de mérito do incidente.

§ 2º Se não for o requerente, o Ministério Público intervirá obrigatoriamente no incidente e deverá assumir sua titularidade em caso de desistência ou de abandono.

§ 3º A inadmissão do incidente de resolução de demandas repetitivas por ausência de qualquer de seus pressupostos de admissibilidade não impede que, uma vez satisfeito o requisito, seja o incidente novamente suscitado.

§ 4º É incabível o incidente de resolução de demandas repetitivas quando um dos tribunais superiores, no âmbito de sua respectiva competência, já tiver afetado recurso para definição de tese sobre questão de direito material ou processual repetitiva.

§ 5º Não serão exigidas custas processuais no incidente de resolução de demandas repetitivas.

Art. 977. O pedido de instauração do incidente será dirigido ao presidente de tribunal:

I - pelo juiz ou relator, por ofício;

II - pelas partes, por petição;

III - pelo Ministério Público ou pela Defensoria Pública, por petição.

Parágrafo único. O ofício ou a petição será instruído com os documentos necessários à demonstração do preenchimento dos pressupostos para a instauração do incidente.

Art. 978. O julgamento do incidente caberá ao órgão indicado pelo regimento interno dentre aqueles responsáveis pela uniformização de jurisprudência do tribunal.

Parágrafo único. O órgão colegiado incumbido de julgar o incidente e de fixar a tese jurídica julgará igualmente o recurso, a remessa necessária ou o processo de competência originária de onde se originou o incidente.

Art. 979. A instauração e o julgamento do incidente serão sucedidos da mais ampla e específica divulgação e publicidade, por meio de registro eletrônico no Conselho Nacional de Justiça.

§ 1º Os tribunais manterão banco eletrônico de dados atualizados com informações específicas sobre questões de direito submetidas ao incidente, comunicando-o imediatamente ao Conselho Nacional de Justiça para inclusão no cadastro.

DIREITO DOS NEGÓCIOS APLICADO

Referido incidente também destinado a aplicar entendimento unívoco para situações jurídicas idênticas visa preservar a segurança jurídica e, de igual modo, melhor racionalização da justiça ao permitir seja examinada uma única vez questão jurídica que poderá ser repetida em inúmeras demandas, tornando desnecessária, portanto, a repetição do exame destas mesmas questões quando propostas em demandas futuras.

Diferentemente da conversão de demanda individual em coletiva, o art. 976 do NCPC exige como requisito do incidente de resolução de demandas repetitivas efetiva ou potencial repetição de processos que contenham controvérsia sobre a mesma questão de direito material e processual, a por em risco de ofensa à isonomia e segurança jurídica. Vale dizer, a amplitudo do incidente é maior do que um direito material que necessariamente se restrinja aos moldes da tutela de ação coletiva ou ação civil pública.

Ademais, no incidente de resolução de demandas repetitivas competirá ao Tribunal de Justiça ou Tribunal Regional o respectivo julgamento, ficando sobrestados todos os recursos que versem sobre idêntica matéria, bem como são legitimados para a instauração do incidente o relator ou órgão colegiado, de ofício, as partes ou o Ministério Público, a tornar distintos, portanto, os requisitos de competência e processamento se comparado com a conversão da demanda individual em coletiva.

Dentre os impactos do novel instituto frente as empresas, tem-se que o precedente gerado quando do julgamento do incidente terá aplicação sobre todas as demandas que versem idêntica questão de direito e que tramitem

§ 2º Para possibilitar a identificação dos processos abrangidos pela decisão do incidente, o registro eletrônico das teses jurídicas constantes do cadastro conterá, no mínimo, os fundamentos determinantes da decisão e os dispositivos normativos a ela relacionados.

§ 3º Aplica-se o disposto neste artigo ao julgamento de recursos repetitivos e da repercussão geral em recurso extraordinário.

Art. 980. O incidente será julgado no prazo de 1 (um) ano e terá preferência sobre os demais feitos, ressalvados os que envolvam réu preso e os pedidos de habeas corpus.

Parágrafo único. Superado o prazo previsto no caput, cessa a suspensão dos processos prevista no art. 982, salvo decisão fundamentada do relator em sentido contrário."

[41] Para maior aprofundamento sobre inúmeras questões que já circundam o tema do incidente de resolução de demandas repetitivas, vide BARBOSA, Andrea Carla, CANTOARIO, Diego Martinez Fervenza. O Incidente de Resolução de Demandas Repetitivas no Projeto de Código de Processo Civil: Apontamentos Iniciais, In. FUX, Luiz (coord.). O Novo Processo Civil Brasileiro: Direito em Expectativa. Rio de Janeiro: Forense, 2011, p. 435-524 e CASTRO MENDES, Aloisio Gonçalves de; RODRIGUES, Roberto de Aragão Ribeiro. Reflexões sobre o incidente de resolução de demandas repetitivas previsto no Projeto de novo Código de Processo Civil. In. Revista de Processo, vol. 211. São Paulo: RT, 2012, p. 191-207.

na área de jurisdição do respectivo tribunal (art. 985, caput do NCPC). Mais ainda, nos termos do inciso II, do art. 985 do NCPC, se houver recurso e a matéria ter sido apreciada em seu mérito pelo Supremo Tribunal Federal ou pelo Superior Tribunal de Justiça, a tese jurídica firmada será aplicada em todas as demandas que versem sobre a mesma questão de direito e que tramitam em todo o território nacional.[42]

Tem-se, portanto, que a formação do precedente em sede de julgamento de incidente de resolução de demandas repetitivas e em sede de julgamenot de recurso especial ou extraordinário repetitivo poderá dar margem a aplicação e observância em todo o território nacional.

Daí por que diversos institutos espalhados no NCPC, a guardar a mesma coerência de observância dos precedentes formados em sede de julgamento de recurso especial ou extraordinário repetitivos ou em incidente de resolução de demandas repetitivas, são claríssimo em autorizar que, em havendo tais precedentes, deverá o julgador, aplicar a improcedência liminar do pedido quando a tese do autor for contrária a tais precedentes (NCPC, art. 332, III)[43], conceder

---

[42] "Art. 985. Julgado o incidente, a tese jurídica será aplicada:

I – a todos os processos individuais ou coletivos que versem sobre idêntica questão de direito e que tramitem na área de jurisdição do respectivo tribunal, inclusive àqueles que tramitem nos juizados especiais do respectivo Estado ou região;

II – aos casos futuros que versem idêntica questão de direito e que venham a tramitar no território de competência do tribunal, salvo revisão na forma do art. 986.

§ 1º Não observada a tese adotada no incidente, caberá reclamação.

§ 2º Se o incidente tiver por objeto questão relativa a prestação de serviço concedido, permitido ou autorizado, o resultado do julgamento será comunicado ao órgão, ao ente ou à agência reguladora competente para fiscalização da efetiva aplicação, por parte dos entes sujeitos a regulação, da tese adotada.

Art. 986. A revisão da tese jurídica firmada no incidente far-se-á pelo mesmo tribunal, de ofício ou mediante requerimento dos legitimados mencionados no art. 977, inciso III.

Art. 987. Do julgamento do mérito do incidente caberá recurso extraordinário ou especial, conforme o caso.

§ 1º O recurso tem efeito suspensivo, presumindo-se a repercussão geral de questão constitucional eventualmente discutida.

§ 2º Apreciado o mérito do recurso, a tese jurídica adotada pelo Supremo Tribunal Federal ou pelo Superior Tribunal de Justiça será aplicada no território nacional a todos os processos individuais ou coletivos que versem sobre idêntica questão de direito."

[43] "DA IMPROCEDÊNCIA LIMINAR DO PEDIDO

Art. 332. Nas causas que dispensem a fase instrutória, o juiz, independentemente da citação do réu, julgará liminarmente improcedente o pedido que contrariar:

I – enunciado de súmula do Supremo Tribunal Federal ou do Superior Tribunal de Justiça;

II – acórdão proferido pelo Supremo Tribunal Federal ou pelo Superior Tribunal de Justiça em julgamento de recursos repetitivos;

DIREITO DOS NEGÓCIOS APLICADO

liminarmente a tutela da evidência fundada em tais precedentes (NCPC, art. 311, II, e 928, I e II) [44] deixar de aplicar o reexame necessário quando a sentença estiver de acordo com tais precedentes (NCPC, art. 496, § 4º, II e III) [45], dar ou negar monocraticamente provimento ao recurso que esteja fundado seja

III – entendimento firmado em incidente de resolução de demandas repetitivas ou de assunção de competência;

IV – enunciado de súmula de tribunal de justiça sobre direito local.

§ 1º O juiz também poderá julgar liminarmente improcedente o pedido se verificar, desde logo, a ocorrência de decadência ou de prescrição.

§ 2º Não interposta a apelação, o réu será intimado do trânsito em julgado da sentença, nos termos do art. 241.

§ 3º Interposta a apelação, o juiz poderá retratar-se em 5 (cinco) dias.

§ 4º Se houver retratação, o juiz determinará o prosseguimento do processo, com a citação do réu, e, se não houver retratação, determinará a citação do réu para apresentar contrarrazões, no prazo de 15 (quinze) dias."

[44] "Art. 311. A tutela da evidência será concedida, independentemente da demonstração de perigo de dano ou de risco ao resultado útil do processo, quando:

I – ficar caracterizado o abuso do direito de defesa ou o manifesto propósito protelatório da parte;

II – as alegações de fato puderem ser comprovadas apenas documentalmente e houver tese firmada em julgamento de casos repetitivos ou em súmula vinculante; Art. 522. Para os fins deste Código, considera-se julgamento de casos repetitivos: (...)

Art. 928. Para os fins deste Código, considera-se julgamento de casos repetitivos a decisão proferida em:

I – incidente de resolução de demandas repetitivas;

II – recursos especial e extraordinário repetitivos."

[45] "Art. 496. Está sujeita ao duplo grau de jurisdição, não produzindo efeito senão depois de confirmada pelo tribunal, a sentença:

I – proferida contra a União, os Estados, o Distrito Federal, os Municípios e suas respectivas autarquias e fundações de direito público;

II – que julgar procedentes, no todo ou em parte, os embargos à execução fiscal.

§ 1º Nos casos previstos neste artigo, não interposta a apelação no prazo legal, o juiz ordenará a remessa dos autos ao tribunal, e, se não o fizer, o presidente do respectivo tribunal avocá-los-á.

§ 2º Em qualquer dos casos referidos no § 1o, o tribunal julgará a remessa necessária.

§ 3º Não se aplica o disposto neste artigo quando a condenação ou o proveito econômico obtido na causa for de valor certo e líquido inferior a:

I – 1.000 (mil) salários-mínimos para a União e as respectivas autarquias e fundações de direito público;

II – 500 (quinhentos) salários-mínimos para os Estados, o Distrito Federal, as respectivas autarquias e fundações de direito público e os Municípios que constituam capitais dos Estados;

III – 100 (cem) salários-mínimos para todos os demais Municípios e respectivas autarquias e fundações de direito público.

§ 4º Também não se aplica o disposto neste artigo quando a sentença estiver fundada em:

I – súmula de tribunal superior;

II – acórdão proferido pelo Supremo Tribunal Federal ou pelo Superior Tribunal de Justiça em julgamento de recursos repetitivos;

contrário a tese firmada em tais precedentes, respectivamente (CPC, art. 932, IV, "b" e "c" e V, "b" e "c")[46], presumir o requisito da presença da repercussão geral

III – entendimento firmado em incidente de resolução de demandas repetitivas ou de assunção de competência;
IV – entendimento coincidente com orientação vinculante firmada no âmbito administrativo do próprio ente público, consolidada em manifestação, parecer ou súmula administrativa."
[46] "Art. 932. Incumbe ao relator:
I – dirigir e ordenar o processo no tribunal, inclusive em relação à produção de prova, bem como, quando for o caso, homologar autocomposição das partes;
II – apreciar o pedido de tutela provisória nos recursos e nos processos de competência originária do tribunal;
III – não conhecer de recurso inadmissível, prejudicado ou que não tenha impugnado especificamente os fundamentos da decisão recorrida;
IV – negar provimento a recurso que for contrário a:
a) súmula do Supremo Tribunal Federal, do Superior Tribunal de Justiça ou do próprio tribunal;
b) acórdão proferido pelo Supremo Tribunal Federal ou pelo Superior Tribunal de Justiça em julgamento de recursos repetitivos;
c) entendimento firmado em incidente de resolução de demandas repetitivas ou de assunção de competência;
V – depois de facultada a apresentação de contrarrazões, dar provimento ao recurso se a decisão recorrida for contrária a:
a) súmula do Supremo Tribunal Federal, do Superior Tribunal de Justiça ou do próprio tribunal;
b) acórdão proferido pelo Supremo Tribunal Federal ou pelo Superior Tribunal de Justiça em julgamento de recursos repetitivos;
c) entendimento firmado em incidente de resolução de demandas repetitivas ou de assunção de competência;
VI – decidir o incidente de desconsideração da personalidade jurídica, quando este for instaurado originariamente perante o tribunal;
VII – determinar a intimação do Ministério Público, quando for o caso;
VIII – exercer outras atribuições estabelecidas no regimento interno do tribunal.
IV – negar provimento a recurso que for contrário a:
a) súmula do Supremo Tribunal Federal, do Superior Tribunal de Justiça ou do próprio tribunal;
b) acórdão proferido pelo Supremo Tribunal Federal ou pelo Superior Tribunal de Justiça em julgamento de recursos repetitivos;
c) entendimento firmado em incidente de resolução de demandas repetitivas ou de assunção de competência;
V – depois de facultada a apresentação de contrarrazões, dar provimento ao recurso se a decisão recorrida for contrária a:
a) súmula do Supremo Tribunal Federal, do Superior Tribunal de Justiça ou do próprio tribunal;
b) acórdão proferido pelo Supremo Tribunal Federal ou pelo Superior Tribunal de Justiça em julgamento de recursos repetitivos;
c) entendimento firmado em incidente de resolução de demandas repetitivas ou de assunção de competência;
VI – decidir o incidente de desconsideração da personalidade jurídica, quando este for instaurado originariamente perante o tribunal;

DIREITO DOS NEGÓCIOS APLICADO

ao recurso que impugnar decisão que contrarie tese firmada em julgamento de casos repetitivos (NCPC, art. 1035, § 3º, II) [47], sem prejuízo do agravo de admissão de recurso especial ou extraordinário fundado em dissídio jurisprudencial somente ser admissível se referido dissídio não abordar matéria pacificada em julgamento de recurso especial ou extraordinário repetitivos ou incidente de julgamento de demandas repetitivas (NCPC, art. 1042, § 1º, II) [48] e, por fim, o

VII – determinar a intimação do Ministério Público, quando for o caso;
VIII – exercer outras atribuições estabelecidas no regimento interno do tribunal. "
[47] "Art. 1.035. O Supremo Tribunal Federal, em decisão irrecorrível, não conhecerá do recurso extraordinário quando a questão constitucional nele versada não tiver repercussão geral, nos termos deste artigo.
§ 1º Para efeito de repercussão geral, será considerada a existência ou não de questões relevantes do ponto de vista econômico, político, social ou jurídico que ultrapassem os interesses subjetivos do processo.
§ 2º O recorrente deverá demonstrar a existência de repercussão geral para apreciação exclusiva pelo Supremo Tribunal Federal.
§ 3º Haverá repercussão geral sempre que o recurso impugnar acórdão que:
I – contrarie súmula ou jurisprudência dominante do Supremo Tribunal Federal;
II – tenha sido proferido em julgamento de casos repetitivos;
III – tenha reconhecido a inconstitucionalidade de tratado ou de lei federal, nos termos do art. 97 da Constituição Federal."
[48] "Art. 1.042. Cabe agravo contra decisão de presidente ou de vice-presidente do tribunal que:
I – indeferir pedido formulado com base no art. 1.035, § 6o, ou no art. 1.036, § 2o, de inadmissão de recurso especial ou extraordinário intempestivo;
II – inadmitir, com base no art. 1.040, inciso I, recurso especial ou extraordinário sob o fundamento de que o acórdão recorrido coincide com a orientação do tribunal superior;
III – inadmitir recurso extraordinário, com base no art. 1.035, § 8o, ou no art. 1.039, parágrafo único, sob o fundamento de que o Supremo Tribunal Federal reconheceu a inexistência de repercussão geral da questão constitucional discutida.
§ 1º Sob pena de não conhecimento do agravo, incumbirá ao agravante demonstrar, de forma expressa:
I – a intempestividade do recurso especial ou extraordinário sobrestado, quando o recurso fundar-se na hipótese do inciso I do caput deste artigo;
II – a existência de distinção entre o caso em análise e o precedente invocado, quando a inadmissão do recurso:
a) especial ou extraordinário fundar-se em entendimento firmado em julgamento de recurso repetitivo por tribunal superior;
b) extraordinário fundar-se em decisão anterior do Supremo Tribunal Federal de inexistência de repercussão geral da questão constitucional discutida."
Ainda, vale acrescer que nos termos do art. 1.040 a decisão proferida em sede de julgamento de recurso especial ou extraordinário repetitivos deverá ser seguida, (i) seja para negar seguimentos aos recursos que estiverem em confronto com o precedente paradigma, (ii) seja para permitir juízo de retratação quando o acórdão recorrido estiver em dissonância com o precedente paradigma,

PRINCIPAIS IMPACTOS DO NOVO CPC NAS EMPRESAS: BREVES APONTAMENTOS

expresso cabimento de reclamação constitucional contra a decisão que viola tais precedentes (NCPC, art. 988, IV).[49]

Portanto, o NCPC contém diversos contornos destinados a valorização de precedentes, em especial aqueles formados em sede de julgamnto de recurso especial ou extraordinário repetitivo e em incidente de julgamento de demandas repetitivas.

A providência e atenção destes institutos no meio empresarial reflete indispensável participação da empresa em contraditório quando da formação de tais precedetes, cujos impactos poderão irradiar e reproduzir-se em ações idências em curso ou a serem ajuizadas em todo o território nacional.

Para tanto, é necessário estreitar os laços de comunicação entre escritórios terceirizados e departamentos jurídicos, a informar de imediato quando do início da instauração do incidente de julgamento de demandas repetitivas ou

---

seja, em não ocorrendo a segunda hipótese, o tribunal justificar que o precedente paradigma não se assemelha ao precedente atacado:

"Art. 1.040. Publicado o acórdão paradigma:

I – o presidente ou o vice-presidente do tribunal de origem negará seguimento aos recursos especiais ou extraordinários sobrestados na origem, se o acórdão recorrido coincidir com a orientação do tribunal superior;

II – o órgão que proferiu o acórdão recorrido, na origem, reexaminará o processo de competência originária, a remessa necessária ou o recurso anteriormente julgado, se o acórdão recorrido contrariar a orientação do tribunal superior;

III – os processos suspensos em primeiro e segundo graus de jurisdição retomarão o curso para julgamento e aplicação da tese firmada pelo tribunal superior;

IV – se os recursos versarem sobre questão relativa a prestação de serviço público objeto de concessão, permissão ou autorização, o resultado do julgamento será comunicado ao órgão, ao ente ou à agência reguladora competente para fiscalização da efetiva aplicação, por parte dos entes sujeitos a regulação, da tese adotada.

§ 1º A parte poderá desistir da ação em curso no primeiro grau de jurisdição, antes de proferida a sentença, se a questão nela discutida for idêntica à resolvida pelo recurso representativo da controvérsia.

§ 2º Se a desistência ocorrer antes de oferecida contestação, a parte ficará isenta do pagamento de custas e de honorários de sucumbência.

§ 3º A desistência apresentada nos termos do § lo independe de consentimento do réu, ainda que apresentada contestação."

[49] "Art. 988. Caberá reclamação da parte interessada ou do Ministério Público para:

I – preservar a competência do tribunal;

II – garantir a autoridade das decisões do tribunal;

III – garantir a observância de decisão do Supremo Tribunal Federal em controle concentrado de constitucionalidade;

IV – garantir a observância de enunciado de súmula vinculante e de precedente proferido em julgamento de casos repetitivos ou em incidente de assunção de competência."

DIREITO DOS NEGÓCIOS APLICADO

eventual suspensão ou pincelamento de recurso especial ou extraordinário repetitivos.

Tal providência se impõe com vistas a permitir amplo contraditório da empresa na formação de tais precedentes que, conforme exposto, refletirão impacto significativo em ações idênticas. Embora no incidente de resolução de demandas repetitivas seja possível a intervenção nos moldes do art. 983 do NCPC, por determinação do relator[50], e, de igual modo, no incidente de julgamento de recurso especial e extraordinário repetitivo semelhante providência está prevista no art. 1.038, I e II[51], entendemos que a intervenção deverá ser admitida ainda em questões que a empresa não figura como parte. Tal intervenção se materializa na qualidade de amicus curiae, até porque o art. 138, § 3º é expresso em autorizar a legitimidade deste para recorrer da decisão que julga o incidente de resolução de demandas repetitivas.[52]

---

[50] "Art. 983. O relator ouvirá as partes e os demais interessados, inclusive pessoas, órgãos e entidades com interesse na controvérsia, que, no prazo comum de 15 (quinze) dias, poderão requerer a juntada de documentos, bem como as diligências necessárias para a elucidação da questão de direito controvertida, e, em seguida, manifestar-se-á o Ministério Público, no mesmo prazo.
§ 1º Para instruir o incidente, o relator poderá designar data para, em audiência pública, ouvir depoimentos de pessoas com experiência e conhecimento na matéria.
§ 2º Concluídas as diligências, o relator solicitará dia para o julgamento do incidente. "
[51] "Art. 1.038. O relator poderá:
I – solicitar ou admitir manifestação de pessoas, órgãos ou entidades com interesse na controvérsia, considerando a relevância da matéria e consoante dispuser o regimento interno;
II – fixar data para, em audiência pública, ouvir depoimentos de pessoas com experiência e conhecimento na matéria, com a finalidade de instruir o procedimento;
III – requisitar informações aos tribunais inferiores a respeito da controvérsia e, cumprida a diligência, intimará o Ministério Público para manifestar-se."
[52] "Art. 138. O juiz ou o relator, considerando a relevância da matéria, a especificidade do tema objeto da demanda ou a repercussão social da controvérsia, poderá, por decisão irrecorrível, de ofício ou a requerimento das partes ou de quem pretenda manifestar-se, solicitar ou admitir a participação de pessoa natural ou jurídica, órgão ou entidade especializada, com representatividade adequada, no prazo de 15 (quinze) dias de sua intimação.
§ 1º A intervenção de que trata o caput não implica alteração de competência nem autoriza a interposição de recursos, ressalvadas a oposição de embargos de declaração e a hipótese do § 3o.
§ 2º Caberá ao juiz ou ao relator, na decisão que solicitar ou admitir a intervenção, definir os poderes do amicus curiae.
§ 3º O amicus curiae pode recorrer da decisão que julgar o incidente de resolução de demandas repetitivas. "

7. A vetada conversão da demanda individal em coletiva

O art. 333 do NCPC introduzia a possibilidade de uma demanda individual transformar-se em ação coletiva. Embora referida inovação tenha sido vetada pela Presidência da República quando da respectiva sanção do NCPC, sob a justificativa de que "(...) da forma como foi redigido, o dispositivo poderia levar à convesão de ação individual em ação coletiva de maneira pouco criteriosa, inclusive em detrimento do interesse das partes.", cumpre tecer breves comentários ao natimorto instituto, porquanto não ficará incólume a tentativa de sua reintrodução em futuras reformas legislativas.

A conversão da demanda individual em coletiva será atendida a requerimento do Ministério Público, Defensoria Pública ou qualquer legitimado para o ajuizamento de ação coletiva (art. 82 da Lei nº 8.078/80) ou ação civil pública (art. 5º da Lei nº 7.347/85), quando demonstrada a relevância social da causa e o pedido tenha alcance coletivo em razão da tutela ou bem jurídico coletivo indivisível, a afetar esferas jurídicas do indivíduo ou da coletividade, ou, ainda, quando o pedito tenha por objeto a solução de conflito de interesse relativo a uma mesma relação jurídica cuja solução deva necessariamente ser uniforme a todos os membros do grupo.

A aplicação do regramento é vedada caso a ação objeto de conversão já tenha iniciada a instrução processual, quando a matéria debelada já estiver contemplada em processo coletivo que contenha o mesmo objeto ou quando o juízo não detiver de competência para julgar o processo coletivo formado.[53]

---

[53] "Art. 333. Atendidos os pressupostos da relevância social e da dificuldade de formação do litisconsórcio, o juiz, a requerimento do Ministério Público, da Defensoria Pública ou de outro legitimado para a condução do processo coletivo, poderá converter em coletiva a ação individual que veicule pedido que:
I . tenha alcance coletivo, em razão da tutela de bem jurídico coletivo e indivisível, cuja ofensa afete, a um só tempo, as esferas jurídicas do indivíduo e da coletividade;
II . tenha por objetivo a solução de conflito de interesse relativo a uma mesma relação jurídica plurilateral, cuja solução, pela sua natureza ou por disposição de lei, deva ser necessariamente uniforme, assegurando-se tratamento isonômico para todos os membros do grupo.
§ 1º A conversão não pode implicar a formação de um processo coletivo para a tutela de direitos individuais homogêneos.
§ 2º Não se admite a conversão, ainda, se:
I . já iniciada, no processo individual, a audiência de instrução e julgamento; ou
II . houver processo coletivo pendente com o mesmo objeto; ou
II . o juízo não tiver competência para o processo coletivo que seria formado.
§ 3º Determinada a conversão, o juiz intimará o autor do requerimento para que, no prazo fixado, adite ou emende a petição inicial, para adequá-la à tutela coletiva.

DIREITO DOS NEGÓCIOS APLICADO

A conversão da demanda individual em coletiva implica em racionalização de julgamentos na entrega da tutela jurisdicional, a evitar a repetição de ações que poderiam conjugar uma ação coletiva e, ainda, implica na uniformidade da decisão final a ser aplicada de forma isonômica a todos os indivíduos que estarão contemplados na ação coletiva.

A medida também significa economia processual mediante a ocupação de um único juiz para julgar uma ação coletiva em detrimento a inúmeras ações individuais consumindo o tempo de juízos distintos e idêntica economia também é alcançada sob a ótica do jurisdicionado que figura como réu na ação coletiva, a concentrar maiores esforços na elaboração de uma única defesa canalisada a uma única demanda.

Caso reintroduzida ao ordenamento, a conversão da ação individual em coletiva convida a maior cautela no âmbito empresarial. Os impactos de uma decisão desfavorável em ação coletiva são bem mais perniciosos do que uma ou mais sentenças de improcedência em ações individuais. Vale dizer, um precedente desfavorável gerado em ação coletiva impactará inúmeras e futuras relações jurídicas base, cujo conteúdo trará reflexos que podem modificar substancialmente determinada área operacional de uma empresa ou seguimento de negócio.[54]

Por conta desta especial atenção que merece o tratamento de ações coletivas que por vezes os departamentos jurídicos optam pela contratação de escritórios especializados ou, caso tais demandas sejam conduzidas internamente, referem-se a ações especiais de contencioso estratégico cujo tratamento e forma de condução impõe especial acompanhamento e atenção.

§ 4º O autor originário da ação individual atuará na condição de litisconsorte do legitimado para a condução do processo coletivo.

§ 5º O autor originário não é responsável por qualquer despesa processual decorrente da conversão do processo individual em coletivo

§ 6º Após a conversão, observar-se-ão as regras do processo coletivo.

§ 7º A conversão poderá ocorrer mesmo que autor tenha cumulado pedido de natureza estritamente individual; neste caso, o processamento desse pedido dar-se-á em autos apartados.

§ 8º O Ministério Público deverá ser ouvido sobre o requerimento a que se refere o caput, salvo quando ele mesmo o houver formulado.

§ 9º A conversão poderá ocorrer mesmo que autor tenha cumulado pedido de natureza estritamente individual, hipótese em que o processamento desse pedido dar-se-á em autos apartados.

§ 10º O Ministério Público deverá ser ouvido sobre o requerimento previsto no caput, salvo quando ele próprio o houver formulado."

[54] A título de exemplo a discussão em ação civil pública cujo pedido reside em revisar ou modificar determinada cláusula contratual aplicada em contratos que compõe determinado produto ou serviço prestado.

São investidos maiores esforços para se evitar um precedente desfavorável cujo impacto é sensível e relevante diante do potencial de multiplicação de referido precedente a inúmeras relações jurídicas análogas.

Portanto, a coletivização de uma ação individual em coletiva é mecanismo que racionaliza a justiça e beneficia tanto o autor quanto o réu de determinada demanda. A cautela que se impõe, todavia e se e quando reintroduzido referido instituto ao sistema, é ampliação de aumento do fluxo de comunicação entre os departamentos jurídicos e escritórios terceirizados ou novas orientações a serem observadas internamente em referidos departamentos, de sorte que, a surgir a conversão de ação individual em coletiva, deverá ser dado o mesmo tratamento e atenção dispensada a esta modalidade de ação mais sensível para a empresa por força dos impactos trazidos em eventual decisão desfavorável a ser proferida em ação coletiva.

8. a proposta de Intervenção Judicial na Empresa

Inovação que foi proposta na versão da Câmara dos Deputados (art. 550, do PL n. 8.046/2010), porém restou suprimida quando da devolução ao Senado Federal (art. 536 do NCPC)[55], diz respeito a intervenção judicial na empresa. Na denominada fase de cumprimento de sentença relativa ao cumprimento de obrigação de fazer ou não fazer e na forma proposta, o juiz poderia, de ofício ou a requerimento da parte, determinar medidas de apoio necessárias ao efetivo cumprimento da obrigação. Dentre as hipóteses elencadas no art. 550, § 1º (PL n. 8.046/2010) não há muita novidade em comparação com a redação atual do art. 461, § 5º do Código de Processo Civil atual e art. 536 do NCPC, exceção à tentativa de introdução da denominada intervenção judicial em atividade empresarial.

Reza o § 2º do art. 550 do PL n. 8.046/2010[56] que a intervenção judicial em atividade empresarial observará o quanto disposto nos artigos 102 a 111 da Lei nº 12.529/2011, cujos dispositivos, por sua vez, remetem a intervenção

---

[55] "Art. 536. No cumprimento de sentença que reconheça a exigibilidade de obrigação de fazer ou de não fazer, o juiz poderá, de ofício ou a requerimento, para a efetivação da tutela específica ou a obtenção de tutela pelo resultado prático equivalente, determinar as medidas necessárias à satisfação do exequente."

[56] "Art. 550. No cumprimento da sentença que reconheça a exigibilidade de obrigação de fazer ou de não fazer, o juiz poderá, de ofício ou a requerimento, para a efetivação da tutela específica ou a obtenção de tutela pelo resultado prático equivalente, determinar as medidas necessárias à satisfação do exequente.

DIREITO DOS NEGÓCIOS APLICADO

judicial cabível nas execuções judiciais no âmbito do Conselho Administrativo da Defesa Econômica. Referida norma especial também regulou a estrutura do Sistema Brasileiro de Defesa da Concorrência e dispõe sobre a prevenção a repressão às infrações contra a ordem econômica, dentre outras providências.

Ao que importa na análise da legislação retro citada, a nomeação de interventor precederá prévio contraditório limitado a impugnar eventual inaptidão ou inidoneidade do interventor[57], de sorte que, pela redação proposta no PL

§ 1º Para atender ao disposto no caput, o juiz poderá determinar, entre outras medidas, a imposição de multa por período de atraso, a busca e apreensão, a remoção de pessoas e coisas, o desfazimento de obras, a intervenção judicial em atividade empresarial ou similar e o impedimento de atividade nociva, podendo, caso necessário, requisitar o auxílio de força policial.

§ 2º A intervenção judicial em atividade empresarial somente será determinada se não houver outro meio eficaz para a efetivação da decisão e observará, no que couber, o disposto nos arts. 102 a 111 da Lei nº 12.529, de 30 de novembro de 2011."

[57] "Art. 102. O Juiz decretará a intervenção na empresa quando necessária para permitir a execução específica, nomeando o interventor.

Parágrafo único. A decisão que determinar a intervenção deverá ser fundamentada e indicará, clara e precisamente, as providências a serem tomadas pelo interventor nomeado.

Art. 103. Se, dentro de 48 (quarenta e oito) horas, o executado impugnar o interventor por motivo de inaptidão ou inidoneidade, feita a prova da alegação em 3 (três) dias, o juiz decidirá em igual prazo.

Art. 104. Sendo a impugnação julgada procedente, o juiz nomeará novo interventor no prazo de 5 (cinco) dias.

Art. 105. A intervenção poderá ser revogada antes do prazo estabelecido, desde que comprovado o cumprimento integral da obrigação que a determinou.

Art. 106. A intervenção judicial deverá restringir-se aos atos necessários ao cumprimento da decisão judicial que a determinar e terá duração máxima de 180 (cento e oitenta) dias, ficando o interventor responsável por suas ações e omissões, especialmente em caso de abuso de poder e desvio de finalidade.

§ 1º Aplica-se ao interventor, no que couber, o disposto nos arts. 153 a 159 da Lei no 6.404, de 15 de dezembro de 1976.

§ 2º A remuneração do interventor será arbitrada pelo Juiz, que poderá substituí-lo a qualquer tempo, sendo obrigatória a substituição quando incorrer em insolvência civil, quando for sujeito passivo ou ativo de qualquer forma de corrupção ou prevaricação, ou infringir quaisquer de seus deveres.

Art. 107. O juiz poderá afastar de suas funções os responsáveis pela administração da empresa que, comprovadamente, obstarem o cumprimento de atos de competência do interventor, devendo eventual substituição dar-se na forma estabelecida no contrato social da empresa.

§ 1º Se, apesar das providências previstas no caput deste artigo, um ou mais responsáveis pela administração da empresa persistirem em obstar a ação do interventor, o juiz procederá na forma do disposto no § 2º deste artigo.

§ 2º Se a maioria dos responsáveis pela administração da empresa recusar colaboração ao interventor, o juiz determinará que este assuma a administração total da empresa.

Art. 108. Compete ao interventor:

I – praticar ou ordenar que sejam praticados os atos necessários à execução;

n. 8.046/2010, o simples descumprimento de obrigação de fazer ou não fazer, por si só, pode desafiar o cabimento da intervenção.

A amplitude do instituto, livre, portanto, da observância de outros preceitos, soa temerária. Diferentemente de litígios societários, onde por vezes a intervenção judicial se faz necessária a fim de evitar que dada sociedade permaneça acéfala em seu comando quando os sócios ou integrantes de sua governança corporativa se encontram em acirrado desentendimento ou, da gravidade que impõe a intervenção quando violada obrigação de fazer imposta no âmbito do CADE, do PL n. 8.046/2010 está alargando o cabimento de um instituto de delicada utilização, para autorizar a intervenção judicial na empresa, sem ressalvas, por descumprimento de toda e qualquer obrigação de fazer ou não fazer.

Nada impede, portanto, que a obrigação de fazer consistente em simples providência (tal como a baixa de inscrição do nome de um indivíduo junto ao Serasa ou a transferência de determinado veículo em nome do comprador, por exemplo) autorize a intervenção judicial na empresa.

Este aumento do poder do juiz poderá resolver, de um lado, determinada crise de direito material e criar, de outra banda, outros litígios diante da incapacidade do interventor em desconhecer o dia a dia de determinada empresa, seu fluxo de trabalho e providência que restarão comprometidas por força da intervenção judicial manejada por um terceiro estranho aquele ambiente de trabalho.

Ao que restaria, quanto a redação proposta no PL n. 8.046/2010 deixou de ser aprovada, seria aguardar pela parcimônia do Poder Judiciário quanto a aplicação da intervenção judicial, a ponderar valores que estarão em jogo e efetiva utilidade da medida que deverá ser manejada como última via cabível

II – denunciar ao Juiz quaisquer irregularidades praticadas pelos responsáveis pela empresa e das quais venha a ter conhecimento; e

III – apresentar ao Juiz relatório mensal de suas atividades.

Art. 109. As despesas resultantes da intervenção correrão por conta do executado contra quem ela tiver sido decretada.

Art. 110. Decorrido o prazo da intervenção, o interventor apresentará ao juiz relatório circunstanciado de sua gestão, propondo a extinção e o arquivamento do processo ou pedindo a prorrogação do prazo na hipótese de não ter sido possível cumprir integralmente a decisão exequenda.

Art. 111. Todo aquele que se opuser ou obstaculizar a intervenção ou, cessada esta, praticar quaisquer atos que direta ou indiretamente anulem seus efeitos, no todo ou em parte, ou desobedecer a ordens legais do interventor será, conforme o caso, responsabilizado criminalmente por resistência, desobediência ou coação no curso do processo, na forma dos arts. 329, 330 e 344 do Decreto-Lei no 2.848, de 7 de dezembro de 1940 – Código Penal. "

DIREITO DOS NEGÓCIOS APLICADO

para compelir a empresa a cumprir determinada obrigação de fazer ou de não fazer. De toda sorte, a preocupação expedida neste item não deixa e ter sua serventia acaso se cogite em futuras reformas ao texto do NCPC de modo a tentar reintroduzir a intervenção judicial na empresa[58]. Mutatis mutandis, a conviver com referido dispositivo caberia aos departamentos jurídicos e escritórios terceirizados melhor acompanhamento das demandas judiciais, em especial naquelas que eventualmente podem dar margem a aplicação de referido regramento para legitimamente impugnarem sua aplicação com excesso ou abuso.

9. Conclusões

Neste breve ensaio foram abordadas as principais alterações introduzidas no NCPC. Longe de esgotar o tema, tampouco resolver dúvidas acerca da aplicação de novos institutos, a preocupação central deste artigo limitou-se ao olhar sob o âmbito do jurisdicionado, em especial na relação empresarial entre departamentos jurídicos e escritórios terceirizados ou relação interna daqueles. Para tanto, em síntese ao que restou discorrido, propõe-se as seguintes sínteses acerca dos impactos do NCPC nas empresas:

A) Interface mais próxima entre Departamentos Jurídicos e Escritórios Terceirizados / Alteração mais Contínua em Relatórios de Contingência

O NCPC demandará fluxo de troca de informações mais intenso entre os escritórios de terceirizados e departamentos jurídicos, a impor um serviço de back office por parte dos escritórios de advocacia de maior sinergia e agilidade, aptos a transmitir previamente informações de grande relevância e que poderão consumir mais tempo de maturação entre as empresas na tomada das respectivas decisões.

Tem-se como exemplo o novo regime de honorários advocatícios que passarão a incidir em grau recursal. Nesse contexto, (i) inicialmente deverá ser realizada uma análise quanto a possibilidade de êxito em determinado recurso

---

[58] Até mesmo por força de uma interpretação mais extensiva a atual redação do art. 536 do CPC, em especial o conceito jurídico indeterminado "(...) determinar as medidas necessárias à satisfação do exequente" não passa incólume a futura interpretação doutrinária e jurisprudencial quanto ao cabimento da intervenção judicial na forma de medida de apoio ao cumprimento de obrigação de fazer ou não fazer, o que não retira a preocupação registrada neste item quanto aos respectivos impactos sobre as empresas.

em contraste com o posicionamento atual da jurisprudência do Tribunal acerca das questões que serão devolvidos para reexame. Uma vez (ii) concedida autorização para recorrer, (iii) de rigor que seja melhor examinado o teor da peça recursal que seguirá, tudo isso, com vistas a efetivamente acreditar que a interposição do recurso e conteúdo da peça terá grande chance de êxito, a justificar o "risco" de eventual majoração da verba honorária sucumbencial na hipótese de improvimento recursal.

Semelhante providência também se impõe quanto a prévia análise dos escritórios terceirizados acerca da conferência e exatidão dos cálculos apresentados pelo credor na fase de cumprimento de sentença para, em estando corretos, proceder imediato depósito do quantum debeatur e assim evitar a incidência da multa de dez porcento e fixação de novos honorários advocatícios.

Reflexo das duas providências acima, a expandir novas hipóteses de incidência de verba honorária advocatícia, os correntes relatórios de contingência deverão ser atualizados com maior frequência para tornar mais fiéis os efetivos impactos financeiros de cumprimento de uma decisão desfavorável em determinada demanda.

As inovações a cargo das tutelas de urgência também se alocam neste item, de sorte que eventual pedido de antecipação de tutela deverá ser previamente examinado quanto as efetivas chances de êxito na demanda, a evitar a configuração de responsabilidade civil objetiva e reparação de danos decorrentes do cumprimento da medida pelo réu quando requerida a antecipação pela empresa.

Embora vetada quando da sanção presidencial, não se pode perder de vista que eventual retorno conversão da demanda individual em coletiva mediante reformas legislativas é medida que exigirá melhor comunicação entre escritórios terceirizados e departamentos jurídicos. Em ocorrendo tal técnica, caberá aos escritórios avisarem de a empresa, a fim de imprimir maior prudência (talvez a contratação de escritórios especializados na matéria) na condução de ação coletiva cujos impactos de uma decisão desfavorável inegavelmente serão maiores que o julgamento de uma ação individual.

De igual modo os departamentos jurídicos deverão ser imediatamente alertados quando da instauração do incidente de julgamento de demandas repetitivas ou recurso especial e extraordinário repetitivos, assim entendidos como julgamentos de causas repetitivas (NCPC, art. 928, I e II). O acompanhamento do julgamento de tais casos paradigmas deverá se encontrar atualizado com a publicidade a ser disponibilizada perante o Conselho Nacional de Justiça, seja no que tange a instauração do julgamento do incidente de

DIREITO DOS NEGÓCIOS APLICADO

demanda repetitiva, seja em relação ao julgamento do recurso especial ou extraordinário repetitivos. (NCPC, art. 979, § 1º e 3º).[59]

Diante do impacto gerado mediante a formação de tais precedentes, a empresa deverá concentrar todos os esforços na participação do julgamento de tais incidentes, a expor de maneira ampla suas razões de defesa em tempo para serem considerados oportunamente na formação do precedente, de sorte que uma vitória ou derrota nestes julgamentos, conforme exposto acima, autoriza, em alinhamento ao precedente formado, a improcedência liminar do pedido (NCPC, art. 332, III), a concessão liminar de tutela de evidência (NCPC, art. 311, II, e 928, I e II), o afastamento do reexame necessário (NCPC, art. 496, § 4º, II e III), o julgamento monocrático em favor da tese decidida (CPC, art. 932, IV, "b" e "c" e V, "b" e "c"), a presunção do requisito da presença da repercussão geral ao recurso que impugnar decisão que contrarie tese firmada em julgamento de casos repetitivos (NCPC, art. 1035, § 3º, II), sem prejuízo do agravo de admissão de recurso especial ou extraordinário fundado em dissídio jurisprudencial somente ser admissível se referido dissídio não abordar matéria pacificada em julgamento de recurso especial ou extraordinário repetitivos ou incidente de julgamento de demandas repetitivas (NCPC, art. 1042, § 1º, II) e, ainda, a violação de tais precedentes desafia o cabimento de reclamação constitucional (NCPC, art. 988, IV).

Embora o legislador não tenha consignado expressamente que os precedentes formados em julgamento de causas repetitivas tenha eficácia vinculante, todo o desenho do NCPC em diversas oportunidades convida a referida interpretação.

Por fim, a possibilidade de intervenção judicial na empresa diante do cumprimento de obrigação de fazer (caso utilizada referida técnica por interpretação ao comando do art. 536, em especial ao comando do juiz determinar medidas necessárias à satisfação do exequente) é circunstância que, por si só, impõe a imediata comunicação de escritórios terceirizados ao departamento

[59] "Art. 979. A instauração e o julgamento do incidente serão sucedidos da mais ampla e específica divulgação e publicidade, por meio de registro eletrônico no Conselho Nacional de Justiça.

§ 1º Os tribunais manterão banco eletrônico de dados atualizados com informações específicas sobre questões de direito submetidas ao incidente, comunicando-o imediatamente ao Conselho Nacional de Justiça para inclusão no cadastro.

§ 2º Para possibilitar a identificação dos processos abrangidos pela decisão do incidente, o registro eletrônico das teses jurídicas constantes do cadastro conterá, no mínimo, os fundamentos determinantes da decisão e os dispositivos normativos a ela relacionados.

§ 3º Aplica-se o disposto neste artigo ao julgamento de recursos repetitivos e da repercussão geral em recurso extraordinário.

jurídico mediante acompanhamento preventivo e mais apurado das ações patrocinadas, a fim de serem objetivadas todas as medidas necessárias a evitar eventual intervenção que, por vezes, poderá ser mal aplicada e trazer resultados desastrosos.

B) Melhor Comunicação entre Departamentos Jurídicos e Áreas Correlatas de Negócio

O NCPC também exigirá o aprimoramento do fluxo de informações entre departamentos jurídicos e áreas correlatas de negócio. Ou seja, sendo tais departamentos o canal de comunicação entre as demais áreas da empresa e escritórios terceirizados, faz-se necessário que toda e qualquer informação referente a uma demanda terceirizada seja apresentada com maior sinergia e abrangência, sob pena de eventuais falhas prejudicarem a defesa da empresa em juízo.

Mediante a previsão da inversão dinâmica do ônus da prova, o meio empresarial deverá se acautelar em relação a maior amplitude de arquivamento e registro de dados e informações referentes a toda relação jurídica que possa dar margem a instauração de um litígio judicial. A providência se faz necessária não só por força da inversão dinâmica (a justificar a amplitude quanto ao arquivamento de dados), mas também demandará maior agilidade no fluxo de envio de subsídios e informações (porquanto a inversão ocorrerá em despacho saneador, a restar prazo exíguo para apresentar em juízo provas suficientes a impugnar os fatos sob os quais a regra de inversão foi aplicada).

C) Tentativa de Desjudicialização em Empresas cuja Atividade Envolve Contencioso de Volume

Diante da introdução no NCPC da audiência de tentativa de conciliação obrigatória, por vezes o custo necessário para deslocar um preposto e advogado a uma Comarca longínqua sequer superará o valor envolvido em litígio.

Desta constatação, consoante a mensuração da relação entre o ramo de atividade empresarial / quantidade de litígios decorrentes de referida atividade, curial que a empresa enverede esforços no sentido de obter previamente a pacificação do litígio antes da aludida audiência obrigatória de tentativa de conciliação. Para tanto, urge pensar no desenvolvimento de políticas internas destinadas a obter a prévia conciliação ou contratação de escritórios terceirizados que sejam especializados na matéria, sob pena do custo do processo impactar ainda mais a atividade empresarial.

DIREITO DOS NEGÓCIOS APLICADO

D) Melhor Especialização da Advocacia

Por fim, impacto imediato do NCPC será a melhor especialização da advocacia interna de departamentos jurídicos em consonância com as principais alterações trazidas pela nova realidade do NCPC. Tem-se o impacto imediato de um novo Código de Processo Civil, a prever um novo regramento quanto a norma instrumental que rege processo e procedimento.

Dentre as principais inovações afora as mencionadas neste ensaio, porém sem exaurir o tema, tem-se a contagem dos prazos em dias úteis, novo regime da verba honorária advocatícia, ordem cronológica de julgamento das demandas, concentração, numa única peça, de contestação, da reconvenção e incidentes processuais (v.g., impugnação ao valor da causa, exceção de incompetência), a disciplina de princípios informadores do Processo Civil, previsão de negócios jurídicos processuais para alteração do procedimento e extinção de determinados procedimentos especiais.

Não se pode desprezar a convivência de novos institutos, dentre outras mudanças pontuais no que impactarão novel realidade para se tornar dia a dia após o advento de referido código, circunstância que demandará treinamentos in house necessários a propiciar a capacitação de todos os profissionais frente ao NCPC.

10. Referências

BARBOSA, Andrea Carla, CANTOARIO, Diego Martinez Fervenza. O Incidente de Resolução de Demandas Repetitivas no Projeto de Código de Processo Civil: Apontamentos Iniciais, In. FUX, Luiz (coord.). O Novo Processo Civil Brasileiro: Direito em Expectativa. Rio de Janeiro: Forense, 2011, p. 435-524.

BUENO, Cassio Scarpinella. A inversão do ônus da prova no projeto do novo código de processo civil (PL n. 8.046/2010). In. MEDEIROS NETO, Elias, LOPES, Ricardo Augusto de Castro e OLIVEIRA NETO, Olavo de (Coords.) A prova no direito processual civil: estudos em homonagem ao professor João Batista Lopes. São Paulo: Verbatim, 2013, p. 119-12.

CARNEIRO, Athos Gusmão. O novo código de processo civil – breve análise do projeto revisado no senado. In. Revista de processo nº 194, abr/2011. São Paulo: RT, p. 139-161.

CASTRO MENDES, Aloisio Gonçalves de; RODRIGUES, Roberto de Aragão Ribeiro. Reflexões sobre o incidente de resolução de demandas repetitivas previsto no Projeto de novo Código de Processo Civil. In. Revista de Processo, vol. 211. São Paulo: RT, 2012, p. 191-207.

CASTRO, Daniel Penteado de. Questões polêmicas sobre o julgamento por amostragem do recurso especial repetitivo. In. Revista de Processo, v. 206, São Paulo: RT, 2012, p. 79-122.

PRINCIPAIS IMPACTOS DO NOVO CPC NAS EMPRESAS: BREVES APONTAMENTOS

──────────. Poderes instrutórios do juiz no processo civil: fundamentos, interpretação e dinâmica. São Paulo: Saraiva, 2013.

LOPES, João Batista. ônus da prova e teoria das cargas dinâmicas no novo código de processo civil. In. Revista de processo nº 204. São Paulo: RT, 2012, p. 204-2012.

MEDEIROS NETO, Elias Marques de. Algumas considerações sobre a efetividade processual e os impactos de um Projeto de Novo Código de Processo Civil nas empresas. In. SCALQUETTE, Ana Claudai Silva, SIQUEIRA NETO, José Francisco (coord.). 60 desafios do direito: direito na sociedade contemporânea, v. 1. São Paulo: atlas, 2013, p. 100-118.

MEDEIROS NETO, Elias, LOPES, Ricardo Augusto de Castro e OLIVEIRA NETO, Olavo de (Coords.) A prova no direito processual civil: estudos em homonagem ao professor João Batista Lopes. São Paulo: Verbatim, 2013.

PEYRANO, Jorge W. Informe sobre la doctrina de las cargas probatorias dinámicas. In. Revista de processo nº 217. São Paulo: RT, 2013, p. 205-219.

SILVA, Bruno Freire e. Algumas considerações sobre a tutela de urgência no projeto de novo código de processo civil. In. SILVA, José Anchieta da (Org.) O novo processo civil. – colégio presidentes dos institutos dos advogados do Brasil. São Paulo: Lex editora, 2012, p. 121-137.

SILVA, Charles Fernando Vieira da. A sucumbência recursal no projeto do novo código de processo civil. In. SILVA, José Anchieta da (Org.) O novo processo civil. – colégio presidentes dos institutos dos advogados do Brasil. São Paulo: Lex editora, 2012, p. 141-151.

YOSHIKAWA, Eduardo Henrique de Oliveira. Considerações sobre a teoria da distribuição dinâmica do ônus da prova. In. Revista de processo nº 205. São Paulo: RT, 2012, p. 115-145.

Página da Internet consultada:

[http://www.camara.gov.br/proposicoesWeb/fichadetramitacao?idProposicao=490267]. Acesso em: 9.9.2013.

Arbitragem e os Negócios Empresariais: Análise Econômica da Arbitragem

Thiago Rodovalho

1. Introdução – o desenvolvimento e crescimento da arbitragem no Brasil

Um passo absolutamente *essencial* para o desenvolvimento da arbitragem no Brasil foi o advento da Lei 9.307/1996 (Lei de Arbitragem) – recentemente reformada pela Lei 13.129/2015 -, fruto de excelente projeto elaborado por CARLOS ALBERTO CARMONA, PEDRO ANTONIO BATISTA MARTINS e SELMA MARIA FERREIRA LEMES,[1] refletindo a Lei Modelo da UNCITRAL sobre Arbitragem Comercial Internacional de 1986, e revista em 2006.[2]

Nesse contexto, passados cerca de dezenove anos de vigência da atual Lei de Arbitragem, e, especialmente nos últimos quatorze anos, posteriormente à celebrada decisão do E. SUPREMO TRIBUNAL FEDERAL reconhecendo sua

---

[1] A esse respeito, v., por todos, Carlos Alberto CARMONA. *A arbitragem no processo civil brasileiro*, São Paulo: Malheiros, 1993, pp. 13/18, 124/137 e 147/166; Carlos Alberto CARMONA. *Arbitragem e processo*, 3.ª ed. São Paulo: Atlas, 2009, pp. 1/14; e Petronio Raymundo Gonçalves MUNIZ. *Operação Arbiter: A História da Lei 9.307/96 sobre a Arbitragem Comercial no Brasil*, Recife: Instituto Tancredo Neves, 2005, *passim.*

[2] Disponível em: https://www.uncitral.org/pdf/english/texts/arbitration/ml-arb/07-86998_Ebook.pdf.

constitucionalidade,[3] o Brasil passou a vivenciar muito intensamente a arbitragem, transpondo rapidamente da infância arbitral para sua maturidade.

Não que arbitragem fosse inexistente no país antes de 1996, mas era muitíssimo diminuta e praticamente restrita a arbitragens internacionais, ainda que houvesse, aqui ou acolá, arbitragens domésticas e arbitragens envolvendo Poder Público, o que se devia, principalmente, às falhas legislativas em sua disciplina, impedindo o desenvolvimento de uma cultura arbitral, ante a falta de obrigatoriedade do compromisso assumido.

Contudo, segundo recentes estatísticas colhidas por SELMA LEMES junto às cinco principais câmaras arbitrais brasileiras, o Brasil passou de 21 procedimentos arbitrais em 2005 para 122 em 2011, o que significa, em valores envolvidos nesses procedimentos, de R$ 247 milhões em 2005 para cerca de R$ 3 bilhões em 2011, um aumento de 1.250%.[4] De igual sorte, nas estatísticas da Corte Internacional de Arbitragem (CCI), o Brasil já é o país líder na America Latina em número de arbitragens, estando três vezes à frente do segundo colocado, o México.

No ano de 2013, segundo estatísticas colhidas pela Revista de Arbitragem e Mediação junto a oito Câmaras Arbitrais, o Brasil teve 205 novos procedimentos naquele ano.[5]

Assim, o Brasil vem sendo reconhecido, inclusive internacionalmente, como um ambiente seguro e propício para o desenvolvimento da arbitragem, o que se deve também ao papel desempenhado pelo Poder Judiciário, especialmente pelo E. SUPERIOR TRIBUNAL DE JUSTIÇA, em prestigiar a arbitragem.

Inclusive, o Brasil foi premiado pela *Global Arbitration Review – GAR*, como o vencedor do *GAR's 50* como a *"Jurisdiction that made great progress improving its arbitration regime in 2013"*.[6]

Nesse contexto, a utilização da arbitragem vem experimentando forte crescimento no país, especialmente nos grandes conflitos empresariais (notadamente nos conflitos societários e problemas relativos ao setor de construção

---

[3] STF, Pleno, AgReg na Sentença Estrangeira n. 5.206-7 – Reino da Espanha, rel. Min. Sepúlveda Pertence, m.v., j. 12.12.2001, DJ 30.4.2004.

[4] Cfr. em: http://www.valor.com.br/brasil/2960894/contratos-com-arbitragem-alcancaram-r-3-bi-em-2011#ixzz2HPLoougS.

[5] Arnoldo WALD (coord.). *Revista de Arbitragem e Mediação*, vol. 41, São Paulo: Revista dos Tribunais/IASP, abril/junho de 2014, pp. 437/439.

[6] Disponível em: http://www.slideshare.net/slideshow/embed_code/37132336.

e energia), como o demonstram as recentes estatísticas de algumas das principais Câmaras Arbitrais brasileiras:[7]

Processos arbitrais			
Câmara	Processos iniciados em 2013	Média de processos solucionados por ano	Crescimento em relação a 2012
Centro de Arbitragem e Mediação da Câmara de Comércio Brasil-Canadá (CAM-CCBC)	90	38	40,62% (64 procedimentos em 2012)
Câmara FGV de Conciliação e Arbitragem	22	4	29,5% (17 procedimentos em 2012)
Câmara de Arbitragem Empresarial – Brasil – CAMARB	20	10	65% (12 procedimentos em 2012)
Centro de Arbitragem AMCHAM (American Chamber of Commerce for Brazil)	10	6	- 16,5% (queda) (12 procedimentos em 2012)
BOVESPA/Câmara de Arbitragem do Mercado	7	2	- 56% (queda) (16 procedimentos em 2012)

Fonte: Migalhas (6.3.2014)

Sendo que algumas Câmaras ilustram bem as áreas em que há maior procura pela arbitragem.

Assim, no Centro de Arbitragem e Mediação da Câmara de Comércio Brasil-Canadá, as áreas de procura estão assim divididas:

- 33%: questões societárias;
- 32%: conflitos relacionados à contratos comerciais;
- 11%: contratos de bens e serviços;
- 9%: contratos de construção;
- 3%: questões de propriedade intelectual.

Na CAMARB – Câmara de Arbitragem Empresarial – Brasil, por sua vez, os maiores usuários são:

---

[7] Cfr. em http://www.migalhas.com.br/Quentes/17,MI196385,31047-Conflitos+societarios+e+-setor+de+construcao+e+energia+lideram+busca.

DIREITO DOS NEGÓCIOS APLICADO

- 42,10%: setores da construção civil e energia;
- 21,05%: contratos empresariais em geral;
- 15,78%: matérias societárias;
- 15,75%: arbitragens internacionais;
- 5,26%: contratos de fornecimento de bens e serviços.

No tocante aos valores envolvidos, estes variam, em valores médios, entre R$ 15 a R$ 63 milhões:

Processos arbitrais	
Câmara	Valores médios
Câmara FGV de Conciliação e Arbitragem	R$ 63 mi
BOVESPA/Câmara de Arbitragem do Mercado	R$ 48 mi
Centro de Arbitragem e Mediação da Câmara de Comércio Brasil-Canadá	R$ 34 mi
Câmara de Arbitragem Empresarial – Brasil – CAMARB	R$ 15 mi
Fonte: Migalhas (6.3.2014)	

Em verdade, em alguns setores da economia, a arbitragem chega a ser necessária, como para as empresas que desejam atuar no Novo Mercado da Bolsa de Valores ou para as que desejam atuar na comercialização de energia elétrica, sendo que, nos negócios internacionais, a utilização da arbitragem também tem sido a regra.

As principais vantagens invocadas pelas empresas entrevistadas foram *tempo* e *sigilo*, às quais podemos acrescentar também (iii) especialidade do julgador; e (iv) flexibilidade.

O fator *tempo* torna-se especialmente mais relevante quando cotejado com os números da Justiça Estatal:

- Cerca de 14 mil magistrados em primeiro grau, que julgam, em média, 1.082 processos por ano.
- Isso corresponde a 3 processos julgados por dia, considerando-se 365 dias trabalhados ininterruptamente) ou 1 processo a cada três horas (para uma jornada de 9 horas).
- Em outras palavras, por ano, o juiz dedicará, em média, apenas três horas para o processo.

- Situação nos Tribunais Superiores: em 2013, 6.788 processos foram julgados em média por ministro (cerca de 18 processos/dia ou meia hora por processo, para uma jornada de 9 horas).
- Pior situação: STJ – em 2013, 8.909 processos foram julgados em média por ministro (cerca de 24 processos/dia ou cerca de vinte minutos por processo, para uma jornada de 9 horas).
- TJSP (o maior tribunal do país): em 2013, 1.585 processos foram julgados em média por Desembargador (cerca de 4 processos/dia ou 1 processo a cada duas horas e meia, para uma jornada de 9 horas).[8]

É a denominada *"crise do processo civil"*, que acaba por exacerbar a *cultura do litígio* que atualmente impera no país.[9]

2. Os atrativos da arbitragem[10]

O crescente interesse pela arbitragem no Brasil está *diretamente* associado aos seus principais atrativos, quais sejam, *especialidade do julgador, celeridade, flexibilidade* e *confidencialidade*.

Na Justiça Estatal, por razões inerentes à sua estrutura organizacional, o magistrado acaba por ser, naturalmente, um *generalista*. Isso não é um demérito, ao contrário, é necessário, ante a pulverizada gama de conflitos que chegam cotidianamente ao nosso Judiciário. Contudo, para certos conflitos mais específicos ou mais complexos, essa qualidade generalista pode não ser positiva.

---

[8] Fonte: CNJ – Indicadores de Produtividade dos Magistrados e Servidores no Poder Judiciário: Justiça em números 2014, ano-base 2013. A esse respeito, cfr. Thiago RODOVALHO. *A reforma da Lei de Arbitragem: Perspectivas,* Palestra proferida no Instituto dos Advogados do Distrito Federal – IADF, em 9.9.2013, disponível em http://www.cahali.adv.br/arquivos/Apresentacao-ThiagoRodovalho.pdf; e Thiago RODOVALHO. *Procedimentos e especificidades contratuais,* Palestra proferida na Escola Nacional de Seguros – ENS, em 7.5.2014, disponível em http://www.funenseg.org.br/download/?t=1.

[9] Ana Tereza Palhares BASÍLIO. *Mediação: relevante instrumento de pacificação social,* in Arnoldo WALD. *Revista de Direito Bancário e do Mercado de Capitais,* vol. 20, abril/junho de 2003, p. 309: *"A crescente sobrecarga dos tribunais, a morosidade dos processos e a burocratização da justiça trazem relevantes limitações ao exercício da função jurisdicional do Poder Judiciário e acabam por incentivar a litigiosidade latente, que pode explodir em conflitos sociais".* V., também, Rafael Bicca MACHADO. *A arbitragem empresarial no Brasil – uma análise pela nova sociologia econômica do direito,* Porto Alegre: Livraria do Advogado, 2009, pp. 53 *et seq.*

[10] Cfr. Thiago RODOVALHO. *A arbitragem e seus atrativos,* in Jornal Gazeta de Limeira, Coluna Fatos & Direito, 1.º Caderno, p. 2, em 11.8.2013; e Thiago RODOVALHO. *Aspectos introdutórios da arbitragem,* in Manual de arbitragem para advogados, Brasília: OAB/CACB, 2015, pp. 10/17.

DIREITO DOS NEGÓCIOS APLICADO

Esse é um dos fatores que levam empresas a buscar, na arbitragem, um meio de solução da controvérsia. Nela, há ampla liberdade da escolha de quem poderá ser o árbitro e, com isso, as partes podem eleger alguém que tenha familiaridade com a matéria e em quem depositam confiança.

Com isso, sentem-se mais confortáveis com o próprio procedimento. Assim, num conflito societário, por exemplo, podem escolher, como julgador, determinado profissional que se dedica ao estudo desse tema, conferindo, pois, maior expertise ao julgamento, o que lhes traz mais segurança.

Mais do que isso, e aqui reside outra vantagem, se o próprio árbitro porventura não se sente confortável com a arbitragem para a qual foi indicado, ele pode recusá-la, inclusive se não dispuser de tempo hábil para se dedicar ao caso. De outro lado, ao magistrado não é dado recusar as ações que lhe chegam (salvo nas hipóteses de impedimento ou suspeição).

Ademais, outro grande atrativo da arbitragem é, sem dúvida, sua celeridade. No Judiciário, o cidadão sabe apenas quando entra em juízo, mas dificilmente conseguirá precisar quando sairá. Facilmente, um processo judicial supera a casa dos quinze, vinte anos de duração, o que gera muito custo e intranquilidade às partes.

A arbitragem, por sua vez, é célere. A própria Lei de Arbitragem fixa-lhe prazo de seis meses para terminar, ainda que não seja incomum sua prorrogação. Mas, mesmo com a prorrogação, a média das principais Câmaras Arbitrais é de pouco mais de um ano de duração (12 a 15 meses), com realização de provas e audiências. Isso sem se falar nas arbitragens expeditas, mais céleres ainda.

Sendo a arbitragem resolvida em sentença final, não cabe recurso para impugná-la, cabe apenas *Pedido de Esclarecimento* (assemelhado aos *embargos de declaração*, no CPC). Assim, uma vez proferida a sentença arbitral, pode-se tão somente tentar-lhe a anulação por vício procedimental, mas não de mérito.

E o Poder Judiciário tem prestigiado muito o desenvolvimento da arbitragem no país (em decisões que têm sido elogiadas inclusive no exterior), de modo que os índices de sentenças arbitrais anuladas são muito baixos.

A flexibilidade do procedimento arbitral também é um atrativo. Em vez do engessamento do Código de Processo Civil, as partes, em conjunto com os árbitros, podem moldar o procedimento para um formato que lhes seja mais adequado, de acordo com o conflito, desde que preservados os princípios da igualdade e do contraditório.

Assim, podem ajustar como serão apresentadas as manifestações, prazos, quais provas serão produzidas e em que ordem, enfim, disciplinar como querem que o procedimento se desenvolva. Note-se que o Novo Código de

Processo Civil (Lei n. 13105 de 2015), influenciado pelo êxito da arbitragem, tem procurado flexibilizar, em certa maneira, o próprio processo judicial,[11] o que é um grande avanço.

Por fim, tem-se na confidencialidade mais um atrativo. Embora a Lei de Arbitragem não imponha a confidencialidade, em regra, as arbitragens são sigilosas, quer porque as partes assim expressamente o escolheram, quer porque a Câmara Arbitral a prevê em seu regulamento. E isso tem atraído tanto empresas quanto pessoas físicas, que não desejam ver seu conflito exposto ao grande público, especialmente quando questões negociais sensíveis estão em jogo. Na Justiça Estatal, naturalmente, ocorre o contrário, a regra é publicidade.

É justamente em razão desses atrativos, que a arbitragem tem se desenvolvido e crescido no país, sendo considerada, atualmente, não apenas um meio *alternativo* (ADR – *Alternative Dispute Resolution*), mas, sim, efetivamente um meio *adequado* à solução de conflitos (modernamente, ADR – *Adequate Dispute Resolution*), razão pela qual, no Brasil, ao lado de outros métodos (como a conciliação e a mediação), o próprio Novo Código de Processo Civil, inclusive, a estimula.[12]

Em razão disso, ao longo dos últimos anos, a arbitragem vem crescendo exponencialmente, no Brasil (*"Com um crescimento médio anual de 20%, a arbitragem está se tornando um método de resolução de litígios cada vez mais confiável para as empresas de grande porte"*)[13] e no mundo (a Espanha, por exemplo, registrou um aumento médio de 15% nas arbitragens).[14]

Sendo que, nesse cenário, recentes pesquisas realizadas junto às grandes empresas têm revelado, ainda, a maior (e crescente) preferência para utilização da arbitragem como meio *adequado* para resolução de certos tidos de

---

[11] A propósito do tema, cfr. Claudia Elisabete Schwerz CAHALI. *O Gerenciamento de Processos Judiciais em busca da efetividade da prestação jurisdicional*, Brasília: Gazeta Jurídica, 2013, *passim*. V., também, Francisco José CAHALI e Thiago RODOVALHO. *A arbitragem no novo CPC – primeiras impressões*, in Alexandre FREIRE *et allii* (orgs.). *Novas tendências do processo civil – estudos sobre o projeto do novo código de processo civil*, v. 2, Salvador: JusPodivm, 2014, pp. 583/604.

[12] Sobre o tema, v. amplamente Francisco José CAHALI e Thiago RODOVALHO. *A arbitragem no novo CPC – primeiras impressões*, in Alexandre FREIRE *et allii* (orgs.). *Novas tendências do processo civil – estudos sobre o projeto do novo código de processo civil*, v. 2, Salvador: JusPodivm, 2014, pp. 583/604.

[13] Cfr. Editorial do Jornal "O Estado de São Paulo. *O sucesso da arbitragem*, Quarta, 06 de Fevereiro de 2013, disponível em: http://m.estadao.com.br/noticias/impresso,o-sucesso-da-arbitragem-,993635.htm.

[14] Cfr. em http://www.eleconomista.es/pais_vasco/noticias/4900320/06/13/El-arbitraje-en-Espana-registro-un-incremento-medio-del-15.html.

DIREITO DOS NEGÓCIOS APLICADO

controvérsias empresarias (conflitos societários e obras complexas de construção civil, por exemplo).[15]

No mesmo sentido, nos negócios internacionais, a utilização da arbitragem também tem sido a regra, a ponto de recente pesquisa ter mostrado que 52% das multinacionais preferem recorrer à arbitragem em vez da justiça estatal).[16]

Esse crescente interesse pela arbitragem, no Brasil e no mundo, está diretamente associado aos seus já mencionados atrativos (especialidade do julgador, celeridade, flexibilidade e confidencialidade).

3. Análise econômica da escolha da arbitragem.

Como bem lembra PEREIRA BARROCAS, a arbitragem se desenvolveu no mundo tendo como principal atividade justamente a resolução de conflitos de natureza comercial, sendo aplicável e recomendável a diversas áreas da economia.[17]

Especificamente para os *contratos empresariais*,[18] objeto desse estudo, a arbitragem se mostra muito adequada, pois se trata justamente de relação jurídica complexa, a demandar dedicada, atenta e acurada análise da fase précontratual, seu desenvolvimento, comportamento das partes, a fim de aferir eventuais descumprimentos das obrigações contratualmente assumidas e as naturalmente essenciais a esse tipo de avença.

Nesse contexto, um dos pontos que costumam ser identificados como uma *desvantagem* da arbitragem, ao menos no Brasil, é seu «*custo*».

---

[15] Empresas já preferem arbitragem ao Judiciário, conforme notícia divulgada pelo Jornal "O Estado de São Paulo": http://economia.estadao.com.br/noticias/negocios-geral,empresas-ja-preferem-arbitragem-ao-judiciario,138979,0.htm.

[16] V. pesquisa conduzida pela School of International Arbitration (Centre for Commercial Law Studies) e pelo Queen Mary College, com apoio da PriceWaterhouseCoopers: *School of International Arbitration, Centre for Commercial Law Studies, e Queen Mary University of London* (com apoio da PwC). *Corporate choices in International Arbitration – Industry perspectives*, disponível em: www.pwc.com/arbitrationstudy, acessado em 31.5.2013.

[17] Manuel Pereira BARROCAS. *Manual de Arbitragem*, 2.ª ed., Coimbra: Almedina, 2013, pp. 97/99, 110 *et seq.*, e 129/130.

[18] Thiago RODOVALHO. *Cláusula compromissória nos contratos de adesão empresariais*, Tese de Doutorado, São Paulo: Pontifícia Universidade Católica de São Paulo – Faculdade Paulista de Direito/Departamento de Direito Civil, 2014, p. 96. V., também, Paula A. FORGIONI. *Teoria geral dos contratos empresariais*, São Paulo: Revista dos Tribunais, 2009, pp. 29, 56/58 e 119; Vera Helena de Mello FRANCO. *Contratos – direito civil e empresarial*, São Paulo: Revista dos Tribunais, 2009, p. 26; e Marco Fábio MORSELLO. *Contratos existenciais e de lucro. Análise sob a ótica dos princípios contratuais contemporâneos*, in Renan LOTUFO *et allii* (Coords.). *Temas relevantes do direito civil contemporâneo – reflexões sobre os 10 anos do código civil*, São Paulo: Atlas, 2012, pp. 297/298.

Em recente pesquisa sobre *Arbitragem no Brasil – Pesquisa CBAr-Ipsos*, cerca de 60% dos entrevistados disseram que a arbitragem pode ter desvantagem em relação ao processo judicial e, destes, 60% apontou justamente o *custo* como sendo essa principal desvantagem.[19]

De fato, o custo pode ser elemento *dificultoso* ou mesmo *impeditivo* a certas empresas a litigarem na arbitragem.

Contudo, para além das naturais cautelas financeiras necessárias para a tomada de decisão pela arbitragem ou não – cujos custos, em verdade, mesmo na arbitragem, são muito variados, mudando sensivelmente de Câmaras Arbitrais de grande porte para de médio porte, ponto muitas vezes esquecido pelas próprias partes quando dessa tomada de decisão, como se todo e qualquer conflito empresarial houvesse de ser decidido sempre pela mesma Câmara, de grande porte –,[20] é salutar analisar esse processo de escolha pela arbitragem também através da *Análise Econômica do Direito*[21] ou, simplesmente, *Law and Economics*,[22] que representa um ponto de intersecção e diálogo entre *Direito e Economia*.[23]

A esse respeito, cumpre advertir, como mui bem pontua Vasco Rodrigues, que a *análise econômica do direito (economic analysis of law)* não se traduz na *única* perspectiva, nem necessariamente na *melhor*, mas é certamente uma *importante* ferramenta à disposição do jurista, que, conjugada com as demais técnicas hermenêuticas, permite uma análise mais ampla e completa dos fatos, podendo-se extrair uma resposta melhor para o problema.[24]

---

[19] V. André de Albuquerque Cavalcanti Abbud. *Relatório sobre Arbitragem no Brasil – Pesquisa CBAr- -Ipsos*, São Paulo: CBAr-Ipsos, 2013, p. 14, pesquisa disponível em http://www.cbar.org.br/PDF/ Pesquisa_CBAr-Ipsos-final.pdf.

[20] Cfr. Alvaro de Carvalho Pinto Pupo. *Análise econômica dos custos envolvidos em procedimentos arbitrais*, disponível em http://abearb.org/arquivos/137/analise-economica.pdf.

[21] Sobre a *análise econômica da arbitragem*, v., entre outros, Luciano Benetti Timm. *Arbitragem nos contratos empresariais, internacionais e governamentais*, Porto Alegre: Livraria do Advogado, 2009, pp. 17/29; Bruno Meyerhof Salama. *Análise econômica da arbitragem*, in Luciano Benetti Timm (Org.). *Direito e economia no Brasil*, São Paulo: Atlas, 2012, pp. 382/389; e Rafael Bicca Machado. *A arbitragem empresarial no Brasil – uma análise pela nova sociologia econômica do direito*, Porto Alegre: Livraria do Advogado, 2009, pp. 80/93.

[22] Fernando Araújo. *Análise económica do direito*, Coimbra: Almedina, 2008, p. 10.

[23] Rachel Sztajn. *Law and economics*, in Decio Zylbersztajn e Rachel Sztajn (org.). *Direito e economia – análise econômica do direito e das organizações*, Rio de Janeiro: Elsevier, 2005, p. 74.

[24] Vasco Rodrigues. *Análise económica do direito*, Coimbra: Almedina, 2007, p. 9: "*A Análise Económica do Direito consiste, como a designação sugere, na aplicação dos princípios da análise económica aos problemas do direito. A análise económica assume que os seres humanos são racionais e reagem aos incentivos a que estão*

DIREITO DOS NEGÓCIOS APLICADO

Nesse sentido, surgida nos Estados Unidos, sob forte conotação econômica, a Law and Economics desenvolveu-se, na década de 60,[25] principalmente com a denominada Escola de Chicago, que busca nos institutos da economia e da econometria métodos para serem aplicados quando do manuseio do aparato jurídico.[26]

Desta forma, a Análise Econômica do Direito, partindo da premissa de que o homem racional (e aqui falando em sentido lato, pessoas físicas e jurídicas, é dizer, as empresas) busca em suas relações interpessoais a maximização de bem-estar mediante o menor dispêndio possível, encontra no direito um instrumento de incentivo e desestímulo a comportamentos humanos (sistema de prêmios e punições),[27] tendo, justamente por isso, a feição de uma teoria comportamentalista (behavioral theroy),[28] sendo o próprio direito objetivo é um fator de «normalização» e «estratificação» dos comportamentos humanos.[29]

Assim, a Law and Economics trabalha com o princípio de que os agentes econômicos atuam de forma racional,[30] e cujas escolhas são (racionalmente) tomadas a partir de premissas calcadas nos incentivos e na eficiência[31] (que também se traduz num motivo jurídico).[32] Portanto, ante a necessidade de

---

sujeitos. A lei é um de vários sistemas de incentivo que afectam quem vive em sociedade: quando a lei muda, os comportamentos mudam".

[25] Especialmente com os dois influentes artigos de Ronald Coase: Ronald COASE. *The Nature of the Firm*, in *Economica*, vol. 4, Blackwell Publishing, 1937, pp. 386/405; e Ronald COASE. *The Problem of Social Cost*, in *Journal of Law and Economics*, vol. 3, Chicago: The University of Chicago Press, Oct./1960, pp. 1/44.

[26] Richard A. POSNER. *A economia da justiça*, São Paulo: Martins Fontes, 2010, p. XII.

[27] Thiago RODOVALHO e Lucas Gomes MOCHI. *Função social do contrato e as implicações econômicas de sua aplicabilidade*, in José Manoel de Arruda Alvim Netto *et allii* (Dirs.). *Revista Forense*, vol. 418, Forense: Rio de Janeiro, jul./dez. 2013, p. 500; e Rachel SZTAJN. *Law and economics*, in Decio Zylbersztajn e Rachel Sztajn (org.). *Direito e economia – análise econômica do direito e das organizações*, Rio de Janeiro: Elsevier, 2005, p. 75.

[28] Fernando ARAÚJO. *Análise econômica do direito*, Coimbra: Almedina, 2008, p. 23; e Robert COOTER e Thomas ULEN. *Direito e Economia*, 5.ª ed., Porto Alegre: Bookman, 2010, p. 25.

[29] Rabindranath V. A. CAPELO DE SOUSA. *O direito geral de personalidade*, Coimbra: Coimbra Editora, 2011, pp. 31/61.

[30] Vasco RODRIGUES. *Análise econômica do direito*, Coimbra: Almedina, 2007, p. 12; e Rachel SZTAJN. *Law and economics*, in Decio Zylbersztajn e Rachel Sztajn (org.). *Direito e economia – análise econômica do direito e das organizações*, Rio de Janeiro: Elsevier, 2005, p. 76.

[31] Fernando ARAÚJO. *Análise econômica do direito*, Coimbra: Almedina, 2008, p. 23; e Robert COOTER e Thomas ULEN. *Direito e Economia*, 5.ª ed., Porto Alegre: Bookman, 2010, p. 26.

[32] Robert COOTER e Thomas ULEN. *Direito e Economia*, 5.ª ed., Porto Alegre: Bookman, 2010, pp. 455/456.

tomar decisões, os agentes econômicos tendem naturalmente a optar por aquilo que lhes for mais benéfico.[33]

Nesse contexto, costuma-se, no mais das vezes, fazer-se uma análise do custo/judiciário vs. custo/arbitragem a partir de parâmetros exclusivamente de despesas processuais (p. ex., no judiciário, despesas com taxas de distribuição, mandato, custas recursais etc.; na arbitragem, despesas com a Câmara, com honorários dos árbitros etc.). Mas a realidade dos custos (em sentido lato) é mais elevada.

Assim, como pontua LUCIANO TIMM:

> *"O custo esperado de recorrer ao Judiciário (ou outras formas de resolução de disputas) não depende apenas das taxas pagas à justiça, de despesas incorridas durante o processo de litígio, da probabilidade de se vencer (probabilidade que pode muito bem depender do montante gasto) e de como os custos do litígio são distribuídos entre quem ganha e quem perde a demanda.*
>
> *Custas judiciais elevadas, um sistema com problemas de morosidade, com procedimentos demasiadamente complexos, exagerado sistema recursal, somado ao excesso de demandas, podem encorajar as partes a usarem mecanismos alternativos de resolução de conflitos. Problemas relativos à falta de estabilidade nas decisões estritamente ligados à insegurança jurídica não afetam apenas as partes no processo judicial, mas comprometem o desenvolvimento econômico do Estado Democrático de Direito".*[34]

Logo, é preciso considerar outros fatores, como a morosidade, o engessamento processual, o excesso de recursos, a instabilidade das decisões, o perfil generalista do Judiciário, a publicidade do processo, o que vai muito além da mera análise das despesas processuais.

Tudo isso pode encarecer – e muito – o custo de transação do negócio, que engloba todos os custos em que se incorre num intercâmbio econômico (fase pré-contratual, negociação, monitoramento do cumprimento do contrato, custos com eventuais conflitos entre as partes e com eventual incumprimento etc.) inclusive o denominado «custo de oportunidade»,[35] como, v.g., com a perda de negócios e capacidade de investimentos, fruto do patrimônio

---

[33] Thiago RODOVALHO e Lucas Gomes MOCHI. *Função social do contrato e as implicações econômicas de sua aplicabilidade*, in José Manoel de Arruda Alvim Netto *et allii* (Dirs.). *Revista Forense*, vol. 418, Forense: Rio de Janeiro, jul./dez. 2013, p. 500.

[34] Luciano Benetti TIMM. *Arbitragem nos contratos empresariais, internacionais e governamentais*, Porto Alegre: Livraria do Advogado, 2009, p. 17.

[35] Bruno Meyerhof SALAMA. *Análise econômica da arbitragem*, in Luciano Benetti Timm (Org.). *Direito e economia no Brasil*, São Paulo: Atlas, 2012, p. 383.

"congelado" ou "expectado" em razão do litígio, de modo que, quanto mais longo o processo, maior o custo de oportunidade.[36]

Atualmente, em recente estudo, estima-se que haja cerca de R$ 1,3 trilhão de reais provisionados por riscos jurídicos relativos a processos judiciais em curso.[37]

A arbitragem pode ser um bom instrumento a reduzir esses custos de transação incorridos com a prestação jurisdicional.[38]

Nesse sentido, o primeiro fator a ser considerado é justamente a indução comportamental. O próprio custo monetário relativo às despesas com o procedimento arbitral, por ser mais elevado, naturalmente induz a um maior cumprimento dos contratos (sistema de prêmios e punições),[39] reduzindo a litigância frívola.[40] Isto porque, se, de um lado, o custo baixo de se litigar no Poder Judiciário justamente estimula o excesso de litigância (tanto o litígio necessário quanto o frívolo), de outro, o custo mais elevado com o procedimento arbitral desestimula (ainda que, obviamente, não impeça por absoluto de ocorrer) que se litigue por litigar, simplesmente para postergar cumprimento de obrigações, p. ex. (que, via de regra, não compensa em razão do custo mais elevado da arbitragem, bem como em razão de sua celeridade, não compensando o "ganho de tempo").[41]

Além disso, os próprios atrativos da arbitragem, já tratado acima, também podem funcionar como redutores dos custos de transação.

Nesse sentir, destacamos sumariamente os seguintes:

Celeridade: Os contratos empresariais, em regra, encerram uma relação jurídica e comercial de longa duração, de modo que quanto mais celeremente o conflito puder ser resolvido, tanto melhor para as partes, que conseguem

---

[36] Bruno Meyerhof SALAMA. *Análise econômica da arbitragem*, in Luciano Benetti Timm (Org.). *Direito e economia no Brasil*, São Paulo: Atlas, 2012, p. 384.

[37] Cfr. em: http://www.conjur.com.br/2014-jul-28/riscos-juridicos-somam-26-trilhoes-provisio-namentos-errados; e http://www.conjur.com.br/2014-jul-31/correcao-empresas-provisionam-13--trilhao-riscos-juridicos.

[38] Luciano Benetti TIMM. *Arbitragem nos contratos empresariais, internacionais e governamentais*, Porto Alegre: Livraria do Advogado, 2009, p. 18; e Bruno Meyerhof SALAMA. *Análise econômica da arbitragem*, in Luciano Benetti Timm (Org.). *Direito e economia no Brasil*, São Paulo: Atlas, 2012, p. 383.

[39] Bruno Meyerhof SALAMA. *Análise econômica da arbitragem*, in Luciano Benetti Timm (Org.). *Direito e economia no Brasil*, São Paulo: Atlas, 2012, p. 383.

[40] Robert COOTER e Thomas ULEN. *Direito e Economia*, 5.ª ed., Porto Alegre: Bookman, 2010, pp. 432/433.

[41] Luciano Benetti TIMM. *Arbitragem nos contratos empresariais, internacionais e governamentais*, Porto Alegre: Livraria do Advogado, 2009, p. 29.

ARBITRAGEM E OS NEGÓCIOS EMPRESARIAIS: ANÁLISE ECONÔMICA DA ARBITRAGEM

reduzir a animosidade e focar muitas vezes no desenvolvimento da relação. Além disso, trata-se de relação jurídica empresarial, de tal sorte que a demora significa perda de oportunidades. Nesse contexto, a arbitragem pode ofertar uma solução ao conflito de forma muito mais célere que o Poder Judiciário, não estando sujeita – a arbitragem – a um *procedimento engessado* e a um *regime infindável de recursos*.[42]

Confidencialidade: Outro aspecto de suma importância para esse tipo de relação jurídica é a confidencialidade. Nenhuma das partes se beneficia da exposição do conflito existente entre elas, o que pode prejudicar tanto a reputação da empresa quanto expor segredos comerciais.[43] A exposição do conflito, portanto, lhes traz mais malefícios que benefícios.

Expertise: Em vez de um magistrado competente, mas generalista, além de assoberbado de trabalho que os números do Poder Judiciário não deixam mentir, as partes podem escolher para dirimir o conflito, como árbitro, profissional que tenha conhecimento e expertise na matéria, bem como disponha de tempo para dedicar-se adequadamente ao caso. A *especialidade* do árbitro se traduz numa *maior previsibilidade* da decisão, reduzindo as chances de erro, representado, assim, uma *melhora na qualidade da decisão*.[44]

A escolha do árbitro: A possibilidade de escolher permite às partes um maior controle sobre a resolução de seus próprios conflitos (*accountability vertical*), permitindo, por exemplo, um maior controle sobre *imparcialidade do julgador*, o que é especialmente relevante em contratos internacionais, afastando o receio de que as cortes nacionais venham a favorecer o litigante do próprio país em detrimento do estrangeiro.[45]

---

[42] Bruno Meyerhof SALAMA. *Análise econômica da arbitragem*, in Luciano Benetti Timm (Org.). *Direito e economia no Brasil*, São Paulo: Atlas, 2012, pp. 383/384.

[43] Luciano Benetti TIMM. *Arbitragem nos contratos empresariais, internacionais e governamentais*, Porto Alegre: Livraria do Advogado, 2009, pp. 24/25; e Bruno Meyerhof SALAMA. *Análise econômica da arbitragem*, in Luciano Benetti Timm (Org.). *Direito e economia no Brasil*, São Paulo: Atlas, 2012, p. 385.

[44] Bruno Meyerhof SALAMA. *Análise econômica da arbitragem*, in Luciano Benetti Timm (Org.). *Direito e economia no Brasil*, São Paulo: Atlas, 2012, p. 384; Luciano Benetti TIMM. *Arbitragem nos contratos empresariais, internacionais e governamentais*, Porto Alegre: Livraria do Advogado, 2009, p. 28; e Rafael Bicca MACHADO. *A arbitragem empresarial no Brasil – uma análise pela nova sociologia econômica do direito*, Porto Alegre: Livraria do Advogado, 2009, pp. 91/93.

[45] Bruno Meyerhof SALAMA. *Análise econômica da arbitragem*, in Luciano Benetti Timm (Org.). *Direito e economia no Brasil*, São Paulo: Atlas, 2012, p. 384; e Rafael Bicca MACHADO. *A arbitragem*

DIREITO DOS NEGÓCIOS APLICADO

Flexibilidade: A flexibilidade do procedimento arbitral pode permitir que as partes, em conjunto com o árbitro, encontrem um modelo que melhor sirva ao caso concreto (*taylor made*), inclusive com soluções med-arb (ou mesmo arb-med), incluindo uma fase de mediação, que pode ser uma interessante e importante ferramenta para preservar a continuidade do contrato e a relação comercial entre as partes, em prestígio dos interesses comuns, mesmo que, porventura, não se chegue a um acordo que resolva o conflito por completo. Deste modo, ainda que a mediação não resolva por completo a controvérsia, ela pavimenta melhor um caminho para uma arbitragem mais célere e tranquila. Assim, as partes, como regra, sairão melhores dessa mediação, mesmo que se faça necessária uma sentença arbitral posteriormente.

Escolha da lei aplicável: *And last, but not the least*, a opção pela arbitragem ainda permite a escolha da lei que será aplicável ao mérito do litígio, podendo, *v.g.*, optar-se por regras mais afeitas ao comércio, como a própria *lex mercatoria* ou a *Convenção das Nações Unidas sobre Contratos de Compra e Venda Internacional de Mercadorias* (*CISG – Convention on the International Sale of Goods*) [que agora integra o ordenamento jurídico brasileiro], ou, mesmo, que o árbitro possa decidir a controvérsia por *equidade*.

Todos esses aspectos, em conjunto, podem significar, no caso concreto, uma *redução* dos custos de transação incorridos com a dirimição de conflitos entre as partes.

4. Conclusão

Com o presente trabalho, não queremos afirmar seja a arbitragem uma *panaceia* para dirimir todo e qualquer conflito ou que tenha potencialidade a substituir o Poder Judiciário.[46] Essas assertivas não são verdadeiras.

Contudo, em nosso sentir, a arbitragem se traduz num eficiente modelo a reduzir os custos de incorridos com a dirimição de conflitos entre as partes,

---

empresarial no Brasil – uma análise pela nova sociologia econômica do direito, Porto Alegre: Livraria do Advogado, 2009, pp. 86/89.

[46] Luciano Benetti TIMM. *Arbitragem nos contratos empresariais, internacionais e governamentais*, Porto Alegre: Livraria do Advogado, 2009, p. 23.

inclusive com *indução* a um maior *cumprimento dos contratos*, reduzindo a *litigância frívola*.

Além disso, para os contratos mais complexos, especialmente internacionais, a arbitragem deve ser sempre considerada como um meio adequado para dirimir eventuais controvérsias que naturalmente possam surgir entre as partes.

5. Referências

ANDRIGHI, Nancy; e FOLEY, Gláucia Falsarella. *Sistema multiportas: o Judiciário e o consenso*, in Folha de São Paulo, Tendências e Debates, 24.6.2008.

ARAÚJO, Fernando. *Teoria econômica do contrato*, Coimbra: Almedina, 2007.

——————. *Análise económica do direito*, Coimbra: Almedina, 2008.

BAPTISTA, Luiz Olavo. *Arbitragem comercial e internacional*, São Paulo: Lex Magister, 2011.

BARROCAS, Manuel Pereira. *Manual de arbitragem*, 2.ª ed., Coimbra: Almedina, 2013.

BASILIO, Ana Tereza. *Mediação: relevante instrumento de pacificação social*, in Arnoldo WALD. *Revista de Direito Bancário e do Mercado de Capitais*, vol. 20, abril/junho de 2003.

——————. *Elementos do processo de arbitragem e controle jurisdicional do instituto* (Apostila), in Fundação Getulio Vargas. *Processo Civil e a Reforma do CPC – Sessão XIV* (Programa de Educação Continuada – FGV Direito Rio), Rio de Janeiro: FGV, 2014.

——————; e MUNIZ, Joaquim de Paiva. *Projeto de lei de mediação obrigatória e a busca da pacificação social*, in Arnoldo WALD. *Revista de arbitragem e mediação*, vol. 13, abril/junho de 2007.

CAHALI, Claudia Elisabete Schwerz. *O Gerenciamento de Processos Judiciais em busca da efetividade da prestação jurisdicional*, Brasília: Gazeta Jurídica, 2013.

CAHALI, Francisco José. *Curso de arbitragem*, 3.ª ed., São Paulo: Revista dos Tribunais, 2013.

——————. *Arbitragem e o Projeto de Código de Processo Civil*, in José Anchieta da Silva. *O Novo Processo Civil*, São Paulo: Lex/Magister, 2012.

——————; e RODOVALHO, Thiago. *A arbitragem no novo CPC – primeiras impressões*, in Alexandre FREIRE et allii (orgs.). *Novas tendências do processo civil – estudos sobre o projeto do novo código de processo civil*, v. 2, Salvador: JusPodivm, 2014, pp. 583/604.

——————; e RODOVALHO, Thiago. *Mediação nos cursos de Direito estimulará mudança*, in Revista Consultor Jurídico, publicado em 12.12.2013, disponível em http://www.conjur. com.br/2013-dez-12/mediacao-cursos-direito-estimulara-mudanca-cultura-litigio.

CAPELO DE SOUSA, Rabindranath V. A. *O direito geral de personalidade*, Coimbra: Coimbra Editora, 2011.

CARMONA, Carlos Alberto. *A arbitragem no processo civil brasileiro*, São Paulo: Malheiros, 1993.

——————. *Arbitragem e processo*, 3.ª ed., São Paulo: Atlas, 2009.

CARREIRA ALVIM, José Eduardo. *Direito Arbitral*, 2.ª ed., Rio de Janeiro: Forense, 2004.

——————. *Tratado geral da arbitragem*, Belo Horizonte: Mandamentos, 2005.

COASE, Ronald. *The Nature of the Firm*, in *Economica*, vol. 4, Blackwell Publishing, 1937, pp. 386/405.

_____. *The Problem of Social Cost*, in *Journal of Law and Economics*, vol. 3, Chicago: The University of Chicago Press, Oct./1960, pp. 1/44.

COOTER, Robert; e ULEN, Thomas. *Direito e Economia*, 5.ª ed., Porto Alegre: Bookman, 2010.

FISHER, Roger, URY, William, e PATTON, Bruce. *Getting to Yes – negotiating agreement without giving in*, 3.ª ed., New York: Penguin Books, 2011.

_____. *Como chegar ao sim – a negociação de acordos sem concessões*, 2.ª ed., Rio de Janeiro: Imago, 2005.

FORGIONI, Paula A. *Teoria geral dos contratos empresariais*, São Paulo: Revista dos Tribunais, 2009.

FRANCO, Vera Helena de Mello. *Contratos – direito civil e empresarial*, São Paulo: Revista dos Tribunais, 2009.

GABBAY, Daniela Monteiro. *Mediação & Judiciário no Brasil e nos EUA*, Brasília: Gazeta Jurídica, 2013.

GAILLARD, Emmanuel. *Aspects philosophiques du droit de l'arbitrage international*, Leiden: Martinus Nijhoff, 2008.

GRINOVER, Ada Pellegrini. *Conciliação e mediação judiciais no Projeto de Novo Código de Processo Civil*, in DANTAS, Bruno (org.). *Revista de informação legislativa – Novo Código de Processo Civil*, n. 190, t. 1, Brasília: Senado Federal, abril/junho-2011.

KRITZER, Herbert M. *To regulate or not to regulate, or (better still) when to regulate*, in *Dispute resolution magazine*, ABA, v. 19, n. 3, Spring 2013.

MACHADO, Rafael Bicca. *A arbitragem empresarial no Brasil – uma análise pela nova sociologia econômica do direito*, Porto Alegre: Livraria do Advogado, 2009.

MORSELLO, Marco Fábio. *Contratos existenciais e de lucro. Análise sob a ótica dos princípios contratuais contemporâneos*, in Renan LOTUFO *et allii* (Coords.). *Temas relevantes do direito civil contemporâneo – reflexões sobre os 10 anos do código civil*, São Paulo: Atlas, 2012.

MUNIZ, Petronio Raymundo Gonçalves. *Operação Arbiter: A História da Lei 9.307/96 sobre a Arbitragem Comercial no Brasil*, Recife: Instituto Tancredo Neves, 2005.

POSNER, Richard A. *A economia da justiça*, São Paulo: Martins Fontes, 2010.

RODOVALHO, Thiago. *Cláusula compromissória nos contratos de adesão empresariais*, Tese de Doutorado, São Paulo: Pontifícia Universidade Católica de São Paulo – Faculdade Paulista de Direito/Departamento de Direito Civil, 2014.

_____. *Abuso de direito e direitos subjetivos*, São Paulo: Revista dos Tribunais, 2011.

_____. *Aspectos introdutórios da arbitragem*, in *Manual de arbitragem para advogados*, Brasília: OAB/CACB, 2015.

_____. *O caso da soja e a base objetiva do negócio jurídico. Vícios de origem e vícios de execução*, in *Revista Letrado*, v. 101, São Paulo: IASP, 2012.

_____. *O crescimento da arbitragem no Brasil*, in Jornal Gazeta de Limeira, Coluna Fatos & Direito, 1.º Caderno, p. 2, em 28.7.2013.

_____. *A arbitragem e seus atrativos*, in Jornal Gazeta de Limeira, Coluna Fatos & Direito, 1.º Caderno, p. 2, em 11.8.2013.

_____. *Cultura do litígio*, in Jornal Gazeta de Limeira, Coluna Fatos & Direito, 1.º Caderno, p. 2, em 16.6.2013.

_____. *Mediação, esse outro desconhecido*, in Jornal Gazeta de Limeira, Coluna Fatos & Direito, 1.º Caderno, p. 2, em 2.6.2013.

ARBITRAGEM E OS NEGÓCIOS EMPRESARIAIS: ANÁLISE ECONÔMICA DA ARBITRAGEM

_____. *Intervencionismo e análise econômica do Direito*, in Jornal Gazeta de Limeira, Coluna Fatos & Direito, 1.º Caderno, p. 2, em 24.3.2013.

_____; e MOCHI, Lucas Gomes. *Função social do contrato e as implicações econômicas de sua aplicabilidade*, in José Manoel de Arruda Alvim Netto *et allii* (Dirs.). *Revista Forense*, vol. 418, Forense: Rio de Janeiro, jul./dez. 2013, pp. 491/506.

_____; e TRIPODI, Leandro. *Sede da arbitragem e regulamento da instituição arbitral: uma relação de autonomia*, in Eduardo Silva da Silva (Coord.). *Novas regulações e novas legislações: uma nova prática arbitral?*, no prelo.

RODRIGUES, Vasco. *Análise económica do direito*, Coimbra: Almedina, 2007.

SALAMA, Bruno Meyerhof. *Análise econômica da arbitragem*, in Luciano Benetti Timm (Org.). *Direito e economia no Brasil*, São Paulo: Atlas, 2012.

SANDER, Frank. *Varieties of dispute processing*, Minnesota: West Publishing, 1979.

SILVA, Eduardo Silva da. *Arbitragem e direito da empresa – dogmática e implementação da cláusula compromissória*, São Paulo: Revista dos Tribunais, 2003.

SOARES, Guido Fernando S. *Arbitragens comerciais internacionais no Brasil – vicissitudes*, in RT 641, São Paulo: Revista dos Tribunais, Março/1989.

STITT, Allan J. *Mediating commercial disputes*, Ontario: Canada Law Book, 2003.

SZTAJN, Rachel. *Law and economics*, in Decio Zylbersztajn e Rachel Sztajn (org.). *Direito e economia – análise econômica do direito e das organizações*, Rio de Janeiro: Elsevier, 2005.

TIMM, Luciano Benetti. *Arbitragem nos contratos empresariais, internacionais e governamentais*, Porto Alegre: Livraria do Advogado, 2009.

VAN DEN BERG, Albert Jan. *The New York Arbitration Convention of 1958*, Deventer: Kluwer Law, 1981.

WATANABE, Kazuo. *Cultura da sentença e cultura da pacificação*, in Flavio Luiz Yarshell e Maurício Zanoide de Moraes. *Estudos em homenagem à Professora Ada Pellegrini Grinover*, São Paulo: DPJ Editora, 2005.

_____. *Modalidade de mediação*, in CJF. *Mediação: um projeto inovador* (Série Cadernos do CEJ), v. 22, Brasília: CJF, 2003.

Arbitragem no Direito Societário

Luísa Fernandes

1. As origens históricas da Arbitragem

A arbitragem não é um instituto novo no direito brasileiro, desde as Ordenações Filipinas[1] e Manuelinas que a arbitragem existe como meio de resolução de controvérsias. A primeira Constituição Brasileira outorgada em 1824 já previa, expressamente em seu artigo 160[2], a utilização da arbitragem estabelecendo a possibilidade das partes nomearem juízes-árbitros para solucionar litígios cíveis e que suas decisões seriam executadas sem recurso, se as partes assim o convencionassem.

O Código Comercial de 1850 também previa a utilização obrigatória da arbitragem em questões de natureza mercantil. A resolução de conflitos societários, por meio de juízo arbitral, ficou contemplada no art. 294 do Código Comercial de 1850, estipulando-se a arbitragem como meio de resolução de disputas entre sócios[3].

Porém, o instituto de arbitragem no Brasil consagrou-se definitivamente com a promulgação da Lei 9307/96, de 26 de setembro ("Lei 9307/96" ou "Lei

---

[1] Ordenações Filipinas (1963), Livro III, Título 16.

[2] Art. 160. "Nas causas cíveis e penais civilmente intentadas, poderão as partes nomear juízes árbitros. Suas sentenças serão executadas sem recursos, se assim o convencionarem as mesmas partes".

[3] Art. 294. "Todas as questões sociais que se suscitarem entre sócios durante a existência da sociedade ou companhia, sua liquidação ou partilha, serão decididas em juízo arbitral".

de Arbitragem") que veio alterar profundamente a história do instituto da arbitragem no país, colocando o direito brasileiro em sintonia com as demais legislações internacionais sobre arbitragem. Até então a arbitragem era um instituto irrelevante, sobreviveu ao longo do tempo a constantes obstáculos à sua adoção, vencendo uma constante descrença pela eficácia da cláusula compromissória, finalmente superada[4].

A Lei de Arbitragem promoveu, assim, o revigoramento do instituto, dispondo integralmente sobre arbitragem, no seu aspecto formal e material, pretendendo equiparar o procedimento arbitral ao judicial, democratizando-se o processo e conferindo ao cidadão um meio de resolução de disputas mais eficaz, com maior segurança, economia e tecnicidade.

Para Theodoro Junior[5] o que fez a lei foi "(...) *instituir terminantemente a jurisdicionalização da arbitragem no Brasil*".

Assevera igualmente Figueira Junior[6] que "(...) *a Lei 9307/96 não representa apenas um novo sistema processual, mas uma verdadeira revolução de cultura jurídica colocando lado a lado a jurisdição estatal e a privada, à escolha do jurisdicionado. Essa nova forma de prestação jurisdicional, não estatal, significa antes de tudo um avanço legislativo que deve refletir uma nova mentalidade social, na busca de formas alternativas de solução de controvérsias, que culminem na pacificação célere e satisfatória dos conflitos sociais (...)*".

O Brasil conta hoje com uma lei de arbitragem moderna, recentemente reformada, inspirada na Lei UNCITRAL, cuja constitucionalidade foi finalmente reconhecida pelo Supremo Tribunal Federal em 2001.

A Lei de Arbitragem Brasileira trouxe um significativo progresso no que respeita à solução de litígios resultantes de relações comerciais, no plano societário, dirimindo os conflitos com melhor técnica, maior segurança e considerável eficiência.

Com esta Lei, a arbitragem ganhou efetivamente força e projeção no Brasil, de tal maneira que, segundo dados da Corte Internacional de Arbitragem da Câmara de Comércio Internacional (CCI)[7], o Brasil é o quarto país com

---

[4] Até à promulgação da Lei de Arbitragem, o sistema legislativo brasileiro criou sérios obstáculos à utilização da arbitragem: a cláusula compromissória não comportava execução específica e exigia a homologação da sentença arbitral.

[5] THEODORO JUNIOR, Humberto. **A Arbitragem como meio de solução de controvérsias**. Revista Sínteses de Direito Civil e Processual civil, n. 102, vol. Nov/Dez 99.

[6] FIGUEIRA JUNIOR, Joel Dias. **Arbitragem: jurisdição e execução: análise crítica da Lei 9.307 de 23.09.1996**. São Paulo. Editora dos Tribunais 1999.

[7] www.iccwbo.org/.../2013-ICC-**Brazil**ian-Arbitration-Day-Programme-in-.

ARBITRAGEM NO DIREITO SOCIETÁRIO

maior número de usuários de arbitragem atrás de Estados Unidos, Alemanha e Canadá e ocupa o sétimo lugar como sede para arbitragens internacionais[8]. O Brasil consolidou-se, assim, como *player* também no plano da arbitragem internacional.

O desenvolvimento e a consolidação do instituto de arbitragem ao longo destes 19 anos de vigência da Lei de Arbitragem ficaram se devendo a variadíssimos fatores, dentre os quais se destacam: a constitucionalidade da lei desde 2001, a ratificação da Convenção de Nova York em 2002, o desenvolvimento do comércio internacional, o aumento exponencial de arbitragens locais (em que as partes escolhem lei e sede circunscritas ao território brasileiro), e a louvável cooperação do judiciário. O instituto da arbitragem tem sido progressivamente aceite pelos Tribunais estatais, existindo atualmente uma relação harmoniosa entre o judiciário e a arbitragem, o que contribui para a credibilidade e aceitação do instituto como um mecanismo de solução de controvérsias especializado e rápido.

Neste contexto de exponencial crescimento e valorização da arbitragem, foi recentemente promulgada a Lei nº 13.129, de 26 de maio de 2015 ("Lei 13.129" ou "Reforma da Lei de Arbitragem"), que altera não só a Lei de Arbitragem, mas também a Lei nº 6.404, de 15 de dezembro de 1976 ("Lei 6.404" ou "Lei das Sociedades Anónimas"), consolidando práticas de arbitragem já aprovadas, inovando temas e disciplinando questões processuais em aberto. A reforma da lei de arbitragem ampliou o âmbito de aplicação da arbitragem aos contratos da administração pública com particulares, às relações de consumo, aos contratos trabalhistas com funcionários categorizados e às sociedades por ações, mais precisamente nas sociedades anônimas. Foram, igualmente, introduzidas modificações no que concerne: (i) à escolha dos árbitros quando as partes recorrem a órgão arbitral; (ii) à interrupção da prescrição pela instituição da arbitragem; (iii) à concessão de tutelas cautelares e de urgência nos casos de arbitragem; e (iv) à carta arbitral e a sentença arbitral.

2. Arbitragem em matéria societária

No Brasil, a economia pujante, o amadurecimento do mercado de capitais e o dinâmico mercado de fusões e aquisições, trouxeram disputas que, pela sua

---

[8] Em 2009, São Paulo foi a sede escolhida em 18% dos procedimentos arbitrais administrados pela CCI – International Court for Arbitration. Facts and Figures on ICC Arbitration – 2009 Statistical Report – February 2010 http://www.iccwbo.org/court/arbitration/index.html?id=34704

natureza e complexidade, exigem impreterivelmente celeridade, eficiência e especialização dos julgadores.

O rápido crescimento do comercio nacional e internacional conduziu a um significativo aumento de litígios locais e internacionais. O crescente fluxo de capitais reclama, cada vez mais, por instrumentos mais flexíveis que permitam solucionar potenciais controvérsias societárias.

Perante a intensificação do tráfico jurídico nacional e internacional, os empresários e investidores buscam maior segurança e efetividade nos negócios, necessitando de um sistema de solução de controvérsia comercial eficiente que lhes permita resolver os conflitos societários no menor tempo e custo possíveis. A rapidez na resolução do conflito societário tem especial relevância econômica no campo empresarial.

O empresário e investidor celebram dia-a-dia várias transações, sujeitas a eventuais controvérsias, de diversa natureza, que afetam a economia e estabilidade da empresa.

As controvérsias societárias abarcam cada vez mais conflitos intra-societários referentes a questões do âmbito interno da sociedade, entre sócios, entre sócios e seus representantes e administradores.

As empresas, no âmbito da sua atividade, não podem aguardar longas discussões judiciais. A lentidão e ineficiência na resolução de disputas societárias acarretam um entrave sério ao desenvolvimento das empresas litigantes e representam sérios prejuízos econômicos à empresa. O judiciário brasileiro encara hoje com dificuldade os conflitos referentes a transações societárias complexas.

A Arbitragem conta com várias virtudes que fazem dela um instituto atrativo. O empresário e investidor recorre cada vez mais à arbitragem como uma forma de solucionar os conflitos que surgem no seio da sua atividade diária comercial devido às inegáveis vantagens inerentes ao próprio instituto nomeadamente a agilidade, rapidez, confidencialidade, transparência e economia.

A arbitragem no direito societário deixou de ser apenas uma prática comumente aceite para se converter em uma realidade normativa.

Neste sentido, a Lei 10.303/2001, de 31 de Outubro ("Lei 10.303"), num primeiro momento, veio alterar a Lei das Sociedades Anónimas prevendo como um dos direitos essenciais do acionista a possibilidade de se estabelecer nos estatutos sociais a cláusula compromissória que permite que os conflitos entre os acionistas e destes para com a sociedade, possam ser solucionados por arbitragem.

Esta reforma da Lei das Sociedades Anónimas, veio evidenciar a intenção de se incentivar a utilização da arbitragem no direito societário ao inserir-se

ARBITRAGEM NO DIREITO SOCIETÁRIO

o parágrafo terceiro ao artigo 109[9] contendo previsão expressa de inserção de cláusula arbitral nos estatutos sociais. Esta orientação legislativa se adequa às necessidades empresariais e econômicas, reforçando a integração da arbitragem no direito societário.

A arbitragem surgiu revitalizada e vem sendo progressivamente utilizada em conflitos societários, tantos nas sociedades contratuais limitadas como nas sociedades institucionais anônimas.

Com efeito, a arbitragem passou a ser igualmente uma previsão obrigatória dos estatutos das sociedades cujas ações estejam listadas no Novo Mercado da Bovespa[10] e a inclusão de cláusula arbitral nos estatutos sociais foi também recomendada pelo Instituto Brasileiro de Governança Corporativa – IBGC (2010)[11], através do seu código de melhores práticas de governança corporativa, nos termos do qual se prevê a decisão arbitral como um meio de garantir transparência e segurança jurídica aos novos investidores e acionistas.

Mais recentemente, a reforma da lei de arbitragem veio finalmente fortalecer e consolidar a utilização da arbitragem nos conflitos societários, ao acrescentar o art. 136-A[12] à Lei das Sociedades Anônimas, que regula o direito de retirada do acionista que não concordar com a inserção de convenção de arbitragem no estatuto social, prevalecendo, portanto, a vontade da maioria, quando a inclusão da cláusula compromissória no estatuto social for decidida em assembleia[13].

---

[9] Art. 109 § 3º da LSA:*"O estatuto da sociedade pode estabelecer que as divergências entre os acionistas e a companhia, ou entre os acionistas controladores e os acionistas minoritários, poderão ser solucionadas mediante arbitragem, nos termos em que especificar."*

[10] Regulamento de listagem do Novo Mercado Bovespa Brasil. Disponível em: http://bmfbovespa. com.br

[11] Código das Melhores Práticas de Governança Corporativa do Instituto Brasileiro de Governança Corporativa (IBGC). Disponível em: http://www.ibgc.org.br

[12] Art. 136-A SA dispõe que: *"A aprovação da inserção de convenção de arbitragem no estatuto social, observado o quórum do artigo 136, obriga a todos os acionistas da companhia, assegurado ao acionista dissidente o direito de retirar-se da companhia mediante o reembolso do valor de suas ações (art.45).*

§ 1º – A convenção somente terá eficácia após o decurso do prazo e 30 (trinta) dias, contados da publicação da ata da Assembléia Geral que a aprovou.

I – caso a inclusão da convenção de arbitragem no estatuto social represente condição para que os valores mobiliários de emissão da companhia sejam admitidos à negociação em segmento de listagem de bolsa de valores ou de mercado de balcão organizado que exija dispersão acionária mínima de 25% das ações de cada espécie ou classe;

II – caso a inclusão da convenção de arbitragem seja efetuada no estatuto social da companhia aberta cujas ações sejam dotadas de liquidez e dispersão no mercado, nos termos das alíneas "a" e "b" do inciso II do art. 137 desta Lei."

[13] O art. 136-A da LSA permite a aprovação da inserção de convenção de arbitragem no estatuto social da empresa pela maioria dos acionistas e prevê que a decisão somente terá eficácia após 30

DIREITO DOS NEGÓCIOS APLICADO

Desta forma, é válida a inserção da cláusula arbitral no estatuto social aprovada pela maioria, inclusive em relação àquele que tenha discordado da deliberação, que passa a ter o direito de retirar-se da companhia mediante o reembolso do valor das suas ações.

Em suma, a anterior reforma introduzida pela Lei 10.303/2001, de 31 de outubro, junto com outras deliberações e normativas da comissão de valores monetários[14] da BOVESPA, e a recente reforma da Lei de Arbitragem, contribuíram indubitavelmente para uma maior integração do instituto de arbitragem no direito societário.

3. Vantagens da arbitragem na solução de conflitos societários

O instituto da arbitragem constitui um mecanismo de resolução de litígios eficaz perante um judiciário sobrecarregado e congestionado pelos inúmeros processos judiciais. Neste sentido, a prática vem demonstrando que a arbitragem apresenta às partes inegáveis vantagens[15] em matéria societária face à jurisdição estatal.

As inúmeras vantagens da arbitragem têm sido um forte incentivo para os empresários e investidores na escolha do instituto como um meio ágil e eficaz para dirimir disputas societárias. De fato, nos últimos anos a tendência tem sido no sentido dos contratos empresariais prestigiarem a arbitragem como o meio preferencial de resolução de conflitos societários.

Por vários motivos, a arbitragem se apresenta atualmente como o meio adequado à solução de conflitos societários[16]:

---

dias da publicação da Ata da Assembleia Geral que aprovou referida inserção, o que permite aos minoritários ingressar com eventuais medidas judiciais questionando a inserção da cláusula arbitral.

[14] Instrução CVM n. 391, de 16 de Julho de 2001. Disponível em: http://www.cvm.gov.br e Instrução CVM n. 435, de 5 de julho de 2006. Disponível em: http://www.cvm.gov.br

[15] Neste sentido assevera Silvio de Salvo Venosa que: *"a vantagem da arbitragem é inegável em determinas situações. Com frequência as partes, geralmente empresas de porte, levam aos tribunais assuntos excessivamente técnicas com amplas dificuldades para o juiz, que somente pode decidi-los louvando-se em custos e problemáticas perícias. Valendo-se de especialistas como os árbitros, podem as partes obter decisões mais rápidas, justas e técnicas".*

[16] Nas palavras de MARDEGAN, Herick. Arbitragem e o direito empresarial: efetividade e adequação. Curitiba: Juruá, 2010. P. 15: *"(...) em decorrência das caraterísticas inerentes o instituto, quais sejam: possibilidade de escolha dos árbitros, especificidade dos conhecimentos dos árbitros dos temas objeto de litígio, confidencialidade e como principal efeito positivo a celeridade das decisões emanadas dos Tribunais Arbitrais (...)".*

3.1. Celeridade e tempestividade da tutela

As matérias societárias demandam, pela sua natureza e complexidade, solução rápida e tecnicamente consistente, nesse sentido o instituto de arbitragem oferece uma resposta rápida e eficiente aos conflitos societários.

A morosidade do judiciário na solução de conflitos é extremamente nociva à atividade empresarial e compromete seriamente os interesses e a maximização de resultados pretendidos pelas empresas.

O instituto de arbitragem oferece inegavelmente uma resposta muito mais rápida e eficiente aos conflitos societários, resultando em menor custo de oportunidade para as partes.

Com vista a garantir a celeridade do procedimento arbitral a própria Lei de Arbitragem estipulou no seu artigo 23[17] o prazo limite para a decretação de sentença arbitral, salvo se as partes convencionarem o contrário. De fato, a prática tem demonstrado que a duração de um procedimento arbitral é, em média, consideravelmente menor do que um processo judicial[18].

A arbitragem busca a celeridade e eficácia da decisão arbitral de modo que a sentença seja definitiva. A ausência de recurso e de outros expedientes dilatórios na arbitragem torna, desde logo, o processo mais célere do que o judiciário.[19]

De fato, um dos grandes benefícios trazidos pela arbitragem é a celeridade do procedimento arbitral, que se traduz em decisão ágil e eficiente para as partes em conflito, assegurando a tempestividade da tutela pretendida.

Em concordância, assevera Cândido Rangel Dinamarco[20] que: *"A tempestividade da tutela é notoriamente favorecida pela maior celeridade com que se realiza o*

---

[17] Art. 23. *"A sentença arbitral será proferida no prazo estipulado pelas partes. Nada tendo sido convencionado, o prazo estipulado para a apresentação da sentença é de 6 meses, contado da instituição da arbitragem ou da substituição do árbitro".*

[18] Dependendo da complexidade do caso, na arbitragem a decisão arbitral pode ser proferida dentro do lapso temporal estipulado pelas partes – mínimo 6 meses até máximo 24 meses. O processo judiciário pode, dependendo da complexidade do caso, durar até 10 anos.

[19] A decisão arbitral resolve definitivamente o litígio entre as partes. Não existe recurso, uma vez decidido o conflito pelo árbitro a sentença é exigível imediatamente. A sentença arbitral, em regra, apenas pode ser impugnada caso configure uma das hipóteses previstas no art. 32 da Lei de Arbitragem. O cumprimento espontâneo das sentenças arbitrais em média é superior ao verificado nas sentenças judiciais. Por regra, as empresas não precisam realizar execução forçada da decisão.

[20] DINAMARCO, Cândido Rangel. **Limites da sentença arbitral e de seu controle jurisdicional.** *In: MARTINS, Pedro Batista, ROSSANI GARCEZ, José Maria.* **Reflexões sobre arbitragem:** in memoriam do Desembargador Cláudio Vianna de Lima, São Paulo: LTr, 2002, p.329.

DIREITO DOS NEGÓCIOS APLICADO

procedimento arbitral, em contraposição às longas esperas a que se sujeita quem depende de um pleito perante a justiça estatal [...]. A presteza da tutela mediante a arbitragem é favorecida pela sensível simplificação das formas do seu procedimento o qual não se pauta por regras preestabelecidas e fixas, sendo as partes livres para traçar parâmetros para a atuação dos árbitros".

3.2. A flexibilidade e a informalidade do procedimento

O instituto de arbitragem propicia flexibilidade do procedimento, podendo as partes, em atenção ao princípio de autonomia, regular o procedimento adaptando-o às suas necessidades[21], desde que não haja violação dos bons costumes e da ordem pública. A flexibilidade do procedimento arbitral é muito maior do que a eventual flexibilidade do processo judicial.

Por outro lado, e ainda dentro da informalidade do instituto, a arbitragem pode propiciar a permanência de harmonia nas relações entre sócios em virtude de ser um meio de solução de controvérsia menos litigioso que a jurisdição estatal.

A Arbitragem preserva o elemento corporativo, contribuindo para conservar a boa vontade e a continuidade das relações empresariais.

A flexibilidade e informalidade intrínsecas ao procedimento arbitral combatem o excessivo de formalismo e burocracia da justiça estatizada.

3.3. Especialização do julgador e previsibilidade do conteúdo das decisões

O tema societário, pela sua natureza e especificidade, requer especialização do julgador, demanda um conhecimento específico e interdisciplinar das matérias em causa. A existência de juízo arbitral especializado, em matéria societária, conduz a uma solução mais justa e a um processo mais rápido. O procedimento de arbitragem visa uma decisão especializada e técnica.

No instituto de arbitragem, as partes podem escolher o (s) árbitro (s) que irá (ão) entre pessoas extremamente habilitadas e especializadas, na área sobre a qual incide o litígio, para dirimir a controvérsia.

---

[21] Neste sentido se posiciona Alvim no sentido de que *"Nos termos do n. 1 do artigo 2 da LA, as partes podem escolher livremente as regras de direito que serão aplicadas na arbitragem, desde que não haja violação dos bons costumes e da ordem publica (...)"*ALVIM, Carreira J.E. **Comentários à Lei de Arbitragem: Lei 9.307, de 23 de setembro de 1996**. 2. Ed. Curitiba: Juruá, 2010. P. 54.

De fato, a Arbitragem, em questões mais complexas resulta mais eficiente que o Poder Judiciário, pela sua celeridade e especialização específica dos árbitros.

A prática tem vindo a demonstrar que nem todos os magistrados dominam a prática do mercado que requer, pela sua natureza e complexidade, conhecimento interdisciplinar. Indubitavelmente, o juízo arbitral mostra-se, de forma destacada, como o mais adequado e indispensável ao mundo dos negócios relativamente ao judiciário generalista.

3.4. Confidencialidade

A publicidade de uma disputa societária é extremamente ruinosa, acarreta sérios e graves prejuízos à imagem da sociedade.

Ao invés do judiciário, onde os processos são públicos e todos têm acesso aos autos, na arbitragem os processos não são públicos, as informações permanecem restritas às partes, aos árbitros e aos advogados, preservando-se rigorosamente a imagem da empresa perante o mercado.

O sigilo trata-se de um princípio já enraizado no instituto de arbitragem. A privacidade do procedimento arbitral garante que não sejam divulgados precedentes negativos para as partes, preservando a imagem das empresas litigantes.

O sigilo do procedimento arbitral resulta imprescindível para que a contenda não prejudique as partes em conflito, constituindo um diferencial de escolha do juízo arbitral.

3.5. Da possibilidade de escolha do direito aplicável e a sede de arbitragem

A flexibilidade caraterística do instituto de arbitragem permite às partes elegerem o árbitro, com a devida especialização para julgar o conflito, as normas procedimentais que serão aplicadas no procedimento e a instituição arbitral, perante a qual será dirimida a controvérsia, podendo, ainda, na faculdade de escolher a legislação a ser aplicável, a sede da arbitragem e o idioma.

DIREITO DOS NEGÓCIOS APLICADO

3.6. Economia

O tempo de duração de um processo influencia de modo significativo e irreversível a vida de uma empresa. Neste sentido, a potencial diminuição do tempo gasto na solução do conflito gera, como consequência, uma redução de despesas e de prejuízos.

No judiciário, os custos para solucionar controvérsias acabam por ser elevados, devido à excessiva morosidade, burocracia e extremo formalismo. Ao invés, a arbitragem, pela sua celeridade e flexibilidade oferece um menor tempo da resolução dos conflitos, com menor custo de oportunidade para as partes.

A celeridade do procedimento arbitral e a previsibilidade da decisão arbitral conduzem a uma diminuição dos custos de transação e de custos de oportunidade.

3.7. Vocação para internacionalização dos negócios

Atualmente, os negócios são cada vez mais sofisticados, complexos, envolvendo elevadas quantias, não se limitando a contratos circunscritos geograficamente.

Na prática internacional, a arbitragem é frequentemente utilizada destacando-se como um mecanismo natural para resolução de conflitos.

A agilidade do procedimento, a celeridade na resolução da controvérsia, a confidencialidade do litígio, a especialização do julgador e a economia são os maiores benefícios do foro arbitral local e internacional.

A arbitragem assume extrema importância no âmbito das relações comerciais internacionais. Neste sentido comenta José Maria Rossani Garcez[22]: *"Nos casos dos contratos internacionais, a comunidade internacional de negócios apresenta uma marcada preferencia pela solução arbitral, utilizada em cerca de 80% das questões deles originárias. Em alguns tipos de contrato internacionais, como nos de construção de complexos industriais, transporte marítimo e da indústria do petróleo essa preferencia aproxima-se de 100%"*

4. Alcance objetivo e subjetivo da convenção arbitral

O sistema jurídico brasileiro adotou os critérios de disponibilidade e de patrimonialidade para definir o âmbito da arbitrabilidade objetiva, pelo que

---

[22] GARCEZ, José Maria Rossani, **Técnicas de negociação – resolução alternativa de conflitos:** ADRS, mediação, conciliação e arbitragem. Rio de Janeiro: Lumens Júris, 2002, p.89.

todos os conflitos envolvendo direito de conteúdo patrimonial e que forem objeto de disposição por parte de seu titular são passíveis de decisão arbitral. Apesar da Lei 9307/96 não tratar especificamente dos litígios societários, aplicava-se a regra geral prevista no Art. 1[23] da Lei de Arbitragem que prevê que à arbitragem podem ser submetidos todos os conflitos societários relativos a direitos patrimoniais i.e só é possível utilizar a arbitragem em litígios que envolvam os direitos disponíveis e patrimoniais, ficando excluídos os direitos considerados indisponíveis.

Neste sentido assevera Nelson Eizirik[24] que se consideram arbitráveis todas as decisões societárias relacionadas com: (i) impugnação da decisão de Assembleia Geral; (ii) impugnação de decisões de outros órgãos sociais (conselho de administração, diretoria, conselho fiscal); (iii) conflitos ligados ao exercício do direito de recesso; (iv) interpretação de cláusula estatutária; (v) questões relacionadas ao pagamento de dividendos; (vi) Operações de restruturação societária.

Com efeito, antes da recente reforma da Lei de Arbitragem, segundo o art. 1 da Lei de Arbitragem e art. 109 n. 3 da LSA, os conflitos societários eram considerados arbitráveis. Contudo, a nova lei de arbitragem veio ampliar o alcance objetivo da arbitragem e conferir maior segurança na aplicação da arbitragem nas divergências surgidas no seio das Sociedades Anónimas.

A reforma da lei de arbitragem foi mais além ao introduzir o art. 136-A na Lei das Sociedades Anónimas. A inclusão deste artigo deixa mais clara e minuciosa a questão da arbitrabilidade dos conflitos societários, estabelecendo que a inserção da convenção de arbitragem no estatuto social obriga a todos os acionistas da companhia.

5. Considerações finais

A Lei de Arbitragem alterou profundamente a história da arbitragem no Brasil, mudando o modo de pensar e de agir da comunidade jurídica face ao instituto, regulando definitivamente a arbitragem no país. Trata-se de uma legislação avançada sobre arbitragem, baseada nos mais modernos princípios e garantias dos litigantes.

---

[23] Art. 1 da Lei de Arbitragem: *"As pessoas capazes de contratar poderão valer-se da arbitragem para dirimir litígios relativos a direitos patrimoniais disponíveis"*.
[24] EIZIRIK, Nelson. **Cláusula compromissória estatutária. A arbitragem na companhia**. P.2. Disponível em: http://www.migalhas.com.br

DIREITO DOS NEGÓCIOS APLICADO

Apesar do conteúdo da Lei de Arbitragem vigente ser avançado e moderno, o decurso do tempo e as condições do mercado demandaram aperfeiçoamentos face a situações imprevisíveis na época de sua elaboração.

Neste sentido, quase duas décadas após a promulgação da Lei de Arbitragem, surgiu a reforma da Lei de Arbitragem com o intuito de adequar a legislação ao cotidiano das decisões que já vinham sendo proferidas no Judiciário brasileiro. De um modo geral, as mudanças introduzidas pela Lei nº 13.129 consolidaram orientações jurisprudenciais favoráveis à arbitragem.

A Lei nº 13.129 inaugura assim uma nova fase da arbitragem no Brasil, uma aposta na modernidade. A arbitragem sai fortalecida com a reforma da Lei de Arbitragem, que veio complementar a atual legislação e desfazer incertezas, permitir soluções rápidas e eficientes para os litígios. De fato, as modificações trazidas pela reforma da Lei de Arbitragem vieram preencher lacunas atualmente existentes em benefício das companhias, permitindo, de forma clara e organizada, a utilização da arbitragem para dirimir conflitos societários, mediante modificação estatutária, aprovada em Assembleia Geral, com quórum qualificado de pelos menos metade das ações com direito a voto, que obrigará todos os acionistas. Esta reforma veio, ainda, proteger os acionistas minoritários, ao assegurar a estes o direito de retirada.

Também a anterior reforma introduzida pela Lei 10.303/2001, veio evidenciar a utilização da arbitragem no direito societário pela inclusão do paragrafo 3 do artigo 109 da Lei das Sociedades Anónimas contendo previsão expressa de inserção da cláusula arbitral nos estatutos sociais. Esta alteração da Lei das Sociedades Anónimas possibilitou a agilidade e especialização das decisões arbitrais com o fim de garantir aos investidores que eventuais disputas internas sejam rapidamente solucionadas, salvaguardando os interesses sociais e dos acionistas.

De fato, a reforma introduzida pela Lei 10.303/2001, junto com outras deliberações e normativas da comissão de valores monetários e da BOVESPA, bem como as modificações trazidas pela Reforma da Lei de Arbitragem no plano societário, trouxeram maior segurança aos acionistas, em especial aos minoritários.

A utilização da arbitragem como alternativa à solução de lides empresariais permite uma solução mais célere, perante um tribunal especializado e mediante um processo sigiloso, o que constitui um forte atrativo do foro arbitral que se compatibiliza plenamente com o ambiente empresarial das sociedades.

A velocidade e a dinâmica do mundo globalizado em que vivemos reclamam cada vez mais soluções de conflito mais eficientes e menos morosas, que não se coadunam com a excessiva burocracia e demora processual da justiça estatizada.

A morosidade caraterística do processo judicial brasileiro é um obstáculo à eficácia da solução de conflitos que envolvem as empresas, prolongando o ambiente de instabilidade litigioso, bastante nocivo à reputação da firma, obstaculizando a maximização de seus resultados.

Toda a empresa precisa de resoluções de conflitos eficientes. O excesso de formalidade e burocracia do judiciário constituem óbices à própria atividade e dinâmica empresarial.

A agilidade das soluções, a tecnicidade e a previsibilidade das decisões são essenciais ao empresário para poder avaliar o risco de investimento.

O empresário e investidor celebram no dia-a-dia transações varias, sujeitas a eventuais controvérsias de diversa natureza que afetam a economia e estabilidade da empresa.

Os conflitos societários abarcam cada vez mais conflitos intra-societários referentes a questões do âmbito interno da sociedade, entre sócios e seus representantes, administradores, entre sócios.

Perante a complexidade cada vez maior das transações comerciais (nacionais e internacionais) a arbitragem, surge como um mecanismo de solução de conflitos idôneo e ajustado às necessidades empresariais. As problemáticas societárias que surgem atualmente são as mais diversas e verdadeiramente complexas, demandam do julgador um conhecimento interdisciplinar das matérias em debate.

Ante a intensa dinâmica das lides empresariais, em constante mutação, a arbitragem apresenta-se inegavelmente como o meio de solução de conflitos mais adequado aos conflitos societários que, pela sua natureza e complexidade, reclamam soluções rápidas e tecnicamente consistentes.

6. Referências

ALVIM, Carreira J.E. **Comentários à Lei de Arbitragem: Lei 9.307, de 23 de setembro de 1996**. 2. Ed. Curitiba: Juruá, 2010. P. 54.

BAPTISTA, LUIS OLAVO-SMFA- **A inserção de cláusula arbitral em estatutos sociais. Ano 9. N. 107. Março 2014. Disponível em: info-arbitragem-L.O.B-SMFA:** http://www.baptista.com.br/News/Texto.aspx?Texto=1335

BRASIL. **Ordenações Filipinas (1963), Livro III, Título 16.** Disponível em: http://www1.ci.uc.pt/ihti/proj/filipinas/l3p578.htm

BRASIL. **Constituição Política do Império do Brasil de 1824.**Disponível em: http://www.planalto.gov.br/ccivil_03/constituicao/constituicao24.htm

DIREITO DOS NEGÓCIOS APLICADO

BRASIL. Lei nº 556, de 25 de junho de 1850. Código Comercial. **Disponível em:** http://www.planalto.gov.br/ccivil/leis/L0556-1850.htmCompilado.htm

BRASIL. Lei nº 9.307, de 23 de setembro de 1996. **Disponível em:** http://www.planalto.gov.br/ccivil_03/leis/l9307.htm

BRASIL. Lei no 10.303, de 31 de outubro de 2001. **Disponível em:** http://www.planalto.gov.br/ccivil_03/leis/leis_2001/l10303.htm

BRASIL. Lei no 6.404, de 15 de dezembro de 1976. **Disponível em:** http://www.planalto.gov.br/ccivil_03/leis/L6404consol.htm

CÓDIGO DAS MELHORES PRÁTICAS DE GOVERNANÇA CORPORATIVA DO INSTITUTO BRASILEIRO DE GOVERNANÇA CORPORATIVA (IBGC). Disponível em: http://www.ibgc.org.br

DINAMARCO, Cândido Rangel. **Limites da sentença arbitral e de seu controle jurisdicional.** In: *MARTINS, Pedro Batista, ROSSANI GARCEZ, José Maria. Reflexões sobre arbitragem: in memoriam* do Desembargador Cláudio Vianna de Lima, São Paulo: LTr, 2002, p.329.

EIZRIK, Nelson. **Cláusula compromissória estatutária. A arbitragem na companhia.** Disponível em: http://www.migalhas.com.br

FIGUEIRA JUNIOR, Joel Dias. *Arbitragem: jurisdição e execução: análise crítica da Lei 9.307 de 23.09.1996.* São Paulo. Editora dos Tribunais 1999

INTERNATIONAL COURT FOR ARBITRATION. Facts and Figures on ICC Arbitration – 2009 Statistical Report – February 2010 http://www.iccwbo.org/court/arbitration/index.html?id=34704

INSTRUÇÃO CVM N. 391, DE 16 DE JULHO DE 2001. Disponível em: http://www.cvm.gov.br

INSTRUÇÃO CVM N. 435, DE 5 DE JULHO DE 2006. Disponível em: http://www.cvm.gov.br

MARDEGAN, Herick. **Arbitragem e o direito empresarial: efetividade e adequação. Curitiba: Juruá, 2010. P. 15**

REGULAMENTO DE LISTAGEM DO NOVO MERCADO BOVESPA BRASIL. Disponível em: http://bmfbovespa.com.br

THEODORO JUNIOR, Humberto. *A Arbitragem como meio de solução de controvérsias.* Revista Sínteses de Direito Civil e Processual civil, n. 102, vol. Nov/Dez 99.

VALÉRIO, Marco Aurélio Gumieri. **Arbitragem, em sociedades anônimas: vinculação dos acionistas novos, ausentes, dissidentes e administradores à cláusula compromissória estatutária.** Inclusão do par. 3 ao art. 109 da lei n. 6.404/1976 pela lei 10.303/200, Jus Navegandi, Teresina, 9, n. 781, 23 ago.2005. Disponível em: http://jus2.uol.com.br/doutrina/texto, citando **VENOSA, Silvio de Salvo.**

Arbitragem no Direito Societário Reflexão a Respeito do Processo como Instrumento Eficaz para Garantir a Segurança Jurídica com Isonomia: Necessidade de se Preservar a Ordem Econômica e Social

Márcia Conceição Alves Dinamarco

1. Introdução

Tendo iniciado a minha vida acadêmica como processualista e ministrar aulas até os dias atuais na cadeira de processo civil, apaixonei-me pelo Direito Econômico ao acompanhar o Prof. Nelson Nazar nas turmas de pós-graduação como professora convidada, o que alterou significativamente a forma como vejo e trato o processo.

Assim passei a estudar o processo como uma garantia constitucional à disposição do cidadão sendo um instrumento para assegurar, em sentido amplo, a dignidade da pessoa humana, sem perder de vista a necessidade de que, para que a justiça seja alcançada, seja observada a ordem econômica e social.

O processo nada mais é do que o veículo, instrumento, garantido constitucionalmente, para se pleitear a recomposição quando se alega lesão ou ameaça a direito (CF, art. 5, inc. XXXV).

Estamos diante de uma fase de transição, onde o que era exceção (ações coletivas) está passando a ser regra e o que era regra (ações individuais) passando a ser exceção. Essa mudança de visão das tutelas jurisdicionais refletindo na esfera jurídica de inúmeras pessoas é constatável, por exemplo, na criação dos recursos repetitivos (CPC, art. 543-C; NCPC, art. 1.036).

Diante desse panorama que vem crescendo dia após dia, o que se percebe é um movimento de coletivização das tutelas, sendo que as tutelas individuais estão cada vez mais restritas a direitos realmente individuais.

Esse movimento não poderia ser diferente, pois para que os ditames constitucionais não sejam letras mortas, necessitam para que sejam efetivas, que o instrumento de pacificação que garante a segurança jurídica e a justiça, esteja em consonância com todas as disposições constitucionais, em especial a isonomia (CF, art. 5, caput), celeridade de efetividade (CF, art. 5., inc. LXXVIII).

Foi dentro desse panorama que assistimos às inúmeras alterações por que passou o nosso Código de Processo Civil e a promulgação do Novo Código de Processo Civil cuja entrada em vigor está prevista para março de 2016.

O formalismo do processo, justificável pelo fato de ser um instrumento que visa à segurança jurídica, é louvável, mas não podemos perder de vista que dentro do processo, seja ela qual for, temos uma relação de direito material – individual ou coletiva – em jogo, sendo que se existir um desequilíbrio na relação de direito material, o processo deverá encontrar um mecanismo hábil para equilibrar essa relação. Assim, nesses casos de desequilíbrio na relação de direito material, muitas das disposições gerais do processo ficam afastadas para que esse equilíbrio seja alcançado, como é o caso de inversão do ônus da prova, conhecimento de ofício de incompetência do juízo em razão de cláusula de eleição em contrato de adesão. Temos ainda como exemplo a possibilidade de, em nome da celeridade e efetividade da tutela, a possibilidade da parte optar pelo juízo competente mesmo estando diante de regra de competência absoluta (CPC, art. 475-P, parágrafo único – cumprimento de sentença no domicilio do réu ou onde este tiver os bens). Ainda em outros casos, em nome do princípio da isonomia (CF, art. 5, caput), determina que apenas um ou alguns recursos sejam apreciados e os demais fiquem sobrestados e ao final esse julgamento seja aplicado a todos os demais casos (CPC, 543-C; NCPC, art. 1036).

Diante dessa nova perspectiva e militante na área contenciosa, como advogada, me deparo a todo instante com questões processuais de ordem pública, que aos olhos do processualista são questões de grande relevância e que geram irregularidades/vícios enormes e que sobrevivem ao tempo, sendo que enquanto pendente o processo referidas questões não precluem, podem ser apreciadas e alegadas a qualquer tempo e grau de jurisdição, exatamente por

REFLEXÃO A RESPEITO DO PROCESSO COMO INSTRUMENTO EFICAZ PARA GARANTIR...

se tratar de questões de organização para o bem comum, ou melhor, para a sociedade.

As irregularidades/vícios do processo sempre foram uma preocupação dos processualistas e, em especial, a minha, tanto que a minha dissertação de mestrado foi a respeito da ação rescisória, que é um remédio excepcional e típico que tem por finalidade desconstituir a coisa julgada.

Com a Emenda Constitucional n. 45 de 2004 e a ampliação da competência da Justiça do Trabalho, nos deparamos inúmeras vezes com questões que envolve matérias que seriam afetas à Justiça do Trabalho mas que estavam em curso perante a Justiça Comum e passaram a ser de competência da Justiça do Trabalho e as que foram julgadas pela Justiça Comum e que agora são afetas a Justiça do Trabalho e vice-versa.

Isso me fez refletir a respeito das questões de ordem pública que são intrínsecas ao processo que é um instrumento processual, garantido constitucionalmente e que traz em seu bojo a discussão de um direito material, com a finalidade de que seja apreciado, mas sem perder de vista que a ordem econômica e social deve ser preservada de uma forma equilibrada.

Nessa esteira me deparei com a questão da competência para a execução de créditos trabalhistas diante das recuperações judiciais e falências, devidamente expressa em lei, ou seja, com uma questão de ordem pública que envolve um problema processual de competência absoluta (organização do Poder Judiciário disposta constitucionalmente), pode ser afastada, sem com isso gerar algum vício ou irregularidade.

A análise das questões aqui exposta não pretende esgotar os temas abordados esperando que o leitor reflita, tendo a esperança de que esse é o início de uma caminhada sem fim, sempre com o intuito de buscar soluções mais justas, igualitárias, coerentes, sempre tendo em conta a realidade, as normas, o fato e o valor.

Portanto o que exponho a seguir, em linhas gerais, é uma visão do sistema jurídico como uma unidade sistemática do direito que contém as instituições judiciárias e administrativas, que se interligam por um conjunto de normas com a finalidade de regular a vida em sociedade.

As normas contidas no sistema representam o discurso entre o orador e o ouvinte e é impregnado de mensagem e contém nesse discurso regras e princípios, sendo que as regras são os comandos, parâmetros ou caminhos que podem ser percorridos sem que se possa reinventá-lo – os caminhos estão ali, podendo escolher um ou outro, justificadamente – já os princípios são verdades conquistadas ao longo da história (alguns normatizados e outros não), sendo

DIREITO DOS NEGÓCIOS APLICADO

que os valores permeiam o sistema como um prisma que irradia seus feixes projetando e demarcando o comportamento. Assim para que o sistema gravite e se mantenha equilibrado, necessário que se analise a norma diante dos fatos e valores, diante da realidade histórica, para que se alcance a coesão do sistema.

2. Visão geral do direito processual

Sempre que pensamos em aplicabilidade do direito com justiça e decidibilidade, vem-nos à mente as decisões judiciais, ou seja, aquelas emanadas do Poder Judiciário, sendo que as regras que dispõem a respeito da organização judiciária e como se deve desenvolver o processo integram o ordenamento jurídico nacional, e é constituído de normas, em que se estabelecem condutas daqueles que estão sujeitos a esse ordenamento. Assim, ao definir conduta, prevê também a consequência da submissão ou insubmissão ao seu comando.

O Direito Processual, ramo da ciência do direito voltado ao estudo e regramento dos processos que são levados ao Poder Judiciário, está inserido no ordenamento jurídico e se expressa por meio de normas jurídicas.

É característica da norma processual não ser passível, nem às partes nem ao juiz, afastar a sua incidência.

As regras processuais, em geral, não podem ser derrogadas, sendo que todo e qualquer processo deve ter como pilastra os princípios informativos e fundamentais e assegurar as garantias constitucionais do contraditório, devido processo legal, ampla defesa e isonomia.

Por isso, as normas processuais, caracterizam-se como normas de ordem pública ou cogente, não podendo ser afastadas pela vontade das partes.

Basicamente toda a dinâmica do processo é ligada a essa ideia nuclear de que devem ser observados os princípios e regras constitucionais, sendo que para tanto é previsto atos ordenados (sequenciais) para se chegar ao seu término e, por isso, caso a parte deixe de praticar um ato ou não o pratique por inteiro, em regra, o prejuízo processual será arcado para aquele a quem incumbia a sua prática (ônus), uma vez que o processo é um complexo de atos coordenados, tendentes ao exercício da função jurisdicional.

A jurisdição tal como concebida atualmente, é uma das funções do Estado, exercida pelo Poder Judiciário, tendo por finalidade a de substituir a atividade das partes, de forma imparcial buscando a pacificação do conflito que lhe foi levado pelas partes, sempre mediante um processo e mediante a vontade do direito objetivo, mas que impõe às partes ônus, já que são as titulares do direito material contido no processo e, por isso, a ausência de defesa dos seus interesses no processo poderão lhe acarretar prejuízos.

O Estado ocidental moderno caracteriza-se pela circunstância de sua ordem jurídica assegurar os direitos dos seus cidadãos, de uma forma justa preservando-se sempre a dignidade da pessoa humana.

É por isso que é fundamental a noção de Estado de Direito, já que o próprio Estado é definido e qualificado pela ordem jurídica por ele criada.

A pureza máxima do Estado de Direito reside na limitação imposta pelo próprio Estado à sua esfera de ação, sendo que este não pode governar por governar, deve sim tutelar a sociedade que está sob o seu manto, sempre com vistas a resguardar a ordem econômica e os direitos sociais envolvidos, sem ultrapassar os seus limites do razoável e de acordo com a realidade.

O Estado de Direito implica a submissão total dos governantes e dos governados a um mesmo sistema jurídico.

É impossível se conseguir verdadeiramente liberdade e justiça fora do Estado de Direito, entendido este como sendo o poder em que governantes e governados se submetem à mesma regra jurídica.

Atualmente a atividade jurisdicional é exercida conjuntamente pelo Estado (Poder Judiciário), bem como pela intervenção de uma ou mais pessoas que são investidas de tais poderes por convenção das partes por meio de uma convenção privada, arbitragem, nos termos da lei 9.307/96, desde que as pessoas sejam capazes de contratar e os litígios digam respeito a direitos patrimoniais disponíveis (p.ex. cobrança de uma dívida), nos termos do disposto no art. 1º, de referida Lei e arts. 851 a 853, do Código Civil, onde é disposto que é admitido compromisso judicial e extrajudicial, para resolver litígios entre pessoas que podem contratar, sendo vedado compromisso para solução de questões de estado, de direito pessoal de família e de outras que não tenham caráter estritamente patrimonial, sendo admitido nos contratos a cláusula compromissória, para resolver divergência mediante juízo arbitral, na forma estabelecida em lei.

Tanto a atividade exercida pelo Poder Judiciário como pelas Cortes arbitrais são dotadas de natureza jurisdicional por expressa autorização legal e devem observar o princípio da inércia da jurisdição, dispositivo, contraditório, devido processo legal, isonomia, bem como prezar pela aplicação do justo.

A função jurisdicional é aquela realizada pelo Poder Judiciário e pelas Cortes Arbitrais, tendo como finalidade a aplicação da lei a uma situação controvertida, através de processo regular e que produza coisa julgada. A expressão substituir deve ser entendida como realizada no lugar de.

DIREITO DOS NEGÓCIOS APLICADO

Essa substituição e a prestação jurisdicional se darão no momento em que o Estado der àquele que tem o direito, o objeto que lhe foi entregue para tutelar, sendo que se estivermos diante de um processo de conhecimento, em sendo proferida a sentença de mérito (CPC, art. 269; NCPC, art. 487), sobre esta pesará a autoridade da coisa julgada, acarretando a sua imutabilidade (tanto a sentença de mérito proferida pelos integrantes do Poder Judiciário como as proferidas pelos árbitros são dotadas dessa imutabilidade).

3. Acesso à justiça

Minha perspectiva hoje parte da constitucional para depois verificar como se efetiva no plano infraconstitucional, já que o processo decorre do direito de ação garantido constitucionalmente, exatamente para a garantia da dignidade da pessoa humana.

Sem a possibilidade do acesso à justiça amplo e universalizado, não se alcança a equidade social distributiva.

Isso inclusive fica mais do que demonstrado com as ondas renovatórias responsáveis pela modernização e humanização do Processo Civil.

Não só foi ampliado o acesso à Justiça com a criação e implantação dos Juizados Especiais (cível, federal e fazenda pública), como inúmeras outras alterações foram implementadas no próprio Código de Processo Civil, visando assegurar o aspecto social, econômico e político do próprio processo, fazendo nascer essa nova era do processo civil.

Essa nova era do processo civil é retratada por inúmeros processualistas, mas como não poderia deixar de ser, cito nessa oportunidade o Dr. Cândido Rangel Dinamarco, não por ser meu sogro e ter tido a honra de trabalhar ao lado dele por vários anos, mas sim pela jovialidade e modernidade de seus pensamentos que contém uma lição a cada letra:

> "o processualista moderno deixou de ser mero teórico das normas e princípios diretores da vida interior do sistema processual, como tradicionalmente fora. Foi-se o tempo em que o direito processual mesmo era visto e afirmado como mera técnica despojada de ideologias ou valores próprios, sendo sua exclusiva função a atuação do direito substancial. A consciência dos modos como o exercício da jurisdição interfere na vida das pessoas levou os estudiosos do processo a renegar essa pouco honrosa missão ancilar e assim inseri-lo no contexto das instituições sociais e políticas da nação, reconhecida sua missão relativa à felicidade das pessoas (bem-comum). Daí falar-se nos escopos sociais do processo, em seus escopos

REFLEXÃO A RESPEITO DO PROCESSO COMO INSTRUMENTO EFICAZ PARA GARANTIR...

políticos e só num segundo plano em seu escopo jurídico de dar atuação à lei material. Afinal, processo e direito material compõem a estrutura jurídica das nações e acima da missão de um perante o outro paira a grande responsabilidade de ambos perante os membros da comunidade.

Consciente dessas verdades que hoje temos por patentes, o processualista das últimas décadas tornou-se um crítico. Tomou consciência também da grande necessidade de optar por um método teleológico, em que os resultados valem mais que os conceitos e estruturas internas do sistema. E apercebeu-se de que o bom processo é somente aquele que seja capaz de oferecer justiça efetiva ao maior número possível de pessoas – universalizando-se tanto quanto possível para evitar ilegítimos resíduos não-jurisdicionalizáveis e aprimorando-se internamente para que a ideia de ação não continue sobreposta à de tutela jurisdicional. O processualista moderno sabe que muito menos vale a formal satisfação do direito de ação do que a substancial ajuda que o sistema possa oferecer às pessoas."[1]

Assim o processualista moderno passou a estudar hermenêutica com a finalidade de interpretar a lei substancial – intrínseca em todo processo – segundo critério finalísticos e axiológicos, em prol da justiça de equidade social distributiva.

4. Efetividade

Essa nova era dos processualistas não ficou restrita ao acesso à justiça e a que a esta se dê de uma forma igualitária, mas também no estudo de como tornar cada vez mais efetiva a tutela jurisdicional, exatamente pelo fato de que mesmo depois de proferida uma decisão estas não era cumprida nem espontaneamente e sequer as tutelas de satisfação eram suficientes.

Nessa esteira, muitas técnicas processuais foram introduzidas no Código de Processo Civil em nome da efetividade da tutela, valendo a pena ressaltar os processos sincréticos, as astreintes, as multas, penhoras on line, fungibilidade das tutelas de urgência dentre outras.

Assim, hoje, o processo e os processualistas o tratam não mais como uma mera técnica, mas sim como um instrumento de garantia dos direitos, em especial dos fundamentais.

---

[1] DINAMARCO, Cândido Rangel. Nova era do processo civil, Malheiros, 3. Edição, 2009, p. 20.

DIREITO DOS NEGÓCIOS APLICADO

5. O Processo

A Constituição Federal ao asseverar que a República Federativa do Brasil constitui-se em Estado Democrático de Direito (CF, art. 1º.) instituiu, como forma de assegurar a estabilidade das relações da sociedade e do Estado, três Poderes distintos e autônomos (Poderes Executivo, Legislativo e Judiciário, art. 2º, CF), garantindo o direito de petição ao dispor que "a lei não excluirá da apreciação do Poder Judiciário lesão ou ameaça de direito" (CF, art. 5º, inc. XXXV).

O meio através do qual o Estado garante, efetivamente, o exercício do direito de petição ou direito de ação (conforme a doutrina que se adote), é por intermédio do processo, entendido como instrumento de controle social de que dispõe a sociedade para, acionando um dos Poderes do Estado, pleitear a solução dos conflitos.

Sendo o processo o palco próprio para a resolução dos conflitos individuais e/ou supra-individuais, já que a autodefesa é completamente limitada pelo nosso ordenamento jurídico, interessa-nos entender como esse processo se instaura, se desenvolve e chega ao seu término para cumprir o seu papel social de pacificação.

O processo como instrumento em que se busca a pacificação social, para que reflita exatamente a sua finalidade, deverá observar todas as garantias do Estado Democrático de Direito (especialmente: devido processo legal, contraditório, ampla defesa, isonomia) e levar em consideração os aspectos sociais e econômicos da realidade histórica.

Assim, o processo deve ser visto, entendido e usado, apenas como um instrumento onde se busca a solução e a satisfação do direito substancial (material), as suas regras não devem criar entraves para que o conflito seja dirimido, sob pena de perpetuar o conflito ao invés de solucioná-lo.

Para que o conflito de interesse seja solucionado de uma forma justa, o processo deve ser instaurado por iniciativa de uma das partes (com exceção dos processos na esfera penal e os que envolvem interesses individuais de interesse público) e garantido a ambas o contraditório, ampla defesa, devido processo legal, direito à prova e isonomia, levando a que as suas regras sejam extremamente formais. Temos como exemplo desse formalismo a necessidade de preenchimento de todos os requisitos da petição inicial (CPC, arts. 282, 283 e 39 – Novo CPC, arts. 319; 320 e 106; CLT, art. 840), sob pena de indeferimento; forma e conteúdo da citação (CPC, arts. 219 e ss. – Novo CPC, arts. 240 e ss; CLT, art. 841), sob pena de ser viciada; sequência dos atos a serem praticados; requisitos da sentença (CPC, art. 458 – Novo CPC art. 489; CLT, art. 832) e muitos outros.

Essa formalidade é imposta pela técnica processual e expressa em lei, exatamente para que nenhuma das garantias constitucionais seja violada (contraditório, ampla defesa e devido processo legal).

Em não sendo cumprida ou verificada uma formalidade processual, diz-se que o ato foi praticado de forma irregular, viciada e por isso seria nulo o processo, mas como afirmado acima o processo civil é apenas um instrumento do direito substancial e, portanto, não pode ser colocado acima do próprio direito da parte.

Com isso afirmamos, com todas as letras, que apesar do processo ser completamente formal, essa forma não deve ser levado às últimas consequências. Se o ato praticado de forma irregular ou viciado não acarretou prejuízo à parte ou cumpriu a sua finalidade, não é o caso de anular-se o processo.

José Roberto dos Santos Bedaque em sua obra efetividade do processo e técnica processual, com muita sabedoria deixa claro que o formalismo não deve ser exagerado a ponto de tornar inviável o próprio direito substancial e que o binômio prejuízo e finalidade são vitais à análise da nulidade do processo.

Confira-se a respeito as palavras do doutrinador supra[2]: "propõe-se a ampliar essa visão dos óbices processuais, para incluir a questão da técnica processual, cuja complexidade, incorreta compreensão e má aplicação têm contribuído decisivamente para o insucesso do instrumento. Por isso, a maior colaboração do processualista para eliminar ou pelo menos abrandar o problema é buscar fórmulas destinadas a simplificar o processo, eliminando os óbices que a técnica possa apresentar ao normal desenvolvimento da relação processual. Deve, todavia, fazê-lo com extremo cuidado, para não comprometer alguns valores essências à segurança proporcionada pelo processo. A forma na medida certa é fator de garantia. A ausência dela enseja abusos, normalmente por parte dos mais fortes. O formalismo exagerado, todavia, é sinônimo de burocracia, escudo utilizado pelos covardes e preguiçosos para esconder-se. A técnica constitui fator essencial à idéia de processo. Concebido este como instrumento de que a função jurisdicional do Estado se serve para colocar fim às crises existentes no plano di direito material, necessário regular a maneira como ele opera. É fundamental que o instrumento atue segundo

---

[2] – BEDAQUE, José Roberto dos Santos. *Efetividade do processo e técnica processual*, Malheiros, 2006, p. 25.

DIREITO DOS NEGÓCIOS APLICADO

técnica adequada e apta a possibilitar que os fins sejam atingidos. Esta é a função das formas e formalidades processuais, cuja razão de ser encontra explicação fundamentalmente em fatores externos ao próprio processo. Mas processo não é, e nem poderia ser, somente forma. Toda a organização e a estrutura desse mecanismo encontram sua razão de ser nos valores e princípios constitucionais por ele incorporados. A técnica processual, em última análise, destina-se a assegurar o justo processo, ou seja, aquele desejado pelo legislador ao estabelecer o modelo constitucional ou devido processo constitucional. De nada adianta o processo regular do ponto de vista formal, mas substancialmente em desacordo com os valores constitucionais que o regem."

Com isso conclui-se que o processo é o meio adequado para a solução dos conflitos, mas ele não pode ser um obstáculo em si mesmo, sendo que o instrumento deve efetivamente servir ao objeto pretendido que é exatamente o direito material.

6. A competência

O processo se desenvolve perante o Poder Judiciário que é um dos três Poderes do Estado. Como qualquer órgão do Estado, o Poder Judiciário tem a sua organização e em razão da diversidade das demandas a jurisdição foi dividida, dando origem à competência dos órgãos.

Por sua vez, a competência é subdividida em absoluta e relativa, ou seja, algumas regras são cogentes e não podem ser afastadas pelas partes, sendo que foram criadas em conformidade com a organização do Estado e a sua forma de se organizar e administrar. Já outras regras foram criadas pensando nas partes e na sua conveniência e, por isso, como não afeta a estrutura do Estado, as partes podem abrir mão delas (dispor), diferentemente das regras de competência absoluta.

Portanto, quando estamos diante de uma regra de competência absoluta (matéria; hierarquia\função), como diz respeito à estrutura do Estado, referidas regras são de ordem pública, podendo ser conhecidas a qualquer tempo e grau de jurisdição e inclusive de ofício pelo juiz.

O caráter absoluto da competência tem fundamento na organização do Estado e não podem, em regra, ser suscetíveis a parciais derrogações ditadas por regras infraconstitucionais, que em geral se qualificam como leis ordinárias. As leis infraconstitucionais não podem ter o poder de derrogar normas constitucionais determinadoras da competência. Fixando a

Constituição Federal as normas reguladoras da competência, são absolutas as competências ali estabelecidas. Referidas normas são de ordem pública e mitigar ou limitar sua imposição, mediante incidência das normas flexibilizadoras contidas no Código de Processo Civil, implicaria subverter a ordem hierárquica com transgressão ao princípio da supremacia constitucional. Implicaria, em outras palavras, negar vigência às normas constitucionais sobre competência.

Diante disso, tem-se que a violação as regras de competência absoluta, caracterizam-se como nulidades absolutas, ensejando inclusive a desconstituição da coisa julgada e o rejulgamento da demanda em sede de ação rescisória.

Ocorre que em certos casos as regras de competência absoluta devem ser afastadas – flexibilização – em nome de um bem maior que é a preservação da ordem econômica, direito ao emprego, justiça social, etc., inclusive porque a derrogação de referidas regras em momento algum trará prejuízo aos envolvidos e a finalidade do processo estará sendo cumprida, ou seja, não há porque ser declarada a nulidade se não há prejuízo (CPC, art. 249 – Novo CPC, arts. 282 e 283).

Essa derrogação de questão de ordem pública, mais especificamente da competência absoluta é verificada quando temos o deferimento de uma recuperação judicial ou a decretação de uma falência, onde todos os créditos, inclusive os trabalhistas devem ser habilitados perante o juízo universal (justiça comum estadual).

Como a Constituição Federal dispõe que todas as demandas oriundas da relação de emprego devem ser apreciadas e decididas perante a Justiça Especializada (Justiça do Trabalho), quando o empregador (Lei 11.101/05 – empresário individual, sociedades empresarias. Exclui as sociedades que desenvolvem atividade não empresarial – simples, profissionais intelectuais, as sociedades de economia mista, as empresas públicas e as entidades de previdência complementar, instituição financeira pública ou privada, cooperativa de crédito, consórcio, sociedade operadora de plano de assistência à saúde, sociedade seguradora, sociedade de capitalização) tem deferida a recuperação judicial ou decretada a sua falência, os créditos trabalhistas deverão ser satisfeitos perante a justiça comum e não perante a justiça especializada, ou seja, a regra de competência absoluta será afastada em nome de um bem maior que é assegurar a própria empresa, o emprego, o consumo e com isso fazer-se a justiça social, em prol de toda a coletividade.

Não há que se falar em prejuízo, pois os créditos trabalhistas são tidos como privilegiados e por isso são os primeiros a serem pagos. E mais, a finalidade

DIREITO DOS NEGÓCIOS APLICADO

do processo trabalhista que é o cumprimento da obrigação, pagamento das verbas trabalhistas que representam em sua maioria verba alimentar, estará sendo efetivamente cumprido em sede de recuperação judicial ou falência, só que não perante a justiça especializada e sim perante a justiça comum, o que em momento algum acarreta prejuízo ao empregado.

Em momento algum o processo civil e a sua ciência ficam abalados com a derrogação da competência absoluta no caso acima exposto, ao contrário, a derrogação dessa regra vai ao encontro da própria instrumentalidade do processo e do processo justo e efetivo, que é tão proclamado atualmente.

Poderiam perguntar como fazer para adequar o que foi exposto acima com a hierarquia das normas, já que temos uma norma constitucional que dispõe que os conflitos relacionados à relação de trabalho devem ser processados perante a justiça especializada e uma lei ordinária atual que revoga essa norma constitucional. Como será visto no capítulo seguinte, em razão do critério justo, não temos qualquer inconstitucionalidade da Lei 11.101/2005, chamada Lei da Recuperação Judicial.

7. Juízo de ponderação – derrogação de regra de competência absoluta em nome da manutenção da ordem econômica.

Diante da necessidade de assegurar a ordem econômica tal qual prevista constitucionalmente e para a manutenção do patrimônio do Estado, também previsto constitucionalmente e com a finalidade de preservar-se a empresa, é que nasceu a Lei 11.101, de 9 de fevereiro de 2005, denominada Lei de Falências e Recuperação Judicial, com a finalidade precípua de assegurar o desenvolvimento da própria sociedade para manter a riqueza do país, pois a ausência da exploração econômica por iniciativa particular através das empresas (aqui nominado em sentido genérico), ou mesmo a sua quebra gerará ausência de emprego e sem trabalho não haverá consumo. Assim referida lei está em consonância com o disposto nos arts. 170 e 219, da Constituição Federal, não tendo deixado em momento algum de levar em conta o aspecto social, que é de grande importância no estudo do aspecto econômico, em todas as searas.

Referida lei traz em seu corpo tanto regras de direito material como processual, com o objetivo precípuo de "viabilizar a superação da situação de crise econômico-financeira do devedor, a fim de permitir a manutenção da fonte produtora, do emprego dos trabalhadores e dos interesses dos credores, promovendo, assim, a preservação da empresa, sua função social e estímulo à atividade econômica" (art. 47, da Lei de Falência).

REFLEXÃO A RESPEITO DO PROCESSO COMO INSTRUMENTO EFICAZ PARA GARANTIR...

Com isso, referida lei dispõe que todos os créditos e débitos – com exceção dos fiscais – devem ser trazidos para dentro desse processo e aí serem resolvidos, em conformidade com o plano de recuperação a ser apresentando e, em sendo cumprido viabilizará a manutenção da empresa, ou não sendo viável a recuperação – seja por ausentes os requisitos para o seu deferimento seja pela ausência de aprovação do plano de recuperação ou não cumprimento deste – será decretada a sua quebra.

Apesar de a lei ser clara e conter inúmeros dispositivos que tratam a respeito da suspensão de todas as execuções, inclusive as trabalhistas, não há como negar que pela Emenda Constitucional 45 de 30 de dezembro de 2004, onde está expresso que "compete à Justiça do Trabalho processar e julgar as ações oriundas da relação de trabalho, abrangidos os entes de direito público externo e da administração pública direta e indireta da União, dos Estados, do Distrito Federal e dos Municípios"[3], o que levou a que fosse analisado e julgada a constitucionalidade de referida derrogação de regra de competência absoluta e o que a justifica.

---

[3] – Art. 114. Compete à Justiça do Trabalho processar e julgar:
I- as ações oriundas da relação de trabalho, abrangidos os entes de direito público externo e da administração pública direta e indireta da União, dos Estados, do Distrito Federal e dos Municípios;
II- as ações que envolvam exercício do direito de greve;
III- as ações sobre representação sindical, entre sindicatos, entre sindicatos e trabalhadores, e entre sindicatos e empregadores;
IV- os mandados de segurança, habeas corpus e habeas data , quando o ato questionado envolver matéria sujeita à sua jurisdição;
V- os conflitos de competência entre órgãos com jurisdição trabalhista, ressalvado o disposto no art. 102, I, o ;
VI- as ações de indenização por dano moral ou patrimonial, decorrentes da relação de trabalho;
VII- as ações relativas às penalidades administrativas impostas aos empregadores pelos órgãos de fiscalização das relações de trabalho;
VIII- a execução, de ofício, das contribuições sociais previstas no art. 195, I, a , e II, e seus acréscimos legais, decorrentes das sentenças que proferir;
IX- outras controvérsias decorrentes da relação de trabalho, na forma da lei.
§ 1º ....
§ 2º Recusando-se qualquer das partes à negociação coletiva ou à arbitragem, é facultado às mesmas, de comum acordo, ajuizar dissídio coletivo de natureza econômica, podendo a Justiça do Trabalho decidir o conflito, respeitadas as disposições mínimas legais de proteção ao trabalho, bem como as convencionadas anteriormente.
§ 3º Em caso de greve em atividade essencial, com possibilidade de lesão do interesse público, o Ministério Público do Trabalho poderá ajuizar dissídio coletivo, competindo à Justiça do Trabalho decidir o conflito. (NR)

O primeiro aspecto analisado foi com relação a universalidade que é gerada em razão da decretação da falência e a eventual possibilidade do patrimônio da falida ou da recuperanda ser objeto de alienação ou partilhamento em foro distinto daquele onde tramita a recuperação judicial ou a falência, tornaria inoperante o próprio instituto e os seus dispositivos, e por isso o foro competente para decidir a respeito da disponibilidade do patrimônio é o Juízo por onde tramita a Recuperação Judicial/Falência.

Não há como negar a existência de conflito normativo, pois enquanto uma norma dispõe que todos os assuntos que versem sobre relação de emprego devem ser tratados perante a Justiça Especializada, a Justiça do Trabalho, temos outra norma que disciplina que sendo instaurado o juízo universal, ou seja, estando uma empresa em situação de recuperação judicial ou falência, todos os assuntos que envolvam referida pessoa devem ser resolvidos perante a Justiça Comum, no caso a Vara Especializada (se existente) ou a Vara Comum (se inexistente a vara especializada), perante a Justiça Estadual.

As normas em conflitos (aparente ou não) são: (a) dispositivo constitucional (art. 114) e (b) Lei 11.101/05, chamada Lei das Recuperações Judiciais.

Os operadores de Direito denominam esses conflitos normativos de antinomias e esclarecem que para solucionar devemos utilizar critérios normativos, e estão dispostos na Lei de Introdução às Normas do Direito Brasileiro.

A primeira coisa a se fazer quando se depara com um conflito normativo, é verificar se se trata de uma antinomia aparente, ou seja, se é possível resolver esse conflito normativo por meio dos critérios hierárquicos, cronológicos e da especialidade. Se sim, estaremos diante de um conflito aparente, em caso negativo estaremos diante de uma antinomia real.

Pelos critérios para solução de uma antinomia aparente, temos;

a) critério hierárquico – no qual a lei superior derroga a lei inferior. O problema estaria resolvido e a solução dada deveria ser a de que o Juízo competente para apreciar e julgar tudo a respeito de questões que envolvam relações de trabalho seria a Justiça do Trabalho (art. 114, CF) e, por isso, nulos seriam todos os atos realizados fora da jurisdição da Justiça do Trabalho, por violarem regra de competência absoluta, tida como questão de ordem pública;

b) critério cronológico – temos que a redação do art. 114 da Constituição Federal, tal qual encontramos hoje, foi dado pela Emenda Constitucional n. 45, de 8 de dezembro de 2004, que entrou em vigor na mesma data (art. 10), sendo a Lei das Recuperações Judiciais (Lei n. 11.101),

REFLEXÃO A RESPEITO DO PROCESSO COMO INSTRUMENTO EFICAZ PARA GARANTIR...

é datada de 9 de fevereiro de 2005, que entrou em vigor 120 (cento e vinte dias) após a sua publicação, ou seja, aos 8 de junho de 2005. Por esse critério, teríamos que as disposições da Lei de Recuperação Judicial teriam revogado a lei anterior quando analisada no contexto tratado por esta Lei. Mas a questão continua não sendo simples, pois o critério cronológico restringe-se a regras do mesmo escalão, sendo que no caso estamos analisando conflito entre normas de escalões diversos – norma constitucional e norma ordinária – e por isso ainda prevalece o critério hierárquico;

c) critério da especialidade – por referido critério, lei especial derroga lei geral, também prevaleceria a Lei das Recuperações Judiciais, já que esta regulamenta a recuperação judicial e a falência do empresário e da sociedade empresária, dispondo inclusive como e onde devem ser processados os atos quando referidas pessoas tiverem sob o comando de referida Lei. A lei especial, no caso a de Recuperação Judicial, em momento algum revogou qualquer outra Lei, o que ela faz é dispor a forma de como devem ser procedidos todos os atos quando se enquadrar na situação especial que por ela é tratada. Tanto a Lei geral como a Lei especial continuam em vigor, sendo que a lei especial deverá ser aplicada em detrimento da situação especial quando ocorrida, sendo que caso não se enquadre sob o seu manto, o que deverá ser aplicado serão as normas da Lei Geral. Reproduzindo as palavras de Maria Helena Diniz[4], temos que *"esse critério serviria, numa certa medida, por ser decorrência do princípio constitucional da isonomia, para solucionar antinomias, tratando desigualmente o que é desigual, fazendo as diferenciações exigidas fática e axiologicamente, apelando para isso à ratio legis. Realmente, se, em certas circunstâncias, uma norma ordena ou permite determinado comportamento somente à algumas pessoas, as demais, em idênticas situações, não são alcançadas por elas, por se tratar de disposição excepcional, que só vale para as situações normadas"*.

Por esse panorama, a questão não se encontra resolvida, pois não se trate de votação, ou seja, quantos dos critérios prevalecem a favor de uma ou outra disposição legal, sendo que a resposta à questão deve ser encontrada levando em conta os critérios supra sempre optando por um e não pelo conjunto deles.

Toda vez que nos depararmos com situações onde surge conflito entre os próprios critérios, ou seja, antinomia entre os próprios critérios, a solução a

---

[4] – DINIZ, Maria Helena. *Lei de introdução do código civil*. 13ª. Ed. Saraiva: São Paulo. 2007, p. 79.

DIREITO DOS NEGÓCIOS APLICADO

ser adotada é a aplicação de metacritérios e estaremos diante de antinomia de antinomias denominadas de antinomias de segundo grau. Que é o que acontece no presente caso.

Aqui no caso temos um conflito entre o critério hierárquico e o cronológico, sendo que pelo metacritério a ser adotado o que deverá prevalecer é o critério hierárquico. Desse ponto de vista o Juízo competente seria o da Justiça do Trabalho, sendo inclusive inconstitucional a regra que dispõe diferentemente do disposto no art. 114 da Constituição Federal.

Mas aqui no caso, o que efetivamente leva a que se verifique a existência da antinomia de segundo grau é o fato de que o critério hierárquico e o da especialidade parecem antagônicos entre si. Nesses casos, como temos norma superior-geral em conflito com norma inferior-especial e inexiste um metacritério a ser adotado, estamos diante de uma antinomia real. Nesses casos o que tem que prevalecer é uma norma constitucional, que inclusive é uma cláusula pétrea, que é o princípio da igualdade, ou seja, o que é igual deve ser tratado como igual e o que é diferente, de maneira diferente.

Ora, se no presente caso temos uma situação especial, ou seja, um empresário ou uma sociedade empresária em recuperação judicial ou falência e existindo uma norma especial regulando essas pessoas em referida situação, todas as demais regras gerais não serão aplicadas a esse caso, sendo que continua válida e vigente para todos os demais, desde que não enquadrado na situação especial.

Com isso concluímos que "a norma especial acresce um elemento próprio à descrição legal do tipo previsto na norma geral, tendo prevalência sobre esta, afastando assim o bis in idem, pois o comportamento só se enquadrará na norma especial, embora esteja previsto na geral"[5]. E mais "ter-se-á, então, de considerar a passagem da lei geral à exceção como uma passagem da legalidade abstrata à equidade. Essa transição da norma geral à especial seria o percurso de adaptação progressiva da regra de justiça às articulações da realidade social até o limite ideal de um tratamento diferente para cada indivíduo, isto porque as pessoas pertencem à mesma categoria deverão ser tratadas da mesma forma, e as outras, de modo diverso"[6].

Portanto, no caso de estar em curso uma recuperação judicial ou uma falência, todos os atos de disponibilidade de patrimônio deverão ocorrer na

[5] – DINIZ, Maria Helena. Ibid. p.78.
[6] – Idem. Lei de introdução ao Código Civil. P. 78-79.

seara da Jurisdição do Juízo a quem compete o processo de recuperação judicial ou de falência.

Esse raciocínio em momento algum fere quaisquer princípios sejam legais, morais, filosóficos, sociológicos, etc., ao contrário vão ao encontro de todos eles, já que é uma questão de justiça de que todos sejam tratados igualmente, tratando desigualmente os desiguais, fazendo com que o Capitalismo seja efetivamente Humanista.

No caso o empresário ou a sociedade empresarial está em situação especial e para que todos os credores possam igualmente receber os créditos a quem têm direito, nada mais justo que todos se reúnam perante o mesmo palco (processo de recuperação judicial ou falência) para que possam partilhar dos frutos que advirão desse processo. Lembre-se ainda, que a própria Lei de Recuperação Judicial dispõe explicitamente a respeito do princípio da igualdade, tendo regras mais do que claras com relação ao tratamento dos iguais e dos desiguais, ou seja, aqueles que têm uma condição especial são os primeiros a receber o que lhe é devido (e os trabalhistas são os primeiros da lista), sendo que só depois é que aqueles que não detêm a condição especial receberão a sua cota parte.

O Supremo Tribunal Federal inclusive reconheceu a relevância da questão[7], e o Superior Tribunal de Justiça, repetidamente já decidiu que em razão da universalidade gerada em razão da recuperação judicial, todos os créditos devem ser resolvidos neste processo[8] [9].

---

[7] – EMENTA: CONSTITUCIONAL. CONFLITO DE COMPETÊNCIA. PLANO DE RECUPERAÇÃO JUDICIAL. CRÉDITOS TRABALHISTAS. REPERCUSSÃO GERAL RECONHECIDA. Oferece repercussão geral a questão sobre qual o órgão do Poder Judiciário é competente para decidir a respeito da forma de pagamento dos créditos, incluídos os de natureza trabalhista, previstos no quadro geral de credores de empresa sujeita a plano de recuperação judicial.

[8] – EMENTA: CONFLITO POSITIVO DE COMPETÊNCIA, COMERCIAL LEI 11.101/05, RECUPERAÇÃO JUDICIAL. PROCESSAMENTO DEFERIDO. A decisão liminar da justiça trabalhista que determinou a indisponibilidade dos bens da empresa em recuperação judicial, assim também dos seus sócios. Não pode prevalecer, sob pena de se quebrar o princípio nuclear da recuperação, que é a possibilidade de soerguimento da empresa, ferindo também o princípio da "par conditio creditorum". É competente o juízo da recuperação judicial para decidir acerca do patrimônio da empresa recuperanda, também da eventual extensão dos efeitos e responsabilidades aos sócios, especialmente após aprovado o plano de recuperação. Os créditos apurados deverão ser satisfeitos na forma estabelecida pelo plano, aprovado de conformidade com o art. 45 da Lei 11.101/2005. Não se mostra plausível a retomada das execuções individuais após o mero decurso do prazo legal de 180 dias. Conflito conhecido para declarar a competência do juízo da 3ª vara de Matão /SP.

[9] – CC 68173/SP, CONFLITO DE COMPETÊNCIA 2006/0176543-8, rel. Min. Luis Felipe Salomão.

DIREITO DOS NEGÓCIOS APLICADO

Diante do quadro supra é que foi analisada a questão da efetividade do processo em prol de uma justiça social plena, ou seja, a quem compete executar os créditos trabalhistas, levando em consideração a filosofia da Lei de Falências bem como a história da Justiça do Trabalho que foi sempre calcada na informalidade processual para atender a camada de trabalhadores, sendo que tentamos demonstrar que não haveria qualquer prejuízo ao trabalhador/empregado sua submissão ao juízo universal, sendo possível conciliar as normas de proteção do trabalhador com as normas de conteúdo empresarial.

A pilastra principal está apoiada na efetividade do processo, sendo que a derrogação de regra de competência absoluta em momento algum abala o Estado Democrático de Direito, já que o que se está preservando, viabilizando e tornando factível é a superação da situação de crise econômico-financeira do devedor, permitindo assim a manutenção da fonte produtora, do emprego dos trabalhadores e dos interesses dos credores, evitando-se com isso um caos social.

O Supremo Tribunal Federal atento a essa realidade tem aplicado a regra de modulação, o que é salutar em nome da segurança jurídica.

8. Conclusão

O presente artigo pretendeu demonstrar que para a manutenção do Estado Democrático de Direito, e para assegurar os direitos fundamentais resguardados constitucionalmente, a ordem econômica tem como primado a livre iniciativa e o valor do trabalho, sendo que é necessária uma análise ponderada de cada um desses direitos, exatamente para que um direito não se sobreponha ao outro e possamos ter efetivamente uma democracia, sendo que o fator econômico isolado não pode prevalecer por si só, devendo também ser levado em consideração as normas e os valores envolvidos, pois entende-se que o direito não é produto das relações econômicas e como tal instrumento de dominação das classes, sendo que todos os elementos devem ser analisados e levados em consideração para alcançar-se a justiça.

Essa ponderação não significa que se está fazendo uma interpretação contra legem, ao contrário, o que se espera é que a norma posta seja obedecida e que sejam observados todos os interesses, de forma equilibrada.

Assim, diante da história verificamos que os Direitos Sociais foram aos poucos sendo garantidos e, atualmente, o valor do trabalho é inclusive resguardado como um direito fundamental e os direitos sociais ganharam um título próprio dentro da Constituição.

REFLEXÃO A RESPEITO DO PROCESSO COMO INSTRUMENTO EFICAZ PARA GARANTIR...

Não se pode olvidar, com isso, que os Direitos Sociais, representam hoje uma conquista da sociedade e são estudados dentro dos seus princípios e normas, sendo um ramo com características próprias, que não se confunde nem com o Direito Público e nem com o Direito Privado.

Portanto hoje o estudioso do direito deve ter em mente três ramos distintos do direito: o Direito Público, o Direito Privado e o Direito Social, sendo que um não pode se sobrepor ao outro, sob pena de violar-se o princípio da igualdade e sim ser levado em consideração os três ramos do direito, para termos o equilíbrio.

Sendo o direito do trabalho ramo do direito social e integrante da ordem econômica, a sua organização é de suma importância para a manutenção do nosso Estado.

Exatamente pelo fato de que não se trata de uma cláusula pétrea a organização judiciária, é que foi possível a Emenda Constitucional 45 que alterou a competência da Justiça do Trabalho, ampliando-a. Não sendo uma cláusula pétrea nada impede que ela ceda diante de outra norma constitucional que representa direito fundamental, tal qual é a livre iniciativa e a valorização do trabalho. Sendo a competência, mesmo as regras de competência absoluta, normas administrativas do processo, que é uma instrumento de garantia do Estado, ou seja, a competência sendo uma questão intrínseca ao processo, não acarreta prejuízos ou irregularidade se derrogada em nome de um outro direito, com dimensões maiores.

A lei de falências ao dispor que todas as execuções devem tramitar perante o juízo universal não é inconstitucional, pois está no âmbito da reserva legal sem em momento algum ferir o princípio da legalidade.

A simples alegação de que a Justiça do Trabalho é uma justiça especializada e que é um ramo jurídico autônomo, não é suficiente para afastar a competência da Vara por onde tramita a Recuperação Judicial e a Falência, para as execuções trabalhistas. Inclusive, a íntima correlação dos ramos jurídicos e do direito requer em certas circunstâncias que mesmo questões de ordem pública cedam em nome de garantias fundamentais.

Referidas considerações estão calcadas nas seguintes pilastras: motivo – manutenção da ordem econômica; meio- execução trabalhista no juízo da recuperação judicial; fim – pagamento de todos os credores de forma a dar guarida ao princípio da igualdade e com isso dar-se a efetividade ao sistema.

Inclusive para chega-se a essa conclusão foi analisado se seria necessária e exigível tal derrogação, ou seja, se existia um meio menos gravoso, sendo que

DIREITO DOS NEGÓCIOS APLICADO

tendo o legislador incluído o crédito trabalhista como preferencial, já espanca qualquer dúvida com relação a prioridade quando do pagamento.

Assim, as premissas que levaram a referidas conclusões são as seguintes:

1. um dos princípios fundamentais do Estado, expressamente disposto no art. 1º da Constituição Federal é o de assegurar a livre iniciativa e os valores sociais do trabalho, que representam a coluna vertebral da ordem econômica, ou seja, sem que ambos sejam assegurados de forma equilibrada e harmônica, a ordem econômica e o próprio Estado tal qual foi concebido não se sustenta;

2. apesar de a Constituição ser constituída de normas escritas e de matérias estruturais e fundamentais e por isso ser rígida (CF, art. 60), necessitando de procedimentos específicos para que os dispositivos sejam alterados, o seu texto tem que ser permeável diante de novas realidades e demandas sociais. Exatamente por essa razão e nesse sentido é que se afirma que as normas constitucionais comportam mecanismos de mudança formal e constitucionais, para adaptá-la a realidade, mas a sua essência ou o *espírito da Constituição*, por representarem cláusulas pétreas – está fora do âmbito de alteração material pelo constituinte derivado, inclusive porque se assim não fosse a identidade constitucional e o Estado Democrático, deixariam de existir, fazendo nascer um novo Estado com outros valores e organização;

3. pelo disposto no § 4º, do art. 60 da Constituição Federal, está expresso que: "*não será objeto de deliberação a proposta de emenda tendente a abolir*: *I- a forma federativa de Estado; II- o voto direto, secreto, universal e periódico; III- a separação de Poderes; IV- os direitos e garantias individuais*" (g.n.);

4. os direitos fundamentais, como o próprio nome diz, servem de fundamento para o mínimo existencial, que garante a dignidade da pessoa humana assegurada no inc. IV, do art. 1º, da Constituição Federal e que constitui o fundamento do Estado Democrático de Direito. E como todos os direitos fundamentais, seja de primeira ou de última geração estão todos dispostos com vista a assegurar a dignidade da pessoa humana, tem-se que todos eles são cláusulas pétreas e não apenas os direitos individuais e isso está mais do expresso na Constituição Federal, tanto que o Título II é denominado de: DOS DIREITOS E GARANTIAS FUNDAMENTAIS, englobando os direitos e deveres individuais e coletivos; direitos sociais; nacionalidade; direitos e partidos políticos (arts. 5º. ao 17);

REFLEXÃO A RESPEITO DO PROCESSO COMO INSTRUMENTO EFICAZ PARA GARANTIR...

5. outro aspecto de suma importância é o de que não há hierarquia entre os direitos seja de primeira ou de última geração. Todos devem conviver de forma harmônica sem que um se sobreponha ao outro e, exatamente para evitar a chamada colisão de direitos fundamentais é que é utilizada a técnica de ponderação, sempre tendo em mente e sendo levado em consideração se estamos diante de uma cláusula pétrea ou não;

6. a colisão entre direitos fundamentais não é excepcional e sim usual, já que estamos diante de direitos potencialmente contraditórios;

7. a técnica de ponderação é reconhecida pelos nossos Tribunais sendo denominado como princípio da razoabilidade ou da proporcionalidade, indistintamente;

8. tendo como ponto de partida que o Direito deve ser concebido como tridimensional, tem-se sempre que buscar um equilíbrio, com o exame da questão de uma forma sensata, prudente, regular e conforme a razão, com o fim de coibir excesso;

9. os termos razoável e proporcional traduzem e contém em seu interior a conotação de equilíbrio, tal qual preconizado na teoria tridimensional, passando a denominar essa forma de calibração como princípio da proporcionalidade ou da razoabilidade;

10. os princípios integram o nosso Sistema, sejam eles implícitos ou explícitos e, têm por objetivo buscar a solução mais razoável, dentro das circunstâncias sociais, econômicas, culturais e políticas que envolvem a questão, sem se afastar dos parâmetros legais e decorrem dos subsistemas normativos e originados da evolução do pensamento humano e apoiadas nas mais altas inspirações da humanidade civilizada;

11. os princípios devem ser buscados, utilizando a dedução, indução e juízos valorativos, segundo um roteiro onde inicialmente investiga-se na norma positiva mais específica e seguindo até a constituição e posteriormente procurar nos princípios de todo o direito positivo das outras nações, prosseguindo no direito costumeiro, comparado e na própria filosofia do direito;

12. o conceito jurídico mais aceito da expressão "ordem econômica" é o de que é um conjunto de normas e regras que definem a forma com que o Estado regulará a atividade privada, e quando e como intervirá na economia, levando em conta os fatores e aspectos econômico-sociais, visando manter o equilíbrio do mercado interno, que é patrimônio nacional, conforme disposto no art. 219 da Constituição Federal;

DIREITO DOS NEGÓCIOS APLICADO

13. a expressão ordem econômica foi incorporada ao vocabulário jurídico a partir do século XX traduzindo a ideia de sistema voltado a organizar as relações econômicas em um determinado Estado. Sendo que essa ordem reflete na tomada nos atos praticados e a serem praticados pelo legislador (constituinte ou infraconstitucional), como forma de assegurar o Estado tal qual ele foi concebido politicamente;

14. ao mesmo tempo não há controvérsia de que o capitalismo se alicerça hoje na liberdade e na propriedade privada, sendo que a forma em que o Estado irá se estruturar para que essa pilastra se mantenha, depende do aspecto político e não econômico;

15. a Constituição de 1988, diferentemente das anteriores, não concede ao Poder Legislativo (Estado legislador), competência para legislar a respeito da ordem econômica, em especial para instituir monopólios estatais. Ao Estado é dado o controle por meio de atuação repressiva, com a finalidade de apurar a prática de ilícito decorrente do abuso do poder econômico, conforme previsto no art. 173, § 4º, da Constituição Federal;

16. a livre iniciativa que é uma das pilastras da ordem econômica, contém em seu conceito e fundamento outros princípios constitucionais, a saber (a) propriedade privada (art. 5º., inc. XXII; 170, II); (b) liberdade de empresa (§, 170); (c) livre concorrência (170, inc. IV) e (d) liberdade de contratar, decorrência lógica do princípio da legalidade (5º., inc. II);

17. a iniciativa privada tem um papel relevante e primordial na ordem econômica, sendo que a premissa básica é o compromisso social com os parceiros e com a sociedade como um todo. Em momento algum o fato de a iniciativa privada ter essa responsabilidade social, limita a sua livre iniciativa e também não é um *laissez faire*, pois a livre iniciativa como já dito, se conjuga com a valorização do trabalho humano e outras garantias devidamente expressas no texto constitucional. Assim a iniciativa privada (a) tem deveres com os seus empregados, devendo valorizá-lo, assegurando assim a oferta de emprego; (b) tem obrigações com seus fornecedores, assegurando assim o ciclo produtivo; (c) tem obrigação com os consumidores, que é a quem se destina a atividade econômica; (d) tem que observar as regras ambientais e um ambiente saudável e (e) tem responsabilidade tributária;

18. sendo responsabilidade do Estado manter uma sociedade sã e pacífica, cabe ao Estado intervir em situações excepcionais exatamente para reorganizar o mercado caso esteja deteriorado e onde os princípios tenham entrado em rota de colisão e não se encontrem aplicados e sendo

operados de forma regular. Mesmo nessas situações excepcionais deve ser levado em conta e observado outros princípios exatamente para que o próprio Estado Democrático de Direito não entre em colapso;

19. a ordem social tal qual se encontra disposta e estruturada na nossa Constituição Federal (Título VIII, arts. 193 a 232), é uma inovação do nosso Constituinte e uma conquista da sociedade, pois nas Constituições anteriores a ordem social estava assegurada, mas sempre em decorrência da ordem econômica e era tratada como subitem da ordem social, sendo que agora ganhou um espaço e um tratamento diferenciado e especializado;

20. a Ordem Social nas Constituições anteriores estava restrita a assegurar o direito dos trabalhadores e dos profissionais liberais, sendo que hoje a ordem social *"tem como base o primado do trabalho, e como objetivo o bem estar e a justiça social"*, contendo em seu interior as diretrizes com relação a seguridade social que trata da saúde, previdência social e assistência social; educação, cultura e desportos; ciência e tecnologia; comunicação social; meio ambiente; família, criança, adolescente e idoso e dos índios;

21. o direito econômico visa assegurar a política econômica enquanto o direito social visa assegurar o cidadão e a sociedade, ou seja, um assegura a manutenção do Estado e o outro os bens que compõem o Estado (pessoas e o meio ambiente);

22. o trabalho é um direito social, mas integra a ordem econômica, tal como disposto no inc. IV, do art. 1º da Constituição Federal que dispõe conjuntamente como fundamento do Estado, os valores sociais do trabalho e da livre iniciativa, acontecendo o mesmo no *caput* do art. 170 da carta magna, ao dispor que *"a ordem econômica, fundada na valorização do trabalho humano e na livre iniciativa ..."*;

23. todas as vezes que nos deparamos com uma questão que envolva a livre iniciativa e o trabalho, referidas questões devem ser analisadas com muito vagar, pois o que for decidido poderá ter reflexo tanto na ordem econômica como na ordem social, sendo que em momento algum um valor poderá se sobrepor ao outro e para isso temos que analisá-los conjuntamente, sabendo que um complementa o outro para a manutenção do sistema tal qual ele se encontra desenhado em nossa Constituição;

24. tradicionalmente, sempre estudamos dois ramos do direito: o público e o privado, sendo que hoje não é mais factível apenas essa dualidade, por

DIREITO DOS NEGÓCIOS APLICADO

não mais representar a realidade, inclusive formal da própria Constituição que abriu um Título próprio para tratar a respeito do direito social; e

25. se o próprio Constituinte, diante da realidade histórico-cultural inseriu e abriu um capítulo para tratar a respeito da Ordem Social, não podemos fechar os olhos a esse contexto normativo e sim estudar e aplicar as normas tal qual elas estão dispostas.

Com isso concluo que estando expresso na Lei de Falência e Recuperação Judicial a derrogação de regra de competência absoluta, dispondo que as execuções dos créditos trabalhistas deverão ser satisfeitos no bojo das recuperações judiciais e falência, e sendo está lei válida, inclusive tendo sido objeto de análise de sua constitucionalidade pelo Supremo Tribunal Federal, não há como afastar a incidência de seus dispositivos legais.

Muito se discute a respeito da politização da justiça e seus riscos. Mas quando estamos tratando de norma constitucional, esse risco não pode ser totalmente eliminado. A Constituição é, precisamente, o documento que transforma o poder constituinte em poder constituído, isto é, Política em Direito. Essa interface entre dois mundos dá à interpretação constitucional uma inexorável dimensão política, mas volto a destacar que a todo instante temos que voltar os olhos a norma, ao fato e valores, sendo que os princípios têm que ser relidos e não afastados ou renegados. Essa releitura constitui uma tarefa jurídica. Sujeita-se, assim, aos cânones de racionalidade, objetividade e motivação das decisões judiciais, devendo reverência à dogmática jurídica, aos princípios de interpretação e aos precedentes. Se os julgados desconsiderassem as consequências políticas de suas decisões poderia em nome de uma justiça individual acarretar resultados injustos ou danosos ao bem comum ou aos direitos fundamentais. Outra premissa importante é que o agir deve ser dentro das possibilidades e dos limites abertos pelo ordenamento jurídico.

Defendo assim que somente é juridicamente defensável solução econômica sob o tríplice ideal de liberdade, igualdade e solidariedade, não o da Revolução Francesa, que na verdade foi um ideal de liberalismo clássico burguês; nem se diga da Revolução Socialista, cujo ideal marxista suprime a liberdade; porém, no ideal em que se consagrem a liberdade e a igualdade, na medida da proporcionalidade fixada pela solidariedade, numa cadeia de adensamento entre elas, pela qual, em respeito à dignidade da pessoa humana, todos devem ser incluídos socialmente mediante a inserção numa economia de mercado, em que predomine o relativo individualismo entre as pessoas, condicionado a que o povo, no seu todo, tenha indistintamente acesso ao mínimo vital, para garantir a todos existência digna conforme as conquistas de desenvolvimento político, econômico, social e cultural, bem como a concretização básica dos direitos sociais (educação, saúde, trabalho, moradia, lazer, segurança, previdência social, proteção à maternidade e a infância, assistência aos desamparados), o que, sem dúvida, é o critério objetivo de igualdade mínima para os cidadãos.

Referências

BEDAQUE, José Roberto dos Santos. Garantia da amplitude de produção probatória. In: CRUZ E TUCCI, José Rogério (org.). Garantias constitucionais do processo civil. São Paulo: RT, 1999.

_____. Direito e processo: influência do direito material sobre o processo. 2. ed. São Paulo: Malheiros, 2001.

BARROSO, Luís Roberto. Curso de Direito Constitucional Contemporâneo – os conceitos fundamentais e a construção do novo modelo, 3ª edição, 2ª tiragem, Editora Saraiva, 2012.

CANARIS, Claus Wilhelm. *Pensamento sistemático e conceito de sistema na ciência do direito*. 3. ed. Lisboa: Fundação Calouste Gulbenkian. 2002.

CARVALHO, Paulo de Barros. *Introdução do estudo do direito – Técnica, decisão dominação*. Editora Atlas. 2007, São Paulo.

Constituição da República Federativa do Brasil. (Publicada no Diário Oficial da União nº 191-a, de 5 de outubro de 1998).

DINAMARCO, Cândido Rangel. **Teoria geral do processo.** 13. ed. São Paulo: Malheiros, 1997.

_____. Instituições de direito processual civil. São Paulo: Malheiros, 2004. v. 4.

_____. **A reforma da reforma.** 2. ed. São Paulo: Malheiros, 2002.

DINIZ, Maria Helena. *Conceito de norma jurídica como problema de essência*. Editora Saraiva. 4. ed. 2003, São Paulo.

_____. **Conflito de normas.** Editora Saraiva. 8. ed. – revista e atualizada. 2008. São Paulo.

HART, Herbert. **O conceito de direito.** 3. ed. Lisboa: Fundação Calouste Gulbenkian. 2002.

KELSEN, Hans. *Teoria pura do direito*. Trad: João Baptista Machado. 7.ed. São Paulo: Martins Fontes, 2006.

LAZZARINI, Alexandre Alves. A lei de recuperação e falências e o direito de família. São Paulo, 2006, no prelo.

LIEBMAN, Enrico Tullio. Manual de direito processual civil. Trad. e notas Cândido Rangel Dinamarco. 2. ed. Rio de Janeiro: Forense, 1985.

Malheiros, 1997.

MORAIS, Sabrina. *O direito humano fundamental ao desenvolvimento social: uma abordagem interdisciplinar ao direito constitucional comparado entre Brasil e Espanha*. Florianópolis: OAB/SC, 2007.

DIREITO DOS NEGÓCIOS APLICADO

NERY, Rosa Maria de Andrade. *Responsabilidade da doutrina e o fenômeno da criação do direito pelos juízes in* Processo e Constituição, estudos em homenagem ao Professor José Carlos Barbosa Moreira. Editora Revista dos Tribunais. 2006, São Paulo.

NUNES, Rizzatto. Manual de monografia jurídica. São Paulo: Saraiva, 2008.

REALE, Miguel. *Teoria do Direito e do Estado.* 4. ed. São Paulo: Saraiva, 2000.

_____. *Lições Preliminares de Direito.* 27. ed. São Paulo: Saraiva, 2003.

REALE, Miguel. *Teoria tridimensional do direito – Situação Atual.* Editora Saraiva. 5. ed. 2005, São Paulo.

SAYEG, Ricardo Hasson. **Doutrina humanista de direito econômico: a construção de um marco teórico.** Tese de Livre-docência defendida e não publicada. PUC-SP, 2009

RESP 813979/ES, j. 26/11/2008, (Conflito de competência), DJ, 4/12/2008. Disponível em: < www.stj.jus.br/SCON/jurisprudencia/toc.jsp?> Acesso em: 12-08-2009.

RESP 583955 RG/RJ, 19/06/2008, (Repercussão geral no recurso extraordinário), 27-06--2008. Disponível em: <http://www.stf.jus.br/portal/jurisprudencia/listarJurisprudencia.asp? Acesso em: 12-08-2009.

Arbitragem. Obediência ao Devido Processo Legal

Roberto Rosas

A larga aplicação da arbitragem, após 1994 (ano da lei), obriga a reflexões no plano do direito dos negócios, e como consequência a ampla introdução desse instituto nos contratos. Assim, como há grande utilização, fatalmente há necessidade da fixação de parâmetros legais, e estão na lei de regência, também regras gerais, no exercício da arbitragem, dentre elas, aquelas do devido processo legal, inseridas no sistema geral ou na lei de regência.

Há necessidade de alerta para não transformarmos a arbitragem num processo judicial contencioso, sem juízes, evitar-se numa extrema processualidade, que virá com críticas dos adversários da arbitragem. Não impressiona a observação de Rui Barbosa sobre a arbitragem, com certo desprezo à importância, mas se explica tal aversão, porque Rui, no célebre caso Minas x Werneck, ele impugnava um laudo arbitral, e assim, entende-se o desinteresse.

A falta de regras legais especiais, não impede a estruturação da arbitragem, entretanto, com o cuidado para evitar-se o excesso de processualidade que restringe a atuação dos árbitros. Regras há, na lei de regência, e nos princípios do devido processo legal.

1. A partir da Constituição de 1988 surgiram as aplicações do devido processo legal por força do dispositivo constitucional (art. 5º, LIV) tanto na doutrina, quanto na jurisprudência, e até na legislação (Estatuto da Criança). Entretanto, é importante olhar os passos anteriores na falta de norma constitucional específica sobre o assunto.

DIREITO DOS NEGÓCIOS APLICADO

A Constituição de 1824 apenas tracejou o devido processo legal quando assegurou as garantias no processo (art. 179), aliás asseguradas sempre até a Constituição de 1988, ainda que a V Emenda à Constituição americana (1791) já existisse quando promulgada a nossa imperial. Explica-se tal ausência, porque o direito imperial sempre foi forte com a influência francesa, somente abrandada na Constituição de 1891, com a busca do estado federativo e o modelo judicial americano. Na Carta de 1891 assegurava-se a plena defesa, no processo criminal, com recursos e meios essenciais a ela, e proibição de prisão sem prévia formação de culpa (art. 72, § 14). Vítor Nunes Leal traz apropriada explicação: "nunca incorporamos à nossa doutrina e à nossa jurisprudência as consequências que a *construction* da Corte Suprema tem extraído da larguíssima cláusula ***due process of law***. Sempre fomos menos judiciaristas no tocante à atividade da administração pública, como se pode ver, entre muitos exemplos, da inteligência restritiva que nossos tribunais costumam dar..." (Problemas de Direito Público, pg. 290).

A partir da criação do Estado brasileiro, formalmente com a Constituição de 1824, esta não serve de exemplo para a pesquisa de avultado instituto como o devido processo legal, mesmo porque nem nos Estados Unidos o direito e a jurisprudência tratavam do tema, ênfase dada já ao início do século XX. A Carta de 1824 padecia da estrutura peculiar concentradora do poder do monarca, no exercício absoluto do Poder Moderador. Como observa Paulo Bonavides, esse poder pessoal ignorava os cânones expressos do texto básico (História Constitucional do Brasil, 1989, pg. 7).

Na doutrina tradicional, João Mendes Júnior aproximou-se do devido processo legal, para quem o processo era meio para a segurança constitucional dos direitos, marcado de forma adequada para não haver ofensa da garantia constitucional da segurança dos direitos. Essa orientação era feita segundo princípios filosóficos, concretizados no processo pleno ou ordinário, com atos imprescindíveis ao procedimento ordinário, chegando-se à efetiva segurança constitucional dos direitos (João Mendes Júnior – Direito Judiciário Brasileiro, 4ª ed., 1954, pg. 197).

Desde 1824, todas as Constituições brasileiras ocuparam-se com as garantias processuais penais, mas sem ênfases às garantias civis.

Serviu de consolo aos juristas, a observação sempre constante, e sintetizada por Castro Nunes da falta do princípio do devido processo legal, mas atendido por outros princípios constitucionais inseridos já na Constituição de 1891 (art. 72): direito à vida (abolida a pena de morte); à liberdade, à propriedade, e especialmente o art. 78 (1891) – "A especificação das garantias

ARBITRAGEM. OBEDIÊNCIA AO DEVIDO PROCESSO LEGAL

e direitos expressos na Constituição não exclui outras garantias e direitos não enumerados, mas resultantes da forma de governa que ela estabelece e dos princípios que consigna ". Aí arrematou Castro Nunes – equivalem,por construção jurisprudencial, à cláusula americana *"due process of law"* (Teoria e Prática do Poder Judiciário, 1943, pg. 617, nota 21).

Lúcio Bittencourt afirmou a presença do *due process of law* no direito brasileiro. Se o regime constitucional brasileiro buscou no americano a sua diretriz, e a incorporação de garantias fundamentais, elas estão protegidas no direito brasileiro segundo o devido processo legal. (C.A. Lúcio Bittencourt – O Controle Jurisdicional da Constitucionalidade das Leis, 1997, pg. 90).

José Frederico Marques provou a vigência do *due process of law* no direito brasileiro segundo dispositivo constitucional da época, e portanto, ninguém seria privado da vida, da liberdade ou da propriedade sem o devido processo legal. (José Frederico Marques – A garantia do "due process of law" no direito tributário – Revista de Direito Público, n.º. 5, pg. 28, 1968).

Com a Constituição de 1946 surgiu nova esperança democrática, e abertura após significativo período dilatorial. Refletiu-se, então nessa carta de grande projeção política e institucional, enfeixada já no art. 141, § 4º a tutela do direito ao processo, o Juiz natural para a garantia da reparação da lesão sem qualquer diminuição ou subtração do seu acesso. Tal direito à tutela jurisdicional foi repetido nas cartas posteriores (1967 – art. 150, § 4º e 1969 – art. 153, § 4º).

Como a Carta de 1946 foi a luz institucional depois das trevas ditatoriais, a Carta de 1967 teve o mesmo destino, como representação de mais uma abertura, mas continuam a tutela jurisdicional penal sem grandes esforços com a tutela civil, pelo menos expressamente, apenas o princípio do juiz natural, e do direito de ação, faltando o princípio da legalidade. No entanto, como herança de 1891, acertava-se a inserção de outros direitos e garantias além daqueles nominados na Carta inerentes do regime democrático, e dentre eles, está o princípio da legalidade. Portanto, enfeixaram-se os grandes princípios formadores do devido processo legal.

Santiago Dantas elaborou profundo estudo sobre a aproximação do *due process of law* do sistema americano ao brasileiro, especialmente na aplicação da isonomia segundo a lei (F.C. de San Tiago Dantas – Igualdade perante a lei e due process of law – Problemas de Direito Positivo, Forense, 1953, pg. 35). Após acentuação da característica do império da lei, afirma: "O Poder Legislativo, em tal regime, não escapa à limitação constitucional, e os atos que pratica, embora tenham sempre forma de lei, nem sempre são leis, por

DIREITO DOS NEGÓCIOS APLICADO

lhes faltarem requisitos substanciais, deduzidos da própria Constituição. Esses requisitos se deduzem de um princípio, que é o centro fiscal do regime jurídico político: o princípio da igualdade. Graças a ele, podemos atingir, no direito constitucional brasileiro, os mesmos recursos jurisprudenciais que, nos Estados Unidos, a Corte Suprema construiu, partindo do *due process of law* (Santiago, pg. 63).

Em 1986, Antônio Roberto Sampaio Dória tratou da aplicação do due process of law no Direito Tributário, indicando postulados cardeais da tributação (limitação da competência tributária, igualdade perante os tributos, vedação de tributos impeditivos de atividades lícitas, proibição de tributos confiscatórios) (A .R. Sampaio Dória – Direito Constitucional Tributário e "Due Process of Law", Forense, 1986). Destaque-se a aplicação do devido processual/ substancial.

Em 1973, Ada Pelegrini Grinover publicou importante trabalho sobre o devido processo legal, com ênfase no processual. (As garantias constitucionais de direito de ação, RT). De assinalar-se o estudo de Humberto Theodoro Jr. (1987) – A execução de sentença e a garantia do devido processo legal (Ed. AIDE).

Na Constituinte de 1987, o devido processo legal veio forte por sugestão do então Ministro do TFR Carlos Mário Velloso ao Deputado Michel Temer, que levou ao debate, passando pelas várias fases legislativas, e redacionais até se converter no texto do art. 5º, LIV – "Ninguém será privado da liberdade ou de seus bens sem o devido processo legal" (Carlos Roberto Siqueira Castro – O Devido Processo Legal e os Princípios da Razoabilidade e Proporcionalidade – Forense, 2005, pg. 423).

O exame histórico anterior a 1988 tem grande significado, porque se a Suprema Corte americana desde o início do século XX debateu o *due process of law*, não só o processual, mas principalmente o substancial, explica-se o grande silêncio introdutório do instituto no Brasil. Ainda que a Carta de 1891 fosse fundada no direito constitucional americano, os doutrinadores não tinham interesse no direito americano, e sim no direito francês e italiano, à exceção de Rui Barbosa, grande iniciador da temática americana jurídica no Brasil, principalmente a doutrina de John Marshall.

Na jurisprudência clássica sobre o poder de tributar, há famoso acórdão do STF, relatado por Orosimbo Nonato, onde se entrevê o devido processo legal (substancial) na aplicação da proporcionalidade em relação à tributação. O excesso não pode chegar à destruição, e o exercício do poder de tributar fica nos limites do exercício do direito de propriedade, da liberdade de trabalho, comércio e indústria. No caso concreto, a municipalidade aumentou tributo desmensuradamente, tornando impossível a utilização de um serviço (RE 18331, julgado em 1951 – RF 145/164), o que levou a Corte Suprema brasileira a considerar: "O poder de taxar não pode chegar à desmedida do poder de destruir, uma vez que aquele somente pode ser exercido dentro dos limites que o tornou compatível com a liberdade de trabalho, do comércio e de indústria e com o direito de propriedade".

Em outra oportunidade, o Supremo Tribunal (1968) considerou sem proporcionalidade a suspensão do exercício da profissão àquele que preso em flagrante delito ou com denúncia recebida, em razão de enquadramento na Lei de Segurança Nacional (HC 45232).

Ao julgar a constitucionalidade de lei que exigia requisitos para o exercício de uma profissão para a qual não há capacidade técnica, e estabelecia o registro em conselho de classe (corretor de imóveis), considerou a falta de razoabilidade: "A regulamentação dessa profissão, portanto, em princípio, já não atende às exigências de justificação, adequação, proporcionalidade e restrição, que constituem o critério de razoabilidade, indispensável para legitimar o poder de política" (Voto do Min. Rodrigues Alckmin, Repres. n.º 930 (1976)).

Ao tratar da elevação de taxa judiciária, o Supremo Tribunal considerou o excessivo aumento como não proporcional ao serviço oferecido (Repres. 1077 (1984)).

Aqui estão lembranças dos períodos anteriores à Constituição de 1988, porque esta deu importância ao devido processo legal, e a partir dali, consagrou-se, não somente o processual, também o devido processo substancial, fundo na proporcionalidade, e na razoabilidade (Roberto Rosas. Devido Processo Legal: razoabilidade e proporcionalidade, RT, nº 783).

O devido processo legal tem dois princípios enformadores essenciais para sua aplicação: a proporcionalidade e a razoabilidade – da lei, do ato, da atitude, da ação, etc. São princípios importantes para o entendimento desse instituto, e da sua importância, passando a reserva legal. a) de natureza constitucional (ninguém é obrigado a fazer se não em virtude de lei), para a proporcionalidade dos atos em geral, não existente na Constituição, a não ser no art. 5º, § 2º, dentre os princípios democráticos. b) Há distinção entre proporcionalidade e razoabilidade. Apenas, apresentam-se com mais intensidade, esta nos Estados Unidos, e aquela na Europa. Veja-se na doutrina brasileira que há distância entre os termos, ainda que possa se subsumir a proporcionalidade como elemento da razoabilidade (Celso Antônio Bandeira de Mello, Curso de Direito Administrativo, 9ª ed., pg. 68).

DIREITO DOS NEGÓCIOS APLICADO

Examinemos na linguagem jurídica americana, o significado de reasonable, como adequado, plausível, considerável, imparcial, justificável e reasonableness, como senso comum, equidade, justiça, moderação, probabilidade (William C. Burton – Legal Thesaurus, 2ª Ed., pg. 883), já no Ballentine's, reasonable apresenta-se como racional, não arbitrário ou caprichoso.

O razoável está relacionado com a razão (ratio) e com o verbo reri (crer, julgar, pensar). O homem é animal razoável com meios e fins. A razão pode ser matemática ou filosófica, nesta há faculdades orientadoras do conhecimento da verdade. A razão é bom senso, prudência (Ferrater Mora) (Dicionário de Filosofia).

Aristóteles desenvolveu o conceito de razão e defendeu a reta razão, com a justiça no meio termo (Ética a Nicômaco). A reta razão desdobra-se na proporcionalidade, igualdade e eqüidade. O julgamento é razoável quando se empregam critérios de discernimento, eqüidade, inteligência (Aristóteles, Ética a Nicômaco, pg. 109). Já Santo Tomás de Aquino pregou a reta razão como a síntese das virtudes morais – a temperança, a prudência, a força, a justiça. Da razão chega-se à justiça, e acima de tudo a virtude (Suma Teológica). Mais recentemente, Perelman estuda a reta razão, partindo da multiplicidade de soluções, mas no caso concreto, a melhor solução é razoável, no equilíbrio entre o absoluto e o mínimo. Exemplifica: "A cada vez que o juiz deve decidir se houve falta, negligência, imprudência, quando cabe precisar um padrão (agir como bom pai de família), determinar as consequências prejudiciais de um ato faltoso, encontra-se regularmente nos acórdãos o recurso à idéia daquilo que é ou não é razoável (Ética e Direito, Martins Fontes, pg. 431).

Portanto, estamos diante de idéias apropriadas pelo jurista para chegar à justiça. A liberdade para o exame da razoabilidade da lei ou de uma decisão (pública ou privada) não pode tomar o rumo daquilo que Robert Bork chamou de sedução política do Direito (The Thempting of America), ou como acentuou Perelman – há limite à tolerância, e é o desarrazoado que não é aceitável (Ética e Direito, pg. 432).

O princípio da proporcionalidade, também conhecido princípio da proibição do excesso, pode ser entendido como princípio do Estado de direito, ou direito fundamental, que vai desdobrar-se em vários aspectos ou até requisitos. A solução adotada para a efetivação do ato ou medida deve ser adequada a seu fim ou fins. Deve ser conforme nos fins que justificam a sua adoção. É o meio e fim. Pode ser invocado no exame do ato discricionário ou do ato vinculado, com a clássica oposição doutrinária de impedimento das razões desses atos.

Também pode ser invocado no exame da finalidade das leis, com impugnação de regra liberdade do legislador.

Como o cidadão deve ser protegido pelos atos estatais, as vantagens para o cidadão são as mais amplas, claro superado pelo interesse público ou coletivo. Para fugir a essa proteção, a ação deve estar apoiada na impossibilidade de outra ação ou meio a não atingir o cidadão. A necessidade material será invocada para justificar o ato. Na dimensão temporal justifica-se num espaço a ação examinada. A ação circunscreve-se às pessoas ou grupos não podendo ter a abrangência total ou ilimitada. Em outras palavras, a ação poderia efetuar-se por outro meio mais eficaz?

Pergunta-se ainda, se o fim atingido com a ação é proporcional ao seu conteúdo? Se há proporção entre meio e fim (Celso Bastos – Hermenêutica e Interpretação Constitucional, pg. 175).

É importante a explicação dos elementos integradores da proporcionalidade. São fundamentais na medida da obediência a eles, fugindo ao arbitrário, ao gosto do intérprete ou ao arbítrio interpretativo.

O elemento adequação entre meio e fim do ato (legislativo ou administrativo) significa a comprovação da medida pertinente ou apta para o fim pretendido ou estabelecido, o essencial ao objetivo escolhido. Então pergunta-se por que? E para que? Nessa conjugação de razão e fim, e meio de utilização para chegar-se ao fim, há a proporção necessária à prática. Veja-se, num exemplo de um ato exigente da exposição de todos os indivíduos, diante da polícia, à revista, com mãos para o alto. O pretexto é a segurança pública, mas não há adequação entre o meio e o fim.

Outro elemento é a necessidade decorrente da exigência indispensável ao direito fundamental. O meio deve ser necessário para os objetivos pretendidos no ato. Não se examina a forma adotada, e sim como se ativará essa forma, a adoção do meio mais suave, e menos oneroso.

Outro elemento existe na relação entre custo e benefício de um ato. Se há vantagem e desvantagem com a utilização do meio usado. Quais os danos? Quais os resultados? Ainda que drástico, prejudicial, o benefício pode ser ótimo. Pode-se, também, cotejar entre dois direitos fundamentais, a ponderação entre eles, para a admissão do melhor, mais conveniente (ex. a liberdade e o interesse público; a liberdade e a proteção individual) (ver exemplo da Suprema Corte Americana em 1971, no caso Watergate, sobre a possibilidade da imprensa divulgar notícias que o governo considerava lesivos à segurança nacional (sigilo da informação e o dever da imprensa de informar).

DIREITO DOS NEGÓCIOS APLICADO

A inconstitucionalidade ocorre com a perda da proporção entre os fins programáticos e as demais regras constitucionais (Paulo Bonavides, Curso de Direito Constitucional, 6ª ed., pg., 353).

Como expõe Konrad Hesse para o direito alemão – a proporcionalidade expressa uma relação de duas grandezas variáveis. Não devem ir mais além do que é necessário para produzir a concordância de ambos os bens jurídicos, e insiste na relação entre concessões e restrições de liberdade, sendo determinada no sentido de um presunção inicial a favor da liberdade (Konrad Hesse – Elementos de Direito Constitucional da República Federal da Alemanha, Sérgio Fabris, 1998, pg. 67).

O critério da razoabilidade limita o poder normativo do Estado. Se a lei faz diferenças ou classificações arbitrárias ou tendenciosas infringe o devido processo legal (Santiago Dantas, Problemas, pg. 37), porque reside na necessidade de proteção dos direitos e liberdades contra a legislação opressiva, e por isso, o Estado não pode legislar sem limites. O STF, ao examinar o aumento de taxas judiciais, delimitou a equivalência razoável entre o custo real dos serviços e o montante, como razoável ou proporcional (Repr. 1077, RTJ 112/34).

A aferição da proporcionalidade e da razoabilidade dá-se segundo lei determinadora de restrição de direitos. A restrição deve ser proporcional ao objeto legal. Em caso concreto, o Supremo Tribunal suspendeu lei estadual que determinava a pesagem dos botijões de gás liqüefeitos na presença do consumidor. Além de inócua, a medida acarretaria danos ao fornecedor, não proporcionais ao interesse do consumidor (ADIN nº 855 – RTJ 152/ 455).

Veja-se a posição de Canotilho sobre excesso (Canotilho, Direito Constitucional, 5ª ed., pg. 266) e o direito ao devido processo legal (José Afonso da Silva, Curso, 24ª ed., pg. 431).

A lei extensiva de direitos também não pode deferir direitos a quem não os tenha, por suas características pessoais ou individuais. Não se pode atribuir condições a quem não tenha como pressuposto o seu exercício, como ocorreu em constituição estadual que deferiu pagamento de férias a aposentados. A lei instituiu prerrogativa do servidor ativo, por isso, o Supremo Tribunal assentou: "A norma legal, que concede o servidor inativo gratificação de férias correspondente a um terço (1/3) do valor da remuneração mensal, ofende o critério da razoabilidade que atua, enquanto projeção concretizadora da cláusula do "substantive due process of law", como insuperável limitação ao poder normativo do Estado" (ADIN 1158 – RTJ 160/141). O Supremo Tribunal ao examinar a lei instituidora do chamado exame final de curso (provão) considerou razoável a sua exigência, como forma de aperfeiçoamento dos cursos.

Entretanto, dois votos vencidos entenderam a exigência como descabida a atentatória ao princípio da razoabilidade (ADIN 1511). Enfim, está proibida a limitação desproporcional segundo o art. da Constituição compete ao Poder Executivo a regulamentação das leis. Ora, ainda que não se trate de usurpação dessa competência, como ocorre no avanço dos limites na lei, como exemplo, lei disciplina certo procedimento administrativo, e o regulamento trata do procedimento judicial. Nessa hipótese há ilegalidade. Entretanto, o Executivo pode normatizar, nos limites da lei, porém, de modo não razoável. Logo, não só a lei deve ser razoável, bem como o seu regulamento. A norma regulamentar não deve ser arbitrária ou não plausível, na relação de congruência entre a classificação em si e sem destino (Carlos Roberto Siqueira Castro – O Devido Processo Legal e a Razoabilidade das Leis na nova Constituição do Brasil, Forense, 2005, pg. 6; Luiz Roberto Barroso – Interpretação e Aplicação da Constituição, Saraiva, 1996, pg. 207). Tal observação fora sentida por San Tiago Dantas:

> "Releva atentar, aqui, para imperiosa necessidade de controle jurisdicional sobre o merecimento das classificações normativas, em particular no quanto respeita à sua "razoabilidade" e "racionalidade", eis que não é suficiente, para a validade dos atos materialmente legislativos, a simples observância do processo constitucional ou legal pertinente à sua formação. Tudo porque, na exposição de San Tiago Dantas "Não basta a expedição de um ato legislativo formalmente perfeito para preencher o requisito do "due process of law". Se assim fosse, a cláusula seria inoperante como limite ao arbítrio legislativo, pois o requisito constitucional estaria atendido com a simples existência da lei formal. Seria o mesmo que o legislador constituinte dizer ao legislativo ordinário: you shall not do the wrong, undless choose to do (Cooley)" (p. 160).

No direito comunitário europeu já está previsto o princípio da proporcionalidade como princípio geral e inserido no tratado da CE (art. 3 B, § 3º) – a ação da Comunidade não excede senão o necessário para atender aos objetos do tratado. Destina-se à repartição das competências, temperando o uso que a autoridade comunitária faz do poder discricionário, na adequação dos meio aos fins (Yves Chaput – Aborder le droit communautaire, Ed. Senil, 1997, pg. 53)

Lei Federal (Lei 9294) estabeleceu proibição de propaganda de bebidas alcoólicas com determinado teor alcoólico. Argüiu-se a inconstitucionalidade porque não seria razoável a exclusão de bebidas de teor mais baixo. Qualquer bebida pode ser prejudicial à saúde diziam. Portanto, seria inconstitucional

DIREITO DOS NEGÓCIOS APLICADO

e atentatória ao princípio do devido processo legal substantivo porque não razoável. (STF ADIN nº 1755-85).

O Ministro Celso de Mello, então Presidente do Supremo Tribunal, traçou para o caso importante diretriz:

"Como predecentemente enfatizado, o princípio da proporcionalidade visa a inibir e a neutralizar o abuso do Poder Público no exercício das funções que lhe são inerentes, notadamente no desempenho da atividade de caráter legislativo. Dentro dessa perspectiva, o postulado em questão, enquanto categoria fundamental de limitação dos excessos emanados do Estado, atua como verdadeiro parâmetro de aferição da própria constitucionalidade material dos atos estatais.

A validade das manifestações do Estado, analisadas estas em função de seu conteúdo intrínseco – especialmente naquelas hipóteses de imposições restritivas incidentes sobre determinados valores básicos passa a depender, essencialmente, da observância de determinados requisitos que pressupõem "não só da legitimidade dos meios utilizados e dos fins perseguidos pelo legislador, mas também a adequação desses meios para consecução dos objetivos pretendidos (...) e a necessidade de sua utilização (...)", de tal modo que "Um juízo definitivo sobre a proporcionalidade ou razoabilidade da medida há de resultar de rigorosa ponderação entre o significado da intervenção para o atingido e os objetivos perseguidos pelo legislador (...)" (GILMAR FERREIRA MENDES, "A proporcionalidade na jurisprudência do Supremo Tribunal Federal", In Repertório IOB de jurisprudência, n. 23/94, p. 475).

Cumpre enfatizar, neste ponto, que a cláusula do devido processo legal – objeto de expressa proclamação pelo art. 5º, LIV, da Constituição, e que traduz um dos fundamentos dogmáticos do princípio da proporcionalidade – deve ser entendida, na abrangência de sua noção conceitual, não só sob o aspecto meramente formal que impõem restrições de caráter ritual de atuação do Poder Público, mas, sobretudo, em sua dimensão material, que atua como decisivo obstáculo a edição de atos legislativos revestidos de conteúdo arbitrário ou irrazoável.

A essência do substantive due process of law reside na necessidade de proteger os direitos e as liberdades das pessoas contra qualquer modalidade de legislação que se revele opressiva ou destituída do necessário coeficiente da razoabilidade."

Na administração é importante a averiguação da proporcionalidade e da razoabilidade.

O ato da administração deve obediência à razoabilidade, porque o administrado não pode sofrer restrições ou constrições senão indispensáveis ao interesse público, ainda que não transgrida norma concreta e expressa, ainda que legal, se o ato não é razoável, diante da proporção existente entre os meios e o fim daquela ato.

A adequação do ato administrativo decorre da razoabilidade da decisão de editar o ato. Há lógica entre a decisão administrativa, e a sua proposta de eficácia. Já a proporcionalidade deve estar na adequação das necessidades administrativas. O sacrifício do interesse individual exigido pelo interesse coletivo. (Lúcia Valle Figueiredo, Curso de Direito Administrativo, 1994, pg. 42).

A impossibilidade do exame dos atos discricionários tem sido obstáculo a passagem da simples legalidade para a apreciação do mérito. No entanto, essa vedação tem cedido a possibilitar a verificação de requisitos essenciais à composição do ato discricionário. O arbitrário não pode revestir a discrição administrativa, e com isso ficar imune à apreciação judicial. O exame da razoabilidade permite a apreciação do mérito, e então a separação entre o discricionário e o arbitrário. Naturalmente, nesse exame entram os seus elementos na apreciação de meio e fim, o custo-benefício do ato. A conveniência do ato não pode ser examinada, mas outros aspectos ornam o discricionário, como exigência descabida, não útil, desnecessária ou exorbitante, a exigência de requisitos absurdos, a discriminação de indivíduos sem razões práticas ou técnicas, como fixação de idade para concurso em carreira não necessitada de nível etário para o exercício. A ocupação de cargos simultaneamente por dois irmãos, decidindo conjuntamente (ver STF –MS 23158, julgado em 11.11.99 – dois irmãos julgando no mesmo órgão colegiado) Os princípios da razoabilidade e da proporcionalidade proibem o excesso e veda o arbítrio do poder, como forma de proteção dos direitos e das liberdades das pessoas (STF – SS 1320-9, Min. Celso de Mello – RDA 216/223). Será discricionário o ato que determine a forma da embalagem de certo produto, porém, se houver inadequação da exigência, embalagem grande ou pequena, portanto, desproporcional ao custo-benefício, cede o discricionário ao autoritário ou arbitrário, e portanto, possível a exame da proporcionalidade (STF – exigência do comércio de cigarros em embalagem com vinte unidades – RTJ 160/140) Como observou Celso Antônio Bandeira de Mello – a atuação da Administração, no exercício da discrição obedece a critérios aceitáveis do ponto de vista racional, segundo o senso normal de pessoas equilibradas. Uma providência administrativa desarrazoada, não estará conforme à finalidade da lei. Já a proporcionalidade leva a conduta administrativa com a adesão ao espírito da lei, à finalidade (Curso de Direito Administrativo, 9ª ed., pg. 66).

DIREITO DOS NEGÓCIOS APLICADO

Perelman, após lembrar, a célebre passagem de Luís Recaséns Siches – a lógica do razoável, acentua que o desarrazoado não pode ser admitido, e conclui:

> "O que é essencial é que, num Estado de direito, quando um poder legítimo ou um direito qualquer é submetido ao controle judiciário, ele poderá ser censurado se for exercido de forma desarrazoada, portanto, inaceitável" (Chaim Perelman – Ética e Direito, Martins Fontes, pg. 429).

Os princípios da proporcionalidade e da razoabilidade estão avançando sobre outros ramos, além do administrativo, inerente ao discricionário (José Alfredo de Oliveira Baracho – Teoria Geral do Princípio da Proporcionalidade, Revista da Academia Brasileira de Letras Jurídicas, 15/95; Ruitember Nunes Pereira – O Princípio do Devido Processo Legal Substantivo, Renovar, 2005; Danielle Anne Pamplona – Devido Processo Legal – aspecto material, Juruá, 2004; Luiz Carlos Branco – Equidade, Proporcionalidade e Razoabilidade, RCS Editora, 2006; Amini Haddad Campos – O Devido Processo Proporcional, legis, 2001; José Roberto Pimenta Oliveira – Devido Processo Legal, Malheiros, 2006). Chegaremos, então, à máxima – legalidade, fraternidade e proporcionalidade.

2. Na verdade, estabelece-se na arbitragem um sistema de julgamento e decisão a partir de solução desenhada por indivíduos estranhos à jurisdição, isto é, não são juízes, e sim julgadores, ainda que a Lei da Arbitragem estabeleça que esse julgador, o árbitro, é juiz de fato e de direito (art.18). É claro, essa expressão é telúrica, expressiva, para reafirmar sua importância, ainda que sujeita a ações judiciais, como qualquer sentença judicial pode sofrer recursos.

Cabe, entretanto, extremar a atuação do árbitro ao juiz, como da arbitragem ao Judiciário, em ambas as situações, a última palavra quando cabível, é do juiz.

3. Entramos em regras do devido processo legal, derivadas da Constituição Federal, como a igualdade e o contraditório (L.A. art. 21, § 2º).

O princípio do contraditório impõe-se na audiência às partes interessadas, e numa ampla possibilidade de defesa seja nas fases iniciais, ou nas demais etapas, mas a todo momento quando a provocação da parte possa influir no julgamento, aí haverá a palavra das outras partes para a contradita. O contraditório é uma imposição, sem acusação a burocratização, ela será sempre útil ao esclarecimento.

O princípio da igualdade das partes decorre da Constituição, e de princípios democráticos, aqui com certa peculiaridade, no oferecimento das mesmas oportunidades em condições iguais a todas as partes. A Constituição diz da igualdade perante a lei, aqui mais, a igualdade no procedimento, no agir.

4. O vernáculo, isto é, o uso da língua portuguesa é uma imposição da lei (L.A.), já era no art. 13 da Constituição, como a língua oficial. No entanto, é importante essa exigência, porque muitas vezes a arbitragem ocorre em contratos internacionais redigidos em língua estrangeira, ou a participação de nacionalidade estrangeira.

5. Tal como o juiz, o árbitro deve ter a preservação do seu livre convencimento, ele é o juiz da sua decisão, e como tal, não pode ser pautado, limitado no seu pensamento, para não turvar a sua decisão, fruto do livre convencimento.

Como corolário dessa liberdade, ele deve ser imparcial. Que é imparcialidade, senão a equidistância das partes, e somente decidir segundo seu livre convencimento.

6. A liberdade de provas é importante para a arbitragem, desde que adequadas, pertinentes e justas para o debate. Exemplifique-se com o requerimento de perícia complementar inútil para a interpretação de uma cláusula contratual, claro, evidente, numa cláusula contratual pode estar uma questão técnica, científica, digna de uma perícia, para conclusões daquela cláusula. Por isso, admite-se a produção de prova testemunhal, pericial, documental, aquelas necessárias (L.A. – art. 22).

7. Na dicção da lei de regência, a sentença arbitral e não o laudo, deverá obedecer a requisitos essenciais, entre eles, relatório, fundamentos, e conclusão (art. 26). É exigência fundamental para o entendimento dessa decisão. Sua extensão não é prova de motivação, entretanto, seu conteúdo deve ser suficiente à compreensão.

8. Uma sentença arbitral pode ser nula (não anulável) se com vícios previstos no art. 32 da L.A. Portanto, essa enumeração é fechada, de ***numerus clausus***, sem admissão de outras hipóteses de nulidade.

DIREITO DOS NEGÓCIOS APLICADO

9. Em consequência, admite-se a ação de nulidade da sentença arbitral, como atuação do Judiciário sobre a arbitragem, regulada pelo procedimento comum do CPC, com o prazo decadencial de noventa dias (L.A. – art. 33, § 1º).

Outra hipótese de atuação do Judiciário ocorre na execução judicial da sentença, mediante embargos do devedor (L.A. 33, § 3º).

10. É comum no processo de arbitragem, a propositura de medida cautelar no judiciário ou de outras medidas urgentes (João Paulo Hecker da Silva – Processo Societário – Tutelas de Urgência e da Evidência, 2014, pg. 321).

11. A participação do advogado na arbitragem tem sido eficaz e permanente, ainda que a L. A. dê faculdade – "poderão postular por intermédio de advogado" (art. 21, § 3º).

A arbitragem não teve sucesso, no Brasil, até o advento da Lei nº 9307, de 23.09.96, que a disciplinou. Nesses quinze anos, já pode ser vista como meio de solução de conflitos, ao lado da mediação. O Supremo Tribunal Federal colaborou intensamente para o prestígio do instituto, no julgamento da Sentença Estrangeira nº 5206-7, afastando qualquer inconstitucionalidade.

Quando da discussão parlamentar do projeto dessa lei, houve certa resistência dos advogados, daqueles que viam a possibilidade de exclusão da classe, no ponto em que a presença do causídico seria facultativa, e não obrigatória, a participação do advogado na arbitragem. Esse é um aspecto que merece atenção.

A Constituição Federal reconheceu que o advogado é indispensável à administração da Justiça (art. 133, CF/1988), sendo que Justiça, certamente, é conceito que vai muito além de Poder Judiciário.

De forma muito simplificada, se extrai desta norma constitucional a imprescindibilidade de que o causídico esteja presente no desenrolar de questões – a exemplo da arbitragem – cuja própria natureza, ainda que não jurisdicional, faz nascer, permanecer ou encerrar um direito oponível por seu constituinte a outrem; ou por outrem ao seu constituinte.

Existe uma motivação, um móvel que leva o legislador a inserir determinado comando no ordenamento positivado, sobretudo quando se trata de norma de expressão constitucional. O advogado, evidentemente, não é uma categoria especial. Mas, sem dúvida, é especializada. E aí reside sua imprescindibilidade no que toca ao juízo arbitral.

Ora, por mais "simples" que seja um procedimento de saúde ou uma questão estrutural em sua casa, mais seguro o cidadão sente-se na presença do

ARBITRAGEM. OBEDIÊNCIA AO DEVIDO PROCESSO LEGAL

médico ou engenheiro, respectivamente. Perante uma decisão que irá refletir na sua esfera pessoal, jurídica e patrimonial-legal não é diferente.

Portanto, a questão extrapola a simples zona de conforto e segurança. Trata-se de uma decisão racional de disposição para lidar com consequências muitas vezes imprevisíveis e que não se limitam ao âmbito subjetivo individual. Ao declinar de um médico, engenheiro ou advogado, o sujeito assumirá uma responsabilidade pessoal e irrevogável. Não é um risco racionalmente aceitável.

Ao primeiro relance – e somente assim –, na nova sistemática da arbitragem, impressionou a não obrigatoriedade da participação do advogado no processo conciliatório, porquanto facultativa (art. 21, § 3º – Lei 9307). Entretanto, tal faculdade não exclui o advogado do processo arbitral por ser figura que sempre será ouvida nas questões essenciais ligadas à Justiça.

A arbitragem é de direito ou de equidade. Na equidade impõe-se a demonstração das regras equitativas, por certo com base jurídica. Ora, a equidade é também princípio da Lei 9.099/95 dos Juizados Especiais, o que demonstra essência eminentemente de direito.

Surge a arbitragem, pois, de convenção por termos nos autos (judicial) ou por escrito particular (extrajudicial). Certamente ninguém entrará em aventura jurídica sem a presença de patrono sob pena de que exatamente assim se defina sua empreitada: aventuresca.

Se a arbitragem visa a resolução célere e eficiente de uma situação, a ausência do advogado pode transformá-la na circunstância preparatória para um problema maior que não mais será passível de resolução extrajudicial. O papel do causídico aí é essencial para prevenir, traçar diretrizes, orientar e garantir o melhor resultado possível e esperado.

Rui Barbosa disse que *"Não há outro meio de atalhar o arbítrio, senão dar contornos definidos e inequívocos à condição que o limita."* Sim. A arbitragem tem regras, tem limitações, tem restrições e trâmites aos quais a parte, muitas vezes, insegura e emocionalmente envolvida não irá compreender e ultrapassar sozinha.

Cabe ao advogado, pela confiança de que se vê investido e pela especialidade técnica de que se reveste, auxiliar seu constituinte nos "contornos" e "atalhos" do arbítrio, apontando-lhe a melhor solução no atendimento de suas aspirações.

Carlos Alberto Carmona, um dos três membros da Comissão Relatora do Anteprojeto da Lei de Arbitragem e autor de diversas obras e artigos a respeito do tema, em lapidar exposição na sua obra Arbitragem e Processo: um comentário à Lei nº 9.307/96 explica que *"o advogado exerce pelo menos quatro*

DIREITO DOS NEGÓCIOS APLICADO

papéis bem definidos no processo arbitral: advogado da parte, consultor da parte, consultor do órgão arbitral e árbitro".

Carmona explica ainda que no processo arbitral é exigido mais do advogado do que no contencioso, porquanto as regras são outras: dispensa-se a agressividade que outrora – em juízo – teria sua utilidade; demanda-se com frequência conhecimento de legislação internacional, senão de outros idiomas, e por fim, há renúncia aos recursos e manobras procrastinatórias. De fato, o autor conclui que as partes não são obrigadas a nomear advogados, mas pondera: *"será difícil, efetivamente, imaginar uma arbitragem, de porte médio que seja, sem a presença direta e constante de um advogado"*[1].

A prudência imporá às partes na arbitragem o socorro a advogados. Ninguém, deixará a atuação do causídico a pretexto da utilização do especialista, o perito ou árbitro; pela mesma razão que ninguém pedirá ao farmacêutico, na presença do médico, que lhe examine, ou ao encanador, na presença do engenheiro, que projete a rede hidráulica de sua casa. Prudência e bom senso.

Falando em prudência e bom senso, um ponto que merece especial atenção é a cláusula compromissória. Frise-se que o STJ, no julgamento do *leading case* "Americel" (REsp nº 450.881), reconheceu a validade da cláusula compromissória e decidiu que depois de firmada, a parte não poderá desistir da arbitragem e ingressar no Judiciário. Assim, seja na elaboração da referida cláusula, seja ao longo do processo arbitral já instaurado, como sustentar a dispensa do advogado? Se o objetivo é exatamente evitar o ingresso posterior no Judiciário, de que outro modo, senão com o respaldo do advogado, as partes terão segurança para aceitar a proposta da parte adversária e realizar uma conciliação definitiva e bem sucedida?

Se a parte não quiser implementar a arbitragem, será compelida em juízo (art. 7º, § 3º). É necessária a presença de advogado na hipótese judicial. Acentua-se a atuação do advogado nos depoimentos, testemunhas e perícias. Não é crível a dispensa do advogado e a utilização dos usos e costumes.

Há, na lei, via de consequência, uma série de hipóteses de presença indispensável do advogado: nulidade da convenção da arbitragem (art. 20, § 1º); ação incidental sobre direitos indisponíveis (art. 25); nulidade da sentença arbitral (art. 33); a sentença condenatória arbitral é título executivo (art. 30). Também a homologação da sentença arbitral estrangeira dependerá de requisição por advogado perante o Superior Tribunal de Justiça.

---

[1] Carlos Alberto Carmona. Arbitragem e Processo. Um comentário à Lei nº 9.307/96. 3ª ed. São Paulo: Atlas. 2009. Ps. 299 e 300.

ARBITRAGEM. OBEDIÊNCIA AO DEVIDO PROCESSO LEGAL

A formação jurídica da discussão arbitral sempre imporá a convocação do advogado, porque ainda sem recurso ou homologação do laudo em juízo, o debate resvalará para o plano judiciário. As questões postas são importantes e certamente a presença do advogado é impositiva, e não optativa.

A arbitragem agora veio para ficar. Desafia o passado quando não se consolidou, seja pelas dificuldades inerentes ao importante instituto, pelo seu pouco tempo de vida da lei, ou pela reticência – inexistência – em sua aplicação.

A arbitragem é viável? É importante? Sim. O fato de ter vencido a resistência histórica para se firmar como meio alternativo para a solução de controvérsias no Brasil é prova inequívoca disso. Nada obstante, também os grandes entusiastas que a viam como *"a panaceia para os males de que padece o Pode Judiciário"* [2] foram obrigados a aceitar as limitações impostas pela realidade: há longo caminho a percorrer.

As críticas existem e sempre existirão, como também em relação ao Judiciário. Mas elas fortalecem o caráter e ajudam no crescimento.

Na busca pelo ajuste fino, fruto da maturidade perseguida, é pertinente destacar a consciência da importância na escolha do árbitro adequado. No Judiciário o juiz pode não conhecer a matéria, não ser especialista. Na arbitragem não. Se há erro dos árbitros, a decisão é irrecorrível. E se a decisão estiver errada? Pode ser corrigida? Muitas vezes não.

Desde a Lei 9.307, a instituição da Arbitragem, só tem louvores. O seu exercício, a sua atuação, permitiram o visível aperfeiçoamento. Certamente hoje muitos advogados participam na arbitragem, ora como árbitros, ora como patronos das partes ou consultores. Daí a importância de que tenham aval para atuar em todas as fases do processo.

A recente popularização da arbitragem no Brasil é um indicativo de mudança de paradigmas sociais. A Ministra do Superior Tribunal de Justiça, Fátima Nancy Andrighi, há aproximados 15 anos escreve sobre o tema. Afirmava já em 1996 no artigo Arbitragem: solução alternativa de conflitos que *"A promulgação da nova Lei de Arbitragem, há muito esperada, abrigou grandes esperanças da comunidade jurídica nacional no sentido de que a Administração da Justiça esteja no caminho da democratização".*

Autoridade no assunto, a Min. Nancy foi relatora de casos exponenciais, *leading cases* submetidos à apreciação pelo STJ que firmaram as diretrizes a serem seguidas pelo instituto. Ademais, conduziu campanhas nacionais para

---

[2] Carlos Alberto Carmona. Arbitragem e Processo. Um comentário à Lei nº 9.307/96. 3ª ed. São Paulo: Atlas. 2009. P. 2.

DIREITO DOS NEGÓCIOS APLICADO

divulgar a arbitragem e defender seu melhor aproveitamento, especialmente quanto às relações de consumo.

Essa mudança – da qual a Min. Nancy Andrighi é uma das mais ilustres precursoras – demonstra evolução cultural do Direito que é, qualquer acadêmico o sabe, destinado a garantir a ordem, paz e a justiça sociais. Ora, a arbitragem, neste ínterim, compõe o Direito como instrumento de manutenção da ordem social.

Na administração da justiça, via de consequência, entra o advogado. Seja por força da determinação constitucional, seja pela imposição do bom senso, seja mesmo para garantir a segurança subjetiva e o conforto emocional do litigante durante o processo de composição.

O futuro se lhe abre adiante tão certo quanto o incerto pode ser. Cheio de promessas. É típico nos jovens – e a arbitragem não é diferente – a vontade e a crença de poder mudar o mundo. Fazer diferença, fazer diferente. Desafiar paradigmas. Acreditar que, ao ser percebida pela primeira vez, já está suficientemente madura.

Nessa jornada a ser seguida por tão louvável instituto, muitos os profissionais e leigos disponíveis e bem intencionados a assisti-la. O advogado, contudo, irá se sobressair dentre eles.

Ser advogado é prestar compromisso. É ser patrono, protetor, não apenas do constituinte ou da norma positivada, mas do Ordenamento Jurídico e da Justiça. É papel que dispensa convocação.

A presença do advogado na arbitragem, portanto, é a consequência natural da evolução do instituto e de sua radiação no cotidiano da sociedade de modo a repassar segurança aos envolvidos no processo conciliatório e legitimidade às soluções adotadas.

12. Antes da Emenda Constitucional nº 45/2004 competia ao Supremo Tribunal Federal a homologação de sentenças estrangeiras, inclusive arbitrais. Formou-se até, então, uma linha jurisprudencial pelo acatamento do laudo arbitral estrangeiro. Com a passagem dessa competência para o Superior Tribunal de Justiça é importante a observação da nova linha jurisprudencial. É delicada a apreciação do sentença arbitral estrangeira emanada de tribunal arbitral instalado no Exterior. Significa, portanto, que o alcance de uma decisão estrangeira pode ser alterada pela homologação brasileira com riscos à deliberação estrangeira, e descrédito de uma sentença arbitral no Brasil, e consequentemente o desprestígio da arbitragem feita no exterior.

276

A Lei de Arbitragem (Lei 9307), em seu artigo 39, II permite a não homologação quando a decisão ofende a ordem pública nacional.

A finalidade dessa proibição é a proteção do ordenamento jurídico nacional contra inserções de origem externa nocivas à integridade e coerência do ordenamento jurídico brasileiro. Na verdade, a Convenção de Nova York, vigente no Brasil, que trata da homologação das sentenças estrangeiras arbitrais, reconhece a natureza consensual da arbitragem com ênfase na autonomia privada.

A sentença arbitral é título executivo (LA – art. 31), ainda em decorrência da Convenção de Nova York. Ora se o título executivo brasileiro determinasse essa forma de execução (ou pagamentos) não seria possível a exclusão da forma, em execução desse título. Tal afirmação, decorre da necessidade, no caso concreto, de estabelecer, aqui, no Brasil a verdade contratual exposta na decisão homologanda, se não haverá atentado ao equilíbrio econômico – financeiro do contrato, conforme está no voto da Min. Ellen Gracie, no STF (SEC 5206).

Para reexame desses valores, necessário o exame do mérito da sentença homologanda, que é defeso desde o Supremo Tribunal, como se vê na SE nº 3407 – Rel. Min. Oscar Correa.

Tal diretriz consagrou-se no **STJ**, como se vê na SEC 856, Rel. Min. Menezes Direito:

> "Descabe examinar o mérito da sentença estrangeira no presente requerimento, na esteira de precedentes do Supremo Tribunal Federal."

Na mesma linha, na SEC 611, Rel. Min. João Otávio de Noronha:

> "não chega ao ponto de permitir a invasão da esfera de mérito da sentença homologada."

E mais, ainda nessa SEC:

> "todas as questões apresentadas, uma vez que referem-se à matéria de mérito, são impertinentes para a homologação da sentença estrangeira."

Portanto, a homologação da sentença arbitral estrangeira, no STJ, tem grande significado, não só jurídica, como econômica, daí a preocupação por diretriz jurisprudencial que preserve a integridade do laudo estrangeiro.

Em 1970, o subscritor destas linhas era advogado do Banco Nacional de Desenvolvimento Econômico – BNDE. Em razão disso, foi chamado ao Tribunal de

DIREITO DOS NEGÓCIOS APLICADO

Contas da União, onde se processava o registro de um contrato de empréstimo de um banco alemão ao BNDE, como aliás, ocorria em todos os contratos de empréstimo de governo ou banco estrangeiros ao BNDE. O Ministro relator desse registro lembrava que a instrução considerava uma cláusula de arbitragem, por tribunal arbitral, em Paris, como derrogatória da jurisdição brasileira. Concordei com a objeção, mas acrescentei, se o TCU negasse a validade da cláusula arbitral, nunca mais o BNDE, a grande instituição financeira brasileira, receberia um dólar, como imenso prejuízo para os interesses do país. O TCU registrou o contrato, sem restrições

13. A Lei 13.129, de 26.05.15 que tratou de arbitragem com alterações ou acréscimos da Lei 9307, e com fundas aplicações dos princípios do devido processo legal. Da mesma forma, a Lei 13.140, de 26.06.15 que disciplinou a mediação, está dando as devidas regras desse instituto.

A Tutela de Urgência no Projeto do Novo CPC e o Direito dos Negócios

Luciano Vianna Araújo

1. Introdução

O processo judicial destina-se à composição dos litígios.

A tutela de urgência visa assegurar o resultado útil do processo (cautelar) ou antecipar os efeitos do direito pretendido (satisfativa, na dicção no projeto do novo CPC). A tutela de urgência mostra imprescindível na pendência de certos litígios.

Por sua vez, o Direito dos Negócios, que parte do conceito de empresa, bem como das funções que a empresa desenvolve, objetiva disciplinar juridicamente as atividades societárias, econômicas e negociais em todos os seus aspectos.

Especificamente em relação às empresas, diversos são os litígios possíveis envolvendo sua administração, seus sócios, seus negócios, portanto, relações internas ou externas.

Em processos judiciais em torno das empresas, invariavelmente, concede-se tutela antecipada, de natureza cautelar ou satisfativa.

Este estudo justifica-se pela iminência da aprovação do projeto do novo Código de Processo Civil, o qual modifica, substancialmente, a tutela de urgência, positivada, no CPC *Reformado,* no Livro I – Do Processo de Conhecimento, no Capítulo da Tutela Antecipada (art. 273), e no Livro III – Do Processo Cautelar (artigos 796 a 889).

DIREITO DOS NEGÓCIOS APLICADO

O projeto do novo Código de Processo Civil reúne essas normas e altera, consideravelmente, seu regime.

2. A Reforma do CPC/1973 e a *necessidade* de um novo Código de Processo Civil

A Lei nº 5.869, de 11 de janeiro de 1973, instituiu o Código de Processo Civil de 1973. Nos termos do art. 1.220, o Código de Processo Civil entrou em vigor em 1º de janeiro de 1974.

Antes mesmo da sua vigência, o Código de Processo Civil de 1973 (CPC/1973) foi retificado pela Lei nº 5.925, de 1º de outubro de 1973. Sofreram alterações quase uma centena de artigos.

Desde então, o Código de Processo Civil foi por diversas vezes modificado, conforme mais de 60 normas legais que o transformaram.

Além disso, em 1988, foi promulgada uma nova Constituição Federal, norma fundamental no sistema de direito e, principalmente, ponto de partida para a aplicação e para a interpretação das demais normas jurídicas.

A Constituição Federal de 1988 assegurou garantias e positivou princípios processuais. Pode-se relacionar, entre outros, os seguintes princípios: devido processo legal (art. 5º, LIV, CF); razoável duração do processo (art. 5º, LXXVIII, CF); acesso à Justiça (art. 5º, XXXV, CF); ampla defesa (art. 5º, LV, CF); contraditório (art. 5º, LV, CF); publicidade dos atos processuais (art. 5º, LX, CF) etc.

A Constituição Federal de 1988 criou, também, o Superior Tribunal de Justiça, a fim de limitar a competência do Supremo Tribunal Federal às questões constitucionais[1].

Extrai-se das normas constitucionais, a respeito do direito processual, que o Estado obrigou-se a prestar uma tutela jurisdicional efetiva, justa e em tempo razoável.

Por outro lado, a preocupação com a tutela coletiva ensejou a positivação de diversas leis, as quais, da mesma forma, impactaram o modelo "individual" de processo do Código de Processo Civil de 1973.

---

[1] A bem da verdade, o Supremo Tribunal Federal não possui apenas competência constitucional, como sugere o *caput* do art. 102 da CF ("guarda da Constituição"). Nos termos dos incisos do art. 102 da CF, ele possui competência originária para processar e julgar ação direta de inconstitucionalidade, ações penais, *habeas corpus*, pedido de extradição etc. (I); competência recursal em sede de recurso ordinário, quando assegura o duplo grau de jurisdição (II); e competência recursal em sede de recurso extraordinário, para afastar decisões que ofendam a Constituição Federal (III).

A TUTELA DE URGÊNCIA NO PROJETO DO NOVO CPC E O DIREITO DOS NEGÓCIOS

A Lei da Ação Civil Pública (Lei nº 7.347/1985), o Estatuto da Criança e do Adolescente (Lei nº 8.069/1990), o Código de Defesa do Consumidor (Lei nº 8.078/1990) e, mais recentemente, o Estatuto do Idoso (Lei nº 10.741/2003) são exemplos dessas normas legais.

Com a finalidade de assegurar o amplo acesso à justiça, positivado na Constituição Federal de 1988, institui-se também os chamados Juizados Especiais, no âmbito Estadual (Lei nº 9.099/1995) e Federal (Lei nº 10.259/2001), sucessores dos Juizados de Pequenas Causas (Lei nº 7.244/1984, revogada pela Lei dos Juizados Especiais – art. 97 da Lei nº 9.099/1995).

Num movimento denominado de "Reforma Processual"[2], a partir da década de 90 do século passado, através de leis específicas (*mini-reformas*[3]), o Código de Processo Civil de 1973 sofreu diversas modificações.

Estiverem a frente desse movimento, de início, a Associação dos Magistrados do Brasil (AMB) e o Instituto Brasileiro de Direito Processual (IBDP). Posteriormente, por incumbência do Ministério da Justiça, coube à Escola Nacional da Magistratura cuidar da Reforma Processual.

Formou-se, então, uma Comissão Revisora. Participaram dessa Comissão Revisora o Ministro Sálvio de Figueiredo Teixeira (Presidente), a Ministra Fátima Nancy Andrighi (Secretária), à época Desembargadora, o Ministro Athos Gusmão Carneiro, Ada Pellegrini Grinover, José Carlos Barbosa Moreira, Kazuo Watanabe, Humberto Theodoro Junior, Celso Agrícola Barbi, Sérgio Sahione Fadel e José Eduardo Carreira Alvim.

Essa Comissão Revisora elaborou vários anteprojetos de leis. Desses anteprojetos, num primeiro momento, 12 (doze) converteram-se em leis[4].

Numa primeira fase, por meio das Leis nº 8.455/92 (prova pericial), 8.637/1993 (princípio da identidade física do juiz), 8.710/1993 (citação e intimação), 8.718/1993 (estabilização da demanda e aditamento do pedido), 8.898/1994 (liquidação de sentença, com a eliminação da liquidação por cálculos), 8.950/1994 (recursos), 8.951/1994 (consignação em pagamento e usucapião), 8.952/1994 (processo cognitivo, inclusive antecipação de tutela, e cautelar) e 8.953/1994 (processo executivo), implementaram-se mudanças pontuais no Código de Processo Civil.

---

[2] A respeito, leia-se Cândido Rangel Dinamarco, **A Reforma do Código de Processo Civil**, São Paulo: Malheiros, 1995, páginas 28/30.

[3] Por intermédio de vários projetos de lei, a fim de viabilizar a aprovação no Congresso Nacional, os quais, em princípio, não se destinavam a mudar o sistema ou a estrutura do CPC/1973.

[4] A propósito, leia-se Cândido Rangel Dinamarco, **A Reforma da Reforma**, 3º edição, São Paulo: Malheiros, 2002, página 34.

DIREITO DOS NEGÓCIOS APLICADO

Posteriormente, numa segunda fase, as Leis nº 10.173/2001 (prioridade na tramitação de processos em que figure parte idosa – maior de 65 anos), 10.352/2001 (recursos e reexame necessário), 10.358 (artigos 14, 253, 407, 575, 584 e acrescentou o artigo 461-A) e 10.444/2002 (artigos 273, 275, 280, 287, 331, 461, 588, 604, 621, 624, 627, 644, 659, 744 e 814) visaram *corrigir* algumas alterações introduzidas pela primeira fase da Reforma Processual e *inovar* em outros aspectos o sistema processual civil brasileiro.

Entre a primeira e a segunda fase da "Reforma Processual", algumas leis foram promulgadas, versando sobre o processo civil. Por exemplo, a Lei nº 9.079/1995 introduziu o procedimento monitório. A Lei nº 9.139/1995 mudou, consideravelmente, o regime do recurso de agravo. A Lei nº 9.245/1995 alterou o procedimento sumário, antes sumaríssimo. A Lei nº 9.307/1996 versou sobre a arbitragem. E, por fim, a Lei nº 9.756/1998 modificou, mais uma vez, o sistema recursal.

Por fim, a terceira fase da "Reforma ", nos anos de 2005 e 2006, rompeu, de uma vez por todas, com a dicotomia e a autonomia processual entre conhecer (processo cognitivo) e satisfazer o direito (processo executivo).

A tutela jurisdicional destina-se tanto à declaração do direito quanto à satisfação dele. Em sua tese de doutorado, em 1987, Humberto Theodoro Junior[5] defendeu o fim da dualidade de processos:

> Nossa proposição é a de que o bom senso não exige a manutenção da atual dualidade de relações processuais (conhecimento e execução) quando a pretensão contestada é daquelas que, deduzidas em juízo, reclamam um provimento jurisdicional condenatório.
>
> A obrigatoriedade de submeter o credor a dois processos para eliminar um só conflito de interesses, uma só lide conhecida e delineada desde logo, parece-nos complicação desnecessária e perfeitamente superável, como, aliás, ocorre em sistemas jurídicos como o anglo-saxônico.

A Lei nº 11.232/2005 estabeleceu o cumprimento de sentença para a condenação ao pagamento de quantia certa, como sendo uma mera fase de um único processo (denominado sincrético), o que tornou desnecessária a propositura de um novo processo, inspirada na doutrina de Humberto Theodoro Junior[6].

---

[5] **O cumprimento da sentença e a garantia do devido processo legal**, 3º edição, Belo Horizonte: Mandamentos, 2007, páginas 208/209.

[6] Athos Gusmão Carneiro reconhece, expressamente, como fundamento doutrinário do cumprimento de sentença, a tese de doutorado de Humberto Theodoro Junior, *in* **Cumprimento da sentença civil**, Rio de Janeiro: Forense, 2007, páginas 08/09.

A TUTELA DE URGÊNCIA NO PROJETO DO NOVO CPC E O DIREITO DOS NEGÓCIOS

Note-se que, em relação à obrigação de fazer e não fazer, o art. 461 do CPC[7] já dispensava, para o título judicial, a necessidade de um novo processo (executivo), conforme redação dada pela Lei nº 8.952/1994 (primeira fase da Reforma Processual). Por sua vez, no que concerne à obrigação de dar (entrega de coisa diversa de dinheiro), o art. 461-A e seus parágrafos do CPC, a partir da segunda fase da Reforma Processual (Lei nº 10.444/2002), também tornaram dispensável a propositura de uma nova demanda, de natureza executiva.

A terceira fase da Reforma Processual encerrou-se com a entrada em vigor da Lei nº 11.382/2006, que promoveu significativa modificação no procedimento de execução por título executivo extrajudicial.

A terceira fase da Reforma Processual concentrou-se, portanto, na tutela executiva. Não basta reconhecer o direito (tutela cognitiva), indispensável realizar, no plano fático, esse direito (tutela executiva).

Em 3 (três) fases, ao contrário da pretensão originária, alterou-se por completo o *sistema* do CPC/1973.

A ruptura mais profunda deu-se com a Lei nº 11.232/2005, a qual, também para as obrigações de dar, especificamente pagamento de quantia certa, eliminou a necessidade de 2 (dois) processos, distintos, para conhecer e, depois, para executar, o que já ocorrera para as obrigações de fazer e não fazer (art. 461 do CPC – Lei nº 8.952/1944) e para as obrigações de dar (art. 461-A do CPC – Lei nº 10.444/2002).

Já não se pode mais se referir ao "Código de Processo Civil de 1973", como sendo o vigente. Tem-se um novo Código de Processo Civil, fruto de diversas Reformas pontuais, desde a década de 90 do século passado. O "CPC Reformado" padece de um vício, qual seja: a falta de sistematização.

Ao comentar a segunda fase da Reforma Processual, em 2002, Cândido Rangel Dinamarco[8] já alertava para esse risco, bem como para a necessidade de um novo Código de Processo Civil:

> Eis então a crítica e a preocupação. A dispersão de importantíssimas normas processuais civis entre o Código de Processo Civil e outros diplomas (Código de Defesa do Consumidor, a Lei da Ação Civil Pública, a dos Juizados Especiais *etc.*), mais a falta de uma coerência interna daquele, se não chegam a sugerir a conveniência de elaboração de um novo Código, são males suficientemente graves, que devem ao menos provocar uma séria reflexão e empenho por uma nova e abrangente remodelação. Agora, não mais uma *guerra de querrilhas*, como

---

[7] Combinado com o art. 644 do CPC.
[8] **A Reforma da Reforma**, 3º edição, São Paulo: Malheiros, 2002, páginas 40/41.

DIREITO DOS NEGÓCIOS APLICADO

foi proposto pelos reformadores no momento em que isso era adequado e conveniente, mas uma revisão sistemática suficiente a devolver ao sistema brasileiro a indispensável coerência e consistência no trato dos institutos mediante absorção das conquistas da moderna ciência processual e dos frutos das experiências já vividas aqui e alhures.

Não foi por outro motivo que se iniciou o processo legislativo para promulgação de um novo Código de Processo Civil.

3. O processo legislativo do novo Código de Processo Civil

O processo legislativo compreende a elaboração, dentre outras, de leis ordinárias (art. 59, inciso III, da CF). Um Código de Processo Civil é uma lei ordinária.

Por iniciativa do Senado Federal (art. 61 da CF), encontra-se em tramitação, no Congresso Nacional, o projeto de novo Código de Processo Civil.

Originariamente, em 30 de setembro de 2009, o Presidente do Senado Federal instituiu, pelo Ato nº 379/2009, uma Comissão de Juristas com a finalidade de apresentar um anteprojeto de Código de Processo Civil.

Compuseram a Comissão de Juristas o Ministro Luiz Fux, na qualidade de Presidente, Teresa Arruda Alvim Wambier, na condição de Relatora, Adroaldo Furtado Fabrício, Bruno Dantas, Elpídio Donizete Nunes, Humberto Theodoro Junior, Jansen Fialho de Almeida, José Miguel Garcia Medina, José Roberto dos Santos Bedaque, Marcus Vinicius Furtado Coelho e Paulo Cezar Pinheiro Carneiro.

Encerrados os trabalhos, a Comissão de Juristas entregou ao Presidente do Senado Federal o anteprojeto do novo Código de Processo Civil.

Em 08 de junho de 2010, foi apresentado, no Senado Federal, o projeto do novo Código de Processo Civil, de autoria do Senador José Sarney, o qual passou a tramitar sob a denominação PLS 166/2010.

Em 04 de agosto de 2010, foi realizada a primeira reunião de instalação da Comissão Especial do Senado Federal, quando foram eleitos os Senadores Demóstenes Torres e Antonio Carlos Valadares, como Presidente e Vice-Presidente, respectivamente. Foi designado, como relator-geral, o Senador Valter Pereira e os seguintes relatores parciais: 1) Antonio Carlos Júnior – Processo Eletrônico ; 2) Romeu Tuma – Parte Geral; 3) Marconi Perillo – Processo de Conhecimento; 4) Almeida Lima – Procedimentos Especiais; 5) Antonio Carlos Valadares – Cumprimento das Sentenças e Execução; e 6) Acir Gurgacz – Recursos.

Nomeou-se, em seguida, uma comissão técnica de apoio à elaboração do relatório-geral, composta por Athos Gusmão Carneiro, Cassio Scarpinella Bueno, Dorival Renato Pavan e Luiz Henrique Volpe Camargo.

Aprovou-se, em 1º de dezembro de 2010, na 15ª reunião da Comissão Temporária, o relatório final do Senador Valter Pereira que passou a constituir o parecer da Comissão do Senado pela aprovação do PLS 166/2010.

Posteriormente, após três sessões de discussão em turno único, o PLS 166/2010 foi aprovado (texto substitutivo), em 15 de dezembro de 2010, tendo sido determinado o seu envio à Câmara dos Deputados.

Em 22 de dezembro de 2010, através do ofício 2.428/2010, o Senado Federal apresentou à Câmara dos Deputados o projeto de novo Código de Processo Civil, para que realizasse a sua revisão, na forma do *caput* do art. 65 da CF:

> Art. 65. O projeto de lei aprovado por uma Casa será revisto pela outra, em um só turno de discussão e votação, e enviado à sanção ou promulgação, se a Casa revisora o aprovar, ou arquivado, se o rejeitar.

Na Câmara dos Deputados, em 05 de janeiro de 2011, a Mesa Diretora determinou a constituição de Comissão Especial para emitir parecer sobre o projeto e emendas, tendo sido autuado sob a designação PL 8046/2010.

Em 31 de agosto de 2011, formou-se Comissão Especial, destinada a proferir parecer sobre o projeto de lei.

Foram nomeados, para a Comissão Especial, os seguintes Deputados: como relator-geral, Sérgio Barradas Carneiro (PT-BA), posteriormente substituído pelo Deputado Paulo Teixeira; para a parte geral, Efraim Filho (DEM-PB); para o processo de conhecimento e cumprimento da sentença, Jerônimo Goergen (PP-RS); para os procedimentos especiais, Bonifácio de Andrada (PSDB--MG); para o processo de execução, Arnaldo Faria de Sá (PTB-SP); para os processos nos Tribunais e meios de impugnação das decisões judiciais, bem como disposições finais e transitórias, Hugo Leal (PSC-RJ).

Após regulamentar tramitação na Câmara dos Deputados, em 26 de março de 2014, aprovou-se, com emendas, o texto do projeto do novo CPC, o qual, por disposição legal (parágrafo único do art. 65 da CF), deve retornar ao Senado Federal, órgão de origem do projeto de lei.

> Art. 65.
> Parágrafo único. Sendo o projeto emendado, voltará à Casa iniciadora.

DIREITO DOS NEGÓCIOS APLICADO

Em 31 de março de 2014, o projeto de lei regressou finalmente ao Senado Federal, onde passou a tramitar sob a sigla SCD 166/2010 (Substitutivo da Câmara dos Deputados nº 166/2010).

Por força do processo legislativo, após concluir a votação, o Senado Federal deverá encaminhar o projeto de lei à Presidência da República, para sancioná--lo ou vetá-lo, total ou parcialmente, conforme o art. 66 da CF:

Art. 66. A Casa na qual tenha sido concluída a votação enviará o projeto de lei ao Presidente da República, que, aquiescendo, o sancionará.

§ 1º – Se o Presidente da República considerar o projeto, no todo ou em parte, inconstitucional ou contrário ao interesse público, vetá-lo-á total ou parcialmente, no prazo de quinze dias úteis, contados da data do recebimento, e comunicará, dentro de quarenta e oito horas, ao Presidente do Senado Federal os motivos do veto.

§ 2º – O veto parcial somente abrangerá texto integral de artigo, de parágrafo, de inciso ou de alínea.

§ 3º – Decorrido o prazo de quinze dias, o silêncio do Presidente da República importará sanção.

§ 4º O veto será apreciado em sessão conjunta, dentro de trinta dias a contar de seu recebimento, só podendo ser rejeitado pelo voto da maioria absoluta dos Deputados e Senadores. (Redação dada pela Emenda Constitucional nº 76, de 2013)

§ 5º – Se o veto não for mantido, será o projeto enviado, para promulgação, ao Presidente da República.

§ 6º Esgotado sem deliberação o prazo estabelecido no § 4º, o veto será colocado na ordem do dia da sessão imediata, sobrestadas as demais proposições, até sua votação final. (Redação dada pela Emenda Constitucional nº 32, de 2001)

§ 7º – Se a lei não for promulgada dentro de quarenta e oito horas pelo Presidente da República, nos casos dos § 3º e § 5º, o Presidente do Senado a promulgará, e, se este não o fizer em igual prazo, caberá ao Vice-Presidente do Senado fazê-lo.

Acredita-se que, em breve, o Senado Federal conclua a votação do projeto de lei do novo Código de Processo Civil (SCD 166/2010), quando, então, o enviará para a Presidência da República.

4. A tutela de urgência e da evidência no projeto do novo Código de Processo Civil

Desde o anteprojeto do novo Código de Processo Civil, elaborado pela Comissão de Juristas, a tutela da urgência e da evidência foram tratadas na Parte Geral do Código. O PLS 166/2010 e o PL 8046/2010 mantiveram essa disciplina.

Na Parte Especial, especificamente nos Livros I e II, o projeto do novo Código de Processo Civil dispõe sobre o chamado processo de conhecimento e o processo de execução. Não existe, no projeto do novo Código de Processo Civil, na Parte Especial, um Livro dedicado ao "processo cautelar".

O projeto do novo Código de Processo Civil encerrou com a autonomia do denominado processo cautelar, instituída pelo Código de Processo Civil de 1973.

4.1. O fim da autonomia da tutela cautelar

Na exposição de motivos do Código de Processo Civil de 1973, Alfredo Buzaid assentou que "o processo cautelar foi regulado no Livro III, porque é um *tertium genus*, que contém a um tempo as funções do processo de conhecimento e de execução. O seu elemento específico é a prevenção".

A tutela antecipada foi positivada, em nosso Código de Processo Civil, na primeira fase da Reforma Processual, pela Lei nº 8.952/1994.

O art. 273 do *CPC Reformado* versa sobre a antecipação de tutela. Inseriram, portanto, a antecipação da tutela no Livro I ("Do processo de conhecimento"), enquanto o processo cautelar é objeto do Livro III.

No projeto do novo Código de Processo Civil [anteprojeto, PLS (166/2010) e PL 8.046/2010)], agruparam as normas sobre a antecipação da tutela e a tutela cautelar na Parte Geral do Código, tendo sido excluído um Livro específico para o processo cautelar.

4.2. *Tertium genus?*

A classificação do chamado processo cautelar ao lado dos denominados processos de conhecimento e de execução, sempre careceu de fundamento, na medida em que junta, numa mesma classe, espécies distintas. Senão, vejamos.

Nunca se negou que o dito processo de cognição destina-se ao reconhecimento do direito, enquanto o intitulado processo de execução à satisfação

DIREITO DOS NEGÓCIOS APLICADO

do direito previamente reconhecido, seja num título executivo judicial, seja num título executivo extrajudicial. A respeito, leia-se a doutrina de Barbosa Moreira[9]:

> O exercício da função jurisdicional visa à *formulação* e à *atuação prática* da norma jurídica concreta que deve disciplinar determinada situação. Ao primeiro aspecto dessa atividade (*formulação* da norma jurídica concreta) corresponde o *processo de conhecimento* ou *de cognição*; ao segundo aspecto (*atuação prática* da norma jurídica concreta), o processo de execução.

Como se vê, a atividade jurisdicional desenvolvida nos chamados processos de conhecimento e de execução objetiva a tutela do direito. De outra parte, o intitulado processo cautelar visa resguardar o resultado útil de um daqueles *tipos* de processo. Mais uma vez, a lição de Barbosa Moreira[10]:

> A ambos se contrapõe, em tal perspectiva, o processo cautelar, cuja finalidade consiste apenas, segundo a concepção clássica, em assegurar, na medida do possível, a eficácia prática de providências quer cognitivas, quer executivas. Tem ele, assim, função meramente *instrumental* em relação às duas outras espécies de processo, e por seu intermédio exerce o Estado uma tutela jurisdicional *mediata*.

Não caberia, portanto, falar num *terceiro gênero* de processo, se os outros dois (cognitivo e executivo) dedicam-se à tutela do direito, enquanto o cautelar à tutela do próprio processo. A propósito, o ensinamento de Humberto Theodoro Junior[11]:

> Mas, em vez de preocupar-se com a tutela do direito (composição da lide) – função *principal* da jurisdição -, o processo cautelar exerce função *auxiliar* e *subsidiária*, servindo à tutela do processo, onde será protegido o direito.

Logo, por possuírem objetos distintos (de um lado, nas demandas cognitivas e executivas, tutela do direito e, de outro, nas cautelares, tutela do processo), não se mostra – nem nunca se revelou – razoável sustentar a existência de um *tertium genus*.

---

[9] José Carlos Barbosa Moreira, *in* **O novo processo civil brasileiro**, 22ª edição, Rio de Janeiro: Forense, 2005, página 3.
[10] José Carlos Barbosa Moreira, *in* **O novo processo civil brasileiro**, 22ª edição, Rio de Janeiro: Forense, 2005, página 301.
[11] Humberto Theodoro Júnior, *in* **Processo cautelar**, 22 edição, São Paulo: Leud, 2005, página 23.

4.3. Um comparativo entre os projetos do novo Código de Processo Civil do Senado Federal (PLS 166/2010) e da Câmara dos Deputados (Pl 8.046/2010)

No que concerne à tutela de urgência, existem diferenças consideráveis entre o texto aprovado no Senado Federal (PLS 166/2010) e o texto aprovado na Câmara dos Deputados (PL 8.046/2010), ora sob revisão do Senado Federal (art. 65, parágrafo único, da CF)[12].

No PLS 166/2010, os artigos 269 a 286 versam sobre a "Tutela de Urgência e a Tutela da Evidência", denominação dada ao Título IX, o qual possui 2 (dois) capítulos: o primeiro trata das "disposições gerais", contendo 3 (três) seções, quais sejam: I – "Das disposições comuns" (art. 269 a 275); II – "Da tutela de urgência cautelar e satisfativa" (art. 276 a 277); e III – "Da tutela de evidência" (art. 278). O segundo capítulo cuida do "procedimento das medidas de urgência", o qual compreende 2 (duas) seções, quais sejam: I – "Das medidas de urgência requeridas em caráter antecedente" (art. 279 a 285) e II – "Das medidas de urgência requeridas em caráter incidental" (art. 286).

No PL 8.046/2010, o Livro V discorre sobre a "Tutela antecipada" (art. 295 a 312). O Livro V divide-se em 2 (dois) Títulos: I – "Das disposições gerais, da tutela de urgência e da tutela de evidência" e II – "Do procedimento da tutela cautelar requerida em caráter antecedente". Por seu turno, o Título I ("Das disposições gerais...) subdivide-se em 3 (três) Capítulos, a saber: I – "Das disposições gerais" (art. 295 a 300); II – "Da tutela de urgência" (art. 301 a 305); e III – "Da tutela de evidência" (art. 306). O Título II ("Do procedimento da tutela cautelar...) não possui qualquer subdivisão (art. 307 a 312).

5. A tutela de urgência no projeto do novo Código de Processo Civil

O *caput* do art. 269 do PLS 166/2010 assevera que a tutela de urgência e a da evidência podem ser requeridas antes ou no curso do processo, sejam essas medidas de natureza satisfativa ou cautelar.

Logo, o *caput* do art. 269 do PLS 166/2010 prevê a tutela de urgência e a de evidência antecedentes (art. 279 a 285 do PLS 166/2010) ou incidentes

---

[12] Cassio Scarpinella Bueno compara e anota os textos dos projetos do Senado Federal (PLS 166/2010) e da Câmara dos Deputados (PL 8.046/2010), *in* **Projetos de novo Código de Processo Civil comparados e anotados**, São Paulo: Saraiva, 2014.

DIREITO DOS NEGÓCIOS APLICADO

(art. 286 do PLS 166/2010), bem como distingue a tutela satisfativa da tutela cautelar.

Embora não seja aconselhável, o projeto do novo Código de Processo Civil (art. 269, §§ 1º e 2º), aprovado no Senado Federal (PLS 166/2010), conceituou "medidas satisfativas" e "medidas cautelares":

> Art. 269 -
> § 1º São medidas satisfativas as que visam a antecipar ao autor, no todo ou em parte, os efeitos da tutela pretendida.
> § 2º São medidas cautelares as que visam a afastar risco e assegurar o resultado útil do processo.

Denominou-se "medidas satisfativas" o que a doutrina, desde 1994, chamava de "tutela antecipada", por força da redação do art. 273 do CPC *Reformado*, dada pela Lei nº 8.952/1994.

O II Fórum Permanente de Processualistas Civis (FPPC), reunido em Salvador/Bahia, em novembro de 2013, ratificou, no Enunciado 28, esse entendimento:

> Art. 295. Tutela antecipada é uma técnica de julgamento que serve para adiantar efeitos de qualquer tipo de provimento, de natureza cautelar ou satisfativa, de conhecimento ou executiva.

O *caput* do art. 295 do PL 8.046/2010 manteve a distinção entre tutela satisfativa e tutela cautelar, como espécies de tutela antecipada:

> Art. 295. A tutela antecipada, de natureza satisfativa ou cautelar, pode ser concedida em caráter antecedente ou incidental.
> Parágrafo único. A tutela antecipada pode fundamentar-se em urgência ou evidência.

Parece-me equivocada a nomenclatura de "tutela satisfativa" em contraposição à tutela cautelar. O qualificativo "satisfativo" deve ser empregado àquela tutela, antecipada ou cautelar, que, uma vez concedida e cumprida, torna desnecessário – ao menos do ponto de vista prático – o processo judicial.

A tutela antecipada não pode, por essência, satisfazer o direito pretendido, dada sua natureza provisória, baseada em cognição não exauriente, passível de revogação ou modificação (art. 273, § 4º, do CPC *Reformado*).

Mostra-se, a meu ver, mais correta a (boa e velha!) denominação de "tutela antecipada" em contrapartida à tutela cautelar.

O projeto do novo Código de Processo Civil mantém, em nosso ordenamento jurídico, positivado o poder geral de cautela, como se depreende do art. 270 do PLS 166/2010 e do art. 298 do PL 8.046/2010:

Art. 270. O juiz poderá determinar as medidas que considerar adequadas quando houver fundado receio de que uma parte, antes do julgamento da lide, cause ao direito da outra lesão grave e de difícil reparação. Parágrafo único. A medida de urgência poderá ser substituída, de ofício ou a requerimento de qualquer das partes, pela prestação de caução ou outra garantia menos gravosa para o requerido, sempre que adequada e suficiente para evitar a lesão ou repará-la integralmente.	Art. 298. O juiz poderá determinar as medidas que considerar adequadas para efetivação da tutela antecipada. Parágrafo único. A efetivação da tutela antecipada observará as normas referentes ao cumprimento provisório da sentença, no que couber, vedados o bloqueio e a penhora de dinheiro, de aplicação financeira ou de outros ativos financeiros.

O parágrafo único do art. 270 do PLS 166/2010 aborda a substituição da medida de urgência por caução ou por outra garantia menos gravosa, reproduzindo praticamente o disposto no art. 805 do CPC *Reformado*.

Tal substituição pode ser requerida por qualquer uma das partes. Far-se-á a substituição da medida de urgência por outra, que deve ser adequada e suficiente para evitar a lesão ou repará-la integralmente, com vistas a evitar uma gravidade excessiva, decorrente da concessão da medida de urgência originária.

O parágrafo único do art. 298 do PL 8.046/2010 proíbe o bloqueio e a penhora de dinheiro, de aplicação financeira ou de outros ativos financeiros, como medida útil para efetivar a antecipação da tutela, que, na dicção do projeto do novo Código de Processo Civil, pode ser tanto satisfativa quanto cautelar.

Semelhante norma encontra-se no parágrafo 9º do art. 870 do PL 8.046/2010, segundo a qual "no cumprimento provisório da sentença, somente se admite a penhora de recursos financeiros nos termos deste artigo se já houver, na fase de conhecimento, decisão de tribunal de justiça ou de tribunal regional federal". Trata-se de um desfavor ao cumprimento *provisório* de sentença. O parágrafo 10º do art. 870 do PL 8.046/2010 ressalva a proibição, contida no parágrafo 9º, às hipóteses em que, por exceção, a apelação não possui efeito suspensivo.

O art. 273 do PLS 166/2010 dispõe apenas que "a efetivação da medida observará, no que couber, o parâmetro operativo do cumprimento da sentença definitivo ou provisório".

DIREITO DOS NEGÓCIOS APLICADO

Em reforço à garantia constitucional da motivação das decisões judiciais, positivada no art. 93, inciso IX, da CF, o projeto do novo Código de Processo Civil exige que a decisão, que defere ou indefere a tutela antecipada, seja fundamentada.

PLS 166/2010	PL 8.046/2010
Art. 271. Na decisão que conceder ou negar a tutela de urgência e a tutela de evidência, o juiz indicará, de modo claro e preciso, as razões do seu convencimento. Parágrafo único. A decisão será impugnável por agravo de instrumento.	Art. 299. Na decisão que conceder, negar, modificar ou revogar a tutela antecipada, o juiz justificará as razões do seu convencimento de modo claro e preciso. Parágrafo único. A decisão é impugnável por agravo de instrumento.

A competência para decidir a tutela antecipada é do juiz da causa. Se for antecedente, cabe ao juiz competente para processar e julgar o pedido principal. Neste particular, o projeto do novo Código de Processo Civil não modifica o regime vigente (art. 800 do CPC *Reformado*).

O II Fórum Permanente de Processualistas Civis (FPPC), reunido em Salvador/Bahia, em novembro de 2013, fez importante ressalva, no Enunciado 29, a respeito da demora na concessão da tutela antecipada, por questões de menor importância, tais como o recolhimento de despesas processuais:

Art. 299, § único, e art. 1.028, I. A decisão que condicionar a apreciação da tutela antecipada incidental ao recolhimento de custas ou a outra exigência não prevista em lei equivale a negá-la, sendo impugnável por agravo de instrumento.

De fato, não é incomum que, diante de um requerimento de tutela de urgência liminar, o magistrado exija, antes de apreciar tal requerimento, que a parte cumpra alguma exigência formal. O Enunciado 29 do II FPPC dispõe que, se isso ocorrer, a parte tem o direito de interpor recurso (agravo de instrumento), como se a decisão houvesse negado a própria tutela, para que não se alegue falta de interesse recursal, sob o fundamento de que não teria havido ainda decisão em primeiro grau.

PLS 166/2010	PL 8.046/2010
Art. 272. A tutela de urgência e a tutela de evidência serão requeridas ao juiz da causa e, quando antecedentes, ao juízo competente para conhecer do pedido principal. Parágrafo único. Nas ações e nos recursos pendentes no tribunal, perante este será a medida requerida.	Art. 300. A tutela antecipada será requerida ao juízo da causa e, quando antecedente, ao juízo competente para conhecer do pedido principal. Parágrafo único. Ressalvada disposição especial, na ação de competência originária de tribunal e nos recursos a tutela antecipada será requerida ao órgão jurisdicional competente para apreciar o mérito.

A TUTELA DE URGÊNCIA NO PROJETO DO NOVO CPC E O DIREITO DOS NEGÓCIOS

Todavia, quando se trata de recurso, o projeto do novo Código de Processo Civil altera o sistema atual. Isto porque, de acordo com o parágrafo único do art. 800 do CPC *Reformado*, interposto o recurso, a competência já é do órgão recursal, para apreciar a tutela de urgência.

Segundo o parágrafo único do art. 272 do PLS 166/2010, "nos recursos pendentes no tribunal", a tutela antecipada deve ser pleiteada no próprio órgão recursal. A contrário senso, pode-se entender que, enquanto estiver em tramitação o recurso no órgão *a quo*, a competência para decidir a tutela antecipada é deste. Por sua vez, a redação do parágrafo único do art. 300 do PL 8.046/2010 não explicita essa questão (competência enquanto o recurso tramita no órgão *a quo*).

Observe-se que, **em ofensa ao disposto no parágrafo do art. 800 do CPC *Reformado*,** o Supremo Tribunal Federal editou dois enunciados de súmulas que atribuem ao Tribunal de origem a competência para apreciar medida cautelar após a interposição do recurso extraordinário (e antes do juízo de admissibilidade):

Súmula 635

Cabe ao Presidente do Tribunal de origem decidir o pedido de medida cautelar em recurso extraordinário ainda pendente do seu juízo de admissibilidade.

Súmula 634

Não compete ao Supremo Tribunal Federal conceder medida cautelar para dar efeito suspensivo a recurso extraordinário que ainda não foi objeto de juízo de admissibilidade na origem.

A interpretação dada acima ao parágrafo único do art. 272 do PLS 166/2010 está em consonância com os enunciados 634 e 635 da súmula do STF.

O art. 275 do PLS 166/2010, que não possui correspondente no PL 8.046/2010, traz uma novidade. Esta norma confere prioridade ao processo em que se defere tutela de evidência ou de urgência, sem prejuízos das outras preferências legais.

O art. 276 do PLS 166/2010 e o art. 301 do PL 8.046 preveem os requisitos para a concessão da tutela de urgência:

DIREITO DOS NEGÓCIOS APLICADO

PLS 166/2010	PL 8.046/2010
Art. 276. A tutela de urgência será concedida quando forem demonstrados elementos que evidenciem a plausibilidade do direito, bem como o risco de dano irreparável ou de difícil reparação. Parágrafo único. Na concessão da liminar da tutela de urgência, o juiz poderá exigir caução real ou fidejussória idônea para ressarcir os danos que o requerido possa vir a sofrer, ressalvada a impossibilidade da parte economicamente hipossuficiente.	Art. 301. A tutela antecipada de urgência será concedida quando houver elementos que evidenciem a probabilidade do direito e o perigo na demora da prestação da tutela jurisdicional. § 1º Para a concessão da tutela de urgência, o juiz pode, conforme o caso, exigir caução real ou fidejussória idônea para ressarcir os danos que a outra parte possa vir a sofrer; a caução pode ser dispensada se parte economicamente hipossuficiente não puder oferecê-la. § 2º A tutela antecipada de urgência pode ser concedida liminarmente ou após justificação prévia. § 3º A tutela cautelar antecipada pode ser efetivada mediante arresto, sequestro, arrolamento de bens, registro de protesto contra alienação de bem e qualquer outra medida idônea para asseguração do direito. § 4º Pode ser objeto de arresto bem indeterminado que sirva para garantir execução por quantia certa; pode ser objeto de sequestro bem determinado que sirva para garantir execução para a entrega de coisa.

O texto do Senado Federal é mais sucinto. Exige, para o deferimento da tutela de urgência, cautelar ou satisfativa, (i) plausibilidade do direito e (ii) risco de dano irreparável ou de difícil reparação.

Não há, ao menos no texto legal, uma diferença entre os requisitos, seja a tutela satisfativa, seja a tutela cautelar.

Da mesma forma, o *caput* do art. 276 do PLS 166/2010 reclama apenas a demonstração de "elementos que evidenciem" os requisitos necessários à concessão da tutela de urgência, cautelar ou satisfativa. Noutras palavras, não se exige uma prova cabal daqueles elementos.

O parágrafo único do art. 276 do PLS 166/2010 positiva a chamada contracautela, isto é, a oferta pelo beneficiário da tutela de urgência de uma caução, a fim de garantir que, caso perca a demanda, terá como ressarcir os danos que a outra parte vier a sofrer. A caução pode ser real (hipoteca ou penhor) ou fidejussória (fiança).

A parte final do parágrafo único do art. 276 do PLS 166/2010 ressalva que, se a parte não possuir condições econômicas para prestar caução, o juiz pode dispensá-la e, assim, deferir a tutela de urgência, independentemente de uma contracautela.

No que concerne aos requisitos para a concessão da tutela de urgência, satisfativa ou cautelar, existe um mudança considerável do texto do PLS 166/2010 para o texto do PL 8.046/2010.

O art. 301 do PL 8.046/2010 refere-se, como elementos para o deferimento da tutela de urgência, à "probabilidade do direito" e ao "perigo na demora da prestação da tutela jurisdicional".

Logo, enquanto o art. 276 do PLS 166/2010 menciona a expressão "plausibilidade do direito", o art. 301 do PL 8.046/2010 reclama a "probabilidade do direito".

Existe nítida diferença entre "plausibilidade" e "probabilidade". Há um grau de certeza maior quando se fala em "probabilidade" do que quando se reporta à "plausibilidade".

Plausibilidade é a qualidade de plausível, daquilo que é razoável, aceitável ou admissível. Por sua vez, probabilidade é a qualidade de provável, isto é, daquilo que tem aparência de verdadeiro.

Seria uma discussão meramente semântica não fosse o fato de que, no projeto do novo Código de Processo Civil, tanto no Senado Federal (art. 269) quanto na Câmara dos Deputados (art. 295), a tutela antecipada é um gênero que inclui, como espécies, a satisfativa e a cautelar.

Parece-me que o grau de plausibilidade/probabilidade para a concessão da tutela cautelar não deveria ser o mesmo para o deferimento da tutela satisfativa, dada a natureza de cada uma delas.

Pela sua própria função, a tutela cautelar, que visa afastar riscos e assegurar o resultado útil do processo, reclama menos comprovação do direito, no momento da sua concessão, do que a tutela satisfativa.

Não é impossível que a tutela cautelar possa, ao resguardar o resultado útil do processo, beneficiar ambas as partes, autora e ré; e pode ser concedida *ex officio* [CPC *Reformado* (art. 797) e PLS (art. 277)]. De outro lado, a tutela satisfativa, ao ser deferida, causa, em regra, um prejuízo para a parte contrária.

Dessa forma, quando o projeto do novo Código de Processo Civil unifica o regulamento da tutela de urgência, cautelar ou satisfativa, o emprego das expressões "plausibilidade" e "probabilidade" gera consequências. Ou a doutrina e a jurisprudência distinguirão as duas espécies (cautelar e satisfativa) e o respectivo grau de plausibilidade/probabilidade ou se exigirá uma prova mais efetiva para uma (cautelar) e menos robusta para outra (satisfativa).

Note-se que, de acordo com o parágrafo 7°[13] do art. 273 do CPC *Reformado*, ao menos do ponto de vista legal, existem "pressupostos" diversos, caso se trate de antecipação de tutela e de tutela cautelar.

---

[13] Art. 273. § 7º Se o autor, a título de antecipação de tutela, requer providência de natureza cautelar, poderá o juiz, quando presentes os respectivos pressupostos, deferir a medida cautelar em caráter incidental do processo ajuizado.

DIREITO DOS NEGÓCIOS APLICADO

O outro requisito, previsto no art. 301 do PL 8.046/2010, para o deferimento da tutela antecipada, satisfativa ou cautelar, é o perigo na demora da prestação da tutela jurisdicional.

Neste particular, embora utilize expressão diversa do PLS 166/2010 ("risco de dano irreparável ou de difícil reparação"), não existe uma diferença maior entre as expressões empregadas nos dois textos (PLS 166/2010 e PL 8.046/2010). Ambas pretendem reproduzir a ideia do *periculum in mora*.

O parágrafo 1º do art. 301 do PL 8.046/2010 prevê, assim como parágrafo único do art. 276 do PLS 166/2010, a possibilidade do magistrado reclamar a contracautela. Embora os textos não sejam idênticos, eles não diferem em seu conteúdo, inclusive com a previsão de dispensa da contracautela caso a parte seja economicamente hipossuficiente.

O parágrafo 2º do art. 301 do PL 8.046/2010 esclarece, apenas, que a tutela antecipada pode ser deferida em caráter liminar (especificamente *inaudita altera parte*) ou após justificação prévia, seja ou não a parte contrária a Fazenda Pública.

Conforme o Enunciado 30 do II Fórum Permanente de Processualistas Civis (FPPC), reunido em Salvador/Bahia, em novembro de 2013, o juiz deve justificar a razão da demora na apreciação do requerimento de antecipação da tutela de urgência:

> Art. 299. O juiz deve justificar a postergação da análise da liminar da tutela antecipada de urgência sempre que estabelecer a necessidade de contraditório prévio.

O que justifica ou não o adiamento da apreciação da tutela de urgência é a ponderação entre o bem jurídico que se pretende proteger com a antecipação da tutela e o direito constitucional ao contraditório, como esclarece Teori Zavascky[14]:

> Em princípio, pois, a antecipação da tutela não pode ser concedida *inaudita altera pars*. A providência somente poderá ser dispensada quando outro valor jurídico, de mesma estatura constitucional que o direito ao contraditório, puder ficar comprometido com a ouvida do adversário.

---

[14] **Antecipação da tutela**, 4º edição, São Paulo: Saraiva, 2005, página 117.

A TUTELA DE URGÊNCIA NO PROJETO DO NOVO CPC E O DIREITO DOS NEGÓCIOS

O parágrafo 3º do art. 301 do PL 8.046/2010 enumera, a título meramente exemplificativo, as possíveis medidas objeto de antecipação da tutela, evidenciando o poder geral de cautela do magistrado. O II Fórum Permanente de Processualistas Civis (FPPC), reunido em Salvador/Bahia, em novembro de 2013, esclareceu, no Enunciado 31, que "o poder geral de cautela está mantido no NCPC".

Por sua vez, o parágrafo 4º do art. 301 do PL 8.046/2010 define arresto e sequestro.

O art. 277 do PLS 166/2010 modifica a norma vigente (art. 797 do CPC *Reformado*). Não há, no PL 8.046/2010, norma correspondente a do art. 277 do PLS 166/2010:

CPC *Reformado*	PLS 166/2010
Art. 797. Só em casos excepcionais, expressamente autorizados por lei, determinará o juiz medidas cautelares sem a audiência das partes	Art. 277. Em casos excepcionais ou expressamente autorizados por lei, o juiz poderá conceder medidas de urgência de ofício

O art. 277 do PLS 166/2010 mantém a previsão da tutela cautelar *ex officio*, isto é, sem requerimento de qualquer uma das partes.

O art. 797 do CPC *Reformado* possui norma análoga. Trata-se de tutela cautelar sem requerimento de qualquer uma das partes e, portanto, necessariamente incidental. Ressalte-se que a norma do art. 797 possui redação originária, não tendo sido alterado desde 1973.

O art. 797 do CPC *Reformado* sugere que, para a concessão da tutela cautelar *ex officio*, faz-se necessário que ocorra um caso excepcional e expressamente autorizado por lei. Noutras palavras, os requisitos seriam cumulativos (excepcionalidade da hipótese e autorização legal).

Por sua vez, o art. 277 do PLS 166/2010 dispõe, de modo claro, que as hipóteses são alternativas, ou seja, basta a excepcionalidade da hipótese ou a autorização legal, para que o magistrado conceda a tutela cautelar de ofício.

Por fim, diga-se que não há previsão legal para o deferimento, *ex officio*, da tutela satisfativa. Isso porque, pela sua própria natureza, a tutela cautelar, que se destina a resguardar o resultado útil do processo, deve, sim, ser deferida pelo magistrado, visando assegurar uma tutela jurisdicional efetiva.

O PL 8.046/2010 não possui norma análoga.

O art. 302 do PL 8.046/2010 veda a tutela antecipada de urgência, caso haja risco de irreversibilidade dos efeitos da decisão, em consonância com o parágrafo 2º do art. 273 do CPC *Reformado*.

DIREITO DOS NEGÓCIOS APLICADO

CPC *Reformado* Art. 273. § 2º Não se concederá a antecipação da tutela quando houver perigo de irreversibilidade do provimento antecipado.	PL 8.046/2010 Art. 302. A tutela antecipada de urgência não será concedida quando houver perigo de irreversibilidade dos efeitos da decisão.

Tal norma deve ser ponderada, como ensina João Batista Lopes[15]:

> Pelo princípio da proporcionalidade, o juiz, ante o conflito levado aos autos pelas partes, deve proceder à avaliação dos interesses em jogo e dar prevalência àquele que, segundo a ordem jurídica, ostentar maior relevo e expressão.

Noutros termos, dependendo do bem da vida a ser tutelado, mesmo diante da irreversibilidade dos efeitos da decisão, cabe ao magistrado, considerando todas as circunstâncias fáticas e jurídicas, deferir a tutela antecipada, conforme a jurisprudência, inclusive do Superior Tribunal de Justiça (REsp 144.656, REsp 408.828 e REsp 801.600).

6. Conclusão

Uma sociedade decorre da união do capital e do trabalho de pessoas, visando um objetivo comum. Sem a união desses esforços numa sociedade esse objetivo não seria alcançado.

Litígios entre sócios de uma sociedade são bastante comuns (por causa da quebra da *affectio societatis*) e, invariavelmente, pede-se, para a proteção do processo ou do próprio direito, a tutela antecipada, satisfativa ou cautelar (nas palavras do projeto do novo Código de Processo Civil).

A título de exemplo de tutela de urgência, no âmbito das sociedades, relaciona-se o afastamento de administrador, a designação de assembleia, a suspensão de assembleia, o exercício do direito de voto em assembleia, a suspensão dos efeitos de decisão assemblear, a exibição de livros contábeis (REsp repetitivo nº 982.133, inclusive quanto aos requisitos), a perícia na contabilidade da empresa, o arrolamento de bens da sociedade, a indisponibilidade de bens da sociedade, a exclusão de sócio (dissolução de sociedade) de S/A de capital fechado (REsp n 917.531) etc.

O modelo da tutela de urgência, previsto no projeto do novo Código de Processo Civil, permitirá uma melhor proteção dos direitos dos sócios ou

---

[15] **A Tutela antecipada no processo civil brasileiro**, 2ª edição, São Paulo: Saraiva, 2003, página 83.

resguardará com maior efetividade o próprio processo, pois mais simples e eficiente.

A autonomia do processo cautelar encerra-se de uma vez por todas a partir do projeto do novo Código de Processo Civil.

Num único processo sincrético, outorgar-se-á a tutela cognitiva e executiva e, a partir do projeto do novo Código de Processo Civil, também a tutela de urgência, em qualquer uma das suas modalidades.

O sistema "projetado" afigura-se menos burocrático e, assim, mais eficiente.

O projeto do novo Código de Processo Civil uniformizou os requisitos para a concessão da tutela de urgência, seja cautelar, seja satisfativa. Essa uniformização, apesar das críticas quanto à diferença entre os requisitos necessários (comentários ao art. 269 do PLS acima), facilita a fungibilidade das tutelas de urgência, com melhores resultados práticos, na defesa dos interesses dos sócios.

A percepção teórica, quanto às mudanças previstas no projeto do novo Código de Processo Civil para a tutela de urgência, revela-se a melhor possível. Entretanto, não se pode esquecer que um novo Código de Processo Civil não constitui um "elixir" para a solução de todos os males da atividade jurisdicional. A experiência revela, com acerto, que as etapas mortas do processo (tempo perdido entre o protocolo de uma petição até o efetivo despacho do juiz e, depois, do despacho do juiz até a intimação das partes) são o grande obstáculo a uma tutela jurisdicional efetiva, justa e em tempo razoável, remediada pela tutela de urgência.

Os Requisitos de Validade das Cláusulas de Não Concorrência no Direito do Trabalho

Cibelle Linero

Introdução

A obrigação de não concorrer com o empregador se exaure no momento em que termina o contrato de trabalho. E, por não existir no ordenamento pátrio previsão para a fixação de tal obrigação com vigência pós-contratual, o seu estabelecimento e validade demandam o preenchimento de certos requisitos.

Da análise da atual jurisprudência dos Tribunais Trabalhistas brasileiros, verifica-se uma tendência à aceitação de cláusulas de não concorrência quando presentes os seguintes requisitos de validade: (i) necessidade efetiva da obrigação, ou seja, demonstração do interesse legítimo; (ii) razoabilidade temporal; (iii) delimitação territorial; e (iv) contraprestação.

A seguir, serão analisados os requisitos considerados imprescindíveis para a validade da cláusula de não concorrência.

1. Interesse legítimo

O primeiro requisito autorizador da obrigação de não concorrer após o encerramento de uma relação de emprego consiste na existência efetiva de necessidade para tanto. Necessidade esta que é interpretada como interesse legítimo do empregador.

DIREITO DOS NEGÓCIOS APLICADO

Assim, ainda que as cláusulas e/ou os instrumentos regulando a obrigação não incluam expressamente os motivos pelos quais o empregador entende que o seu estabelecimento é necessário e aplicável no caso concreto, fato é que, ao ser discutida a validade da cláusula, este é o primeiro item que será analisado pelo Judiciário Trabalhista.

Isso porque ao empregador não é dado o poder ilimitado de restringir o acesso ao mercado de trabalho pelo empregado, quer durante, quer após a vigência do contrato. O empregador não tem nem deve ter qualquer poder sobre as decisões de foro pessoal de seus empregados. Se determinada pessoa decide pôr fim ao seu contrato de trabalho, a qualquer tempo e sem justificativa, não pode o empregador impedir tal ato de vontade. A impossibilidade se estende, inclusive, aos casos em que foram oferecidos cursos ao empregado para a sua formação acadêmica ou profissional e até mesmo quando o empregador lhe disponibilizou informações confidenciais e substanciais para o negócio.

Há casos, entretanto, em que o empregador sofrerá evidente dano se o empregado se desligar para assumir posição equivalente na concorrência ou se resolver trabalhar por conta própria em atividade concorrente àquela desenvolvida pelo ex-empregador. Em muitos casos, ainda que não se possa provar, é razoável entender que os conhecimentos adquiridos poderão ser repassados ao novo empregador ou serão utilizados, em benefício próprio, com vistas a concorrer. Decorre dessa possibilidade o interesse legítimo do empregador para pactuar uma cláusula de não concorrência.

Em todas as situações, mesmo quando demonstrado o legítimo interesse em se estipular a obrigação, esta deve se pautar pela razoabilidade. Desse modo, não há como considerar válida uma cláusula que proíba o empregado de prestar serviços de modo genérico e geral. A cláusula deve ser específica e clara quanto à sua extensão e, se assim não for, uma vez submetida à apreciação do Poder Judiciário, tende a ser interpretada de forma restrita.

A título ilustrativo, no que toca à imprescindibilidade da demonstração do interesse legítimo e efetivo, a Corte Judiciária de Madrid, ao avaliar um pacto de não concorrência, ponderou que esses acordos não devem ser interpretados de forma extensiva, considerando que o dever e o direito ao trabalho constituem obrigações constitucionais. Além disso, os conhecimentos obtidos pela experiência formam parte indivisível da formação profissional do empregado, de modo que, faltando o efetivo interesse industrial ou comercial, não se poderá falar em descumprimento do pacto de não concorrência[1].

Alice Monteiro de Barros[2], por seu turno, ensina que na França é necessário demonstrar não só o legítimo interesse da empresa como também a possibilidade de o empregado se recolocar. Quanto ao primeiro requisito, a autora destaca que poderá ser comprovado, observando-se o setor para o qual trabalha o empregado e o risco que ele constitui. E sublinha:

> (...) o risco irá depender da função que o empregado exerce na empresa, sendo três os indicadores: contato com cliente, acesso às informações específicas sobre a empresa, aquisição de know-how da empresa. O primeiro desse indicador diz respeito, em geral, aos empregados que exercem atividade comercial, cuja função os coloca em contato com cliente, devendo-se verificar a natureza do laço que existe entre eles. Cumpre verificar também se o empregado tem acesso a informações capazes de arruinar a empresa e se o acesso alcança o know-how da empresa, ou seja, a particularidade de técnica ou relatos de outras técnicas utilizadas por ela.

A verificação da capacidade de o empregado se recolocar é interessante medida para a validação da cláusula, considerando que os princípios do Direito do Trabalho não se coadunam com quaisquer ajustes, ainda que negociados e consentidos, sem nenhuma coação, que retiram os meios de sobrevivência do empregado. Assim, não haverá meios de justificar uma restrição se ela, por qualquer razão, impedir o empregado de trabalhar e, consequentemente, de ter meios para prover a sua subsistência.

A possibilidade de o ex-empregado passar, em curto espaço de tempo, a prestar serviços para algum concorrente do seu empregador, por si só, não é suficiente para caracterizar o legítimo interesse de se ajustar uma cláusula de não concorrência.

Para que a cláusula se justifique, é necessário que o fato de o empregado assumir uma nova colocação tenha, ao menos potencialmente, a capacidade de causar dano efetivo ao empregador. O dano ou prejuízo pode se materializar de diversas maneiras, como, por exemplo, por meio do desvio de clientes e empregados, divulgação de lista de preços, métodos de precificação, utilização de *know-how*, prospecção dos mesmos clientes, dentre outras hipóteses.

---

[1] MORENO, Abdón Pedrajas; FRANCO, Tomás Sala. *El Pacto de No Concurrencia Postcontractual.* Valencia: Tirant ló Blanch, 2005, p. 41.

[2] BARROS, Alice Monteiro de. *Curso de direito do trabalho.* 5. ed. São Paulo: LTr: 2009, p. 258.

DIREITO DOS NEGÓCIOS APLICADO

Se o empregado, em virtude da posição ocupada, não teve acesso a informações ou a clientes, não desenvolveu projetos ou se envolveu em questões estratégicas da empresa, não se presume que tenha capacidade de gerar danos, caso assuma uma nova colocação profissional em empresa concorrente.

Por outro lado, se um empregado participou ativamente do desenvolvimento de um novo produto, teve acesso às fórmulas, aos meios de produção, a informações essenciais (não disponíveis a terceiros), a assunção de um cargo em empresa que atua no mesmo ramo de atividade ou que tem condições de desenvolver o mesmo produto é fator que leva ao interesse legítimo do empregador no sentido de impor, ainda que limitada no tempo, uma restrição do direito de o empregado trabalhar (sob qualquer forma) para a concorrência tão logo tenha seu contrato rescindido.

Assim, tratando-se de empregado que, pela posição ocupada, teve acesso a informações confidenciais e estratégicas do negócio e que, portanto, poderá dar causa a prejuízo relevante à empresa se levar tal conhecimento à concorrência, tem-se legítimo o interesse de ser ajustada cláusula de não concorrência, pela qual terá limitações na escolha de seu novo empregador.

A desembargadora do Tribunal Regional do Trabalho de São Paulo Maria Doralice Novaes, ao fundamentar voto, de forma bastante detalhada e com ênfase no ordenamento estrangeiro, destacou a jurisprudência francesa, em especial a decisão de 14 de maio de 1992 da Corte de Cassação, que determinou que o empregador não poderia impor cláusula de não concorrência para um lavador de vidraças, pois sua função não era indispensável à proteção dos interesses da empresa[3]. Em outras palavras, não havendo interesse legítimo, não há meios de se exigir o cumprimento de uma cláusula que, por essência, restringe a liberdade de trabalho. E a legitimidade do interesse está vinculada à potencialidade de o ex-empregado causar prejuízo à ex-empregadora se assumir novas funções na concorrência. Caso esse prejuízo não seja ao menos imaginável, não se preencherá o requisito de validade em análise.

Com relação ao conhecimento adquirido pelo empregado de informações confidenciais ou estratégicas, Antonio Monteiro Fernandes[4], ao tratar do

---

[3] "A cláusula de não concorrência foi estabelecida por tempo razoável e houve pagamento de indenização. Logo, está dentro dos princípios da razoabilidade e da proporcionalidade. É portanto, considerada válida. Não há dano moral a ser reparado" (São Paulo. Tribunal Regional do Trabalho – 2ª Região. 3ª Turma. Acórdão nº 20080973978. Autos nº 02243200038102009. Relatora Maria Doralice Novaes. Data: 4-11-2008).

[4] FERNANDES, Antonio Monteiro. *Direito do trabalho*, 13. ed., Coimbra: Almedina, 2006, p. 238.

interesse legítimo que deve estar presente quando do ajuste da cláusula ou em sua execução, pontua que:

> Quer a concorrência, quer a divulgação de informações reservadas, são condutas que se caracterizam por algo mais do que a possibilidade de efeitos prejudiciais para a entidade patronal: o juízo legal de censura assenta também no fato de elas serem facilitadas e potenciadas quanto aos seus efeitos pela especial posição em que o trabalhador se encontra na organização técnico-laboral do empregador.

Verifica-se, portanto, que apenas existe interesse em restringir o trabalho de um empregado em razão da preservação de informações reservadas ou sigilosas se ele, de fato, teve acesso a tais dados. Empregados que não tiveram, durante o contrato de trabalho, nenhum acesso a informações sigilosas ou estratégicas não têm condições de utilizá-las e, portanto, o interesse legítimo do empregador não se sustentaria por esse caminho. Da mesma forma, tem-se que o acesso às informações cotidianas ou corriqueiras não é suficiente para a demonstração do interesse legítimo.

Por fim, um exemplo para a demonstração do interesse legítimo consiste no acesso efetivo do empregado a clientes da empregadora, de modo a existir risco de ele poder levá-los a fazer negócios com um eventual novo empregador ou diretamente com o ex-empregado.

Nesses casos, a empresa teme os prejuízos decorrentes do esvaziamento da carteira de clientes. Tal temor, a princípio justificador da restrição, deve se pautar na existência efetiva de contato entre o empregado e os clientes, bem como no acesso, por aquele, a dados da empresa e do cliente (e da relação existente) que, se usados no âmbito da concorrência ou em negócio próprio, gerarão prejuízos. No que toca aos danos associados aos clientes, Antonio Monteiro Fernandes[5] esclarece que o "prejuízo" se refere aos objetivos econômicos do ex-empregador, à sua clientela e ao seu volume de negócios, sendo este o critério a ser utilizado na apreciação de cada caso concreto.

Em outras palavras, o interesse legítimo[6] pode dizer respeito apenas e tão somente à necessidade de o empregador preservar os clientes, ou seja, o empregador requer que o ex-empregado deixe de contatar seus clientes,

---

[5] FERNANDES, Antonio Monteiro. *Direito do trabalho.* 13ª ed. Coimbra: Almedina, 2006, p. 628.

[6] Por oportuno, como mencionado na discussão sobre o objeto da obrigação, a caracterização do efetivo interesse deve estar circunscrita aos clientes atuais e não aos futuros ou potenciais. A proteção diz respeito aos conhecimentos adquiridos e aos fatos atuais da empresa, sendo que apenas esses podem gerar um dano.

DIREITO DOS NEGÓCIOS APLICADO

especialmente para vender, em nome de terceiros ou próprio, produtos iguais ou semelhantes. Isso porque, nesse caso, o cliente, muitas vezes acostumado a fazer negócios por intermédio daquele empregado, tende a mantê-lo como pessoa de contato, a despeito de este vender determinado produto por meio de uma ou outra empresa.

2. Delimitação material

Importante requisito de validade da cláusula de não concorrência diz respeito à delimitação material, ou seja, seu alcance. A esse respeito, como se verificará, a única questão incontroversa consiste na impossibilidade de a obrigação ser ampla a ponto de proibir o exercício de qualquer trabalho.

Os ajustes entre as partes apontam para os mais diversos modelos. Há empresas que se bastam com a limitação quanto à possibilidade de o ex-empregado prestar serviços a determinada empresa concorrente, ou seja, a cláusula é introduzida para impedir que ele preste serviços a uma empresa ou grupo empresarial específico. Qualquer outra empresa, ainda que possa ser considerada concorrente, não estaria dentro do escopo da obrigação.

Há modelos de cláusulas que fixam quais pessoas físicas ou jurídicas desempenham atividades concorrentes e com as quais o ex-empregado estaria proibido, por determinado período, de prestar serviços, sob qualquer modalidade.

Dada a dinâmica do mundo corporativo, as limitações restritas e bem definidas mostram-se menos interessantes para o empregador, não obstante serem válidas, uma vez que, do ponto de vista do empregado, quanto mais restrita for a obrigação por ele assumida, será potencialmente menos danosa.

A delimitação material, no entanto, não pode consistir em uma restrição das atividades que podem ser exercidas. A limitação deve se restringir ao exercício de determinadas atividades apenas e tão somente em sociedades competidoras do ex-empregador, partindo-se da premissa que o empregado exercia tal atividade para a empresa credora da obrigação. É imprescindível a existência de nexo entre a atividade que foi e que será desenvolvida pelo empregado e a possibilidade de concorrência ou prejuízo daí decorrente.

Há casos em que o empregador desenvolve apenas uma das atividades que constam em seu objeto social, de maneira que o alcance da obrigação deve ser limitado a tal atividade, ou seja, àquela que é, de fato, exercida pela empresa, sob pena de a obrigação ser considerada nula. Isso porque o desempenho, pelo ex-empregado, das demais atividades que constam no objeto social do seu ex-empregador não gera prejuízo para aquele e, portanto, não há como justificar a sua inclusão no escopo da obrigação.

Outro ponto diz respeito à possibilidade de a obrigação abranger também as atividades que a empresa tenha se preparado, de forma relevante, para exercer, mas não o fez durante o contrato de trabalho do empregado[7]. Assim, se uma empresa por exemplo, desenvolve atividades no ramo da construção e incorporação de imóveis, mas estava, à época do contrato de trabalho, em processo de aquisição de sociedades corretoras de imóveis, tendo, ainda de forma ilustrativa, feito estudos de viabilidade, preço, contratações e outros procedimentos para a ampliação de sua atividade, é sustentável a inclusão de tal atividade no escopo da cláusula, assumindo que o empregado tenha participado das atividades preparatórias e, portanto, teve acesso a informações, estratégias, etc.

Com relação à possibilidade de a obrigação abranger não só as atividades do empregador direto, mas também as das demais empresas que formam o grupo econômico, destaca-se que, nos termos da Súmula 129 do Tribunal Superior do Trabalho, a prestação de serviços a mais de uma empresa do mesmo grupo econômico, durante a mesma jornada de trabalho, não caracteriza a coexistência de mais de um contrato de trabalho, salvo ajuste em contrário. Ocorre, porém, que a súmula, por si só, não resolve a questão suscitada.

O mais razoável é a análise casuística dos fatos, ou seja, se o empregado de fato prestou serviços para mais de uma empresa do mesmo grupo econômico simultaneamente, a extensão do objeto da cláusula é sustentável. No caso de o empregado não ter prestado serviços para qualquer outra empresa do grupo econômico além daquela que o contratou, a extensão se mostra razoável apenas se o objeto social de todas elas for igual ou complementar.

Em resumo, a inclusão do grupo econômico como beneficiário do compromisso assumido pelo empregado tem como limite a análise de alguns aspectos: (i) se ele efetivamente trabalhou para as empresas do grupo; (ii) se exerceu a mesma função em todas as empresas (por exemplo, em caso de compartilhamento de serviços e empregados pelas empresas de determinado

---

[7] SQUILACCE, Adriano; ALVES, Daniel Bento. A obrigação de não concorrência dos administradores com eficácia pós-mandato: contornos e limites. Disponível em: http://www.uria.com/documentos/publicaciones/3233/documento/art15.pdf?id=3381. Acesso em 25 maio 2012, p. 122.

DIREITO DOS NEGÓCIOS APLICADO

grupo econômico) e (iii) se as empresas do grupo contam com atividades comuns ou correlatas ou identidade de clientela.

Nota-se que, mesmo nos países que contam com legislação acerca do tema em debate, o alcance e a respectiva plausibilidade da obrigação de não concorrer demandam um ajuste baseado no princípio da boa-fé e uma avaliação casuística, especialmente se a validade da delimitação material for questionada a validade.

3. Razoabilidade temporal

Doutrina e jurisprudência indicam como requisito de validade a razoabilidade temporal. Dessa maneira, não se admitem obrigações pós-contratuais, na esfera trabalhista, por prazo indeterminado ou com duração excessiva, as quais trazem manifesto prejuízo ao empregado.

Além do prejuízo ao empregado, ao não contar com um prazo razoável, a cláusula perde seu fundamento no que toca ao efetivo interesse do empregador. Isso porque os prejuízos que podem ser causados pelo empregado tão logo ele se desligue da empresa não se comparam com os supostos prejuízos que ele poderia causar anos depois. Do mesmo modo, a informação recebida pelo empregado durante o contrato de trabalho até a sua ruptura não tem o mesmo valor muito tempo depois, quando evidentemente desatualizada.

Assim, a questão do tempo é bastante sensível para a validade das obrigações pós-contratuais de não concorrência, sendo pertinente analisar qual o prazo máximo, bem como se o mesmo prazo pode ser imposto para distintos empregados, com diferentes funções.

Doutrinariamente, Arnaldo Süssekind[8], com base no dispositivo legal do Código Civil, sustentava que a cláusula de não concorrência *"deve fixar o prazo de sua vigência, que, por analogia, não deverá ser superior a cinco anos (art. 1.147 do Código Civil) ou, para os contratos por prazo determinado, a dois anos (art. 445 da CLT)"*. No mesmo sentido, sustentam Francisco Ferreira Jorge Neto e Jouberto de Quadros Pessoa Cavalcante[9].

Oris de Oliveira aponta que, não obstante facilitar a vida do julgador a prefixação de tempo em determinadas legislações estrangeiras, tal fato não

---

[8] SÜSSEKIND, Arnaldo. Cláusula de não concorrência. *RDT*, n. 16-04, 30 de abril de 2010, p. 15.
[9] JORGE NETO, Francisco Ferreira; CAVALCANTE, Jouberto de Quadros Pessoa. Cláusula da não concorrência no contrato de trabalho. *Revista Magister de Direito Trabalhista e Previdenciário*. Porto Alegre. v. 2. n. 10. p. 22-35. jan./fev. 2006, p. 23.

leva em consideração as particularidades de cada caso concreto, quando, por exemplo, dois anos podem se mostrar excessivos ou insuficientes. Para o doutrinador, a melhor opção consiste em *"deixar a fixação da duração da cláusula a critério de estipulante e promitente, abrindo espaço para negociações coletivas, sendo que eventuais distorções poderão sempre ser retificadas por decisão arbitral ou jurisprudencial[10]"*.

A conclusão acima sustentada é razoável. No entanto, ao se pensar nos casos em que a obrigação se justifica, denota-se a efetiva dificuldade para encontrar casos em que haveria meios para fundamentar uma obrigação com período superior a dois anos. Assim, considerando que as legislações que tratam da matéria, bem como o projeto de lei em trâmite[11], não fixam o prazo, mas apenas indicam o seu limite, não há, nesse aspecto, prejuízo em se concluir que as partes, caso a caso, definirão o período, o qual nunca poderá ser superior ao período indicado na legislação, se houver.

Na Espanha, o limite da obrigação é de dois anos para os empregados que exercem funções técnicas e seis meses para os demais trabalhadores. A doutrina, por sua vez, é clara ao destacar que é possível prever pactos por períodos inferiores, mas não são permitidos acordos com duração superior ao limite previsto na legislação[12].

Os acordos coletivos de trabalho franceses – ao preverem essa modalidade de obrigação – usualmente limitam a restrição a dois anos, sem mencionar distinção no que toca à função desempenhada.

Em Portugal, a regra geral são dois anos. No entanto, caso o empregado tenha exercido atividade que pressuponha relação de confiança ou acesso a informações sensíveis no plano da concorrência, a limitação pode durar até três anos (art. 136, 5 do Código do Trabalho). A distinção feita pelo Código português parte da assunção de que os empregados que exercem posições de confiança têm acesso a informações que, a rigor, não estão igualmente acessíveis aos demais. Caso o empregado esteja enquadrado como exercente de cargo de confiança, sem sê-lo na verdade, é possível questionar a previsão de cláusula com período superior àquele imposto aos demais.

Na Itália, o art. 2125 do Código Civil prevê que a duração do compromisso não pode ser superior a cinco anos quando se tratar de dirigentes e a três anos

---

[10] OLIVEIRA, Oris de. *A exclusão de concorrência no contrato de trabalho.* São Paulo: LTr, 2005, p. 141.

[11] Projeto de Lei nº 986/2001 sugere a fixação de período máximo de dois anos, sem distinção entre empregados.

[12] VALVERDE, Antonio Martín; GUTIÉRREZ, Fermín Rodríguez-Sañudo; MURCIA, Joaquín García. *Derecho del trabajo.* 20. ed. Madrid: Tecnos, 2011, p. 517.

DIREITO DOS NEGÓCIOS APLICADO

nos demais casos. Na hipótese de previsão superior, a validade ficará limitada ao período determinado na lei[13].

A tendência verificada no Brasil é considerar que o prazo máximo de dois anos é razoável para a duração das obrigações de não concorrência, sem se discutir o cargo ocupado pelo empregado.

4. Delimitação territorial

Apesar da necessidade de delimitar no espaço a obrigação de não concorrer, tal requisito não é absoluto e, portanto, traz questões controvertidas que valem a análise.

Homero Batista Mateus da Silva[14], ao tratar dos requisitos para não configuração da cláusula de não concorrência como abusiva, exemplifica a questão da delimitação territorial:

> (...) pactuação de uma cláusula de raio, a fim de que a proibição não seja universal; ao pequeno comércio ou na indústria regional, seria mais sensato se o raio fosse de 200 Km ou 500 Km, pois a loja de varejo não concorre com o estabelecimento de outros estados e regiões; no meio televisivo, a cláusula pode ser de âmbito nacional, mas dificilmente se justificaria no âmbito continental ou mundial; alguma situação muito específica do mundo da química ou da biologia poderia, talvez, ter cláusula mundial.

A limitação territorial propriamente dita, como bem observado pelo autor, dependerá muito do caso concreto, da empresa, do ramo de atividades e da função exercida pelo empregado.

Em parecer sobre o tema, Amauri Mascaro Nascimento[15] se posicionou pela nulidade de cláusula de não concorrência quando esta é omissa quanto à abrangência geográfica. Ponderou o autor que "*o certo seria fixar a abrangência*

---

[13] Itália. Código Civil. Artigo 2125 (Pacto de não concorrência). O pacto pelo qual se limita o exercício da atividade do prestador de trabalho para o tempo sucessivo à cessação do contrato, é nulo se não resultar de documento escrito, se não for convencionada uma retribuição a favor do prestador de trabalho e se o vínculo não estiver contido dentro de determinados limites de objeto, de tempo e de lugar. A duração do vínculo não pode ser superior a cinco anos, quando se tratar de dirigentes, e a três anos nos outros casos. Se for pactuada uma duração maior, reduzir-se-á ela ao tempo acima.

[14] SILVA, Homero Batista Mateus da. *Curso de direito do trabalho aplicado*:: contrato de trabalho. Rio de Janeiro: Elsevier, 2009, v. 6, p. 267.

[15] NASCIMENTO, Amauri Mascaro. Parecer juntado aos autos de reclamação trabalhista movida por Alexandre Martins Gomes em face de TNL Contax S/A., datado de 06 de junho de 2011, p. 26.

geográfica da proibição e a extensão da área na qual a atuação do profissional viesse a prejudicar a empresa".

Em sentido oposto, Maria de Fátima Zanetti Barbosa e Santos entende que a limitação territorial está, nos dias atuais, ultrapassada, considerando a facilidade de uma informação tornar-se pública em todos os lugares, ante os novos meios de comunicação. A autora pondera, ainda, que *"não é demais lembrar que há hoje empresas que exercem negócios de atuação mundial e, assim, a proibição só terá efeito, quanto ao espaço, estabelecida de forma geral[16]".*

A validade da obrigação estabelecida na cláusula de não concorrência sempre se pautará pelo princípio da razoabilidade. Assim, se há possibilidade efetiva de determinado empregado causar prejuízo a seu ex-empregador em certa região, restringir a atuação na referida região não fere qualquer direito. Igual raciocínio se aplicará para as hipóteses em que a atuação da empresa extrapola um Estado ou país, quando, portanto, será plausível que a obrigação não se limite ao local da prestação de serviços, mas abranja também as localidades onde estão instalados os principais concorrentes.

5. Compensação

Enfim, cabe avaliar o requisito da compensação, ou seja, da contraprestação pelo não exercício de atos que importem em concorrer com o ex-empregador.

Como se verifica na doutrina e na jurisprudência, sem compensação financeira[17], a obrigação será considerada abusiva e, portanto, resumida a, no máximo, um compromisso de cunho moral, sem possibilidade de ser executado.

No que toca à imprescindibilidade de a cláusula estabelecer uma compensação pela obrigação assumida, Edilton Meireles[18] assinala que *"sem fixação de qualquer compensação, ainda que in natura, pode-se chegar à conclusão que a cláusula de não concorrência após a extinção contratual é abusiva, já que, além de transpor certos*

---

[16] SANTOS, Maria de Fátima Zanetti Barbosa e. O segredo é a alma do negócio. Direito à liberdade e os princípios da livre iniciativa e concorrência – proporcionalidade e razoabilidade. Jornal Magistratura & Trabalho, Amatra II, Ano XIII, n. 58, jul.-ago. 2005, p. 13.

[17] "CLÁUSULA DE NÃO CONCORRÊNCIA. NULIDADE. Nula cláusula de não-concorrência que impede exercício de profissão, tendo em vista a vastidão das atividades do ex-empregador, sem a devida indenização expressiva pelo período de vigência da referida cláusula (São Paulo. Tribunal Regional do Trabalho – 2ª Região. 5ª Turma. Acórdão nº 20070117254. Autos nº 02570-2003-045-02-00-5. Relator Fernando Antonio Sampaio da Silva. Revisora Tania Bizarro Quirino de Morais. Data: 16/03/2007).

[18] MEIRELES, Edilton. *Abuso do direito na relação de emprego.* São Paulo: LTr, 2005, p. 133.

DIREITO DOS NEGÓCIOS APLICADO

parâmetros estabelecidos pela razoabilidade, não contempla qualquer contraprestação, desequilibrando a relação contratual".

O Tribunal Regional do Trabalho de Campinas decidiu:

> Verifica-se na hipótese presente, que a cláusula de não concorrência estabelecida no contrato celebrado entre as partes não prevê qualquer compensação financeira à autora, circunstância que se revela inadmissível, na medida em que a restrição à sua atuação junto a parte da clientela do réu inviabilizou possível percepção de honorários, violando o princípio da comutatividade dos contratos. Assim, considerando-se ainda o princípio da proporcionalidade, deve o réu responder pelo pagamento de uma indenização equivalente àquela que lhe seria devida caso a autora descumprisse a cláusula de não concorrência[19].

Assim, para que não se possa alegar que o compromisso assumido retirou do empregado não só a liberdade de trabalho, o acesso a qualquer emprego, como também os meios de sobrevivência, tem-se entendido necessária e imprescindível a previsão de uma contrapartida pela não prestação de serviços a empresa concorrente[20].

Apesar de ser bastante incontroverso o entendimento de que a validade da obrigação de não concorrer com o ex-empregador demanda compensação financeira, o valor de tal indenização é bastante controvertido, especialmente no Brasil, onde não há nenhuma legislação.

Inevitável questionar se (i) deve o empregador pagar valor equivalente à remuneração devida ao empregado na extinção do acordo laboral?; (ii) é possível fixar valor inferior à remuneração do empregado, quando a obrigação é restrita a determinadas pessoas físicas e jurídicas concorrentes?; (iii) há um valor mínimo aceitável, o qual uma vez não respeitado gera direito a diferenças ou desonera, de plano, o empregado?; e (iv) o valor a ser pago depende exclusivamente do que as partes ajustarem, ou seja, deve ser privilegiada a autonomia da vontade?

Paulo Eduardo Vieira de Oliveira e Sergio Pinto Martins entendem que a útilma remuneração deve ser tomada como referência e multiplicada pelo número de meses da obrigação. [21]

---

[19] Campinas. Tribunal Regional do Trabalho – 15ª Região. Autos RO 01157-2007-093-15-00-0. Relator Juiz Fernando da Silva Borges. Data: 15/01/2010.

[20] A compensação financeira também é requisito de validade na Itália, na Espanha, em Portugal.

[21] OLIVEIRA, Paulo Eduardo V. de. *O dano pessoal no direito do trabalho.* São Paulo: LTr, 2002, p. 178. /MARTINS, Sergio Pinto. Cláusula de não concorrência inserida no contrato de trabalho. IOB – *Repertório de Jurisprudência:* trabalhista e previdenciário. São Paulo. n. 7. p. 128-124. abr.

De fato, uma vez pactuado o pagamento de valor equivalente àquele que o empregado vinha recebendo na rescisão contratual, mais complicado será o questionamento da validade da cláusula, sob o argumento da insuficiência de compensação e redução dos meios de sobrevivência do empregado.

Aparecida Tokumi Hashimoto[22] sustenta que a compensação pode ser equivalente à remuneração que o trabalhador auferiria se estivesse com seu contrato de trabalho ativo, mas, dependendo da situação, pode ser pactuada indenização pela metade, sendo que o importante é respeitar o princípio da razoabilidade e da proporcionalidade.

A proporção entre valor devido e limitação imposta também é defendida por Estevão Mallet, o qual ensina que quanto maior a limitação, do ponto de vista temporal e espacial, maior deve ser a compensação, cujo valor não se vincula à remuneração percebida pelo empregado durante o contrato de trabalho. Ainda, *"se a restrição ao trabalho é pouco abrangente, não se justifica imposição de pagamento correspondente ao salário antes recebido. O importante é que não exista desequilíbrio entre as obrigações das partes[23]"*.

Esse é o entendimento mais adequado sobre a matéria, ou seja, a extensão da obrigação pactuada deve servir como parâmetro para a avaliação do valor justo e equilibrado. Isso, no entanto, não é o que prevê o projeto de lei em trâmite no país, que impõe o pagamento de valor correspondente à última remuneração multiplicado pelo número de meses em que a obrigação perdurar.

Pedro Romano Martinez, ao analisar os pactos de não concorrência, executados nos termos da legislação portuguesa, salienta que a compensação *"corresponde a um valor de ressarcimento pela limitação à liberdade de contratar, mas que não tem de ser igual à retribuição devida na pendência do contrato de trabalho[24]"*. Tanto é assim que há julgados portugueses reconhecendo a validade de pactos de não concorrência por meio dos quais a indenização do ex-empregado foi

---

2001, p. 124/ Maria de Fátima Zanetti Barbosa e Santos, por sua vez, entende que o ideal é que a compensação represente senão o mesmo valor do salário, pelo menos valor expressivo que possa garantir subsistência digna, sem alterar muito o padrão de vida do trabalhador e de sua família. (SANTOS, Maria de Fátima Zanetti Barbosa e. O segredo é a alma do negócio. Direito à liberdade e os princípios da livre iniciativa e concorrência – proporcionalidade e razoabilidade. Jornal Magistratura & Trabalho, Amatra II, Ano XIII, n. 58, Jul.-ago. 2005, p. 13).

[22] HASHIMOTO, Aparecida Tokumi. Cláusulas especiais no contrato de trabalho. In: ALVES, Marcos César Amador (Coord.). *Direito empresarial do trabalho*. Caxias do Sul: Plenum, 2010, p. 70.

[23] MALLET, Estevão. Cláusula de não concorrência em contrato individual de trabalho. *Revista LTr* 69-10/1160, v. 69, n. 10, outubro de 2005, p. 1164.

[24] MARTINEZ, Pedro Romano. *Direito do trabalho*. 4. ed. Coimbra: Almedina, 2007, p. 648.

DIREITO DOS NEGÓCIOS APLICADO

equivalente a 60% (sessenta por cento) da remuneração que recebia durante o contrato de trabalho.

Na Espanha, Moreno e Franco sintetizam que, quanto maior a duração da obrigação de não concorrer, maior deve ser o importe da compensação pactuada e vice-versa. Se o prazo for alterado por força de previsão legal ou outro motivo necessário, também deverá haver modificação, de forma proporcional, no valor da compensação. Se reduzido o prazo, cabe diminuir também o valor devido[25].

A jurisprudência pátria, por sua vez, é bastante oscilante a respeito desse ponto específico, sendo possível encontrar decisões arrojadas quanto ao valor[26], mas, sem dúvida, a opção mais segura e amparada por doutrina e jurisprudência consiste em proceder ao pagamento de valor equivalente à última remuneração (ou salário) multiplicado pelo número de meses da obrigação.

Questão pouco enfrentada pela doutrina diz respeito à natureza do valor que será pago ao empregado em razão da assunção do compromisso de não competir após a rescisão contratual.

Se, por um lado, essa quantia não visa remunerar a prestação de serviços em benefício do empregador estipulante da obrigação, por outro lado, tanto a cláusula como a pertinência de algum pagamento decorrem do contrato de trabalho mantido, uma vez que este legitimou o interesse do empregador a estabelecer a cláusula.

A natureza indenizatória do valor pago pelo empregador encontra óbices na legislação. Isso porque as parcelas que não integram a base de cálculo para os recolhimentos previdenciários constam no rol previsto na legislação vigente, art. 28 da Lei nº 8.212/91, e há diversas discussões jurisprudenciais quanto à taxatividade ou não das hipóteses previstas no referido artigo.

Em novembro de 2012, o Tribunal Superior do Trabalho confirmou decisão proferida pelo Tribunal Regional do Trabalho da 1ª Região no sentido

---

[25] MORENO, Abdón Pedrajas; FRANCO, Tomás Sala. *El Pacto de No Concurrencia Postcontractual.* Valencia: Tirant lo Blanch, 2005, p. 49.

[26] *(...) quando se pactua uma cláusula nesse sentido normalmente o salário durante o período do contrato de trabalho já é diferenciado (é o caso do reclamante), justamente para compensar essa restrição de liberdade. Por outro lado, poderia haver remuneração para o período de restrição de trabalho em questão, mas deveria ter sido pactuado. Não foi. Mantém-se o decidido.* Decisão proferida nos autos da reclamação trabalhista sob o número 02879-2003-008-02-00-5, em trâmite perante a 8ª Vara do Trabalho de São Paulo. Disponível em: www.trt2.jus.br. Acesso em 10 jun. 2011. TRT, no entanto, determinou o pagamento de indenização compensatória no importe de seis vezes a última remuneração, não obstante o prazo de 24 meses da cláusula (São Paulo. Tribunal Regional do Trabalho – 2ª Região. 4ª Turma. Autos nº 02879-2003-008-02-00-5. Juiz Relator Paulo Sérgio Jakútis).

OS REQUISITOS DE VALIDADE DAS CLÁUSULAS DE NÃO CONCORRÊNCIA...

de que a parcela paga ao empregado, com vistas a compensar a obrigação de não concorrência e confidencialidade, não tem natureza salarial e não é base de cálculo para os recolhimentos previdenciários[27].

De acordo com a decisão, o rol de hipóteses do §9º do art. 28 da Lei nº 8.212/91 não é exaustivo e somente as parcelas que efetivamente correspondem à contraprestação pelos serviços prestados devem sofrer a incidência da contribuição previdenciária. O acórdão ainda se socorreu no disposto no artigo 195, I, a da Constituição Federal e do inciso I do art. 28 da lei previdenciária para fundamentar o entendimento.

A Secretaria da Receita Federal, 10ª Região Fiscal, Divisão de Tributação, em solução de consulta n. 118, datada de 21 de junho de 2012[28], por sua vez, decidiu pela incidência de Imposto de Renda sobre o valor recebido a título de compensação em casos de cláusula de não concorrência, ainda que este seja denominado pelas partes como "indenização"[29].

Assim, ainda que a natureza da compensação não seja salarial, se analisada nos estritos termos da legislação trabalhista, tal fato, por si só, não eximirá a empregadora de proceder aos recolhimentos previdenciários e retenções

---

[27] AGRAVO DE INSTRUMENTO. RECURSO DE REVISTA. INDENIZAÇÃO DE NÃO COMPETITIVIDADE. CONTRIBUIÇÃO PREVIDÊNCIÁRIA. INCIDÊNCIA. 1. Noticia o e. Tribunal regional que "as partes se conciliaram e estabelecem o pagamento de uma indenização pelo compromisso de confidencialidade e não competitividade relativamente ao sigilo que deveria manter o reclamante sobre as atividades das empresas incluídas no pólo passivo. O termo de Conciliação também deixou estabelecido que a natureza desta parcela seria indenizatória, (-). 2. A parcela "indenização de não competitividade" paga pelo empregador como garantia de que o trabalhador por determinado tempo não promova ações que provoquem o desvio da sua clientela é uma espécie de quarentena e o seu pagamento não representa a contraprestação do trabalho prestado, como estabelecido nos arts. 195 I, "a", da Constituição Federal e 28, I, da Lei 8.212/9 para a incidência da contribuição previdenciária, mas sim uma indenização como garantia do silêncio do empregado, em relação a informações que possam comprometer o desempenho da empresa. 3. Nesse contexto, inviável o seguimento do recurso da revista. Brasília. Tribunal Superior do Trabalho. Autos AIRR – 161300-87.2005.5.01.0051. DO 23/11/2012.

[28] DOU 13/09/2012 (p. 125). Disponível em: http://www.lex.com.br/doc_23748356_SOLUCAO_DE_CONSULTA_N_118_DE_21_DE_JUNHO_DE_2012.aspx Acesso em 10 de out. de 2012.

[29] RESCISÃO DE CONTRATO DE TRABALHO. COMPENSAÇÃO PECUNIÁRIA POR IMPEDIMENTO DE TRABALHO EM CONCORRENTE ("NON COMPETE"). ACRÉSCIMO PATRIMONIAL. INCIDÊNCIA. O pagamento de compensação pecuniária para que o funcionário desligado não venha a trabalhar em empresa concorrente por período determinado ("non compete") compensa a elevação patrimonial que presumivelmente ocorreria, não fosse a limitação de emprego imposta pelo acordo. A compensação de potencial perda de renda futura constitui acréscimo patrimonial sujeito à incidência de imposto sobre a renda. Não há norma exoneratória que afaste a tributação da compensação pecuniária em questão, ainda que seja chamada de "indenização".

DIREITO DOS NEGÓCIOS APLICADO

fiscais ou de assumir riscos de discussões decorrentes desse ponto, dada as divergências jurisprudenciais sobre o tema.

Por fim, importa discutir o momento em que o valor ajustado pela obrigação assumida deve ser pago pelo empregador.

Desde logo, não há nulidade em se proceder à quitação tão logo o contrato de trabalho seja rescindido e tenha, consequentemente, início a vigência do compromisso assumido. Assim, poderia o empregador pagar o valor em uma única parcela ou em prestações, durante os exatos meses de duração da obrigação. O pagamento em um único momento ou de forma parcelada pode ser ajustado pelas partes, de acordo com a conveniência delas.

De todo modo, o pagamento parcelado também atende de forma satisfatória ambas as partes, primeiramente porque não causa prejuízo econômico ao empregado e, sob a ótica do empregador, a vantagem desse sistema consiste em deixar de pagar as parcelas vincendas caso verifique o descumprimento da obrigação. Além disso, as partes podem pactuar um reajuste anual.

Conclusão

Os contratos de trabalho têm natureza essencialmente sinalagmática e, como tais, trazem obrigações não só ao empregado, mas também ao empregador.

Algumas obrigações, a despeito da vontade das partes, remanescem vigentes mesmo após o término do contrato de trabalho mantido. Cita-se, por exemplo, o dever do empregador de não desabonar o seu ex-empregado, quer por meio da inclusão em listas negras, quer por qualquer outra forma, sob pena de ser condenado a pagar indenização por danos morais. Há, ainda, certas obrigações acessórias que se resolvem tão logo o contrato termine, como as questões atinentes à entrega de guias (por exemplo, para seguro-desemprego, saque dos depósitos de FGTS ou para concessão de aposentadoria especial), dentre outras.

Do lado do empregado, a regra geral faz concluir pela extinção das obrigações tão logo haja a formalização da rescisão (motivada ou imotivada) de seu contrato de trabalho. Nesse caso, remanesce apenas, e por força de lei, a obrigação de não violar segredos do antigo empregador, hipótese em que poderia (dependendo do caso e das provas) restar configurado o crime de concorrência desleal.

No que toca à obrigação de não concorrer, a qual conta com previsão na Consolidação das Leis do Trabalho limitada ao período de vigência do contrato de trabalho, verifica-se relevante tendência doutrinária e jurisprudencial no sentido de reconhecer a possibilidade de tal obrigação perdurar em período posterior ao encerramento do contrato de trabalho, se atendidos certos requisitos de validade.

Como verificado, deve ser demonstrado o interesse efetivo do empregador no momento da pactuação da obrigação, bem como quando o empregado foi desligado e que, portanto, a obrigação passaria a ser exigível. Uma vez questionado, se o empregador não tiver meios de demonstrar a existência do interesse efetivo ou se a Justiça do Trabalho entender que a justificativa não se sustenta, o pactuado será considerado nulo e, portanto, o empregado ficará liberado para assumir qualquer posição em empresa concorrente. Nesse caso, também o empregador se desonerará da obrigação de proceder a qualquer pagamento.

O limite territorial do ajuste também demanda digressões e, a esse respeito, conclui-se que a imprescindibilidade do requisito partirá da análise do caso concreto (em especial da natureza da atividade e da função desempenhada pelo empregado), considerando que não é possível limitar a um Estado da Federação quando, na verdade, o empregado, no decorrer do contrato de trabalho prestou serviços no âmbito nacional. Da mesma forma, limitar a um ou dois Estados é insuficiente quando as empresas concorrentes da ex-empregadora estão espalhadas pelo País.

Da mesma maneira, no que toca a questão do limite temporal, não obstante existir tendência a se reconhecer dois anos como o limite máximo possível, não se descarta que a depender da função e do ramo de atividade, por vezes, qualquer período superior a um ano pode ser considerado excessivo. Além disso, quanto menor o prazo de duração, mais justificável a restrição imposta, sendo certo que, também nesse aspecto, é imprescindível a análise do caso concreto, a qual deverá passar pela possibilidade de o empregado se distanciar de determinado mercado sem se prejudicar de forma irreparável. Assim, tanto a capacidade de recolocação em outros ramos de atividade deve ser analisada como também os impactos decorrentes de eventual desvio do curso normal da carreira profissional do empregado. A avaliação de tais elementos deve ocorrer concomitantemente com análise do prazo da obrigação e sempre com razoabilidade.

Apesar das discussões existentes quanto ao valor considerado justo e suficiente para compensar a obrigação assumida, o valor mais aceito pela doutrina e jurisprudência corresponde ao valor da última remuneração multiplicada pelo número de meses da obrigação de não concorrer. Apesar disso, nada

DIREITO DOS NEGÓCIOS APLICADO

impede, a depender do caso concreto, de as partes fixarem valor inferior, desde que este seja justo e proporcional à extensão da obrigação assumida (e não possa ser considerado ínfimo, sob hipótese alguma). Da mesma forma, as partes podem livremente pactuar acerca da forma de pagamento da compensação.

Por fim, concluiu-se que a validade das obrigações pode ser analisada em dois momentos distintos: na fixação dos parâmetros do ajuste e no momento de sua execução. Em ambos os cenários, caberá a análise do equilíbrio do pactuado e das consequências de seu cumprimento ou descumprimento.

Referências

AMADO, João Leal. *Contrato de trabalho*. 2. ed. Coimbra: Coimbra Editora, S.A., 2010.

BARROS, Alice Monteiro de. *Curso de direito do trabalho*. São Paulo: 5. ed. São Paulo: LTr, 2009.

BARROS, Alice Monteiro de. Limites da renúncia e da transação judicial e extrajudicial. LTr: *Revista Legislação do Trabalho*. São Paulo. v. 61. n. 10. p. 1321-7. out. 1997.

BARROS JÚNIOR, Cássio de Mesquita. Cláusula de não concorrência no contrato de trabalho. *Revista do Instituto dos Advogados de São Paulo*. São Paulo. v. 4. n. 8. p. 22-36. jul./dez. 2001.

BELTRAN, Ari Possidonio. **A cláusula de não concorrência do direito do trabalho**. *Revista do Advogado*, n. 54, p. 63-68, dez. 1998.

BONAVIDES, Paulo. *Curso de direito constitucional*. 10. ed. rev., atual. e ampl. (em apêndice texto da Constituição Federal de 1988, com as EC até a de n. 27, de 21-3-2000). São Paulo: Malheiros, 2000.

BOSCATI, Alessandro. *Patto di non concorrenza. Art. 2125*. Il Codice Civile Commentario. Milano: Giuffré Editore, 2010.

BRINO, Vania. Diritto del lavoro e diritto della concorrenza: conflitto o complementarietà? *Rivista Giuridica del Lavoro e della Previdenza Sociale*. Roma. v. 56. n. 2. p. 319-62. apr./giug. 2005.

CARRION, Valentin. *Comentários à Consolidação das Leis do Trabalho*. 29. ed. atual. São Paulo: Saraiva, 2011.

CASSAR, Vólia B. *Direito do trabalho*. 4. ed. Rio de Janeiro; Impetus, 2010.

CESARINO JÚNIOR, A. F. *Direito social brasileiro*. 6. ed. São Paulo: Saraiva, v. 2, 1970.

COELHO, Luís Alberto Gonçalves Gomes. *A tutela do conhecimento e dos segredos de empresa e as cláusulas de não concorrência no direito do trabalho*. Dissertação de Mestrado. Centro Universitário de Curitiba, Curitiba, 2008.

DALLEGRAVE NETO, José Affonso. Responsabilidade civil pré e pós-contratual no direito do trabalho. *Revista do TRT – 9ª Região*. Curitiba. 29, n. 53, p. 53-70, jul.-dez.. 2004.

DELBIN. Gustavo Normanton; RIBEIRO, André de Melo. Empréstimo de atletas e a cláusula de não concorrência. *Revista do Direito do Trabalho*. Domingos Sávio Zainaghi (Coord.). Ano 35. n. 136, out-dez. 2009.

DELGADO, Mauricio Godinho. *Curso de direito do trabalho*. 3. tir, São Paulo: LTr, 2002.

OS REQUISITOS DE VALIDADE DAS CLÁUSULAS DE NÃO CONCORRÊNCIA...

DONNINI, Rogério. *Responsabilidade civil pós-contratual*. 3. ed. ver., ampl. e atual. São Paulo: Saraiva, 2011.

DRIGUEZ, Laetitia. Réflexions sur l'utilisation de contrats de travail à des fins anticoncurrentielles. *Droit Social*. Paris. n. 12, p. 1126-35. dez. 2006.

FERNANDES, Antonio Monteiro. *Direito do trabalho*, 13. ed., Coimbra: Almedina, 2006.

GARCIA, Enéas Costa. *Responsabilidade pré e pós-contratual à luz da boa-fé*. São Paulo: Juarez de Oliveira, 2003.

GARCIA, Gustavo Filipe Barbosa. *Manual de direito do trabalho*. 1. ed. Rio Janeiro: Forense. São Paulo: Método, 2009.

GARCÍA GONZÁLEZ, Raúl-Luis; PÉREZ JUSTE, Luís. Pacto de no competencia post--contractual, período de prueba e interés industrial. *Diario La Ley*, n. 7314, Sección Tribuna, 5 Ene, 2010, Año XXXI, Editorial La Ley 20937/2009. in http://www.larioja. org/upload/documents/680585_DLL_N_7314-2010.Pacto_de_no_competencia.pdf. Acesso em 10 ago. 2012.

GARMAISE, Mark J. Ties that truly bind: non-competition agreements, executive compensation and firm investment. http://personal.anderson.ucla.edu/mark.garmaise/ noncomp7.pdf. Acesso em 10 jan. 2012.

GAVALDA, Natacha. Os critérios de validade das cláusulas de não concorrência no direito do trabalho. *Synthesis. Direito do Trabalho Material e Processual*. Revista semestral. N. 31/00.

GIGLIO, Wagner D. *Justa causa*. 7. ed. São Paulo: Saraiva, 2000.

GOMES, Julio Manuel Vieira. *As clausulas de não concorrência no direito do trabalho (algumas questões)*, in JURIS ET DE JURE, UCP, Porto, 1998.

GRECHI, Frederico Price. A cláusula de não concorrência na cessão do estabelecimento empresarial na perspectiva civil-constitucional. ALVES, Alexandre Ferreira de Assumpção; GAMA, Guilherme Calmon Nogueira da (Coords.) *Temas de direito civil-empresarial*. Rio de Janeiro: Renovar, 2008.

GUEDES, Gisela Sampaio da Cruz. Lucros cessantes. Do bom senso ao postulado normativo da razoabilidade. São Paulo: Revista dos Tribunais, 2012.

HASHIMOTO, Aparecida Tokumi. Cláusulas especiais no contrato de trabalho. In: ALVES, Marcos César Amador (Coord.). *Direito empresarial do trabalho*. Caxias do Sul: Plenum, 2010.

JOÃO, Regiane Teresinha de Mello. *Cláusula de não concorrência no contrato de trabalho*. São Paulo: Saraiva, 2003.

_____. Cláusula de não concorrência inserida no contrato de trabalho a visão do Judiciário – uma análise crítica de duas ementas de acórdãos do Tribunal Regional do Trabalho da 2ª Região. LTr: *Revista Legislação do Trabalho*. São Paulo. v. 71. n. 6. p. 720-3. jun. 2007.

JORGE NETO, Francisco Ferreira; CAVALCANTE, Jouberto de Quadros Pessoa. Cláusula da não concorrência no contrato de trabalho. *Revista Magister de Direito Trabalhista e Previdenciário*. Porto Alegre. v. 2. n. 10. p. 22-35. jan.-fev. 2006.

LEITE, Carlos Henrique Bezerra. Cláusula de não concorrência no contrato de trabalho. IOB – *Repertório de Jurisprudência: Trabalhista e Previdenciário*. São Paulo. n. 13. p. 287--284. jul. 1999.

LIMA, Cristiano Siqueira de Abreu e. A cláusula de não concorrência no direito do traba-

DIREITO DOS NEGÓCIOS APLICADO

lho brasileiro. *Revista do TRT 10ª Região*, Brasília – DF, v. 11. jan-dez. 2001, jan.-jun. 2002.

LOPES, Lissandra de Ávila. A responsabilidade pós-contratual no direito civil. *Revista Eletrônica do Curso de Direito da UFSM*. Novembro de 2006, v. 1, n. 3, p. 44-54.

MALLET, Estevão. Cláusula de não concorrência em contrato individual de trabalho. *Revista LTr*, n. 69-10/1159, v. 69, n. 10, out. 2005.

MARTÍNEZ, Juan M. Ramírez. *Curso de Derecho del Trabajo*. 19. ed. Valencia: Tirant lo Blanch, 2010.

MARTINEZ, Pedro Romano. *Direito do trabalho*. 4. ed., Coimbra: Almedina, 2007.

MARTINS, João Zenha. *Os pactos de não concorrência no Código do Trabalho, Revista de Direito e de Estudos Sociais*, ANO XLVII (XX da 2ª série), jul.-dez 2006, n. 3-4, Editorial Verbo: Lisboa.

MARTINS, Sérgio Pinto. *Direito do trabalho*. 17. ed., São Paulo: Atlas, 2003.

_____. Cláusula de não concorrência inserida no contrato de trabalho. IOB – *Repertório de Jurisprudência: Trabalhista e Previdenciário*. São Paulo. n. 7. p. 128-124. abr. 2001.

_____. Cláusula de não concorrência inserida no contrato de trabalho. *Revista de Direito do Trabalho*. São Paulo: Revista dos Tribunais. n. 107. Ano 128, jul-set. 2002.

MARTINS, Thais Macedo. Efeitos do contrato de emprego: dever de não concorrência desleal e dever de sigilo. IOB – *Repertório de Jurisprudência: Trabalhista e Previdenciário*. São Paulo, n. 13. p. 410-407. jul. 2006.

MARTINS-COSTA, Judith. *Comentários ao novo Código Civil. Do Direito das Obrigações. Do Adimplemento e da Extinção das Obrigações*. Rio de Janeiro: Forense, v. V, t. I, 2003.

MARTINS-COSTA, Judith. *A boa-fé no direito privado*: sistema e tópica no processo obrigacional. São Paulo: Revista dos Tribunais, 1999.

MAXIMILIANO, Carlos. *Hermenêutica e aplicação do direito*. 19. ed. São Paulo: Forense, 2001.

MEIRELES, Edilton. *Abuso do direito na relação de emprego*. São Paulo: LTr, 2005.

MELGAR, Alfredo Montoya. *Derecho del Trabajo*. 27. ed. Madrid: Tecnos, 2006.

MESSELOFF, Dan. Giving the Green Light to Silicon Alley Employees: No-Compete Agreements between Internet Companies and Employees under New York Law. Fordham Intellectual Property. *Media and Entertainment Law Journal*. v. 11, Issue 3 2001 Article 5, VOLUME XI BOOK 3.

MIRANDA, Jorge. *Manual de direito constitucional*. 4. ed. Coimbra: Coimbra, tomo 1, 1990.

MORENO, Abdón Pedrajas; FRANCO, Tomás Sala. *El Pacto de No Concurrencia Postcontractual*. Valencia: Tirant lo Blanch, 2005.

MORI, Celso Cintra. A boa-fé no direito civil. *Revista do Advogado*. Ano XXXII, jul. 2012, n. 116.

MOTA, Mauricio. A pós-eficácia das obrigações revisitada. Disponível em: http://www.estig.ipbeja.pt/~ac_direito/0310-PosEficaciaObrigaRevisitadas.pdf Acesso em 14 abr. 2012.

NASCIMENTO, Amauri Mascaro. *Curso de direito do trabalho*. 17. ed. ver. e atual. São Paulo: Saraiva, 2001.

_____. Parecer juntado aos autos de reclamação trabalhista movida por Alexandre Martins Gomes em face de TNL Contax S/A., datado de 6 jun. 2011.

NEGRÃO, Theotônio; GOUVÊA, José Roberto Ferreira. *Código de Processo Civil e legislação processual em vigor*. 43. ed. São Paulo: Saraiva, 2011.

OS REQUISITOS DE VALIDADE DAS CLÁUSULAS DE NÃO CONCORRÊNCIA...

_____. *Código Civil e legislação processual em vigor*. 30. ed. São Paulo: Saraiva, 2011.

NEGREIROS, Teresa Paiva de Abreu Trigo de. *Fundamentos para uma interpretação constitucional do princípio da boa-fé*. Rio de Janeiro: Renovar, 1998.

NERY JUNIOR, Nelson Nery; NERY, Rosa Maria de Andrade. *Código Civil Comentado*, 9. ed. São Paulo: Revista dos Tribunais, 2012.

NETO, Abílio. *Código do Trabalho e Legislação Conexa Anotados*. Coimbra: Ediforum, setembro 2003.

NEVES, José Roberto de Castro. Aspectos da cláusula de não concorrência no direito do trabalho brasileiro. *Revista Trimestral de Direito Civil*. Rio de Janeiro: Editora Padma, v. 12, out.-dez. 2002.

OLIVEIRA, Oris de. *A exclusão de concorrência no contrato de trabalho*. São Paulo: LTr, 2005.

OLIVEIRA, Paulo Eduardo V. *O dano pessoal no direito do trabalho*. São Paulo: LTr, 2002.

ORTIZ, Sara Alcazar; VAL TENA Angel Luis de. Los pactos de dedicacion exclusiva y permanência en la empresa. *Proyecto Social: Revista de Relaciones Laborales*, ISSN 1133-3189, n. 3, p. 125-140.

PAÚL, Jorge Fernando Castro Patrício Paul. Concorrência desleal. Coimbra: Editora Coimbra, 1965.

PAUL, Michael D. *Marsh USA Inc. v. Cook: One final step away from light*. http://www.stmaryslawjournal.org/pdfs/Paul_Article.pdf. Acesso em 25 set. 2012.

POWERS, Kevin G. EVANS, Linda. Non-Compete Agreements: A proposal for fairness and predictability. http://www.theemploymentlawyers.com/Articles/Noncompetition.htm. Acesso em 4 jul. 2011.

PRADO, Elaine Ribeiro do. Aplicação do pacto de não concorrência ao trabalhador inovador. http://www.nbb.com.br/pub/A651.pdf. Acesso 25 maio 2012.

PRUNES, José Luiz Ferreira. *Justa causa e despedida indireta*. 2. ed. ver. e ampl. Curitiba: Juruá, 2001.

RAMALHO, Maria do Rosário Palma. *Direito do trabalho*. Parte I – Dogmática Geral. Coimbra: Almedina, 2009.

_____. *Direito do trabalho*. Parte II – Situações Laborais Individuais. Coimbra: Almedina, 2010.

ROBORTELLA, Luiz Carlos Amorim. Renúncia e transação no moderno direito do trabalho. *in* CARDONE, Marly A. *Modernização do direito do trabalho:* renúncia e transação e formas atípicas de trabalho subordinado. São Paulo: LTr, 1992.

SANTOS, Maria de Fátima Zanetti Barbosa e. O segredo é a alma do negócio. Direito à liberdade e os princípios da livre iniciativa e concorrência – proporcionalidade e razoabilidade. Jornal Magistratura & Trabalho, Amatra II, Ano XIII, n. 58, jul.-ago. 2005.

SCHIAVI, Mauro. Novas reflexões sobre a renúncia, transação e conciliação no direito do trabalho e no processo do trabalho à luz do novo CPC e da jurisprudência do TST. LTr: *Revista Legislação do Trabalho*. São Paulo. v. 73. n. 6. p. 684-9. jun. 2009.

SILVA, Clovis Veríssimo do Couto e. *A obrigação como processo*. São Paulo: Bushatsky, 1976.

SILVA, Homero Mateus da Silva. *Estudo crítico da prescrição trabalhista*. São Paulo: LTr, 2004.

_____. *Curso de direito do trabalho aplicado:* contrato de trabalho. Rio de Janeiro: Elsevier, v. 6, 2009.

DIREITO DOS NEGÓCIOS APLICADO

SQUILACCE, Adriano; ALVES, Daniel Bento. A obrigação de não concorrência dos administradores com eficácia pós-mandato: contornos e limites. In http://www.uria.com/documentos/publicaciones/3233/documento/art15.pdf?id=3381. Acesso em 25 maio 2012.

SÜSSEKIND, Arnaldo. Cláusula de não concorrência. *RDT*, n. 16-04, 30 abr. 2010.

SUSSEKIND, Arnaldo *et al. Instituições de direito do trabalho*. 16. ed. São Paulo: LTr, 1996.

THEODORO JÚNIOR, Humberto. *O contrato e a sua função social*. 3. ed. Rio de Janeiro: Forense, 2008.

TORRES, Carlos. Pacto de no competencia (STS 7937/2009). www.dieztorres.wordpress.com/2011/03/24/comentario-individual-sts-79372009/. Acesso em 3 jun. 2012.

VALVERDE, Antonio Martín; GUTIÉRREZ, Fermín Rodríguez-Sañudo; MURCIA, Joaquín García. *Derecho del Trabajo*. 20. ed., Madrid: Tecnos, 2011

VATINET, Raymonde. Les conditions de validité des clauses de non-concurrense: l'imbroglio. *Droit Social*. Paris. n. 11. p. 949-54. nov. 2002.

WALD, Arnoldo; XAVIER, Alberto. Pacto de não concorrência: validade e seus efeitos no Direito do brasileiro. *Revista dos Tribunais*, n. 552. Ano 70. Outubro de 1981.

A Força dos Precedentes Judiciais no Projeto do Novo Código de Processo Civil e seus Impactos nos Negócios

Hebert Lima Araújo

1. Introdução

O presente ensaio abordará, em breves linhas, o relevante aumento da força dos precedentes judiciais previsto no Novo Código de Processo Civil (Lei nº 13.105 de 17 de março de 2015), bem como os seus impactos nos negócios e atividades empresariais.

O Novo Código de Processo Civil enaltece ainda mais a paulatina aproximação entre o sistema da Common Law, cuja principal fonte do direito é o precedente judicial, e o sistema da Civil Law, tradicionalmente seguido Brasil, que elege as leis e os códigos como seus maiores alicerces.

Como será adiante mencionado, o respeito aos precedentes judicias está intimamente ligado à proteção ao Direito Fundamental à Segurança Jurídica, à previsibilidade e estabilidade das decisões judiciais, à Proteção da Confiança dos Cidadãos, bem como aos Princípios da Isonomia e a da efetividade da tutela jurisdicional, que pressupõe um processo justo e célere, atento à razoável duração do processo (Art. 5º, LXXVIII).

No âmbito empresarial é extremamente relevante a obtenção de uniformidade, previsibilidade e credibilidade aos julgados, de forma que possam ser devidamente avaliados os riscos inerentes aos negócios, as probabilidades

DIREITO DOS NEGÓCIOS APLICADO

de sucesso dos questionamentos levados ao Poder Judiciário, o tempo da resolução dos processos, bem como uma maior precisão dos provisionamentos contábeis e demonstrações financeiras relacionadas aos processos judiciais.

Nesse contexto, sem a pretensão de exaurir o tema, serão pontuadas as principais inovações trazidas pelo Novo Código de Processo Civil acerca dos Precedentes Judiciais.

2. Aproximações entre os sistemas Common Law e Civil Law

O sistema da Common Law tem sua origem nas leis não escritas da Inglaterra. "A designação common vem do direito comum, e diz respeito aos costumes gerais, geralmente observados pelos ingleses".[1] Deriva, essencialmente, de princípios baseados na justiça, usos e regras de ação, aplicáveis à sociedade. As leis (statutory laws) possuem um papel secundário, considerando que a fonte mais relevante é o direito aplicado juiz no caso concreto (jude make law)

Com muito bem menciona José Rogério Cruz e Tucci, "o ponto normativo no âmbito da common law é exatamente o precedente judicial, enquanto no tradicional sistema de fontes do direito que vigora nos países regidos pela civil law, o precedente, geralmente dotado de força persuasiva, é considerado fonte secundária ou fonte de conhecimento do direito".[2]

Considerando que a common law é orientada pelo judge-made law, na qual a regra de direito é produzida diante do caso concreto pelo juiz, para que o sistema se mantenha seguro, coerente e coeso, é essencial que haja a vinculação dos precedentes. Com efeito, sem a vinculação dos precedentes o sistema da common law não se sustentaria. Revela-se essencial a teoria do stare decisis (stare decisis et quieta non movere) que preconiza o respeito ao precedente, com a vinculação do Poder Judiciário para os casos futuros.

Nesse contexto, os fundamentos determinantes da decisão (ratio decidendi) torna-se um precedente (holding), que deverá ser seguido nos julgamento futuros. Em outras palavras, na commow law a jurisprudência constitui uma fonte primária do direito.

Por sua vez, na civil law, sistema Romano-Germânico, a lei é a fonte primária do direito. Traço marcante da civil law é a codificação, consistente

[1] ARRUDA ALVIM WANBIER, Teresa. **Precedentes e Evolução do Direito**, p. 21 In: ARRUDA ALVIM WANBIER, Direito Jurisprudencial, RT, São Paulo, 2012.
[2] CRUZ E TUCCI, José Rogério. Parâmetros de Eficácia e Critérios de Interpretação de Precedente Judicial, p. 99/100. In: ARRUDA ALVIM WANBIER, Direito Jurisprudencial, RT, São Paulo, 2012.

na elaboração de monumentos legislativos, que possuem a pretensão de ser complexos, claros, coerentes, de modo a que não seja necessária criação da regra de direito pelo juiz perante um caso concreto. Ao juiz cabe aplicar a lei ao caso concreto.

Em que pese a tradição brasileira da civil law, é inegável a existência de um movimento de aproximação entre os dois sistemas mencionados. A uniformização dos precedentes judiciais e a estabilização dos litígios já motivaram diversas alterações legislativas recentes, dentre as quais se destacam:

- A criação da súmula vinculante por meio da EC nº 45/04 e regulamentação pela Lei 11.417/2006;
- Também por meio da EC nº 45/04 foi criado o instituto da repercussão geral, responsável por uma verdadeira transformação do Recurso Extraordinário (art. 102, §3º da CF e art. 543-B do CPC);
- A previsão constante no art. 543-C do CPC, por meio do qual as demandas repetitivas serão solucionadas de forma conjunta;
- A nova redação conferida pela Lei 9.756/1998 ao art. 557 do CPC, por meio do qual o Relator negará seguimento a recurso em confronto com súmula ou jurisprudência dominante do respectivo tribunal, do Supremo Tribunal Federal ou de Tribunal Superior, ou nos termos do §1º-A do referido artigo, se a decisão recorrida estiver em confronto com súmula ou jurisprudência dominante, o Relator, por decisão monocrática, poderá dar provimento ao recurso;
- A previsão do art. 518, §1º, do CPC, com redação dada pela Lei 11.276/2006, no sentido de que o juiz não receberá o recurso de apelação quando a sentença estiver em conformidade com súmula do Superior Tribunal de Justiça ou do Supremo Tribunal Federal, e
- O art. 285-A do CPC, com redação dada pela Lei 11.277/2006, que prevê quando a matéria controvertida for unicamente de direito e no juízo já houver sido proferida sentença de total improcedência em outros casos idênticos, poderá ser dispensada a citação e proferida sentença, reproduzindo-se o teor da anteriormente prolatada.

Como será adiante abordado, O Novo Código de Processo Civil representa um relevante passo na aproximação entre os sistemas da civil law e common law, na medida em que amplia consideravelmente a força dos precedentes judiciais, prestigiando a estabilização das decisões judiciais, bem como a aplicação

DIREITO DOS NEGÓCIOS APLICADO

isonômica e célere do entendimento uniformizado a todos os jurisdicionados, por meio de um processo efetivo e justo.

2. Segurança jurídica e proteção da confiança

Um dos principais pontos positivos da vinculação dos precedentes judiciais decorre da preservação do princípio da segurança jurídica, haja vista que será conferida uma maior previsibilidade e estabilidade das decisões judiciais.

Conforme muito bem destaca Gilmar Ferreira Mendes, "em verdade, a segurança jurídica, como subprincípio do Estado de Direito, assume valor ímpar no sistema jurídico, cabendo-lhe papel diferenciado na realização da própria idéia de justiça material"[3]

Como esclarece José Joaquim Gomes Canotilho, o Estado Democrático de Direito conta com os princípios da "segurança jurídica" e da "proteção da confiança" como elementos constitutivos da própria noção de Estado de Direito.[4] Na visão do referido autor, a segurança jurídica "está conexionada com elementos objectivos da ordem jurídica – garantia de estabilidade jurídica, segurança de orientação e realização do direito",[5] ao passo que a "proteção da confiança se prende mais com as componentes subjectivas da segurança, designadamente a calculabilidade e previsibilidade dos indivíduos em relação aos efeitos jurídicos dos actos dos poderes públicos".[6]

Dessa forma, Canotilho enuncia o "princípio geral da segurança jurídica" em sentido mais amplo, que compreende também o princípio da proteção da confiança, nos seguintes termos:

[3] STF – Segunda Turma – Questão de Ordem em Medida Cautelar nº 2900/RS. Rel. Min. Gilmar Ferreira Mendes, j. 27 mai. 2003. In: DJ 01 ago. 2003, p. 142.

[4] Destaca o referido autor que "o homem necessita de segurança para conduzir, planificar e conformar autónoma e responsavelmente sua vida. Por isso desde cedo se consideraram os princípios da segurança jurídica e da proteção da confiança como elementos constitutivos do Estado de Direito. Estes dois princípios – segurança jurídica e protecção da confiança – andam estreitamente associados, a ponto de alguns autores considerarem o princípio da protecção da confiança como um subprincípio ou como uma dimensão específica da segurança jurídica". CANOTILHO, José Joaquim Gomes. Direito Constitucional e Teoria da Constituição. 7ª ed. Coimbra: Almedina, 2003. p. 257).

[5] Ibidem, mesma página.

[6] Em seqüência leciona que "A segurança e a protecção da confiança exigem, no fundo: 1) fiabilidade, clareza, racionalidade e transparência dos actos do poder; 2) de forma que em relação a eles o cidadão veja garantida a segurança nas suas disposições pessoais e nos efeitos jurídicos dos seus próprios atos. Deduz-se já que os postulados da segurança e da protecção da confiança são exigíveis perante qualquer acto de qualquer poder – legislativo, executivo e judicial". (Ibidem, mesma página).

A FORÇA DOS PRECEDENTES JUDICIAIS NO PROJETO DO NOVO CÓDIGO DE PROCESSO CIVIL

O indivíduo têm do direito poder confiar em que aos seus actos ou às decisões públicas incidentes sobre os seus direitos, posições ou relações jurídicas alicerçados em normas jurídicas vigentes e válidas por esses actos jurídicos deixado pelas autoridades com base nessas normas se ligam os efeitos jurídicos previstos e prescritos no ordenamento jurídico"[7]

Ingo Wolfgang Sarlet também destaca que a segurança jurídica é uma das mais importantes e profundas aspirações do ser humano. Por meio de uma razoável estabilidade das relações jurídicas, é possível viabilizar a elaboração de projetos de vida, bem como a sua realização. Por isso, "desde logo é perceptível o quanto a idéia de segurança jurídica encontra-se umbilicalmente vinculada à própria noção de dignidade da pessoa humana."[8]

Nesse contexto, como será adiante comentado, o Novo Código de Processo Civil, ao intensificar de forma equilibrada a vinculação aos precedentes judicias, almeja a aguardada proteção processual aos princípios da segurança jurídica e da proteção da confiança do cidadão, valores estes essenciais para o desenvolvimento e sucesso das atividades empresariais.

2.2. Da efetividade da tutela jurisdicional e razoável duração do processo

A duração do processo constitui nos dias atuais uma das principais preocupações da grande maioria dos sistemas de administração da justiça e está intimamente ligada à efetividade da tutela jurisdicional. Com efeito, "o tempo

---

[7] Canotilho, em seqüência, muito bem destaca que as implicações mais importantes do princípio geral da segurança jurídica, exigíveis de qualquer ato praticado pelos poderes legislativo, executivo ou judiciário são: "1) relativamente aos actos normativos – proibição de normas retroactivas restritivas de direitos ou interesses juridicamente protegidos; 2) relativamente a actos jurisdicionais – inalterabilidade do caso julgado; 3) em relação a actos da administração – tendencial estabilidade dos casos decididos através de actos normativos constitutivos de direitos." (Ibidem, mesma página).

[8] Em seqüência, o referido autor expressa: "Se partirmos do pressuposto de que a dignidade da pessoa pode ser definida como sendo a qualidade intrínseca e distintiva de cada ser humano que o faz merecedor do mesmo respeito e consideração por parte do Estado e da comunidade, implicando, neste sentido, um complexo de direitos e deveres fundamentais que assegurem a pessoa tanto contra todo e qualquer ato de cunho degradante e desumano, como venham a lhe garantir as condições existenciais mínimas para uma vida saudável, além de propiciar e promover sua participação ativa e co-responsável nos destinos da própria existência e da vida em comunhão com os demais seres humanos, ver-se-á que a dignidade não restará suficientemente respeitada e protegida em todo o lugar onde as pessoas estejam sendo atingidas por um tal nível de instabilidade jurídica que não estejam mais em condições de, com um mínimo de segurança e tranqüilidade, confiar nas instituições sociais e estatais (incluindo o Direito) e numa certa estabilidade das suas próprias posições jurídicas." SARLET, 2005, p. 94).

DIREITO DOS NEGÓCIOS APLICADO

é uma dimensão fundamental da vida humana, desempenhando no processo idêntico papel".[9]

A lentidão da resposta do Poder Judiciário, na maioria das vezes, a torna inadequada para realizar a composição justa da controvérsia. "Mesmo saindo vitoriosa no pleito judicial, a parte se sente, em grande número de vezes, injustiçada, porque justiça tardia não é justiça e, sim, denegação da justiça."[10]

A demora na entrega da prestação jurisdicional, inevitavelmente, desestimula e afasta o interesse do cidadão em fazer valer seus direitos por meio do Judiciário. Conforme destacam Mauro Cappelletti e Bryant Garth, "a justiça que não cumpre suas funções dentro de um prazo razoável, é para muitas pessoas, uma Justiça inacessível."[11]

No mesmo sentido, a morosidade da prestação da tutela jurisdicional, agravada pelo grande volume de processos submetidos ao Poder Judiciário, é nitidamente danosa às atividades empresariais, na medida em que relevantes controvérsias no âmbito dos negócios se arrastam por vários anos, até que se tenha um pronunciamento definitivo da lide. Da mesma forma, deve ser considerada que a morosidade do Judiciário inibe a concretização de novos negócios, apresentando-se como um obstáculo ao desenvolvimento econômico do Brasil.

O efetivo acesso à tutela judicial, justa, adequada e tempestiva, portanto, somente será obtido se os instrumentos processuais forem capazes de produzir resultados com tais qualidades.

Atento a essa realidade e à necessidade de alterações normativas, a vinculação dos precedentes judiciais proposta pelo Novo Código de Processo Civil também contribuirá para a busca da tutela jurisdicional efetiva e tempestiva, na medida em que milhares de processos em que se discutem a mesma questão jurídica serão solucionadas com maior celeridade.

---

[9] MELO, Gustavo de Medeiros. *O acesso adequado à justiça na perspectiva no justo processo*. (p.684-706) In: FUX, Luiz; NERY JUNIOR, Nelson; WAMBIER, Teresa Arruda Alvim. Processo e Constituição: Estudos em homenagem ao Professor José Carlos Barbosa Moreira. São Paulo: Revista dos Tribunais, 2006. p. 691.

[10] THEODORO JÚNIOR, Humberto. *Celeridade e Efetividade da Prestação Jurisdicional. Insuficiência da Reforma das Leis Processuais*. Revista Síntese de Direito Processual Civil nº 36 – jul-ago 2005. (p.19-37) p.

[11] CAPPELLETTI, Mauro; GARTH, Bryant. Acesso à justiça. Trad. Ellen Gracie Northfleet. Porto Alegre: Sérgio Frabis Editor, 1988, Reimpresso 2002; p. 20.

2.3. Isonomia

O Princípio da Isonomia é elemento essencial ao próprio Estado Democrático de Direito. Perante o processo civil o Princípio da Igualdade pode envolver aspectos internos ao processo, garantindo o tratamento igualitário aos litigantes (igualdade de armas), bem como a igualdade de acesso à justiça, aos procedimentos e às técnicas processuais.

Além disso, referido princípio também envolve o direito à igualdade diante da Jurisdição. Conforme destaca Luiz Guilherme Marinoni, "é evidente que a jurisdição não encontra legitimação ao oferecer decisões diversas para casos iguais ou ao gerar decisão distinta da que foi formada no tribunal competente para a definição do sentido e do significado das normas".[12]

Nesse sentido, ressalte-se também que a correta aplicação dos precedentes judicias e a uniformização da jurisprudencia afasta a lamentável "loteria jurídica", em que processos semelhantes ou idênticos, com a mesma tese jurídica, situados em uma mesma comarca ou tribunal, são decididos de forma diametralmente opostas. Protege-se, assim, o consagrado princípio da Isonomia.

3. Os precedentes judiciais no projeto do novo código de processo civil

O Novo Código de Processo Civil, por diversas ocasiões, enaltece a força conferida aos precedentes judiciais. Para que não restem dúvidas, o art. 926 expressa como dever dos Tribunais a uniformização da jurisprudência[13], devendo ser

---

[12] MARINONI, Luiz Guilherme. Precedentes Obrigatórios. 3ª edição. São Paulo: Revista dos Tribunais, 2013, p. 146.

[13] Oportuno registrar as fundadas críticas expressadas por Luiz Guilherme Marinoni, Sérgio Cruz Arenhart e Daniel Mitidiero ao uso indiscriminado do termo "jurisprudência" pelo Novo Código de Processo Civil: "o art. 926, CPC, alude genericamente à jurisprudência, sem se preocupar com eventuais distinções que podem existir entre os termos jurisprudência, súmula e precedentes, empregados igualmente em seus parágrafos. Trata-se de equívoco que deve ser dissipado a fim de obviar o risco de degenerarmos a problemática democrática juridicidade em um apodítico e autoritário legalismo. Jurisprudência, precedentes e súmulas são conceitos que não podem ser confundidos – ainda mais porque o legislador procurou ressignificar os conceitos de jurisprudência e de súmulas e introduzir o de precedentes no novo Código. Apenas o Supremo Tribunal Federal e Superior Tribunal de Justiça forma precedentes. Os Tribunais Regionais Federais e Tribunais de Justiça dão lugar à jurisprudência. As súmulas podem colaborar tanto na interpretação como na aplicação do direito para as Cortes Supremas e para as Cortes de Justiça – e, portanto, podem emanar de quaisquer dessas Cortes." in MARINONI, Luiz Guilherme; ARENHART, Sérgio Cruz; MITIDIERO, Daniel. Novo Código de Processo Civil Comentado. RT, São Paulo, 2015. p.870.

DIREITO DOS NEGÓCIOS APLICADO

mantida estável, integra e coerente. Devido sua relevância, oportuna a citação do texto legal:

Art. 926. Os tribunais devem uniformizar sua jurisprudência e mantê-la estável, íntegra e coerente.

§ 1º Na forma estabelecida e segundo os pressupostos fixados no regimento interno, os tribunais editarão enunciados de súmula correspondentes a sua jurisprudência dominante.

§ 2º Ao editar enunciados de súmula, os tribunais devem ater-se às circunstâncias fáticas dos precedentes que motivaram sua criação.

Conforme destaca Fredie Didier Jr., o art. 926 do Novo CPC prevê os "deveres gerais para os tribunais no âmbito da construção e manutenção de um sistema de precedentes (jurisprudência e súmula), persuasivos e vinculantes, sendo eles: a) o dever de uniformizar a jurisprudência; b) o dever de manter essa jurisprudência estável; c) o dever de integridade; d) o dever de coerência e e) o dever de dar publicidade adequada aos seus precedentes."[14]

Verifica-se, portanto, que o art. 926 do Novo CPC, ao prever de forma expressa o "dever de outorgar unidade ao direito e de fazê-lo seguro – o que implica em torná-lo cognoscível, estável e confiável"[15], instituiu o que a doutrina denomina de stare decisis horizontal, assim entendido o dever de respeito aos próprios precedentes e à própria jurisprudência vinculante.

Por sua vez, o art. 927 do Novo Código de Processo Civil elenca as regras de observância dos precedentes judiciais e súmulas, enfatizando a obrigatoriedade de tal medida por meio da expressão "os juízes e os tribunais observarão". Evidencia-se a adoção do denominado stare decisis vertical, ou seja, o dever de respeito aos precedentes e súmulas e jurisprudências vinculantes das Cortes a que estejam submetidos os juízes e tribunais. Vejamos:

Art. 927. Os juízes e os tribunais observarão:

I – as decisões do Supremo Tribunal Federal em controle concentrado de constitucionalidade;

II – os enunciados de súmula vinculante;

---

[14] DIDIER JR., Fredie; BRAGA, Paula Sarno; DE OLIVEIRA, Rafael Alexandria. Curso de Processo Civil, V.2, 10ª edição, Salvador: Editora Jus Podivm. 2015. p. 473.

[15] MARINONI, Luiz Guilherme; ARENHART, Sérgio Cruz; MITIDIERO, Daniel. Novo Código de Processo Civil Comentado. RT, São Paulo, 2015. p.872.

A FORÇA DOS PRECEDENTES JUDICIAIS NO PROJETO DO NOVO CÓDIGO DE PROCESSO CIVIL

III – os acórdãos em incidente de assunção de competência ou de resolução de demandas repetitivas e em julgamento de recursos extraordinário e especial repetitivos;

IV – os enunciados das súmulas do Supremo Tribunal Federal em matéria constitucional e do Superior Tribunal de Justiça em matéria infraconstitucional;

V – a orientação do plenário ou do órgão especial aos quais estiverem vinculados.

Oportuno observar que o inciso I, do art. 927, não traz nenhuma novidade, tendo em vista que, por força do art. 102, §2º, da Constituição Federal[16], as decisões do Supremo Tribunal Federal proferidas no âmbito do controle concentrado de constitucionalidade (Ação Direta de Inconstitucionalidade; Ação Declaratória de Constitucionalidade, Arguição de Descumprimento de Preceito Fundamental) já são dotadas de efeito vinculante e erga omnes, devendo ser observada por todos.

Da mesma forma, o dever previsto na primeira parte do inciso II, do art. 927, no sentido de que os juízes e tribunais devem seguir os enunciados de súmula vinculante, também está previsto no art. 103-A[17], disciplinado pela Lei 11.417/2006. A novidade decorre do inciso III, do art. 927, ao prever que os juízes e tribunais deverão seguir os acórdãos e precedentes em incidentes de resolução de demandas repetitivas e assunção de competência, bem como proferidos em julgamento de recursos extraordinário e especial repetitivos.

Na sequencia, o inciso IV, do art. 927, prevê que os juízes e tribunais observarão os enunciados das súmulas do Supremo Tribunal Federal (matéria constitucional), do Superior Tribunal de Justiça (matéria infraconstitucional).

Já o inciso V do art. 927 também determina que os Juízes e Tribunais observarão a orientação do plenário ou do órgão especial aos quais estiverem vinculados.

---

[16] Art. 102. §2º As decisões definitivas de mérito, proferidas pelo Supremo Tribunal Federal, nas ações diretas de inconstitucionalidade e nas ações declaratórias de constitucionalidade produzirão eficácia contra todos e efeito vinculante, relativamente aos demais órgãos do Poder Judiciário e à administração pública direta e indireta, nas esferas federal, estadual e municipal.

[17] Art. 103-A. O Supremo Tribunal Federal poderá, de ofício ou por provocação, mediante decisão de dois terços dos seus membros, após reiteradas decisões sobre matéria constitucional, aprovar súmula que, a partir de sua publicação na imprensa oficial, terá efeito vinculante em relação aos demais órgãos do Poder Judiciário e à administração pública direta e indireta, nas esferas federal, estadual e municipal, bem como proceder à sua revisão ou cancelamento, na forma estabelecida em lei.

DIREITO DOS NEGÓCIOS APLICADO

Verifica-se, claramente, a profunda transformação prevista no Novo Código de Processo Civil. É nítida a intenção do legislador em dar caráter obrigatório e vinculante aos julgados proferidos pelo Supremo Tribunal Federal e pelo Superior Tribunal de Justiça, fortalecendo-se também a consolidação dos entendimentos perante os Tribunais locais.

No que tange especificamente ao Supremo Tribunal Federal, o Novo Código de Processo Civil, em termos práticos, equipara os efeitos das decisões proferidas no âmbito do controle concentrado de constitucionalidade (Ação Direta de Inconstitucionalidade; Ação Declaratória de Constitucionalidade, Arguição de Descumprimento de Preceito Fundamental) às decisões proferidas em sede de controle difuso de constitucionalidade, na medida em que os acórdãos do Plenário do Supremo Tribunal Federal, em sede de recurso extraordinário, com ou sem enunciado sumular, terão efeito vinculante.

Importante também destacar que o Novo Código de Processo Civil evidencia a preocupação com o engessamento dos precedentes judiciais, já prevendo a possibilidade de modificação de entendimento sedimentado, considerando a inexorável dinâmica social e evolução do direito. Trata-se da utilização das técnicas de superação dos precedentes. Como bem destaca José Rogério Cruz e Tucci, as técnicas do Overruling (common law) e do revirement (civil law) representam situações específicas e excepcionais com o escopo de excluir do ordenamento jurídico determinado precedente, para substituí-lo por outro que melhor se ajuste à hipótese sub examine".[18]

Considerando-se que a superação de um precedente deve ser uma providencia excepcional que merece a devida reflexão e fundamentação, o Novo CPC traz a possibilidade de designação de audiências públicas e da participação de pessoas, órgãos ou entidades que possam contribuir para a rediscussão da tese (art. 927, §2º).

Além disso, seguindo a técnica de modulação dos efeitos das decisões proferidas no âmbito do controle concentrado de constitucionalidade (art. 27 da Lei 9.868/99)[19,] o Novo CPC prevê em seu art. 927, § 3º, que, "na hipótese de alteração de jurisprudência dominante do Supremo Tribunal Federal e dos

---

[18] CRUZ E TUCCI, José Rogério. Parâmetros de Eficácia e Critérios de Interpretação de Precedente Judicial, p. 107. In: ARRUDA ALVIM WANBIER, Direito Jurisprudencial, RT, São Paulo, 2012.

[19] Lei 9.868/99 – Art. 27. Ao declarar a inconstitucionalidade de lei ou ato normativo, e tendo em vista razões de segurança jurídica ou de excepcional interesse social, poderá o Supremo Tribunal Federal, por maioria de dois terços de seus membros, restringir os efeitos daquela declaração ou decidir que ela só tenha eficácia a partir de seu trânsito em julgado ou de outro momento que venha a ser fixado.

A FORÇA DOS PRECEDENTES JUDICIAIS NO PROJETO DO NOVO CÓDIGO DE PROCESSO CIVIL

tribunais superiores ou daquela oriunda de julgamento de casos repetitivos, pode haver modulação dos efeitos da alteração no interesse social e no da segurança jurídica".

Para tanto, o Novo CPC também contempla a expressa previsão da devida fundamentação adequada e específica, em atenção aos princípios da segurança jurídica, da proteção da confiança e da isonomia (art. 927, §4º).

Outra questão de extrema relevância para a adequada aplicação dos precedentes e jurisprudências vinculantes é a distinção dos conceitos "ratio decidendi" e "obter dictum".

Como leciona Luiz Guilherme Marinoni, "a busca da definição de razões de decidir ou de ratio decidendi parte da necessidade de se evidenciar a porção do precedente que tem efeito vinculante, obrigando os juízes a respeitá-lo nos julgamentos posteriores. Na common law, há acordo em que a única parte do precedente que possui tal efeito é a ratio decidendi".[20] Atrelado ao conceito de ratio decidendi, é importante também segregar o obter dictum (literalmente, dito para morrer), assim entendido as "proposições que tratam de questões não relevantes e periféricas".[21]

Com base nessa distinção, importante enfatizar que somente a ratio decidendi, ou seja, os fundamentos determinantes adotados pela maioria dos membros do colegiado, possui efeito vinculante e obrigatório. Por sua vez, as proposições caracterizadas obter dictum não são dotadas de efeito vinculante, na medida em que compreendem fundamentos prescindíveis para o resultado fixado. Registre-se, outrossim, que não possuem efeito obrigatório os fundamentos não adotados ou referendados pela maioria dos membros do órgão julgador, ainda que relevantes e contidos no acórdão.

Evidencia-se, portanto, que a devida fundamentação e clareza são essenciais para a devida aferição da ratio decidendi, bem como para a devida aplicação dos precedentes vinculantes aos casos afetados. Nesse contexto, o Novo CPC prevê em seu artigo 489, §1º, V[22], que não será considerada fundamentada, sendo nula, portanto, qualquer decisão, sentença ou acórdão que se limitar a invocar precedente ou súmula sem identificar a "ratio decidendi",

---

[20] MARINONI, Luiz Guilherme. Precedentes Obrigatórios. 3ª edição. RT, São Paulo, 2013. p. 220.

[21] Idem. P. 237.

[22] Art. 489 (...) § 1º Não se considera fundamentada qualquer decisão judicial, seja ela interlocutória, sentença ou acórdão, que: V – se limitar a invocar precedente ou enunciado de súmula, sem identificar seus fundamentos determinantes nem demonstrar que o caso sob julgamento se ajusta àqueles fundamentos.

DIREITO DOS NEGÓCIOS APLICADO

bem como demonstrar que o caso sob julgamento se adequa aos fundamentos determinantes invocados.

Ressalte-se também que o Novo CPC, atento à necessidade da fundamentação das decisões, elenca a figura do Distinguish, "que é uma técnica, típica do commow law, consistente em não se aplicar o precedente quando o caso a ser decidido apresenta uma peculiaridade, que autoriza o afastamento da rule e que a decisão seja tomada independentemente daquela".[23]

Com efeito prevê o art. 489, § 1º, VI, que é causa de nulidade "deixar de seguir enunciado de súmula, jurisprudência ou precedente invocado pela parte, sem demonstrar a existência de distinção no caso em julgamento ou a superação do entendimento"

Importante também mencionar uma das mais relevantes disposições aplicáveis aos precedentes judiciais, inserida no art. 927, §1º do Novo CPC, que determina que os juízes e tribunais observarão o disposto no art. 10 e no art. 489, §1º. Confira-se:

> Art. 927 (...) § 1º Os juízes e os tribunais observarão o disposto no art. 10 e no art. 489, § 1o, quando decidirem com fundamento neste artigo.

> Art. 10. O juiz não pode decidir, em grau algum de jurisdição, com base em fundamento a respeito do qual não se tenha dado às partes oportunidade de se manifestar, ainda que se trate de matéria sobre a qual deva decidir de ofício.

> Art. 489
>
> § 1º Não se considera fundamentada qualquer decisão judicial, seja ela interlocutória, sentença ou acórdão, que:
>
> I – se limitar à indicação, à reprodução ou à paráfrase de ato normativo, sem explicar sua relação com a causa ou a questão decidida;
>
> II – empregar conceitos jurídicos indeterminados, sem explicar o motivo concreto de sua incidência no caso;
>
> III – invocar motivos que se prestariam a justificar qualquer outra decisão;
>
> IV – não enfrentar todos os argumentos deduzidos no processo capazes de, em tese, infirmar a conclusão adotada pelo julgador;
>
> V – se limitar a invocar precedente ou enunciado de súmula, sem identificar seus fundamentos determinantes nem demonstrar que o caso sob julgamento se ajusta àqueles fundamentos;

---

[23] ANDREWS, Neil. O Moderno Processo Civil: formas judiciais e alternativas de resolução de conflitos na Inglarerra. Orientação e Revisão da Tradução de Teresa Arruda Wambier. São Paulo: RT: 2012, 2ª ed., p. 21.

VI – deixar de seguir enunciado de súmula, jurisprudência ou precedente invocado pela parte, sem demonstrar a existência de distinção no caso em julgamento ou a superação do entendimento.

Como destaca Lênio Luis Streck, "trata-se da adoção do contraditório como garantia de influência e não surpresa"[24]. Diante da considerável ampliação da força dos precedentes judiciais, faz-se necessária ainda mais a devida fundamentação das decisões judiciais e o extremo cuidado com a preservação do Contraditório.

Registre-se também que o Novo CPC, com o fito de uniformizar os julgamentos de demandas repetitivas e ampliar as forças dos precedentes judiciais, passou a contemplar o Incidente de Resolução de Demandas Repetitivas ("IRDR" – art. 976 ao art. 987) e os recursos especial e extraordinário repetitivos (art. 1036 ao art. 1041), poderosos instrumentos para a obtenção de uma tutela jurisdicional efetiva, célere e justa, bem como para a proteção dos Princípios da Segurança Jurídica e Isonomia.

Nos termos do artigo 976 do Novo CPC, quando houver efetiva repetição de processos que contenham controvérsia sobre a mesma questão de direito, estando presentes o risco de ofensa à isonomia e à segurança jurídica, poderá ser suscitado perante o Tribunal de Justiça ou Tribunal Regional Federal o incidente de resolução de demandas repetitivas. Tal incidente poderá ser suscitado pelas partes, pelo Ministério Público, pela Defensoria Pública, pela pessoa jurídica de direito público ou por associação civil cuja finalidade institucional inclua a defesa do interesse envolvido. Também poderá ser suscitado de ofício, pelo próprio Desembargador Relator ou órgão do colegiado.

Uma vez admitido o incidente de resolução de demandas repetitivas, o Desembargador Relator, nos termos do art. 982, I, do Novo CPC, determinará a suspensão dos processos individuais ou coletivos que tramitam no Estado, em se tratando de Tribunais de Justiça, comunicando tal decisão aos juízes diretores dos fóruns de cada comarca. O mesmo ocorrerá quando se tratar de Tribunais Regionais Federais, ou seja, o Desembargador Federal Relator suspenderá os processos relativos ao tema repetitivo em toda a região, informando os juízes federais diretores dos fóruns de cada seção judiciária. Como regra, salvo decisão fundamentada do Relator, o prazo de suspensão

---

[24] STRECK, Lênio Luis. Por que agora dá para apostar no projeto do novo CPC! Revista Eletrônica Consultor Jurídico. Disponível em: http://www.conjur.com.br/2013-out-21/lenio-streck-agora--apostar-projeto-cpc. Acesso em 18.12.2013.

DIREITO DOS NEGÓCIOS APLICADO

é de 1 ano, mesmo prazo previsto para o julgamento do incidente (Art. 980 do Novo CPC).

Com o julgamento do incidente, nos termos do artigo 985 do Novo CPC, a tese jurídica será aplicada a todos os processos individuais ou coletivos que versem sobre idêntica questão de direito e que tramitem na área de jurisdição do respectivo tribunal. A conclusão dada a tese jurídica também deverá ser aplicada em casos futuros ajuizados no âmbito do tribunal que versem sobre idêntica questão de direito.

Registre-se também que contra o acórdão que julgar o incidente de resolução de demandas repetitivas caberão Recurso Especial e Recurso Extraordinário, conforme o caso, os quais poderão ser interpostos por qualquer um dos legitimados para suscitar o incidente. Nos termos do art. 987, §1º, referidos recursos são dotados de efeito suspensivo, presumindo-se a existência de repercussão geral para fins de interposição do Recurso Extraordinário.

Além disso, como já comentado, o Novo CPC contempla também os recursos extraordinários e especiais repetitivos (art. 1036 ao art. 1041). Havendo multiplicidade de recursos fundamentados em idêntica matéria de direito, os recursos extraordinário e especial serão afetados para processamento e julgamento pela sistemática de "recursos repetitivos". (art. 1.036). Nestas hipóteses, caberá ao presidente do Tribunal de Justiça ou Tribunal Regional Federal selecionar, para fins de afetação, os recursos representativos da controvérsia que serão encaminhados ao STJ ou STF, determinando a suspensão do processamento de todos os processos pendentes que tramitam no estado (Tribunais de Justiça) ou região (Tribunais Regionais Federais).

Da mesma forma, o Ministro Relator do STJ ou STF poderá selecionar dois ou mais recursos representativos da controvérsia para julgamento da questão de direito, determinando a suspensão do processamento de todos os processos pendentes, individuais ou coletivos, que versem sobre a questão e tramitem no território nacional (art. 1037, II, do Novo CPC). Caso não ocorra o julgamento no prazo de 1 ano, cessarão a afetação e a suspensão dos processos, os quais voltarão a tramitar regularmente (art. 1037, §5º).

Uma vez decidido o recurso especial ou extraordinário representativo da controvérsia, todos os processos suspensos deverão retomar o seu curso, com a aplicação da tese firmada pelo STJ ou STF. Na hipótese de eventual descumprimento, será cabível Reclamação para garantir a autoridade de tais decisões, nos termos dos artigos 988 a 993 do Novo CPC.

A FORÇA DOS PRECEDENTES JUDICIAIS NO PROJETO DO NOVO CÓDIGO DE PROCESSO CIVIL

Nesse contexto, para uma melhor visualização, oportuno destacar alguns dispositivos que confirmam a valorização da uniformização da jurisprudência e a força dos precedentes judiciais no Novo CPC:

- Tutela de evidência com base em tese firmada em Recurso Repetitivo ou Súmula Vinculante (art. 311, II);
- Julgamento liminar pela improcedência do pedido da ação: (art. 332)
- Dispensa de caução no cumprimento provisório de sentença (art. 520, IV e art. 521, IV);
- Exceção à regra do reexame necessário na hipótese da existência de entendimento sumulado ou fixado em julgamento de casos repetitivos (art. 496, §4º);
- Decisões monocráticas do Relator (art. 932, IV e V);
- Incidente de Assunção de Competência (art. 976 a 987);
- Incidente de Resolução de Demandas Repetitivas (art. 976 a 987);
- Recurso Especial e Extraordinário Repetitivos (art. 1.036 a 1.041)

Verifica-se claramente o esforço legislativo em conceder uma maior coerência, uniformidade e previsibilidade aos julgamentos relacionados a teses jurídicas repetitivas, de forma a se alcançar, de forma célere e efetiva, a almejada segurança jurídica.

Conclusão

Por todo o exposto, evidencia-se que o Novo CPC amplia consideravelmente a força dos precedentes judiciais, visando a proteção da segurança jurídica, dos princípios da confiança, isonomia, efetividade da tutela jurisdicional e a razoável duração do processo.

Nota-se claramente que o Novo CPC possui fortes influências da *commow law*, o que certamente exigirá dos profissionais do direito estudos mais aprofundados e detalhados dos fundamentos determinantes (*ratio decidendi*) dos precedentes judiciais obrigatórios.

Nesse contexto, destaca-se ainda mais a necessidade da devida fundamentação das decisões judiciais, com o fito de viabilizar, eventualmente, a aplicação do Distinguish, afastando-se a aplicação do precedente quando o caso a

DIREITO DOS NEGÓCIOS APLICADO

ser decidido apresentar peculiaridades capazes de determinar o afastamento rule, nos termos do art. 489, §1º, VI[25] e art. 1037, I e §9º[26], do Novo CPC.

Evidente também que as inovações trazidas pelo Novo Código de Processo Civil afetarão diretamente as atividades empresariais e os negócios jurídicos. Por meio da vinculação dos precedentes judiciais, os planejamentos estratégicos empresariais poderão contar com cenários jurídicos mais seguros, previsíveis e confiáveis, deixando mais evidentes os riscos inerentes aos negócios. Da mesma forma, para fins de provisionamento contábil, os prognósticos relativos às probabilidades de êxito de cada tese jurídica levada à apreciação do Poder Judiciário serão cada vez mais precisos, fundados em precedentes obrigatórios oriundos de julgamentos atentos à razoável duração do processo e a efetividade a tutela jurisdicional.

Referências

ANDREWS, Neil. O Moderno Processo Civil: formas judiciais e alternativas de resolução de conflitos na Inglaterra. Orientação e Revisão da Tradução de Teresa Arruda Wambier, 2ª ed. São Paulo: Revista dos Tribunais, 2012.

CANOTILHO, José Joaquim Gomes. Direito Constitucional e Teoria da Constituição. 7ª ed. Coimbra: Almedina, 2003.

CAPPELLETTI, Mauro; GARTH, Bryant. Acesso à justiça. Trad. Ellen Gracie Northfleet. Porto Alegre: Sérgio Frabis Editor, 1988, Reimpresso 2002.

CRUZ E TUCCI, José Rogério. Parâmetros de Eficácia e Critérios de Interpretação de Precedente Judicial, (97-131). In: ARRUDA ALVIM WANBIER, Direito Jurisprudencial, Revista dos Tribunais, São Paulo, 2012.

DIDIER JR., Fredie; BRAGA, Paula Sarno; DE OLIVEIRA, Rafael Alexandria. Curso de Processo Civil, V.2, 10ª edição, Salvador: Editora Jus Podivm. 2015.

MARINONI, Luiz Guilherme. Precedentes Obrigatórios. 3ª edição. São Paulo: Revista dos Tribunais, 2013.

---

[25] Art. 489 (...) § 1º Não se considera fundamentada qualquer decisão judicial, seja ela interlocutória, sentença ou acórdão, que: (...) VI – deixar de seguir enunciado de súmula, jurisprudência ou precedente invocado pela parte, sem demonstrar a existência de distinção no caso em julgamento ou a superação do entendimento.

[26] Art. 1.037. Selecionados os recursos, o relator, no tribunal superior, constatando a presença do pressuposto do caput do art. 1.036, proferirá decisão de afetação, na qual:
I – identificará com precisão a questão a ser submetida a julgamento.
(...) § 9º Demonstrando distinção entre a questão a ser decidida no processo e aquela a ser julgada no recurso especial ou extraordinário afetado, a parte poderá requerer o prosseguimento do seu processo.

MARINONI, Luiz Guilherme; ARENHART, Sérgio Cruz; MITIDIERO, Daniel. Novo Código de Processo Civil Comentado. São Paulo: Revista dos Tribunais, 2015.

MELO, Gustavo de Medeiros. O acesso adequado à justiça na perspectiva no justo processo. (p.684-706) In: FUX, Luiz; NERY JUNIOR, Nelson; WAMBIER, Teresa Arruda Alvim. Processo e Constituição: Estudos em homenagem ao Professor José Carlos Barbosa Moreira. São Paulo: Revista dos Tribunais, 2006.

STRECK, Lênio Luis. Por que agora dá para apostar no projeto do novo CPC! Revista Eletrônica Consultor Jurídico. Disponível em: http://www.conjur.com.br/2013-out-21/lenio-streck-agora-apostar-projeto-cpc. Acesso em 18.12.2013.

THEODORO JÚNIOR, Humberto. Celeridade e Efetividade da Prestação Jurisdicional. Insuficiência da Reforma das Leis Processuais. Revista Síntese de Direito Processual Civil nº 36 – jul-ago 2005. (p.19-37)

WAMBIER, Teresa Arruda Alvim. Precedentes e Evolução do Direito (p.11-95) In: WAMBIER, Teresa Arruda Alvim, Direito Jurisprudencial. São Paulo: Revista dos Tribunais, 2012.

MARINONI, Luiz Guilherme; ARENHART, Sérgio Cruz; MITIDIERO, Daniel. Novo Código de Processo Civil Comentado. São Paulo: Revista dos Tribunais, 2015.

MELO, Gustavo de Medeiros. O acesso adequado à Justiça na perspectiva no justo processo (p.684-706) In: FUX, Luiz, NERY JUNIOR, Nelson. WAMBIER, Teresa Arruda Alvim. Processo e Constituição: Estudos em homenagem ao Professor José Carlos Barbosa Moreira. São Paulo: Revista dos Tribunais, 2006.

STRECK, Lênio Luiz. Por que agora dá para apostar no projeto do novo CPC! Revista Eletrônica Consultor Jurídico. Disponível em http://www.conjur.com.br/2013-out-21/lenio-streck-agora-apostar-projeto-cpc-Acesso em 18.12.2013.

THEODORO JUNIOR, Humberto. Celeridade e Efetividade da Prestação Jurisdicional. Insuficiência da Reforma das Leis Processuais. Revista Síntese de Direito Processual. (nº) p. 36 - jul-ago 2005. (p19-37)

WAMBIER, Teresa Arruda Alvim. Precedentes e Evolução do Direito (p.U-95) In: WAM-BIER, Teresa Arruda Alvim. Direito Jurisprudencial. São Paulo: Revista dos Tribunais, 2012.

Sobre Alguns Impactos das Leis nº 12.966/2014 e nº 13.004/2014 (e suas relações com as Leis nº 8.429/92 e nº 12.848/2013)[1]

Marcelo Vigliar

As Leis nº 12.966/2014 e nº 13.004/2014 promoveram algumas pontuais, mas importantes derrogações na *Lei da Ação Civil Pública*. A leitura dessas alterações ressalta, para além das afinidades que já a entrelaçava, em diversos pontos com outras leis a necessidade de enfrentamento de algumas questões processuais que, fatalmente, (res)surgirão. As afinidades legislativas podem ser observadas com os seguintes diplomas: *Lei da Ação Popular, Código de Defesa do Consumidor, Lei da Improbidade Administrativa* e, bem mais recentemente, com

---

[1] . Utilizarei algumas siglas para a representação, ao longo do texto, das seguintes leis pretéritas às que dão título ao presente estudo: (a) *Lei da Ação Popular,* que instituiu a forma da relação processual criada pela Lei nº 4.717/65 (LAP), que teve seu objeto substancialmente ampliando pelo inciso LXXIII, do art. 5º, da Constituição Federal (CF); (b) *Lei da Ação Civil Pública,* cujo histórico e instituição das bases do *processo civil coletivo* e da *tutela jurisdicional coletiva,* foram amplamente estudados pela doutrina e já enfrentados pelos tribunais (LACP – Lei nº 7.347/85); (c) diante da reciprocidade existente entre a LACP e o Título III do *Código de Defesa do Consumidor* (CDC – Lei nº 8.078/90 – arts. 81 e ss.), derivados do disposto no art. 90 deste e 21 daquela; (d) a disciplina específica da *Lei da Improbidade Administrativa,* que criou uma série de conceitos próprios, em atendimento ao art. 37 da CF (LIA – Lei nº 8.429/92). Em relação à *Lei Anticorrupção* (Lei nº 12.848/13), utilizarei este nome por extenso, que já a identifica a referida lei e assim vem sendo tratada em diversos estudos que se multiplicam, dada sua importância.

Lei Anticorrupção (que serão aqui referidas, preferencialmente, pelas siglas mencionadas na nota de rodapé nº 1).

A Lei 13.004/2014, que complementa uma derrogação iniciada pela Lei 12.966/2014, que acrescera o inciso VII ao art. 1º da LACP, traz, agora, duas "novas" espécies do gênero *interesses difusos*, como novas "possibilidades jurídicas" de defesa pela via da denominada *ação civil pública*.

Ação civil pública, de forma genérica e para os fins do presente estudo é o instrumento processual que, em conjunto com os dispositivos da LAP e do Título III do CDC, viabilizaram, ao longo dos últimos anos, a *tutela jurisdicional coletiva*, pela via do *processo civil coletivo*.

Desnecessário esse recente acréscimo legislativo aparentemente inovador que, em verdade, poderá complicar o já emaranhado continente existente, formado por anexações constantes de diplomas legislativos que, mais dia menos dia, redundará no despertar de uma ideia "inovadora": a necessidade de um *Código*. O Novo Código de Processo Civil que, ao término e entrega do presente estudo, ainda não fora promulgado, optou por não tratar do processo coletivo, de forma ampla e estruturada. Nada impediria que isso tivesse ocorrido em um de seus livros, desmitificando a tutela coletiva de uma vez por todas. Na realidade e isso já foi destacado pela doutrina, como anotei há muitos anos, o *processo civil coletivo* nada mais exige que uma modificação no sistema de aferição dos legitimados e na disciplina da extensão dos efeitos da coisa julgada material.

O fato é que o gênero – *interesses difusos* – já fora garantido (e restaurado) pelo CDC, desde 1990, que expressamente acabou com aquele veto mal fundamentado de 1985, decorrente da suposta dificuldade que se teria com a exata configuração e compreensão dos contornos dessa espécie então pouco explorada de interesses transindividuais.

Nessa altura (2014) retomar a prática legislativa para, mediante nova legislação, apresentar "novas" modalidades de "interesses difusos", descuidando-se da existência de um gênero, constitui prática que poderá criar problemas de interpretação dada a farta legislação vigente que versa, em algum momento, sobre determinados institutos jurídicos que ostentam as características dos *interesses difusos*, como é o caso do meio ambiente, do patrimônio cultural, o meio urbanístico e os interesses de outras categorias de pessoas como as portadoras de deficiência, idosas, crianças e adolescentes etc.

Uma constatação é óbvia: a "relação" dos interesses difusos é interminável. Óbvio, o raciocínio é o inverso do que vem sendo utilizado pelo Legislativo. Uma vez que o juiz competente para a demanda concretamente ajuizada verifique que seu objeto revela as características dos *interesses difusos*, assim tal interesse deve ser considerado no curso da relação processual e a qualidade dos efeitos da sentença de mérito deve seguir, igualmente, essa mesma dinâmica. Caso essa prática legislativa não cesse, na futura comemoração do centenário da LACP, é possível que tenhamos mais de uma centena de "espécies" catalogadas, provavelmente inseridas por inúmeras leis futuras, numa atividade infindável e desnecessária, sustentada no argumento de que a especificação se deve para que dúvidas não venham a pairar.

O manejo de diversas demandas, ora especificando a tutelada derivada da atividade jurisdicional coletiva pretendida pela via da LACP (agora com o disposto na Lei 13.004/2014), ora considerando outros diplomas, como, por exemplo, a denominada *ação popular* que, hoje, se vale da CF e LAP, mas que também envolve matéria disciplinada na LIA, exigirá uma análise consciente sobre a relação entre essas demandas, o que pode – e não raro gerará – problemas relacionados à conexidade e *relação de continente e conteúdo* entre deduções de pretensões realizadas nos casos concretos que serão levados ao Judiciário.

Não há necessidade de ir muito longe para encontrar problemas derivados desses conflitos legislativos. Se analisarmos a LIA, concomitantemente com a recente *Lei Anticorrupção* e a antiga LAP veremos que um *microssistema* foi formado. Amparado nos mesmos ditames constitucionais, basicamente derivados do art. 37 da CF, já provê os legitimados que aponta de uma série de eficientes meios ao combate do que vulgarmente se passou a denominar *"corrupção"* e que envolve os meios públicos e privados. Não se olvide, ainda, a iniciativa popular que criou a *Lei de Ficha Limpa* (LC 135/2010), que tive a oportunidade de estudar com Paulo Henrique dos Santos Lucon[2] e que, igualmente, se entrelaça com a LIA, como elemento de inelegibilidade. Numa verdadeira e absurda antecipação de tutela da improbidade que, pela sua natureza jurídica, exige o trânsito em julgado da condenação para se caracterizar, a LC 135/2010 torna inelegível aquele que ainda não está, definitivamente envolto em atividade vedada pela LIA, admitindo que a condenação em órgão colegiado, mesmo que ainda caiba recurso, caracterize condição de perda da parcial cidadania do agente público envolvido, como que se a "suspeita" bastasse.

Um destaque é necessário. Indiscutivelmente, o marco legislativo que criou substancial extrato jurisprudencial, principalmente nas Cortes de Sobreposição, foi a LIA. Paulatinamente, com erros e acertos dos legitimados, dos demandados e do próprio Judiciário, a Lei de 1992 passou a ser manejada e

---

[2] . Cfr. Código Eleitoral Interpretado. São Paulo: Atlas, 3ª Ed., 2012.

DIREITO DOS NEGÓCIOS APLICADO

pela via recursal teve seus contornos mais bem definidos pelo Superior Tribunal de Justiça. Seu alcance foi mais delimitado pela visão da Corte que tem a função precípua, que lhe confere a Constituição Federal, de interpretar a legislação federal infraconstitucional.[3] Importante ressaltar, nesse passo, a corrente sólida que se formou para exigir que a realização da improbidade administrativa se realizasse apenas e tão somente se presentes os elementos subjetivos das condutas que veda (dolo e culpa, dependendo do caso).[4]

---

[3] . Cabe a análise desse precedente que cita tantos outros, oriundo das Turmas de Direito Público do C. Superior Tribunal de Justiça após julgamento dos embargos de divergência em REsp n. 875.163-RS: "EMENTA – PROCESSUAL CIVIL E ADMINISTRATIVO. EMBARGOS DE DIVERGÊNCIA EM RECURSO ESPECIAL. IMPROBIDADE ADMINISTRATIVA. VIOLAÇÃO DE PRINCÍPIOS DA ADMINISTRAÇÃO PÚBLICA (ART. 11 DA LEI 8.429/92). ELEMENTO SUBJETIVO. REQUISITO INDISPENSÁVEL PARA A CONFIGURAÇÃO DO ATO DE IMPROBIDADE ADMINISTRATIVA. PACIFICAÇÃO DO TEMA NAS TURMAS DE DIREITO PÚBLICO DESTA CORTE SUPERIOR. SÚMULA 168/STJ. PRECEDENTES DO STJ. EMBARGOS DE DIVERGÊNCIA NÃO CONHECIDOS. 1. (...) 2. O tema central do presente recurso está limitado à análise da necessidade da presença de elemento subjetivo para a configuração de ato de improbidade administrativa por violação de princípios da Administração Pública, previsto no art.11 da Lei 8.429/92. Efetivamente, as Turmas de Direito Público desta Corte Superior divergiam sobre o tema, pois a Primeira Turma entendia ser indispensável a demonstração de conduta dolosa para a tipificação do referido ato de improbidade administrativa, enquanto a Segunda Turma exigia para a configuração a mera violação dos princípios da Administração Pública, independentemente da existência do elemento subjetivo. 3. Entretanto, no julgamento do REsp 765.212/AC (Rel. Min. Herman Benjamin, DJe de 23.6.2010), a Segunda Turma modificou o seu entendimento, no mesmo sentido da orientação da Primeira Turma, a fim de afastar a possibilidade de responsabilidade objetiva para a configuração de ato de improbidade administrativa. 4. Assim, o Superior Tribunal de Justiça pacificou o entendimento no sentido de que, para a configuração do ato de improbidade administrativa previsto no art. 11 da Lei 8.429/92, é necessária a presença de conduta dolosa, não sendo admitida a atribuição de responsabilidade objetiva em sede de improbidade administrativa. 5. Ademais, também restou consolidada a orientação de que somente a modalidade dolosa é comum a todos os tipos de improbidade administrativa, especificamente os atos que importem enriquecimento ilícito (art. 9º), causem prejuízo ao erário (art. 10) e atentem contra os princípios da administração pública (art. 11), e que a modalidade culposa somente incide por ato que cause lesão ao erário (art. 10 da LIA). 6. Sobre o tema, os seguintes precedentes desta Corte Superior: REsp 909.446/RN, 1ª Turma, Rel. Min. Luiz Fux, DJe de 22.4.2010; REsp 1.107.840/PR, 1ª Turma, Rel.Min. Teori Albino Zavascki, DJe de 13.4.2010; REsp 997.564/SP, 1ª Turma, Rel.Min. Benedito Gonçalves, DJe de 25.3.2010; REsp 816.193/MG, 2ª Turma, Rel. Min.Castro Meira, DJe de 21.10.2009; REsp 891.408/MG, 1ª Turma, Rel. Min. Denise Arruda, DJe de 11.02.2009; REsp 658.415/MG, 2ª Turma, Rel. Min. Eliana Calmon, DJ de 3.8.2006. No mesmo sentido, as decisões monocráticas dos demais integrantes da Primeira Seção: Ag 1.272.677/RS, Rel. Herman Benjamin, DJe de 7.5.2010; REsp 1.176.642/PR, Rel. Min. Hamilton Carvalhido, Dje de 29.3.2010; Resp 1.183921/MS, Rel. Min. Humberto Martins, Dje de 19.3.2010. 7. Portanto, atualmente, não existe divergência entre as Turmas de Direito Público desta Corte Superior sobre o tema, o que atrai a incidência da Súmula 168/STJ: "Não cabem embargos de divergência, quando a jurisprudência do Tribunal se firmou no mesmo sentido do acórdão embargado". 8. Embargos de divergência não conhecidos."

[4] . Na doutrina, cfr. Danilo Knijnik, A prova nos juízos cível, penal e tributário, Rio de Janeiro: Forense, n. 2.4, p. 39. Ainda, verificar o magistério de Maria Sylvia Zanella Di Pitero (in: Direito

SOBRE ALGUNS IMPACTOS DAS LEIS N° 12.966/2014 E N° 13.004/2014

Destaque-se, ainda, que, dadas as suas graves sanções (*vide* art.12) para as condutas que sanciona (*vide* arts. 9º, 10 e 11) criou, quando se considera o objeto da LAP uma relação de conteúdo e continente (ou no mínimo de conexidade), pois, apenas para exemplificar, a anulação de atos administrativos lesivos ao erário e a condenação ao ressarcimento passaram a constituir um dos pedidos que a LIA também prevê (obrigatórios quando se faz a análise de seu art. 5º e os caputs de seus arts. 9º, 10 e 11). Não obstante, permitem aos autores dessa ação a postulação de sanções diversas, tais como a suspensão dos direitos políticos, multa civil, proibição de contratação com o poder público e a perda da função do agente público (este, sempre envolvido para que se possa falar em ato de improbidade administrativa). Em suma, a LIA permite a defesa em juízo de objeto que a LAP já permitia, mas possibilita a dedução de novos e mais severos pedidos derivados de uma mesma causa de pedir. Fica clara a criação de uma verdadeira *relação de continência*. Ora, as partes podem ser consideradas as mesmas, pois, substancialmente, os titulares dos interesses não são aqueles que figuram formalmente no processo; a(s) causa(s) de pedir se a(s) mesma(s), restaria a indagação sobre o pedido. Os pedidos possíveis que uma *ação popular* pode veicular, sempre estarão contidos nos pedidos que a ação coletiva derivada da LIA pode deduzir, concretamente.

Nesse particular, tomemos o exemplo hipotético de ação derivada da LAP, com os pedidos passíveis de serem deduzidos decorrentes de suposta ilegalidade em licitação. Suponhamos que o Ministério Público, finda investigação em inquérito civil, conclua, na sua visão que, efetivamente a suposta ilegalidade tenha ocorrido. Ajuíza por sua vez, ação com fundamento na LIA. Obviamente, não coincidem os pedidos, ainda que idêntica a causa de pedir, considerando que o legislador de 1992 não contemplou o cidadão no rol dos legitimados para a ação civil pública de improbidade administrativa. Os pedidos da ação do Ministério Público, nesse exemplo hipotético, abrangem os passíveis de serem considerados pela LAP (mesmo depois de sua ampliação conforme a Constituição Federal desejou – art. 5º, inciso LXXIII). Mais que

Administrativo, 13ª ed. Pp. 675-676). Ensina: *"Mesmo quando algum ato ilegal seja praticado, é preciso verificar se houve culpa ou dolo, se houve um mínimo de má-fé que revele realmente a presença de comportamento desonesto. A quantidade de leis, decretos, medidas provisórias, regulamentos, portarias, torna praticamente impossível a aplicação do velho princípio de que todos conhecem a lei. Além disso, algumas normas admitem diferentes interpretações e são aplicadas por servidores públicos estranhos à área jurídica. Por isso mesmo, a aplicação da lei de improbidade administrativa exige bom-senso, pesquisa da intenção do agente, sob pena de sobrecarregar-se inutilmente o Judiciário com questões irrelevantes, que podem ser adequadamente resolvidas na própria esfera administrativa."*

DIREITO DOS NEGÓCIOS APLICADO

conexidade, temos um exemplo de ação continente (a derivada da LIA) e ação contida (a derivada da LAP).

Seria razoável permitir que ambas tramitassem?

Nem em conjunto – no mesmo juízo – nem em separado. O motivo é evidente, pois para o mesmo conjunto fático poderíamos ter resultados diversos, o que atenta à segurança jurídica que a atividade jurisdicional deve proporcionar como tributo ao *devido processo legal*.

Com a redação imposta pela Lei 13.004/2014 à LACP, situação semelhante ocorre.

Não restam mais dúvidas – sérias, ao menos – de que as *ações civis públicas* e as *ações populares* constituem espécies do mesmo gênero, a partir de novo diploma legal.

A quase totalidade do o objeto da LAP (pós 1988) coincide, agora, com a LACP (exceção feita à moralidade administrativa que, não obstante, é objeto da LIA).

Diz a nova Lei derrogadora da LACP que, por exemplo, associações poderão ser constituídas para a defesa do patrimônio público e social. Ajuizada uma *ação civil pública* por uma associação regularmente legitimada (estatutos com previsão expressa para esse objeto específico e registro por mais de um ano), qual seria a verdadeira distância/diferença desta para a *ação popular*?

Parece-me impossível, na atualidade, que não se observe no autor popular a qualidade de um representante da coletividade – um *representante adequado*. Seu papel coincide, por tudo, com aquele desenvolvido pelos demais *representantes adequados* elencados na LACP e no CDC (respectivamente, arts. 5º e 82). Portanto, as partes são as mesmas. O autor é o representante da coletividade. Não tutela o que é seu. Tutela um interesse indivisível, de todos, de toda a coletividade (interesses expressamente qualificados como *difusos*, pela Lei 13.004/2014). Recobremos o exemplo da hipotética ilicitude realizada no procedimento licitatório. O(s) demandado(s) sendo o(s) mesmo(s), a causa de pedir também (a própria ilicitude descrita). No caso, diferentemente do que ocorre com o emprego da LIA, os pedidos também coincidem (os pedidos possíveis deduzidos pelo autor popular e associação: anulação e devolução ao erário da quantia excedente decorrente da hipotética contratação ilícita). Numa palavra: há a possibilidade de ocorrência de litispendência. As ações já não se relacionam: coincidem.

Impossível o trâmite dessas duas demandas. Razões tão imperiosas – ou mais – que as lembradas acima, impedem que tenhamos ações que possam chegar a resultados diversos, na tutela dos mesmos interesses em concreto.

SOBRE ALGUNS IMPACTOS DAS LEIS N° 12.966/2014 E N° 13.004/2014

Ambas seriam *ações populares* ou *ações civis públicas*? Resistiriam ao ajuizamento de uma terceira ação destinada à dedução dos demais pedidos previstos na LIA?

Para a primeira indagação, uma simples resposta: ação não tem nome. O direito de exigir do Judiciário um provimento sobre o pedido deduzido, constitui o mesmo exercício de uma garantia, seja em cada uma dessas ações, seja, inclusive, em demanda individual. As diferenças não residem na denominação. Na hipótese, a bem da verdade, caso pretendêssemos algum "purismo acadêmico" deveríamos batizá-las de *ações coletivas*. É disso que se trata: defesa, numa e noutra, de interesses coletivos (*difusos*, no caso).

Para a segunda indagação, uma reposta ainda mais singela: não! *Ação popular* ou *ação civil pública* que tutelem o patrimônio público passarão, com a ação igualmente coletiva ajuizada com base na LIA, a ela "pertencer".

Para que não fiquemos apenas com as críticas, a Lei 13.004/2014 pôs fim a uma antiga discussão. Trouxe um *reconhecimento* de que o patrimônio público constitui "exemplar" de *interesses difusos*. Não precisava, mas trouxe. Portanto, se a *ação civil pública* pode constituir o meio adequado à defesa do patrimônio público, a LIA também se instrumentaliza mediante uma *ação civil pública*. Os objetos são os mesmos; os meios de defesa devem ser os mesmos. Faço questão de ressaltar esse aspecto apenas porque, felizmente, muitos que leem o presente estudo não tiveram o dissabor de acompanhar uma descabida discussão, verbalizada na afirmativa de que as ações decorrentes da LIA não poderiam receber o "nome" de *ação civil pública*. Como não? Não seria o patrimônio público "espécie" de interesses difusos? Sim. Todos os aspectos definidores dos *interesses difusos* se encontram no patrimônio público, bastando uma leitura do art. 81, parágrafo único, inc. I do CDC. Cômica essa discussão, não fosse a trágica perda de tempo, papel e recursos (financeiros e processuais) que demandou.

As "inovações" (dispensáveis) da Lei 13.004/2014 provavelmente abrirão espaço, embora a doutrina e a jurisprudência já estejam bem firmes nesse particular, para restaurar algumas antigas discussões. A LACP percorreu um longo caminho para que, agora, tenhamos que retornar a discussões processuais infindáveis e estéreis para saber, conforme acima referido, qual "o nome da ação". Aliás, recuso-me a voltar a uma obscura e inútil discussão sobre a suposta especificação feita pelo CDC em relação aos denominados *interesses individuais homogêneos*, que estariam (e somente eles) sujeitos à "ação coletiva". Ação coletiva é um "gênero" que acolhe todas as ações não individuais, que não veiculem conflitos de interesses do tipo *Ticio versus Caio*.

DIREITO DOS NEGÓCIOS APLICADO

O Legislativo não colabora, contudo. Prossegue com uma criação que deriva de atividade que parece ter o objetivo de agradar alguns setores. Sob a desculpa de supostamente "aclarar" que determinados interesses que nomina passariam a ser *difusos*, apenas porque assim o deseja (mesmo com o risco de contrariar a natureza jurídica da "nova espécie"), pode criar os problemas processuais acima descritos.

Os impactos não terminam aqui.

A denominada *Lei Anticorrupção* preservou a plena utilização da LIA. Agravou, contudo, o exercício da atividade empresarial, numa questionável transferência da responsabilidade (objetiva) de certos cuidados que sempre estiveram ao encargo do Estado, como num reconhecimento de sua incapacidade de gerir certas atividades e, assim, transferir essa responsabilidade ao setor privado. Sim. Ética é imprescindível em todos os setores. Privilegiar empresas que tenham políticas de gestão dessas práticas preventivas é notável. Criar acordos de leniência, idem. Transformar a responsabilidade em responsabilidade objetiva, é questionável.

Na forma de seu texto, submete com muito mais rigor a determinadas consequências condutas de entidades privadas, prescindindo, para fins das sanções que prevê, da consideração da atividade de seus dirigentes. Pune-os também. Mas, veicula sanções diretas às empresas.

No contexto da LIA, as empresas são apenas e tão somente terceiras eventualmente interessadas (art. 3º), sempre dependentes da configuração do ato de improbidade imputado ao agente público e da prova de benefício observado.

As pessoas jurídicas interessadas (comprovado o benefício experimentado no caso concreto), em todos os temas jurídicos disciplinados pela LIA, ficam adstritas à mesma sorte dos agentes públicos. Exemplifique-se com o sistema de prescrição e, ainda, ao fato de que se fala em improbidade administrativa apenas após o trânsito em julgado da sentença condenatória (conforme, respectivamente, os arts. 20 e 23).

Como se observa, há sobreposição de diplomas legislativos. Se, por um lado, isso reflete avanço no sentido de dispor de mais meios para o combate à ilegalidade, para a preservação dos princípios tutelados pela Constituição Federal (especialmente, em seu art. 37), problemas processuais surgem e perdas de oportunidades se repetem, como seria a de sistematizar a tutela coletiva num único diploma legal (para todos os interesses que, como transindividuais se afigurassem), mantendo e unificando eventual disciplina de sanções civis, políticas e administrativas para um diploma específico.

O Contrato de Seguro,
sua Perspectiva Civil-Constitucional
e sua Lógica Econômica

José Roberto de Castro Neves

O fenômeno da Constitucionalização do Direito Civil

O século XX foi marcado pelo holocausto. Essa triste página da história, teve para o Direito um aspecto sombrio. Isso porque toda a construção do regime nazista foi fundada numa regra jurídica formalmente perfeita, inquebrantável, e embasada por juristas brilhantes. Os ovos da serpente foram chocados num arcabouço legal cerebrino, que tratava o direito como uma ciência exata. Construiu-se uma justificação jurídica perfeita para as discriminações que permitiram o holocausto. Terminada a Grande Guerra, era necessário rever o modelo do positivismo e o conceito da perfeita subsunção dos fatos às regras. Reclamava-se a edificação de outro sistema, que não abandonasse por completo a segurança jurídica do positivismo, mas que também abrigasse a sociedade da aplicação robótica de normas abstratamente perfeitas para fins moralmente reprováveis.

Reconheceu-se que os grandes valores que animam e justificam a sociedade não podem distanciar-se da aplicação do direito. Este não deve dissociar-se por completo da moralidade, da ética, da essência da humanidade. Cabia ao jurista moderno reincorporar os princípios do direito ao ordenamento.

Filósofos contemporâneos do direito, como Hart, separaram as regras concretas ("rules") dos princípios gerais do direito, identificando as regras

DIREITO DOS NEGÓCIOS APLICADO

como comandos mais concretos, enquanto os princípios seriam abstratos. Os princípios contém uma maior carga valorativa.

Dworkin, por sua vez, defende que as regras são aplicadas na base do "tudo ou nada", enquanto os princípios admitem uma gradação, devendo ser aplicados com maior ou menor força de acordo com o caso concreto, por meio de um critério de ponderação.

Os princípios funcionam como grandes vetores do ordenamento jurídico e, não raro, entram em aparente conflito, sendo fundamental, nesses casos, que o aplicador os pondere, flexibilizando-os. Comumente, por exemplo, o princípio da liberdade de imprensa colide com o princípio da proteção à intimidade. Não há, em absoluto, uma prevalência de um princípio sobre o outro. Os princípios não se apresentam como imperativos. Apenas o estudo do caso concreto permitirá definir qual deles merece prevalecer.

Segundo a imagem de Eduardo Couture, os princípios são as "regras de longo prazo". Embora o nome seja "princípios", essas normas são estabelecidas de forma abstrata e genérica pelo legislador, para se concretizar apenas no futuro – não, portanto, no "princípio" –, diante de uma situação da vida.

No conceito de normas jurídicas abertas, vê-se o fenômeno da normatização de princípios.

Ao mesmo tempo, com um enorme número de regras escritas, para cuidar de um sem-fim de situações, é necessário eleger um vértice, que permita garantir uma unidade ao ordenamento.

Nesse fenômeno surge a Constituição Federal como grande ponto central de convergência, ápice da ordem axiológico-normativa. Todas as demais regras jurídicas devem ser interpretadas a partir da Constituição, exatamente para garantir a harmonia e coerência do sistema. Daí falar-se na constitucionalização do direito civil, pois se examina o direito civil pelo prisma da Constituição.

A interpretação buscando proteger princípios reclama uma leitura valorativa do intérprete. O aplicador da lei, assim, ganha uma função crucial: ele não é apenas a boca da lei, mas se investe do espírito dessa lei.

Toda essa concepção oferece um especial desafio para o nosso ordenamento, na medida em que o Código Civil, embora datado de 2002, teve sua gênese num anteprojeto formulado em meados dos anos 70, quando esses conceitos de constitucionalização do direito civil ainda não estavam sedimentados. De toda forma, avulta a necessidade de compatibilizar o Código Civil com a Constituição.

Além disso, o espírito do direito contratual foi delineado no momento histórico do estado liberal, quando não havia qualquer intervenção e era conferida uma sacrossanta importância à vontade das partes.

Com efeito, a autonomia da vontade e o princípio da obrigatoriedade eram, na visão clássica, os dois grandes pilares do direito dos contratos e representavam os mais fortes valores de sua teoria.

Mais recentemente, contudo, esses princípios – da autonomia e da obrigatoriedade – foram modulados e mitigados, a fim de que o interesse particular e individual, sozinho, não prepondere, mas seja conjugado com os interesses sociais.

O artigo 421 do Código Civil reflete esse pressuposto contemporâneo, ao reconhecer que o contrato deve cumprir a sua função social. Trata-se de tipo normativo aberto, uma cláusula geral, cabendo ao intérprete concretizá-lo.

De fato, o artigo 421 é claramente uma regra de integração, que permite o convívio harmônico dos contratos com os objetivos maiores da nossa sociedade. O contrato deixa de ser um simples elo entre as partes para se transformar. Avaliam-se os efeitos dos contratos perante a coletividade, entendendo que as consequências jurídicas desse negócio não se limitam as esferas das partes, mas que afetam toda a sociedade. Deixa de se justificar uma absoluta divisão entre o direito público e o privado.

O Contrato de Seguro, seu contexto constitucional e sua lógica econômica

É conhecida e indisputada a importância social e econômica dos contratos de seguro. Não é exagero reconhecer esse contrato como essencial à sociedade.

Em suma, pelo contrato de seguro, protege-se o segurado do risco de ocorrer algum evento danoso. Notadamente no seguro de dano, o segurado contrata a transferência de determinado risco para uma seguradora, a qual arcará com as consequências econômicas advindas caso esse risco se materialize em prejuízo. Ao transpor o risco para a seguradora, o segurado, mediante o pagamento de um prêmio, adquire maior segurança para organizar sua vida financeira, evitando o prejuízo, por vezes insuportável, que adviria em caso de acidente.

Imagine-se o dono de um estabelecimento comercial. Ele celebra um contrato de seguro contra incêndio e roubo porque, caso qualquer um desses infortúnios ocorra, seu dano será tal que ele não poderá sobreviver financeiramente ao sinistro. O comerciante tem, entretanto, como arcar com o valor do prêmio, um montante que se adequa ao seu orçamento e que ele consegue prever. Feito o seguro, o comerciante se protege de alguma fatalidade.

O conceito de seguro de dano levado a uma operação comercial permite ao empresário reduzir o preço de seu produto ou do serviço que presta, na medida em que não terá que suportar os prejuízos decorrentes de eventual sinistro, mas pode calcular, de antemão, os custos do seguro.

DIREITO DOS NEGÓCIOS APLICADO

O seguro, portanto, gera uma teia de proteção à economia. Se o comerciante acima referido não tivesse celebrado um contrato de seguro, um infortúnio grave poderia facilmente acarretar a sua insolvência. Com isso, ele deixaria de pagar seus fornecedores, os quais, por sua vez, também poderiam ficar insolventes diante do inadimplemento. Os fornecedores destes também sofreriam o calote, e assim por diante num grande efeito "cascata". Toda a economia sentiria os efeitos desse hipotético acidente. Esse risco sistêmico é, pois, protegido pelo seguro, que impede a ruína financeira do primeiro comerciante e, com isso, evita o dano em cadeia.

Da mesma forma, se houvesse a insolvência de uma seguradora, haveria um problema social e econômico em sucessão, a afetar desde as grandes corporações até o pequeno consumidor. Eis porque essa atividade de seguro é verificada de perto pelo estado, que fiscaliza as seguradoras: como se sabe, apenas podem prestar serviços de seguradora pessoas autorizadas pelo estado e parte do patrimônio dessas pessoas deve ficar imobilizada.

De outro ângulo, no Brasil, com a notória deficiência de serviços fundamentais (notadamente na área da saúde), as pessoas com melhores condições financeiras são, na prática, compelidas a se socorrer de seguros para se proteger do risco de arcar com eventuais despesas com hospitais e médicos privados, no chamado "seguro-saúde". Diante dessa realidade, as seguradoras dedicadas ao ramo da saúde desempenham um fundamental papel na nossa sociedade.

Eis o justificado interesse do estado em regulamentar esse negócio indispensável e tão comum, ferramenta econômica e social da mais alta relevância.

Reconhecida a importância desse negócio, o artigo 22, VIII, da Constituição Federal, estabelece a competência privativa da União para legislar sobre política de seguros.[1]

---

[1] O STF torna efetivo o preceito constitucional:
"Ação direta de inconstitucionalidade. 2. Lei estadual que regula obrigações relativas a serviços de assistência médico-hospitalar regidos por contratos de natureza privada, universalizando a cobertura de doenças (Lei no 11.446/1997, do Estado de Pernambuco). 3. Vício formal. 4. Competência privativa da União para legislar sobre direito civil, comercial e sobre política de seguros (CF, art. 22, I e VII). 5. Precedente: ADI no 1.595-MC/SP, Rel. Min. Nelson Jobim, DJ de 19.12.2002, Pleno, maioria. 6. Ação direta de inconstitucionalidade julgada procedente." (STF – ADI 1646, Rel. Min. Gilmar Mendes, Tribunal Pleno, j. 02.08.06)
"Leis 10.927/91 e 11.262 do Município de São Paulo. Seguro obrigatório contra furto e roubo de automóveis. Shopping Centers, lojas de departamento, supermercados e empresas com estacionamento para mais de cinqüenta veículos. Inconstitucionalidade. 1. O Município de São Paulo, ao editar as Leis l0.927/91 e 11.362/93, que instituíram a obrigatoriedade, no âmbito daquele Município, de cobertura de seguro contra furto e roubo de automóveis, para as empresas que operam

Na relação contatual advinda do contrato de seguro, há, no mínimo, duas pessoas envolvidas: a seguradora, necessariamente uma sociedade anônima autorizada para esse fim, e, do outro lado, o segurado. Os últimos e legítimos interesses dessas duas personagens são claros e definidos: o segurado deseja proteger-se de riscos financeiros (ou garantir um interesse legítimo contra riscos) e a seguradora, por sua vez, almeja o lucro. Este proveito econômico decorre do serviço prestado pela sociedade seguradora.

Com efeito, a seguradora, depois de complexos cálculos atuariais e exames de probabilidade, fixa o valor do prêmio, a fim de que sua atividade seja-lhe rentável. Evidentemente, essa análise apenas é possível ao se avaliar toda a carteira de uma seguradora. Apreciando o caso individualmente, verificam-se muitas hipóteses nas quais a seguradora experimentou prejuízo, pois o sinistro se verificou e ela arcou com os danos do segurado, maiores do que o prêmio recebido. Contudo, no âmbito geral de seus contratos, a seguradora busca um resultado financeiro positivo, pois seu interesse, como pessoa jurídica privada, é, como se disse, o de garantir o lucro.

Assim, no seguro de roubo de um automóvel, a seguradora pode ter prejuízo num caso específico (pois arcará com um dano superior ao prêmio). Porém, na medida em que oferece seguros a um grupo enorme de pessoas, visto o negócio de uma forma ampla, terá lucro. Isso porque, em função dos cálculos que já efetuou, a seguradora sabe que a maior parte dos segurados não terá seu carro roubado (e, assim, a seguradora, na maioria dos casos, receberá o prêmio sem suportar quaisquer danos, diante da ausência do sinistro).

Identificados esses legítimos interesses, vale precisar quais as normas constitucionais que avultam nas relações de seguro.

No nosso ordenamento jurídico, a dignidade da pessoa humana foi eleita como o mais alto valor a ser protegido. Ela se encontra referida no artigo 1º, III, da Constituição, como um dos fundamentos da república. Trata-se do reflexo de uma construção filosófica e jurídica, verdadeira conquista da

---

área ou local destinados a estacionamentos, com número de vagas superior a cinqüenta veículos, ou que deles disponham, invadiu a competência para legislar sobre seguros, que é privativa da União, como dispõe o art. 22, VII, da Constituição Federal. 2. A competência constitucional dos Municípios de legislar sobre interesse local não tem o alcance de estabelecer normas que a própria Constituição, na repartição das competências, atribui à União ou aos Estados. O legislador constituinte, em matéria de legislação sobre seguros, sequer conferiu competência comum ou concorrente aos Estados ou aos Municípios. 3. Recurso provido." (STF – RE 313060, Rel. Min. Ellen Gracie, 2ª Turma, j. 29.11.05)

DIREITO DOS NEGÓCIOS APLICADO

civilização, que segue o conceito kantiano de compreender o homem como fim, nunca como meio.

O artigo 3º, I, da Constituição, por sua vez, informa ser objetivo da república construir uma sociedade justa, livre e solidária. Disso se extrai o conceito de função social a ser desempenhada pelo direito. Trata-se de uma "cláusula geral, permitindo ao jurista uma reflexão e construção de acordo com os valores éticos, econômicos e sociais."[2]

O artigo 3º, II, da Constituição arrola a garantia do desenvolvimento nacional como um dos objetivos fundamentais da nação.

Entre as garantias fundamentais do cidadão, referidas no artigo 5º da Constituição Federal, encontra-se mencionada a proteção ao consumidor. A rigor, trata-se de uma regra imposta ao próprio estado, pois o inciso XXXII diz que caberá ao mesmo promover essa defesa. O contrato de seguro sempre será a prestação de um serviço, enquadrando-se, portanto, entre as relações de consumo.[3]

O artigo 170, por seu turno, informa que a ordem econômica tem por fundamento a livre iniciativa. O parágrafo único desse dispositivo esclarece que as atividades econômicas independem de registro ou autorização, salvo se a lei dispuser de forma diversa. A atividade de seguro é, como já se disse, precisamente um desses casos nos quais se faz necessária a autorização de órgãos públicos.[4]

Acima se mencionou que, diante da relevância do tema, a Constituição Federal, no artigo 22, VIII, entendeu que apenas a União poderia legislar sobre a matéria de seguro, num caso de competência privativa.

Reconhecidos os preceitos constitucionais incidentes, vale examinar como esses conceitos interagem com as regras legais que cuidam especificamente do contrato de seguro.

---

[2] Guilherme Calmon Nogueira da Gama, *Função Social no Direito Civil*, São Paulo, Atlas, 2007, p. 16.
[3] Como pode haver uma gama enorme de relações derivadas de contrato de seguro, nas quais o segurado e a seguradora tenham maior ou menor distância econômica e técnica, além do próprio contrato de seguro nem sempre seguir a linha de cláusulas previamente estipuladas, caberá ao intérprete identificar, no caso concreto, o grau de proteção concedido ao consumidor.
[4] Segundo o artigo 757, parágrafo único, a seguradora deve ser uma entidade legalmente autorizada (Decreto-Lei nº 73, de 21.11.66, artigos 74 a 77). Isso é assim desde o advento do Decreto nº 5.072, de 12.12.1903.

O contrato de seguro

O conceito é relativamente recente. O contrato de seguro não foi conhecido dos romanos. Antes havia o mutualismo, cuja essência reside na ajuda mútua: um grupo de pessoas se une, criando um fundo comum, para dividir o dano que eventualmente um dos integrantes daquela comunidade venha a experimentar. Esse era o conceito das guildas e das hansas na Idade Média, no qual o grupo assumia os riscos comuns. Esse seguro associativo era previsto no artigo 1.466 do Código Civil de 1916, mas não foi reproduzido no Código de 2002. No mutualismo, não há o interesse de lucro por nenhuma das partes, nem a figura da seguradora. O propósito é outro: o de proteção comum, tanto que, como bem observa a doutrina, "os mutualistas têm uma dúplice condição: são segurados e associados entre si."[5]

O seguro propriamente dito nasceu no final da Idade Média, como acessório ao contrato de transporte, na época das grandes navegações. Visava-se a proteger os empresários dos eventuais danos sofridos naquelas longas viagens, nas quais não faltavam riscos, como canta Camões nos Lusíadas. No começo dessa era das viagens ultramarinas, de cada três embarcações que se lançavam ao mar a partir dos portos portugueses, apenas duas chegavam ao seu destino. O risco da atividade era gigantesco, como a coragem daqueles que se aventuraram nos navios, ainda rudimentares, em busca de um misterioso destino. De outro lado, os lucros, se a viagem fosse exitosa, eram extraordinários: as especiarias, a seda, entre outros produtos do oriente, podiam valer mais do que o ouro.

Datam da década de 1350 os primeiros contratos conhecidos com a feição de seguro. Naquela época, os prêmios variavam de 15 a 20% da soma assegurada. Pouco adiante, no século XV, a soma baixou para 10%. O historiador Niall Ferguson menciona um contrato encontrado nos arquivos, firmado por um certo comerciante chamado Francesco Datini, que viveu entre 1355 e 1410. Nesse documento, o comerciante se compromete a segurar a mercadoria: "de Deus, do mar, dos homens da guerra, do fogo, do alijamento das cargas ao mar, da prisão por príncipes, por cidades ou por qualquer outra pessoa, das retaliações, das prisões, de qualquer perda, perigo, infortúnio, impedimento ou sinistro que possam ocorrer, com exceção do empacotamento e da alfândega."[6] Jacques Le Goff, o famoso medievalista, trata do nascimento dos

---

[5] Adalberto Pasqualotto, Contratos Nominados III, São Paulo: Ed. RT, 2008, p. 31.
[6] Niall Ferguson, A Ascensão do Dinheiro, São Paulo: Editora Planeta, 2009, p. 175.

DIREITO DOS NEGÓCIOS APLICADO

contratos denominados securitas, transcrevendo o registro do comerciante Francesco di Prato, residente em Pisa, datado de 1384:

> "Garantimos a Baldo Ridolfi e Cia. o seguro de 100 florins de ouro e lã, carregado no barco de Bartolomeu Vitale em trânsito de Penisola e Porto Pisano. Desses 100 florins que seguramos contra todos os riscos, recebemos 4 florins de ouro tendo como testemunha um documento escrito pela mão de Gherardo d'Ormaumo que contra-assinamos."[7]

O mesmo documento contém a afirmação de que "o dito barco chegou bem a Porto Pisano no dia 4 de agosto de 1384 e estamos desobrigados em relação aos citados riscos."

Em Londres, o grande incêndio de 1666 teve destacado papel na formação de seguradoras. Poucos anos depois do terrível sinistro, que destruiu mais de 13 mil casas, abriu-se a primeira seguradora, especializada em proteger os segurados contra danos como incêndios.

Já o seguro referente às enfermidades, velhice e morte surgiu mais tarde, no final do século XIX, notadamente na Alemanha, para, depois, se espalhar mundo afora.

Hoje, trata-se do maior negócio do mundo. E assim como o risco está em toda parte, o seguro é a sua sombra.

O seguro hoje, na maior parte das vezes, é massificado. Na maioria dos casos, o instituidor do seguro adere a um contrato modelo, previamente redigido e apresentado pela seguradora. Assim, essa relação de consumo será cristalizada, muito comumente, num contrato de adesão. Por conta disso, de acordo com o artigo 47 do Código do Consumidor, a interpretação das cláusulas será feita de forma favorável ao aderente. Da mesma forma, o artigo 423 do Código Civil registra, em relação à interpretação dos contratos redigidos por uma das partes, que, havendo dúvida, se deve lê-lo de modo contrário ao estipulante.

Vale registrar, todavia, que existem contratos de seguro altamente complexos, nos quais as cláusulas são amplamente discutidas pelas partes. Evidentemente, nestes casos, o intérprete deve considerar o fato no momento de interpretá-lo.

O Código Civil de 1916 definia, no artigo 1.432, o contrato de seguro como aquele pelo qual a seguradora se obrigava a pagar uma indenização na hipótese

---

[7] Jacques Le Goff, *A Idade Média e o dinheiro*, Rio de Janeiro, Editora Civilização Brasileira, 2013, p. 167.

O CONTRATO DE SEGURO, SUA PERSPECTIVA CIVIL-CONSTITUCIONAL...

de verificação do sinistro. Havia, evidentemente, um vício nessa definição, na medida em que, no seguro de pessoa, não há propriamente uma indenização. De fato, não se "indeniza" a morte de uma pessoa. O Código de 2002 corrigiu esse deslize e ampliou o conteúdo desse contrato. Segundo o artigo 757, a seguradora se compromete a arcar com interesses legítimos do segurado, contra riscos pré-determinados.

Diz-se que há, no contato de seguros, a transferência dos riscos. Na verdade e bem vistas as coisas, o risco sempre é do segurado. Transfere-se o dever de arcar com o prejuízo a que o evento não desejado der causa. Trata-se, a rigor, da garantia da cobertura. Vale-se, portanto, de uma boa metáfora, ao dizer que se opera a transferência dos riscos.

A definição do contrato de seguro, como acabou de se registrar, é fornecida pelo artigo 757 do Código Civil, que oferece importantes informações para a adequada compreensão do negócio. Como se noticiou, a essência desse contrato consiste na transferência dos riscos. Contudo, não se trata da transferência de quaisquer riscos, porém apenas daqueles previamente identificados. Com efeito, o artigo 757 apresenta esse fundamental conceito: os riscos assumidos pela seguradora são apenas aqueles predeterminados, isto é, a seguradora deve saber a quais riscos está sujeita, porque apenas assim consegue organizar-se.

O que é o risco? As coisas, as pessoas, os fatos, tudo pode ter fim, pode ter sua essência afetada de alguma forma. Quem decide se isso vai ocorrer e quando isso irá ocorrer é o imponderável, o destino, o incerto.

Como se sabe, quando uma coisa se perde, seu titular arca com o prejuízo – res perit domino. Se uma pessoa morre prematuramente, seus herdeiros, em regra, sofrem o dano de perder o arrimo.

O risco consiste nesta chance, na possibilidade de ocorrer um fato futuro e incerto que acarrete alguma perda.

Também há o risco de se ver obrigado a indenizar alguém. Nenhum de nós está livre de causar um dano a terceiro, mesmo que por ato involuntário. O risco existe. O risco, como se mencionou, está em toda parte.

O homem quer proteger-se desses riscos. Deseja transferi-los a outrem. A rigor, os riscos não se transferem, mas o prejuízo dele decorrente.

Há, então, quem assuma os prejuízos que eventualmente podem advir de risco alheio, em troca de uma remuneração. Esta pessoa é a seguradora. O nome, muito adequado, deriva dessa qualidade de "segurar", proteger outra pessoa dos riscos. A seguradora responde, a rigor, apenas pelos riscos previamente fixados.

DIREITO DOS NEGÓCIOS APLICADO

Daí ser fundamental deixar claro qual o risco. Em regra, o risco deve vir exposto na apólice. Eis um motivo que explica por que esse contrato é formal (cf. artigo 758). Se não houver uma apólice, na qual se estabelece o negócio, não seria possível delimitar o seguro. Aliás, se houver aumento do risco, o segurado deve informar a seguradora, como indica o artigo 769, sob pena de perder o direito a ser indenizado do eventual dano. Seguindo a mesma lógica, o artigo 762 taxa de nulo o contrato caso o sinistro decorra de ato doloso do instituidor ou alguém a ele relacionado. A origem do conceito é a mesma que veda as condições potestativas.

Outro conceito importante, também encontrado no artigo 757, é o do prêmio. O segurado, para ter o seguro, paga um "prêmio" ao segurador, que, então, cobre riscos pré-determinados do segurado.

Como a análise das partes acerca das bases do contrato de seguro depende fundamentalmente das circunstâncias concretas do caso, elas devem ter o conhecimento mais exato possível da situação. Com efeito, para que a seguradora possa aferir a dimensão do risco e, em consequência, o valor do prêmio, deve precisar os fatos, a fim de prever os possíveis sinistros. O mesmo se pode dizer do segurado. Para que ele saiba se o valor do prêmio está compatível, fundamental ter adequada ciência do risco suportado.

Nem sempre, seguradora e segurado têm pleno conhecimento da situação. Nesse contrato, a mais completa compreensão dos fatos, na maior parte dos casos, depende da precisão das informações prestadas pela contraparte. Especialmente em relação à seguradora, cabe ao segurado esclarecer sua situação, realçando os fatos que podem servir de agravantes ou atenuantes do evento, cujo eventual dano se pretende proteger.

Também a seguradora deve ser leal com o segurado, indicando se determinado fato tende ou não a ocorrer, na medida em que ela, por sua atividade, possui, em regra, informações mais apuradas acerca do aumento ou diminuição do risco de certa atividade.

Assim, a veracidade das informações prestadas de parte a parte desempenha papel fundamental nesse contrato. Nesse expresso sentido há o artigo 765 do Código Civil, no qual se explicita a necessidade de comportamento leal das partes. Sem essa lealdade, retira-se o equilíbrio do contrato, desfigurando-o.

De fato, ao se falar em riscos pré-determinados, leva-se em conta que as partes os conhecem. Aqui, não se cuida apenas da existência do risco, porém de seus contornos e, logo, de sua chance de verificação. Se uma pessoa indica, por exemplo, que quer segurar uma atividade de transporte de mercadorias, mas deixa de mencionar que o produto transportado é altamente inflamável,

O CONTRATO DE SEGURO, SUA PERSPECTIVA CIVIL-CONSTITUCIONAL...

retira, da seguradora, a oportunidade de aferir o real risco de acidente com a mercadoria.

De outro lado, a seguradora tem o dever de informar ao segurado se um determinado risco foi minorado, o que acarretaria a diminuição da probabilidade de verificação do dano e, em certas situações, a redução do valor do prêmio.[8]

Trata-se de uma relação aleatória, isto é, não se sabe essencialmente qual das partes terá vantagem econômica. A seguradora avalia o risco a que o segurado está sujeito e indica um valor (o prêmio), pelo qual está disposta a assumir o dever eventual de suportar os danos de sua ocorrência.

Imagine que uma pessoa tenha um barco e deseje cruzar o oceano, mas tema que a nau sofra algum revés. Ele, então, procura uma seguradora, para que se responsabilize pelos prejuízos eventuais de um acidente com a embarcação. A seguradora aprecia a situação e indica o valor a ela devido – o "prêmio" – para que o risco seja transferido. A pessoa, dona do barco, aceita o negócio e, então, se o objeto segurado sofrer um acidente nessa viagem, quem responde pelos danos é a seguradora. Caso, entretanto, o percurso ocorra sem nenhum contratempo, a relação se extingue, e a seguradora embolsa o valor do seguro.

Assim, as partes podem ganhar ou perder nos contratos de seguro. Daí, dizer-se que se trata de um contrato aleatório.[9] Há, entretanto, quem defenda tratar-se de contrato comutativo[10], porque a obrigação da seguradora – de garantir o seguro – é efetivada ainda que o sinistro não ocorra.

A complexa aplicação das regras civis do contrato de seguro

As normas civis dos contratos de seguro encontram uma aplicação dos tribunais que desafia a sua literalidade.

Veja-se a situação das declarações inexatas oferecidas pelo segurado, registradas nos artigos 765 e 766 do Código Civil:

---

[8] O artigo 770 trata do tema da seguinte forma: "Art. 770. Salvo disposição em contrário, a diminuição do risco no curso do contrato não acarreta a redução do prêmio estipulado; mas, se a redução do risco for considerável, o segurado poderá exigir a revisão do prêmio, ou a resolução do contrato." Assim, se a diminuição do risco for considerável, o segurado pode exigir a revisão.

[9] Nesse sentido, Carlos Roberto Gonçalves, *Direito Civil Brasileiro*, 2ª Ed., São Paulo: Saraiva, 2006, p. 475; Arnaldo Rizzardo, *Contratos*, 6ª Ed., Rio de Janeiro: Forense, 2006, p. 843; e José Maria Trepat Cases, *Código Civil Comentado*, Vol. VIII, São Paulo: Editora Atlas, 2003, p. 208).

[10] Fabio Ulhoa Coelho, Curso de Direito Civil, Vol. 3, São Paulo: Saraiva, 2005, p. 344.

DIREITO DOS NEGÓCIOS APLICADO

"Art. 765. O segurado e o segurador são obrigados a guardar na conclusão e na execução do contrato, a mais estrita boa-fé e veracidade, tanto a respeito do objeto como das circunstâncias e declarações a ele concernentes.

Art. 766. Se o segurado, por si ou por seu representante, fizer declarações inexatas ou omitir circunstâncias que possam influir na aceitação da proposta ou na taxa do prêmio, perderá o direito à garantia, além de ficar obrigado ao prêmio vencido."

Atente-se à redação da lei: "a mais estrita boa-fé e veracidade". Não se refere, aqui, apenas à boa-fé, mas à boa-fé qualificada, como a mais estrita delas. Isso porque, como se registrou, o contrato de seguro, para que seu equilíbrio funcione, necessita dessa transparência da declaração, pois apenas assim a seguradora terá condição de compreender o risco assumido.

Enquanto o artigo 765 ordena às partes guardar "a mais estrita boa-fé e veracidade", o artigo 766 fala do efeito prático da violação do dever de lealdade: a falsidade das declarações acarreta a perda da garantia e a obrigação de arcar com o prêmio. Idêntica regra se encontrava no artigo 1.443 do Código Civil de 1916.

A adequada informação que deve ser prestada pelo segurado é fundamental para garantir o equilíbrio do negócio. Com base nessa informação, consoante se registrou, ajusta-se o prêmio e a seguradora faz seus cálculos.

Entretanto, a jurisprudência tem entendido que, nos seguros de saúde, era dever da seguradora ter feito os exames para aferir a real situação, independentemente da manifestação do segurado, por vezes falsa.[11]

---

[11] "Agravo regimental em agravo (artigo 544 do CPC) – demanda postulando indenização securitária por invalidez permanente – decisão monocrática conhecendo do reclamo para negar seguimento ao recurso especial. Irresignação da seguradora. (...)

2. A perscrutação sobre a existência ou não de má-fé da segurada e/ou de declarações falsas ou incompletas (omissão intencional sobre doença preexistente), quando do preenchimento do formulário de contratação do seguro, reclama a incursão no conteúdo fático-probatório dos autos, o que é vedado ao STJ, no âmbito do julgamento de recurso especial, ante o óbice inserto na Súmula 7 ("A pretensão de simples reexame de prova não enseja recurso especial.").

3. A seguradora não pode se eximir do dever de pagamento da cobertura securitária, sob a alegação de omissão de informações por parte do segurado, se dele não exigiu exames médicos prévios à contratação do seguro. Precedentes do STJ.

4. Agravo regimental desprovido." (STJ – AgRg no AREsp 149.893/SP, Rel. Min. Marco Buzzi, 4ª Turma, j. 18.10.12)

O CONTRATO DE SEGURO, SUA PERSPECTIVA CIVIL-CONSTITUCIONAL...

Também se entende que mesmo com informações falsas, se o segurado sobreviveu por muito tempo, a seguradora deve responder.[12]

"PLANO DE SAÚDE. OBESIDADE MÓRBIDA. GASTROPLASTIA. ALEGAÇÃO DE DOENÇA PAPELADA-EXISTENTE. PRAZO DE CARÊNCIA. AUSÊNCIA DE PREQUESTIONAMENTO.
1. "O ponto omisso da decisão, sobre o qual não foram opostos embargos declaratórios, não pode ser objeto de recurso extraordinário, por faltar o requisito do prequestionamento" (Súmula 356/STF).
2. A gastroplastia, indicada como tratamento para obesidade mórbida, longe de ser um procedimento estético ou mero tratamento emagrecedor, revela-se como cirurgia essencial à sobrevida do segurado, vocacionada, ademais, ao tratamento das outras tantas co-morbidades que acompanham a obesidade em grau severo. Nessa hipótese, mostra-se ilegítima a negativa do plano de saúde em cobrir as despesas da intervenção cirúrgica.
3. Ademais, não se justifica a recusa à cobertura de cirurgia necessária à sobrevida do segurado, ao argumento de se tratar de doença papelada-existente, quando a administradora do plano de saúde não se precaveu mediante realização de exames de admissão no plano, sobretudo no caso de obesidade mórbida, a qual poderia ser facilmente detectada.
4. No caso, tendo sido as declarações do segurado submetidas à apreciação de médico credenciado pela recorrente, por ocasião do que não foi verificada qualquer incorreção na declaração de saúde do contratante, deve mesmo a seguradora suportar as despesas decorrentes de gastroplastia indicada como tratamento de obesidade mórbida.
5. Recurso não provido." (STJ – REsp 980326/RN, Rel. Min. Luis Felipe Salomão, 4ª Turma, j. 01.03.11)

[12] "Seguro. Pagamento. Indenização. Cabimento. Doença preexistente. Ausência de exames. Omissão do segurado. Inexistência. Consoante tem-se entendido, a seguradora que não exigiu exames médicos previamente à contratação não pode eximir-se do pagamento da indenização, sob a alegação de que houve omissão de informações pelo segurado. Se nessa hipótese é devido o adimplemento, mais se justifica a indenização se o segurado forneceu elementos concretos sobre moléstias que abalavam sua saúde, inclusive, mencionando o nome do medicamento por ele utilizado. Recurso provido." (STJ – REsp 596.090/RS, Rel. Min. Castro Filho, 3ª Turma, j. 03.05.05)
"Agravo regimental. Seguro de vida. Doença preexistente. Longevidade da segurada após a contratação e sucessiva renovação da avença. Omissão irrelevante. Má-fé. Inexistência. Decisão agravada. Manutenção.
I – Excepcionalmente, a omissão do segurado não é relevante quando contrata seguro e mantém vida regular por vários anos, demonstrando que possuía, ainda, razoável estado de saúde quando da contratação da apólice.
II – Aufere vantagem manifestamente exagerada, de forma abusiva e em contrariedade à boa-fé objetiva, o segurador que, após mais de duas décadas recebendo os prêmios devidos pelo segurado, nega cobertura, sob a alegação de que se trata de doença pré-existente.
III – Agravo Regimental. Improvimento." (STJ – AgRg no REsp 913.120/SP, Rel. Min. Sidnei Beneti, 3ª Turma, j. 05.08.10)
"Direito Civil e Consumidor. Seguro saúde. Contratação anterior à vigência da Lei 9.656/98. Doença pré-existente. Omissão irrelevante. Longo período de saúde e adimplemento contratual antes da manifestação da doença.
- As disposições da Lei 9.656/98 só se aplicam aos contratos celebrados a partir de sua vigência, bem como para os contratos que, celebrados anteriormente, foram adaptados para seu regime. A

DIREITO DOS NEGÓCIOS APLICADO

Lei 9.656/98 não retroage para atingir o contrato celebrado por segurados que, no exercício de sua liberdade de escolha, mantiveram seus planos antigos sem qualquer adaptação.

- O segurado perde direito à indenização, nos termos do art. 766, CC/2002, (art. 1.444/CC1916) se tiver feito declarações inverídicas quando poderia fazê-las verdadeiras e completas. E isso não se verifica se não tiver ciência de seu real estado de saúde.

Precedentes.

- Excepcionalmente, a omissão do segurado não é relevante quando contrata seguro e mantém vida regular por vários anos, demonstrando que possuía, ainda, razoável estado de saúde quando da contratação da apólice.

- Aufere vantagem manifestamente exagerada, de forma abusiva e em contrariedade à boa-fé objetiva, o segurador que, após longo período recebendo os prêmios devidos pelo segurado, nega cobertura, sob a alegação de que se trata de doença pré-existente.

Recurso Especial provido." (STJ – REsp 1080973/SP, Rel. Min. Nancy Andrighi, 3ª Turma, j. 09.12.08)

"Direito Civil e Processual Civil. Cerceamento de defesa. Não ocorrência. Contrato de seguro. Questionário de risco. Declarações inexatas ou omissas feitas pelo segurado. Negativa de cobertura securitária. Descabimento. Inexistência, no caso concreto, de agravamento do risco e de má-fé do segurado. Incidência da súmula 7. Existência de cláusula limitativa com duplo sentido. Aplicação da Súmula 5.

1. Vigora, no direito processual pátrio, o sistema de persuasão racional, adotado pelo Código de Processo Civil nos arts. 130 e 131, não cabendo compelir o magistrado a acolher com primazia determinada prova, em detrimento de outras pretendidas pelas partes, se pela análise das provas em comunhão estiver convencido da verdade dos fatos.

2. As declarações inexatas ou omissões no questionário de risco em contrato de seguro de veículo automotor não autorizam, automaticamente, a perda da indenização securitária. É preciso que tais inexatidões ou omissões tenham acarretado concretamente o agravamento do risco contratado e decorram de ato intencional do segurado. Interpretação sistemática dos arts. 766, 768 e 769 do CC/02.

3. "No contrato de seguro, o juiz deve proceder com equilíbrio, atentando às circunstâncias reais, e não a probabilidades infundadas, quanto à agravação dos riscos" (Enunciado n. 374 da IV Jornada de Direito Civil do STJ).

4. No caso concreto, a circunstância de a segurada não possuir carteira de habilitação ou de ter idade avançada – ao contrário do seu neto, o verdadeiro condutor – não poderia mesmo, por si, justificar a negativa da seguradora. É sabido, por exemplo, que o valor do prêmio de seguro de veículo automotor é mais elevado na primeira faixa etária (18 a 24 anos), mas volta a crescer para contratantes de idade avançada. Por outro lado, o roubo do veículo segurado – que, no caso, ocorreu com o neto da segurada no interior do automóvel – não guarda relação lógica com o fato de o condutor ter ou não carteira de habilitação. Ou seja, não ter carteira de habilitação ordinariamente não agrava o risco de roubo de veículo.

Ademais, no caso de roubo, a experiência demonstra que, ao invés de reduzi-lo, a idade avançada do condutor pode até agravar o risco de sinistro – o que ocorreria se a condutora fosse a segurada, de mais de 70 anos de idade -, porque haveria, em tese, uma vítima mais frágil a investidas criminosas.

5. Não tendo o acórdão recorrido reconhecido agravamento do risco com o preenchimento inexato do formulário, tampouco que tenha sido em razão de má-fé da contratante, incide a Súmula 7.

6. Soma-se a isso o fato de ter o acórdão recorrido entendido que eventual equívoco no preenchimento do questionário de risco ter decorrido também de dubiedade da cláusula limitativa.

No que se refere à mora do segurado, a regra do artigo 763 do Código Civil é linear e categórica:

"Art. 763. Não terá direito a indenização o segurado que estiver em mora no pagamento do prêmio, se ocorrer o sinistro antes de sua purgação."

O Decreto nº 61.589, de 23.10.1967, referente aos seguros privados, dispõe no mesmo sentido:

"Art. 4º Nenhuma indenização decorrente do contrato de seguro poderá ser exigida sem a produção de provas de pagamento tempestivo do prêmio.
§ 1º Se o sinistro ocorrer dentro do prazo de pagamento do prêmio sem que êle se ache efetuado, o direito à indenização não ficará prejudicado se o segurado cobrir o débito respectivo ainda naquele prazo."

Evidentemente, para que o dispositivo ganhe eficácia concreta, deve haver mora. Se o pagamento do prêmio só se daria, por contrato, num momento futuro, a seguradora não pode negar o pagamento do seguro.

A leitura dos tribunais, entretanto, é no sentido de fazer uma aplicação branda desse dispositivo.[13] Fala-se do adimplemento substancial. Permite-se ao segurado purgar a mora.[14] Comumente, o cancelamento automático do contrato de seguro pelo inadimplemento do pagamento do prêmio é considerado abusivo. Há, inclusive, precedentes do STJ no sentido de que o segurado em mora deve scr notificado pessoalmente para que a mora se constitua, não bastando o mero decurso do tempo.[15] Há, até mesmo, orientação de que a

---

Assim, aplica-se a milenar regra de direito romano interpretatio contra stipulatorem, acolhida expressamente no art. 423 do Código Civil de 2002: "Quando houver no contrato de adesão cláusulas ambíguas ou contraditórias, dever-se-á adotar a interpretação mais favorável ao aderente". 7. Recurso especial não provido." (STJ – REsp 1210205/RS, Rel. Min. Luis Felipe Salomão, 4ª Turma, j. 01.09.11)

[13] "Recurso especial – Civil – Contrato de seguro de vida – Atraso no pagamento de uma única parcela – Cancelamento automático do seguro – Impossibilidade.
1 – Consoante entendimento desta Corte, "O simples atraso no pagamento de uma das parcelas do prêmio não se equipara ao inadimplemento total da obrigação do segurado e, assim, não confere à seguradora o direito de descumprir sua obrigação principal' (STJ – REsp 293722/SP, Rel. Min. Nancy Andrighi, j. 26.3.01).
2 – Recurso não conhecido" (STJ – REsp 814.127/PR, Rel. Min Jorge Scartezzini, , 4ª Turma, j. 7.12.06).

[14] STJ – AgRg no AREsp 413.276/DF, Rel. Min. Sidnei Beneti, 3ª Turma, j. 19.11.13.

[15] STJ – REsp 316.552, Rel. Min. Aldir Passarinho Jr., 2ª Seção, j. 9.10.02.

DIREITO DOS NEGÓCIOS APLICADO

rescisão do contrato deva dar-se apenas mediante requerimento ao juízo, o que sempre permitiria ao segurado purga-la antes que o contrato fosse rescindido.[16]

No que diz respeito à perfeita identificação dos riscos assumidos, a lei diz:

"Art. 757. Pelo contrato de seguro, o segurador se obriga, mediante o pagamento do prêmio, a garantir interesse legítimo do segurado, relativo a pessoa ou a coisa, contra riscos predeterminados."

Atente-se ao cuidado da norma ao identificar o conceito de "riscos predeterminados". Esse mesmo zelo é visto no artigo 760:

"Art. 760. A apólice ou o bilhete de seguro serão nominativos, à ordem ou ao portador, e mencionarão os riscos assumidos, o início e o fim de sua validade, o limite da garantia e o prêmio devido, e, quando for o caso, o nome do segurado e o do beneficiário."

A referência expressa aos "riscos assumidos" justifica-se pelo sensível equilíbrio do contrato de seguro, o qual, como antes se realçou, funda-se na perfeita compreensão dos riscos que a seguradora assume.

Os tribunais, entretanto, têm compreendido que não pode haver uma delimitação completa da regra dos riscos previamente estabelecidos.[17] A leitura

---

[16] "Seguro. Inadimplemento da segurada. Falta de pagamento da ultima prestação. Adimplemento substancial. Resolução. A companhia seguradora não pode dar por extinto o contrato de seguro, por falta de pagamento da ultima prestação do premio, por três razões: a) sempre recebeu as prestações com atraso, o que estava, alias, previsto no contrato, sendo inadmissível que apenas rejeite a prestação quando ocorra o sinistro; b) a seguradora cumpriu substancialmente com a sua obrigação, não sendo a sua falta suficiente para extinguir o contrato; c) a resolução do contrato deve ser requerida em juízo, quando será possível avaliar a importância do inadimplemento, suficiente para a extinção do negocio. Recurso conhecido e provido." (STJ – REsp 76.362/MT, Rel. Min. Ruy Rosado de Aguiar, 4ª Turma, j. 11.12.95)

[17] "Recurso Especial (art. 105, III, "a", da CRFB) – Demanda ressarcitória de seguro – Segurado vítima de crime de extorsão (CP. Art. 158) – Aresto estadual reconhecendo a cobertura securitária. Irresignação da seguradora.
(...) 3. Mérito. Violação ao art. 757 do CC. Cobertura securitária. Predeterminação de riscos. Cláusula contratual remissiva a conceitos de direito penal (furto e roubo). Segurado vítima de extorsão. Tênue distinção entre o delito do art. 157 do CP e o tipo do art. 158 do mesmo Codex. Critério do entendimento do homem médio. Relação contratual submetida às normas do Código de Defesa do Consumidor.
Dever de cobertura caracterizado.

O CONTRATO DE SEGURO, SUA PERSPECTIVA CIVIL-CONSTITUCIONAL...

dessa cláusula, segundo a jurisprudência, deve ser feita de modo favorável ao segurado, normalmente aderente numa relação de consumo.[18]

Leitura dos dispositivos diante dos propósitos constitucionais

Como justificar juridicamente essas decisões? Não pode haver dúvida de que elas se distanciam de uma interpretação literal da lei.

4. Firmada pela Corte a quo a natureza consumerista da relação jurídica estabelecida entre as partes, forçosa sua submissão aos preceitos de ordem pública da Lei n. 8.078/90, a qual elegeu como premissas hermenêuticas a interpretação mais favorável ao consumidor (art. 47), a nulidade de cláusulas que atenuem a responsabilidade do fornecedor, ou redundem em renúncia ou disposição de direitos pelo consumidor (art. 51, I), ou desvirtuem direitos fundamentais inerentes à natureza do contrato (art. 51, §1º, II).

5. Embora a aleatoriedade constitua característica elementar do contrato de seguro, é mister a previsão de quais os interesses sujeitos a eventos confiados ao acaso estão protegidos, cujo implemento, uma vez verificado, impõe o dever de cobertura pela seguradora.

Daí a imprescindibilidade de se ter muito bem definidas as balizas contratuais, cuja formação, segundo o art. 765 do Código Civil, deve observar o princípio da "estrita boa-fé" e da "veracidade", seja na conclusão ou na execução do contrato, bem assim quanto ao "objeto" e as "circunstâncias e declarações a ele concernentes".

6. As cláusulas contratuais, uma vez delimitadas, não escapam da interpretação daquele que ocupa a outra extremidade da relação jurídica, a saber, o consumidor, especialmente em face de manifestações volitivas materializadas em disposições dúbias, lacunosas, omissas ou que comportem vários sentidos.

7. A mera remissão a conceitos e artigos do Código Penal contida em cláusula de contrato de seguro não se compatibiliza com a exigência do art. 54, § 4º, do CDC, uma vez que materializa informação insuficiente, que escapa à compreensão do homem médio, incapaz de distinguir entre o crime de roubo e o delito de extorsão, dada sua aproximação topográfica, conceitual e da forma probatória. Dever de cobertura caracterizado.

8. Recurso especial conhecido e desprovido." (STJ – REsp 1106827/SP, Rel. Min. Marco Buzzi, 4ª Turma, j. 16.10.12)

[18] "Seguro empresarial. Cobrança. Na falta de comunicação imediata à seguradora sobre o sinistro não cabe indenização. Exclusão de roubos ocorridos fora do estabelecimento e sobre valores aferidos no dia anterior. Apólice que não foi redigida em termos claros, precisos e de fácil compreensão, sendo, portanto, nulas de pleno direito nos termos do art. 54, §4º, do Código do Consumidor. Recurso parcialmente provido. (...) Como é sabido, o contrato de seguro é regido pela apólice ou pelo bilhete de seguro, os quais mencionarão os riscos assumidos, o início e o fim de sua validade, o limite da garantia e o prêmio devido (art. 760, CC). Assim, os riscos cobertos pelo segurador são exclusivamente os constantes da apólice, dentre dos limites que ela fixar. Entretanto, sendo o contrato de seguro de adesão, está sobre a égide do Código de Defesa do Consumidor e sua interpretação deve ser feita em benefício da parte aderente, ou seja, do segurado, sempre que se afigurar dúvida quanto aos seus termos. (TJSP – Apelação Cível nº 346.516-4/3, Rel. Des. Maia da Cunha – 4ª Câmara de Direito Privado, j. 03.11.05).

DIREITO DOS NEGÓCIOS APLICADO

De fato, apenas por meio de uma interpretação civil-constitucional, considerando todo o ordenamento jurídico, consegue-se compreendê-las. Aliás, apenas por meio de uma compreensão sistêmica, pode-se criticá-las.

Antes, ao enunciar os preceitos constitucionais incidentes nas relações de seguro, esclareceram-se quais os valores e temas em jogo: a proteção ao consumidor (artigo 5º, XXXII, da Constituição Federal); a disparidade material entre segurador e segurado e o aspecto social do seguro, fundamental diante do objetivo da república de constituir uma sociedade justa, livre e solidária (artigo 3º, I, da Constituição); a dignidade da pessoa humana (artigo 1º, III, da Constituição); e a livre iniciativa (artigo 170 da Constituição).

Esses valores devem ser conjugados, evitando-se que a relação fique absurdamente adernada. Não há dúvida de que os casos acima referidos, e as interpretações que recebem, merecem uma análise sofisticada.

Tome-se a situação dos artigos 765 e 766, relativos à boa-fé e lealdade da declaração. Há, bem apreciado o tema, três situações de fato que merecem ser consideradas.

Primeiro, vale verificar se a seguradora, para apurar os riscos, deixou de realizar o exame dos fatos ou o fez de modo insuficiente. Pode ser que a própria seguradora tenha falhado no seu dever de apreciar o fato relevante. Segundo a jurisprudência, com essa negligência, a seguradora assumiu o risco.[19]

O segundo aspecto é apreciar se o segurado mentiu ou simplesmente foi omisso. Em outras palavras, cumpre entender se a seguradora foi enganada ou deixou de fazer a pergunta correta. Ainda: a omissão do segurado quanto à informação foi dolosa? Avulta, aqui, o conceito de que a boa-fé se presume, enquanto a má-fé deve ser provada. E, para tornar a análise de caso a caso ainda mais delicada, deve ser ponderado que existem gradações na declaração falsa, podendo a falta de boa-fé ser mais ou menos intensa.

O parágrafo único do artigo 766 cuida da situação de a informação equivocada do segurado não advir de má-fé:

> "Parágrafo único. Se a inexatidão ou omissão nas declarações não resultar de má-fé do segurado, o segurador terá direito a resolver o contrato, ou a cobrar, mesmo após o sinistro, a diferença do prêmio."

---

[19] STJ – REsp 244.842, Rel. Min. Carlos Alberto Menezes Direito, 3ª Turma, j. 15.5.01.

O CONTRATO DE SEGURO, SUA PERSPECTIVA CIVIL-CONSTITUCIONAL...

Assim, segundo a regra legal, caso a inexatidão ou omissão não decorra de má-fé, a seguradora pode resolver o contrato ou cobrar a diferença do prêmio, a fim de ajustar o negócio a uma contraprestação justa.

Por todas as razões, não se pode tolerar o benefício da própria torpeza, nem se admite que o ordenamento ampare a má-fé.

O terceiro aspecto a se considerar é se houve proveito econômico da seguradora, mesmo com a declaração inexata do segurado. Isso porque, não obstante as informações falsas, a seguradora pode experimentar proveito econômico, na medida em que, durante algum tempo, recebeu o prêmio, sem nada reclamar. Nesses casos, razoável mitigar a informação deficiente. Aliás, nesse ponto, vale compreender qual foi o prejuízo concreto que a falsa informação trouxe à seguradora, verificando a intensidade em que o fato desequilibrou o contrato.

Tudo isso deve ser ponderado, inclusive levando-se em conta que, caso se proteja o segurado de má-fé, arcando com o seu dano (que não seria suportado se a seguradora soubesse corretamente dos fatos), a seguradora sofrerá um prejuízo. Em última análise, todavia, quem arca com esse prejuízo são os demais segurados. De fato, o segurado honesto paga, em parte, pelo segurado desleal. O custo do seguro, aí visto como um negócio, aumenta caso o Judiciário determine à seguradora que pague por riscos não previamente ajustados. Se a operação sobe de custo, o prêmio de todos os seguros tem o mesmo destino.

Com relação ao artigo 763, referente à consequência da mora do segurado, que passa a não ter direito ao seguro, já se disse que a jurisprudência, ao analisar a incidência do dispositivo, suscita a tese do adimplemento substancial. Faz-se isso para aferir o grau de inadimplemento do segurado. Não se pode tratar do mesmo modo o segurado que solicita a cobertura por furto de seu imóvel, mas está há um ano sem pagar o prêmio mensal, daquele segurado que está em mora por apenas dois meses (e cumpre o contrato fielmente há anos).

Cumpre aferir o grau da mora, sendo, contudo, vedado ao segurado transformar o contrato de seguro numa opção, na qual o segurado não teria qualquer álea. Seria absurdo permitir que, depois de verificado o sinistro, o segurado tivesse a opção de pagar o prêmio para receber o valor do seguro, este em montante muito maior. Com isso, o segurado tiraria a álea do negócio, desfigurando por completo a natureza do contrato.

Registre-se, ainda, o artigo 760 e o conceito dos riscos assumidos. Aqui também alguns pontos merecem destaque.

DIREITO DOS NEGÓCIOS APLICADO

Por vezes, não há referência expressa do risco, mas eles são óbvios ou deveriam ser de conhecimento da seguradora. Isso ocorre, por exemplo, no seguro de danos para uma empresa que trabalha com fogos de artifício: a seguradora não poderia se eximir de arcar com o prejuízos decorrentes de um incêndio, pois é evidente que a segurada guarda explosivos em seu estabelecimento.

Não se pode admitir qualquer restrição no seguro que retire a sua finalidade.[20] Isso porque, muitas vezes, o propósito do seguro consiste em evitar que o segurado suporte um dano. É o que vai ocorrer com os danos morais. Entender que apenas os danos materiais seriam objeto do seguro, excluindo-se os morais, seria o mesmo que impedir uma plena reparação dos danos. Vale citar, a propósito, precedente do STJ, da privilegiada lavra do Ministro Ruy Rosado de Aguiar, no sentido de que se incluem, nos danos pessoais – pelos quais indubitavelmente responsabiliza-se a seguradora – tanto o dano de natureza patrimonial, como os danos morais.[21]

Ademais, a interpretação do negócio é sempre favorável ao aderente e ao consumidor – leia-se: o segurado. Assim, caso haja dúvida acerca da extensão dos riscos cobertos, essa dúvida deve ser favorável ao aderente, até mesmo porque as cláusulas limitativas de direito sempre devem ser as mais claras possíveis.[22]

Também cumpre aferir se foram dadas todas as relevantes informações ao consumidor (segurado) acerca do contrato e, principalmente, dos limites do seguro. Fundamental considerar as justas expectativas do segurado com o negócio. Qualificam-se como "justas" as expectativas que, pelas circunstâncias, eram razoáveis ao segurado. A seguradora é responsável por essa expectativa incutida.

Num último aspecto, para verificar a extensão das responsabilidades assumidas pela seguradora – e, logo, dos riscos que ela suportará – deve-se levar

---

[20] Eis, a propósito, o artigo 51 do Código do Consumidor:
"Art. 51. São nulas de pleno direito, entre outras, as cláusulas contratuais relativas ao fornecimento de produtos e serviços que:
(...) IV – estabeleçam obrigações consideradas iníquas, abusivas, que coloquem o consumidor em desvantagem exagerada, ou sejam incompatíveis com a boa-fé ou a eqüidade;
(...) § 1º Presume-se exagerada, entre outros casos, a vantagem que:
(...) II – restringe direitos ou obrigações fundamentais inerentes à natureza do contrato, de tal modo a ameaçar seu objeto ou equilíbrio contratual;"
[21] STJ – REsp 106.326/PR, 4ª Turma, j. 25.3.97.
[22] Veja-se a redação do artigo 54, § 4º, do Código do Consumidor, tratando dos contratos de adesão:
"§ 4º As cláusulas que implicarem limitação de direito do consumidor deverão ser redigidas com destaque, permitindo sua imediata e fácil compreensão."

em conta os valores econômicos do prêmio e do eventual dano. Essa análise econômica permite identificar qual a efetiva dimensão do seguro, na medida em que há, em regra, um padrão de valores no mercado, já calibrados, levando em consideração os riscos assumidos.

Conclusão

O tema não é simples. Ele desafia o jurista na medida em que há vários valores em jogo. O direito não pode tolerar o abuso da seguradora. Não há como proteger cláusulas mal redigidas nem a resistência injustificada em arcar com o valor do seguro. De outro lado, não se pode dar guarida à conduta ladina do segurado, mãe de um odioso proveito ilícito e da quebra do equilíbrio contratual (o que prejudica toda a coletividade de outros segurados).

A lei oferece um conceito geral, mas deve ser conjugada com os grandes vetores que emanam da Constituição. A análise dessas questões, com suas variáveis e distintos valores colocados em cheque, demonstra que a solução correta depende necessariamente da apreciação do caso concreto. Somente diante dos fatos, ponderando-se como esses valores são, de fato, afetados, pode-se oferecer a melhor solução, mais condizente com o que o ordenamento jurídico busca proteger. Necessário, pois, avaliar as peculiaridades da situação para identificar os valores em disputa.

Tome-se, por exemplo, o artigo 35-C da Medida Provisória nº 2177-44 (que altera a Lei nº 9.656, de 3.6.1998), relativa aos planos privados de saúde:

> "Art. 35-C. É obrigatória a cobertura do atendimento nos casos:
> I – de emergência, como tal definidos os que implicarem risco imediato de vida ou de lesões irreparáveis para o paciente, caracterizada em declaração do médico assistente; e
> II – de urgência, assim entendidos os resultantes de acidentes pessoais ou de complicações no processo gestacional."

Se o valor "vida" está em jogo, tudo o mais deve ceder, até que esse risco seja extinto.

O papel do Judiciário é, sem perder o lado humano, identificar a relação estabelecida no contrato de seguro, no seu aspecto amplo, como um negócio de interesse social. Mas isso deve ser feito com vistas a garantir o equilíbrio da relação, sem permitir que ela aderne demasiadamente para qualquer dos lados. Tecnicamente, essa leitura das normas do Código Civil, referentes ao

DIREITO DOS NEGÓCIOS APLICADO

contrato de seguro, somente se justifica pela lente da Constituição Federal e dos valores nela albergados.

A pedra de toque, portanto, reside em descobrir qual o ponto de equilíbrio – qual a situação que não representa nenhuma vantagem desmesurada para a parte e inclui-se, no caso do seguro, nos riscos naturais a que se admitiu incorrer. Aí está a busca messiânica do civilista, na medida em que esse equilíbrio representa a expressão da justiça. Esse objetivo, como se alertou, apenas se atinge por meio de uma análise particular e sensível do intérprete, para quem, a fim de oferecer a melhor resposta, não basta mais apenas conhecer a lei civil.

Referências

Ricardo BECHARA DOS SANTOS, Direito de Seguro no Novo Código Civil e Legislação Própria, Rio de Janeiro, Forense, 2006.

Guilherme CALMON NOGUEIRA DA GAMA, Função Social no Direito Civil, São Paulo, Atlas, 2007.

Fabio Ulhoa COELHO, Curso de Direito Civil, Vol. 3, São Paulo: Saraiva, 2005.

Niall FERGUSON, A Ascensão do Dinheiro, São Paulo, Editora Planeta, 2009.

Jacques Le GOFF, A Idade Média e o dinheiro, Rio de Janeiro, Editora Civilização Brasileira, 2013.

Carlos Roberto GONÇALVES, Direito Civil Brasileiro, 2ª Ed., São Paulo: Saraiva, 2006.

Pablo Stolze GAGLIANO e Rodolfo PAMPLONA FILHO, Novo Curso de Direito Civil – Contratos, Volume IV, São Paulo, Saraiva, 2007.

Adalberto PASQUALOTTO, Contratos Nominados III, São Paulo, Ed. RT, 2008.

Arnaldo RIZZARDO, Contratos, 6ª Ed., Rio de Janeiro: Forense, 2006.

José Afonso da SILVA. Comentário Contextual à Constituição, 2a Ed., Malheiros Editores: São Paulo, 2006.

José Maria TREPAT CASES, Código Civil Comentado, Vol. VIII, São Paulo: Editora Atlas, 2003.

Das Implicações da Concentração Empresarial no Âmbito do Direito do Trabalho

Patrícia Baltazar Resende

1. Problemática de concentração de empresas no âmbito do Direito de Trabalho

1.1. Da concentração empresarial no Direito do Trabalho.

O fenómeno da concentração empresarial é, hoje, uma realidade face à qual o Direito do Trabalho não pode ficar indiferente. Tradicionalmente, o Direito do Trabalho tomou como centro de referência, no que concerne à constituição, modificação e extinção das relações laborais, a empresa jurídica e economicamente independente. Este modelo mostra-se, contudo, claramente insuficiente para fazer face à nova forma de organização empresarial assente na dogmática dos «grupos». A concentração empresarial visa, essencialmente fins económicos, financeiros e organizacionais, mas conduz, concomitantemente, a uma redução da protecção laboral.

Na verdade, a perda de parte significativa da autonomia das empresas integradas num grupo mais ou menos amplo, nomeadamente no que toca ao –importante– poder de decisão, ao poder de definir estratégias próprias, a favor da sociedade mãe, não afecta a independência jurídica de cada sociedade membro do grupo. Por outro lado, no direito português os grupos de sociedades não têm personalidade jurídica, não podendo, consequentemente, ser titulares de direitos e obrigações, pelo que o grupo nunca poderá ser, ele

DIREITO DOS NEGÓCIOS APLICADO

próprio, encarado como empregador. Talvez por essa razão seja uma realidade genericamente ignorada pelo Direito do Trabalho[1]. A verdade é que no domínio do Direito do Trabalho são numerosos os direitos dos trabalhadores susceptíveis de serem afectados por este fenómeno de concentração empresarial, seja no âmbito das relações individuais de trabalho, seja no que respeita às relações colectivas de trabalho. Vejamos:

1.2. Do Direito Individual do Trabalho

O primeiro e fulcral problema que este fenómeno origina diz respeito à identificação da verdadeira entidade empregadora. Na verdade, ao tornar mais ou menos indefinida a identidade desta, coloca-se, por vezes, o problema da determinação do empregador real (por oposição ao tradicional empregador formal), tarefa que é, obviamente, fundamental para que o trabalhador possa efectivar os seus direitos e definir as suas obrigações. A incerteza gerada neste domínio pode significar a negação do real exercício dos mesmos. Suponhamos, por exemplo, que uma pessoa é contratada pela empresa X, para exercer a actividade de motorista. Porém, presta indistintamente trabalho para as empresas X, Y e Z, as três pertencentes ao mesmo grupo económico [2]. Não existem dúvidas que, neste caso, o empregador formal será a empresa X, com quem o prestador de actividade celebrou o contrato de trabalho. Todavia, não é indiferente para apurar o estatuto jurídico do trabalhador, o facto deste prestar, simultaneamente, a sua actividade para as demais empresas do grupo. Imagine-se que a empresa X abre falência. Ficará este trabalhador sujeito a uma situação de salários em atraso e desemprego ou, pelo contrário, considerando o facto de este trabalhar, também, para as sociedades Y e Z, mantém o seu posto de trabalho junto destes empregadores? E se a empresa X deixar de pagar o salário ao trabalhador? Serão as de mais sociedades beneficiárias da actividade deste trabalhador responsáveis pelo pagamento do salário e pelas demais responsabilidades emergentes do contrato de trabalho – Quid Iuris? E note-se que, em face do direito português, os grupos de sociedades

---

[1] A jurisprudência nesta matéria é parca e, acima de tudo, incoerente. Salientamos, a este respeito, o Acórdão do Supremo Tribunal de Justiça, de 28 de Novembro de 1990, o Acórdão do Supremo Tribunal de Justiça, de 13 de Novembro de 1991, e, finalmente, o Acórdão do Supremo Tribunal de Justiça, de 2 de Dezembro de 1992, entre outros).

[2] É irrelevante, no presente exemplo, a forma jurídica que revestem as empresas X, Y e Z. Adiante serão referidos, os vários tipos de coligações inter – societárias existentes no direito português e a relevância das mesmas para o Direito do Trabalho

não têm sequer personalidade jurídica não podendo, consequentemente, ser titulares de direitos e obrigações.

Portanto o grupo nunca poderá ser encarado como empregador. Porém, surgindo este fenómeno de concentração de empresas como uma nova forma de organização da actividade empresarial com inegáveis reflexos no âmbito do Direito do Trabalho. A estrutura do grupo é também susceptível de afectar o núcleo das obrigações dos prestadores da actividade: poderá ser exigido ao trabalhador de uma das sociedades do grupo a prestação da sua actividade a outras empresas do grupo? Existem formas específicas de mobilidade geográfica no seio dos grupos societários? Serão os deveres de sigilo e de não concorrência que incumbem aos trabalhadores das diferentes sociedades que integram o grupo extensíveis às demais? E após a cessação de um contrato de trabalho do qual consta uma cláusula de não concorrência, em que medida tal acordo poderá impedir o trabalhador de realizar a sua actividade para empresas concorrentes das sociedades em relação de grupo com o seu empregador? Num outro plano, poderá igualmente questionar-se se o princípio do «trabalho igual, salário igual» é extensível aos trabalhadores das várias empresas de um mesmo grupo ou se, ao invés, nada obsta a que trabalhadores com a mesma categoria, antiguidade, período normal de trabalho, por trabalharem em distintas empresas do mesmo grupo, tenham diferentes remunerações, regalias sociais, etc.

Prescreve o Código do Trabalho que a extinção da entidade empregadora determina a caducidade dos respectivos contratos de trabalho, salvo quando se verifique transmissão de estabelecimento. Ora, como será infra demonstrado, controlando a sociedade dominante/directora, em alguns tipos de grupos (especialmente nas relações de domínio total e de contrato de subordinação), a actividade da sociedade dominada/subordinada, a utilização deste esquema organizacional pode levar à extinção premeditada da sociedade dominada/subordinada, por forma a determinar a caducidade de todos os respectivos contratos de trabalho, continuando uma outra sociedade do grupo para o mesmo objecto social e contratando para o efeito novos trabalhadores.

Finalmente, o fenómeno em análise interfere, também, no regime da cessação do contrato de trabalho. Pode uma sociedade dominada/subordinada alegar desequilíbrio económico-financeiro para proceder a um despedimento colectivo, enquanto a sociedade dominante/directora–que, em seu benefício, tem dado instruções desvantajosas à primeira– está em perfeitas condições económico financeiras? Será lícito esse despedimento?

DIREITO DOS NEGÓCIOS APLICADO

1.3. Do Direito Colectivo do Trabalho

Outro plano do ordenamento jurídico-laboral onde o fenómeno da concentração empresarial começa a produzir importantes consequências é o das relações colectivas de trabalho. Na verdade, a constituição de diferentes empresas com autonomia jurídica pode ser utilizada como um meio de evitar a aplicação de determinadas regras respeitantes aos Instrumentos de Regulamentação Colectiva de Trabalho. Mesmo não existindo qualquer intenção fraudulenta, a mera existência de uma coligação societária pode constituir um impedimento à concretização dos direitos atribuídos às estruturas representativas dos trabalhadores.

2. Da analise da coligação de empresas no direito português e da necessidade de um conceito de grupo de empresa aplicável ao Direito de Trabalho

2.1. Questão prévia

Todas estas questões carecem, em nosso entender, de uma resposta do Direito do Trabalho, o qual, todavia, ignora praticamente esta realidade. O Código das Sociedades Comerciais (CSC), aprovado pelo Decreto-Lei n.º 262/86, de 2 de Setembro, veio regular de forma sistemática as sociedades coligadas. Sem qualquer pretensão de realizar um estudo aprofundado das figuras em causa, parece-nos relevante abordar, sucintamente, o tratamento previsto na lei das formas de coligação, para um correcto entendimento da extensão dos riscos acrescidos que resultam da coligação entre sociedades para os trabalhadores das mesmas. Analisando o alcance das diversas formas de coligação elencadas no CSC, torna-se necessário apurar se as normas jurídicos societárias respondem de modo satisfatório às questões laborais suscitadas, oferecendo protecção suficiente para eliminar ou, pelo menos, acautelar, esses riscos.

A noção de grupo de empresas para o direito de trabalho (deverá) coincide (ir) com a noção de grupo de empresas que nos é fornecida pelo CSC? Ou pelo contrário existe a necessidade de um conceito de grupo de empresa específico para o direito de trabalho? Adiantamos, porém, e como melhor explicaremos infra, que o regime das coligações de sociedades apresentado pelo CSC é limitado e redutor, não oferecendo protecção suficiente para acautelar os riscos acima enumerados. Assim sendo, a questão que, desde logo, se

DAS IMPLICAÇÕES DA CONCENTRAÇÃO EMPRESARIAL NO ÂMBITO DO DIREITO DO TRABALHO

nos afigura de relevante interesse prático é saber qual deve ser o conceito de grupo para o Direito de Trabalho.

2.2. Das coligações de sociedades no Código das Sociedades Comerciais

Não pretende-se aqui fazer uma abordagem exaustiva da tipologia da coligação societária prevista no CSC (artigos 481.º a 508.º-E), mas sim e apenas abordar os tipos de coligação que merecem um tratamento positivo pelo direito português. Podemos dizer que existe coligação de sociedades sempre que esteja preenchida uma das três modalidades enunciadas no artigo 482.º do referido diploma legal. A saber:

i. sociedades em relação de participação (simples ou recíproca);
ii. sociedades em relação de domínio; e,
iii. sociedades em relação de grupo.

Senão vejamos:

(i) Sociedade em relação de participação: simples ou recíproca
a) Sociedades em relação de simples participação: nos termos do artigo 483.º do CSC, uma sociedade encontra-se numa relação de simples participação com outra quando aquela é titular de participações sociais em montante igual ou superior a 10% do capital social desta última, desde que simultaneamente não se verifique a existência entre ambas de outra das relações previstas no artigo 482.º do CSC, ou seja, desde que o valor da participação não ultrapasse os 50 %, caso em que se presume a existência de uma relação de domínio, de acordo com o artigo 486.º, n.º 2, alínea a), do CSC;

b) Sociedades em relação de participações recíprocas: a lei não define expressamente este tipo de relação. Contudo, face ao disposto no artigo 483.º do CSC, neste tipo de relação cada uma das sociedades participa no capital social da outra, devendo o montante das participações igualar ou exceder os 10%, mas sem ultrapassar os 50%, caso em que prevalece a situação de domínio;

(ii) Sociedades em relação de domínio:
O artigo 486.º do CSC caracteriza a relação de domínio como aquela em que uma sociedade (dominante) pode exercer, directa ou indirectamente

DIREITO DOS NEGÓCIOS APLICADO

sobre outra (dependente) uma influência dominante [3]. São claras as insuficiências das consequências jurídicas que a lei associou a este tipo de coligação, para realizarem uma eficaz protecção dos interesses em jogo. Na verdade, tem-se, neste tipo de coligação, sobretudo em vista assegurar a integridade do capital social e a sociedade dominante, descurando os interesses dos sócios, dos credores, e, claro está, dos trabalhadores, da sociedade dominada.

(iii) Sociedades em relação de grupo:

Esta é a forma mais intensa de coligação de sociedades. A disciplina jurídica encontra-se regulada nos artigos 488.º e ss, sendo que, contrariamente ao que sucede com outros tipos de coligação, encontramos agora uma especial preocupação de tutelar as «sociedades filhas» (sócios e credores), pois, no caso em apreço, o «interesse do grupo» prevalece sobre os interesses de cada uma das sociedades, dominadas por uma direcção económica unitária [4].

a) Grupo constituído por subordinação: Nos termos do artigo 493.º do CSC: «1. Uma sociedade pode, por contrato, subordinar a gestão da sua própria actividade à direcção de uma outra sociedade, quer seja sua dominante ou não. A Sociedade directora forma um grupo com todas as sociedades por ela dirigidas, mediante contrato de subordinação, e com todas as sociedades por ela integralmente dominadas, directa ou indirectamente. » Os elementos caracterizadores desta forma de grupo são a subordinação e a gestão. A verdade é que, por via deste tipo de contrato, a actividade empresarial da sociedade subordinada passa a ser orientada pela sociedade directora, no seu interesse e vontade específicos. Nos termos do artigo 503.º, n.º 1, do CSC, «... a sociedade directora tem o direito de dar à administração da sociedade subordinada instruções vinculantes». O número seguinte dispõe mesmo que «[...] podem ser dadas instruções desvantajosas para a sociedade subordinada, se tais instruções servirem os interesses da sociedade directora ou de outras sociedades do mesmo grupo.» Do exposto resulta que o poder da sociedade directora sobre a sociedade subordinada abarca não só a política empresarial das diferentes sociedades do grupo como se alarga aos diversos sectores de gestão, desde a produção até às vendas, incluindo o sector de pessoal, pelo

---

[3] Vide. E. Antunes: Os grupos de sociedades – Estrutura e organização jurídica da empresa plurissocietária, Almedina, Coimbra, 1993, págs. 359 e ss. O Autor procedeu a uma análise das diversas características deste conceito numa tentativa de definir o seu alcance. Refere, desde logo, que para que se possa falar em influência dominante é suficiente a mera possibilidade de exercício da mesma, não sendo de exigir a sua efectividade.

[4] Vide C. Nunes de Oliveira Carvalho, Ob. Cit., pág. 71 e ss.

que podem ser emitidas uma série de recomendações que afectem, directa ou indirectamente, os trabalhadores da sociedade subordinada. Nesta medida é forçoso admitir a possibilidade de a sociedade directora promover a extinção de postos de trabalho da sociedade subordinada (por considerá-los não rentáveis, ou desnecessários), da mesma forma que pode promover o processo de despedimento colectivo, junto da sociedade subordinada, ditado por razões estruturais de reestruturação da empresa, podendo ainda promover a contratação ou despedimento do pessoal dirigente (salvo membros dos órgãos sociais), etc.

b) Grupo constituído por domínio total (inicial ou superveniente): Nos termos do artigo 488.º do CSC, a relação de grupo sob a forma de domínio total inicial surge quando uma sociedade, através de escritura pública, cria uma sociedade de cujo capital é a única titular. Se a sociedade adquirir, de forma directa ou indirecta, todas as acções ou quotas de uma sociedade já constituída, passando, na ausência de outros sócios, a dominá-la por completo, o domínio constitui-se a título superveniente (artigo 489.º do CSC). O regime jurídico deste tipo de sociedades é moldado pelo regime aplicável ao contrato de subordinação (a aplicação do regime é mesmo feita por remissão).

c) Grupo contratual paritário: caracteriza-se pela circunstância de duas ou mais sociedades, que não sejam dependentes, nem entre si, nem de outras sociedades, constituírem um grupo de sociedades, mediante contrato, pelo qual aceitem submeter-se a uma direcção unitária e comum. A «direcção unitária» pode ir desde a criação de um órgão especial de direcção, em que participam todas as sociedades (como se deduz do artigo 492.º, n.º 4), até às ligações pessoais entre administrações, ou reuniões regulares entre os presidentes dos Conselhos de Administração. Neste tipo de coligação, ambas as sociedades podem exercer o poder de direcção legalmente previsto, ao qual se sujeitam os membros do agrupamento, sendo simultaneamente sujeitos passivos das instruções vinculantes. Parece-nos, contudo, que não existindo aqui nenhum regime que tutele os sócios, credores, bem como as próprias sociedades, não é admissível que as instruções vinculantes sejam prejudiciais para as outras sociedades [5].

---

[5] Vide. B. Correia: Grupos de sociedades, pág. 399; Cfr, ainda, E. Antunes, Ob. Cit., pág. 448 e C. Nunes de Oliveira Carvalho, Ob. Cit., pág. 86.

DIREITO DOS NEGÓCIOS APLICADO

3. Do conceito de grupo de empresas aplicável ao Direito do Trabalho

A análise aprofundada dos tipos de grupos económicos regulados pelo CSC permite, na verdade, constatar que as normas constantes desse diploma legal mostram-se insuficientes para realizarem uma adequada protecção dos trabalhadores das empresas coligadas. Desde logo, o artigo 481.º do CSC restringe o regime das coligações de sociedades às relações entre sociedades por quotas, anónimas e em comandita por acções. Contudo, a verdade é que os problemas laborais gerados pela constituição de grupos não diferem em função da forma societária ou não societária dos respectivos membros. Por outro lado, por força do n.º 2, do artigo 481.º do CSC, o presente regime aplica--se somente às sociedades com sede em Portugal, discriminando desta forma, os «grupos estrangeiros» face aos grupos nacionais, em termos incompatíveis com o princípio constitucional da igualdade (artigo 13.º da Constituição da República Portuguesa) e com a regra comunitária da não discriminação com fundamento na nacionalidade (artigo 7.º do Tratado de Roma). A perspectiva de análise laboralista dos grupos de empresas, ainda que conexa com a tipologia dos grupos de sociedades acima analisada, é, efectivamente, diferente da visão comercialista dos mesmos. Na verdade, não obstante a preocupação demonstrada pelo legislador na tutela dos credores sociais e sócios minoritários, não foi dispensada, neste diploma, qualquer protecção específica aos trabalhadores, sendo certo que os interesses dos mesmos não são assegurados de forma satisfatória pelas normas destinadas a proteger os credores sociais. O regime das coligações de sociedades apresentado pelo CSC, mostra-se, desta forma, visivelmente limitado e redutor, impedindo a sua adopção no regime do Direito de Trabalho. Para necessária protecção dos trabalhadores, consideramos, então, necessário alargar o conceito de grupo de empresa de forma a abarcar todas as configurações do fenómeno susceptíveis de criarem riscos suplementares aos trabalhadores face aos riscos normais que suportam genericamente os trabalhadores de uma empresa globalmente autónoma. Assim sendo, o direito de trabalho deve utilizar uma noção ampla de grupo de empresas: (i) não haverá dúvidas, desde logo, quanto à subsunção, na referida noção, das formas de coligação de sociedades tipificadas no CSC; (ii) deverá abranger, além dessas, todas as situações em que se detecte uma relação de controlo de facto entre duas ou mais empresas, ou, não havendo embora uma relação de controlo, exista, de facto, uma direcção económica unitária. A presença de qualquer uma destas situações implica, necessariamente (e tal como acontece nas situações tipificadas no CSC), uma perda de autonomia para a empresa dominada/subordinada susceptível de afectar o estatuto dos trabalhadores, pelo que também tem que ser tida em conta no direito de trabalho. Aceita-se, porém, a crítica, no sentido de que esta forma de solucionar a questão não esgota, ainda, todos os problemas suscitados pelo fenómeno do grupo de empresas. Pense-se por exemplo na situação como o consórcio[6], que entende-se dever inserir no conceito de «grupo», em que não existe a unidade de direcção ou tão pouco a enunciada influência dominante. Assim, para além das situações supra enumeradas, dever-se-á incluir no conceito de grupo, para os efeitos que ora se analisam, (iii) todas as situações em que haja um agrupamento (associação) de duas ou mais empresas que se mostra susceptível de produzir efeitos ao nível do próprio quadro organizativo que serve de base à prossecução da actividade económica do empregador. Parece-nos, assim, que esta é a única via de alcançar o objectivo a que nos propusemos: alargar o conceito de grupo de empresas de forma a abarcar todas as configurações do fenómeno susceptíveis de criarem riscos suplementares aos trabalhadores face aos riscos normais que suportam genericamente os trabalhadores de uma empresa globalmente autónoma.

4. Da identificação do empregador efectivo

Questão diversa é a de saber em que situações se justifica indagar sobre quem é o empregador real. Na verdade, o facto de ambas as empresas pertencerem ao mesmo grupo económico na acepção acima preconizada não fundamenta, por si só, a responsabilidade conjunta de todas as empresas que integram o grupo, nem responde a todas as questões acima colocadas. Ora, conforme referimos supra, o princípio que vale no nosso ordenamento jurídico é o da personalidade jurídica. E a regra é precisamente que o «grupo de empresas» deixa intacta a autonomia jurídica e patrimonial de cada uma das empresas que constituem o grupo. O facto de todas as empresas pertencerem ao mesmo grupo económico não tem relevância decisiva para que se considere que o trabalhador mantém com todas as empresas do grupo a mesma relação laboral. Então quando é que se coloca verdadeiramente o problema do

---

[6] No consórcio, nos termos do artigo 1.º, do Decreto – Lei n.º 231/81, de 28 de Julho, as partes, pessoas singulares e colectivas, obrigam-se entre si a, de forma concertada, realizar certa actividade ou efectuar certa contribuição para a prossecução de determinado objecto (a lei fixa no artigo 2.º um elenco de objectos possíveis).

DIREITO DOS NEGÓCIOS APLICADO

trabalho desenvolvido no seio de grupos, que justifica que se parta em busca do empregador real, ou seja, citando Bernardo Xavier e Furtado Martins, quando é que se coloca a questão de se saber quem é o verdadeiro empregador? Relativamente às «transferências» que envolvem formalmente a extinção do contrato com o primitivo empregador e a celebração de um novo contrato com outra empresa do grupo, a principal questão reside em saber se, depois de consumada a «transferência», a relação de trabalho ainda é a mesma. Quando é que a questão se coloca, então, nestes termos? O que está em causa, nestas situações, é a desconsideração da personalidade jurídica das sociedades em causa, verificando quem são as outras pessoas colectivas que agem em conjunto com aquele empregador efectivo [7]. Interessa, deste modo, «passar por cima» deste empregador formal, desconsiderando-o ou, se for o caso, não atendendo exclusivamente a essa situação.

A resposta é-nos dada plausivamente por Bernardo Xavier [8], quando explica que «[...]... as questões específicas dos grupos em que há várias pessoas jurídicas só surgem quando se sai da «fisiologia dos grupos » e se entra na «patologia dos grupos». Fora dessas situações, e porque as «estruturas económicas não apagam as estruturas jurídicas» não se justifica empregar técnicas que pressupõem, exactamente, a superação dessas estruturas jurídicas [...]». Ou seja, para que este tipo de solução possa ser aplicado é preciso que se demonstre ter havido uma manifesta utilização abusiva da autonomia jurídica de uma pessoa colectiva, apresentando o grupo características tais que permitam detectar a presença de uma especial «unidade», conduzindo a concepção tradicional do contrato de trabalho a uma situação manifestamente injusta [9]. Transcrevendo uma passagem de Coutinho de Abreu, «[...] só excepcionalmente [10], onde a relação de subordinação exista validamen-

---

[7] Assim R. Martinez: Direito do Trabalho, I Volume, Parte Geral, 3ª Edição, pág. 171, Lisboa 1998, com o «levantamento da personalidade jurídica» não se pretende, na presente problemática, responsabilizar as pessoas singulares que estão «encobertas» pela pessoa colectiva, mas sim outras pessoas colectivas.

[8] B. Lobo Xavier: Curso de Direito do Trabalho, Verbo Editora, pág. 314.

[9] Como bem afirma Romano Martinez, Ob. Cit., pág. 166 e ss,«[...] a procura do empregador real está relacionada com uma ideia de justiça, na tentativa de levar a defesa do trabalhador até onde for juridicamente possível. De facto, em algumas situações limite, a mera determinação da entidade patronal jurídico-formal pode acarretar injustiças.»

[10] A doutrina é praticamente unânime em considerar que o recurso à figura da desconsideração só deve ter lugar em situações limite. Veja-se, neste sentido, M. Cordeiro: A desconsideração da personalidade jurídica das sociedades comerciais, AAFDL, Lisboa, 1989, pág. 158; B. Lobo Xavier e F. Martins: Cessão da posição contratual...», Ob. Cit., pág, 408-409, entre outros.

te ou a interferência e dependência seja particularmente intensa e notória se justifica a desconsideração da autonomia e da individualidade jurídica e responsabilizá-lo pelos acidentes da relação laboral [...]».

Ora, para preencher o conceito vago e abstracto de «dependência intensa e notória», parece-nos útil recorrer, uma vez mais, aos ensinamentos de Bernardo Lobo Xavier e Furtado Martins [11] que explicam que a presença de uma «especial unidade» debaixo da estratificação formal resultante da personalização das suas várias componentes, existirá, desde logo, quando «[...] as sociedades prosseguem um mesmo objectivo económico com meios comuns (os mesmos dirigentes, a utilização dos mesmos locais, serviços e meios de produção, ou o mesmo pessoal); ou quando, embora as actividades das diferentes sociedades não se confundam, as relações entre elas são de tal forma estreitas que se pode dizer que a sociedade que efectivamente detém os poderes patronais–que realmente dirige os trabalhadores em causa–, não é a que formalmente ocupa a posição de empregador, mas sim de uma outra de quem dependem afinal os trabalhadores [...]». Tratam-se, no fundo, de índices que nos permitem, em cada caso concreto averiguar a existência da tal «unidade» ou, nas palavras de Coutinho de Abreu, uma «dependência particularmente intensa e notória». Parece-nos igualmente relevante que exista uma intenção clara de utilizar uma aparência de pessoa colectiva para impedir a satisfação patrimonial, ou outras, dos trabalhadores, radicando-se o empregador numa pessoa colectiva que não tem qualquer autonomia jurídica ou patrimonial. É da conjugação de todos estes factores supra referidos que o parecer sobre o carácter abusivo da personalidade jurídica pode ser determinado.

5. Situação no Código do Trabalho Português

5.1. Introdução

Nas hipóteses em que a mobilidade do trabalhador no interior do grupo opera mediante sucessivos e diversos contratos de trabalho não se coloca, em princípio, nenhum problema relativo à identificação do empregador efectivo, uma vez que, na maioria dos casos, não existe uma separação entre a entidade contratante e aquela que recebe a prestação de trabalho. Tal não sucede, porém, nos casos em que o trabalhador preste a sua actividade, simultaneamente,

---

[11] B. Lobo Xavier e F. Martins: «Cessão de Posição Contratual.Relevância dos grupos económicos. Regras de contagem da antiguidade», in Revista de Direito e Estudos Sociais, Outubro- Dezembro – 1994, Ano XXXVI (IX da 2ª Série) – N.º 4, pág. 409 e s.

DIREITO DOS NEGÓCIOS APLICADO

para diversos empregadores, ou nos casos em que o trabalhador é cedido, temporariamente, a outra entidade patronal para prestar a sua actividade, mantendo, contudo, o vínculo com a originária entidade patronal. À primeira vista o Código do Trabalho resolve esta questão ao regular, por um lado, o regime da pluralidade de empregadores e por outro o da cedência (temporária) dos trabalhadores. Veremos, porém, em seguida, que a previsão do Código do Trabalho é, nesta matéria, muito limitada e está longe de responder aos problemas suscitados pelo fenómeno de concentração empresarial.

Por um lado, o nosso legislador adoptou um conceito restrito de «grupos de empresas», abrangendo, essencialmente, as coligações interssocietárias previstas no CSC (que, conforme vimos, são muito limitadas no que toca à protecção dos interesses dos trabalhadores). Por outro lado, não estabeleceu adequados mecanismos de defesa dos trabalhadores em caso de incumprimento dos requisitos aí previstos. Será, ainda, analisado de forma breve, o regime de tutela complementar que o Código de Trabalho estabeleceu, co--responsabilizando terceiros que se encontrem em relação de participações recíprocas, domínio ou grupo com a entidade patronal.

5.2. Da pluralidade de empregadores

Prescreve o artigo 101º do Código do Trabalho o seguinte: «o trabalhador pode obrigar-se a prestar trabalho a vários empregadores entre os quais exista uma relação societária de participações recíprocas, de domínio ou de grupo, ou que tenham estruturas organizativas comuns» devendo-se observar os seguintes requisitos: a) O contrato de trabalho conste de documento escrito, no qual se estipule a actividade a que o trabalhador se obriga, o local e o período normal de trabalho; b) Sejam identificados todos os empregadores; c) Seja identificado o empregador que representa os demais no cumprimento dos deveres e no exercício dos direitos emergentes do contrato de trabalho.

Ora, na verdade tal regime em apreço não resolve as inúmeras questões que o novo modelo de organização empresarial acima descrito suscita. Na verdade, não obstante resultar da estatuição do n.º 1 um modo possível –mas excessivamente limitado– de determinar a pessoa do empregador (nos casos em que um trabalhador se obriga a prestar trabalho a vários empregadores), a questão central que a norma pretende regular é a da mobilidade dos trabalhadores no seio dos grupos, entendida como a prestação sucessiva ou simultânea de trabalho por conta e sob direcção das diversas empresas que integram aquele grupo ou sob a orientação da sociedade dominante/ directora[12]. Neste contexto, admite-se, desde logo, que o trabalhador se vincule a vários empregadores, desde que estes mantenham entre si uma das relações societárias previstas no CSC (participações recíprocas, domínio ou de grupo). Estende, ainda, o âmbito de aplicação do regime a «empregadores que mantenham estruturas organizativas comuns», abarcando, assim, outras formas de agrupamento empresarial não recondutíveis às estruturas intersocietárias (v.g.,consórcio) ou em que participem outras entidades, dada a semelhança de necessidades e interesses a tutelar. A expressão legal «estruturas organizativas comuns» exige, em nosso entender, que os empregadores partilhem mais do que a posição jurídica de empregador. A actividade económica que prosseguem tem de se servir, em nosso entender, de instalações ou recursos comuns. Pense-se, por exemplo, num segurança contratado por várias empresas localizadas no mesmo edifício, para prestar, simultaneamente, trabalho a todas elas. A lei exige, contudo, que o contrato constitutivo desta «inovadora» relação de trabalho conste de forma escrita e indique o objecto do contrato de trabalho (atenda a importância da definição do conteúdo funcional da prestação), o local de execução da prestação (tutela da inamovibilidade do trabalhador), a duração desta (tutela das regras de duração máxima da jornada de trabalho) e, claro está, identifique os diversos contitulares da posição de empregador.

As consequências da violação destes requisitos formais confere ao trabalhador o direito de optar pelo empregador relativamente ao qual fica unicamente vinculado. Mas a dúvida permanece: será que todos os empregadores ficam solidariamente responsáveis pelos créditos emergentes do contrato de trabalho? Prescreve – o n.º 5, do artigo em análise, que « A violação de requisitos indicados nos n.ºs 1 ou 2 confere ao trabalhador o direito de optar pelo empregador ao qual fica vinculado ». Ora, parece, face ao exposto, que esta norma não permite que todos os empregadores fiquem solidariamente responsáveis pelos créditos emergentes do contrato de trabalho, na medida em que aquando a redução do contrato já só existe uma entidade patronal. É evidente a injustiça desta solução: se se cumprir todos os requisitos todas as empresas são responsáveis. Se não se cumprir, haverá algumas que não o são. Esta solução deverá, em nosso entender, ser mediatizada pela aplicação do artigo 334.º, do Código do Trabalho que prevê, a responsabilidade solidária para as empresas que estão em relação de grupo ou domínio. No entanto este

---

[12] Até à entrada em vigor do Novo Código do Trabalho, a circulação dos trabalhadores no seio do grupo económico era tratado apenas pelo regime de cedência ocasional de trabalhadores.

DIREITO DOS NEGÓCIOS APLICADO

artigo contempla uma noção restrita de grupo (apenas abrangendo as coligações intersocietárias previstas no CSC) que, como vimos supra, não protege de forma plena os interesses dos trabalhadores.

Conclui-se, desta forma, que o preceito em análise está longe de esgotar os problemas suscitados pelo trabalho prestado no seio de grupos de empresas. Ao invés, corre-se agora o risco de o Tribunal remeter todas as situações em que o trabalho é simultaneamente prestado a diversas entidades do mesmo grupo para o campo da violação deste preceito, ou seja, responsabilizando, apenas, uma das entidades que beneficiou da actividade.

Entende-se pois que sempre que se demonstre ter havido uma manifesta utilização abusiva da autonomia jurídica de uma pessoa colectiva, deve o Tribunal recorrer ao critério da desconsideração do empregador formal, buscando, se necessário o empregador real, com todas as consequências jurídicas que daí possam advir para as diversas entidades envolvidas (que não se esgotam na previsão do artigo 101.º, n.º 5 do Código do Trabalho), nomeadamente na sua co-responsabilização.

5.3. Da cedência ocasional de trabalhadores

O Código do Trabalho regula, também, o regime de cedência ocasional no seio de «grupos de empresas», através do qual uma empresa cede, provisoriamente a outra (usualmente integrada no mesmo sector de actividade económica) um ou mais trabalhadores, conservando, no entanto, o vínculo jurídico laboral que com eles mantém e, por conseguinte, a qualidade de empregador[13]. Entende-se por cedência ocasional de trabalhadores a «disponibilização temporária e eventual do trabalhador do quadro de pessoal próprio de um empregador para outra entidade, a cujo poder de direcção o trabalhador fica sujeito, sem prejuízo da manutenção do vínculo contratual inicial»[14]. À semelhança da situação anterior, também nesta hipótese se verifica uma fragmentação da pessoa jurídica do empregador: o trabalhador não perde o seu vínculo contratual com a empresa cedente, continuando a pertencer ao seu quadro de pessoal. Porém, os poderes que a lei confere à entidade patronal, passam a estar repartidos. A empresa cessionária detém o poder de direcção e conformação da sua prestação laboral dentro das balizas legalmente fixadas. A empresa cedente

---

[13] Vd., R. Redinha, A relação laboral fragmentada – Estudo sobre o trabalho temporário, Coimbra Editora, Stvdia, Ivridica 12, 1995, p. 152.
[14] Artigo 288.º do Código do Trabalho

mantém, por seu turno, o poder disciplinar sobre o trabalhador. As demais questões, como o pagamento da retribuição, etc., poderão ficar estipuladas no contrato. A cedência ocasional pressupõe a modificação temporária da relação laboral: contratado por um empregador para que ele preste trabalho, o trabalhador exerce funções para terceiro, sem que isso estivesse previsto no programa contratual e por período não superior a cinco anos (artigo 289.º nº 1, alínea d do código de Trabalho). Ao invés, o regime da pluralidade de empregadores, supõe que o contrato de trabalho (um único) se cumpra através da prestação subordinada por conta de vários empregadores que, simultânea ou sucessivamente, dirigem a prestação do trabalho.

A cedência ocasional de trabalhadores apenas é permitida quando ocorra «no quadro da colaboração entre sociedades coligadas, em relação societária de participações recíprocas, de domínio ou de grupo, ou entre empregado-res, independentemente da natureza societária, que mantenham estruturas organizativas comuns»[15]. Ora, face à legislação anterior, este preceito reduz, injustificadamente, o âmbito das empresas cessionárias ou empregadores para os quais o trabalhador pode ser cedido. A cedência era, até à entrada em vigor do Código do Trabalho, admitida «no quadro da colaboração entre empresas jurídica ou financeiramente associadas ou economicamente interde-pendentes». O actual preceito reconduz o âmbito de aplicação às sociedades que se encontrem em relação de participações recíprocas, as sociedades em relação de domínio, bem como as sociedades em relação de domínio. Ou seja, o legislador limitou o âmbito de aplicação deste regime às coligações inter-societárias previstas no CSC. Por outro lado, e à semelhança do que sucede com o regime da pluralidade de empregadores, admite-se que o trabalhador seja cedido a um empregador, independentemente da sua natureza societária, que mantenha com o cedente «estruturas organizativas comuns». A cedência ocasional de trabalhadores deve ser reduzida à forma escrita e tem de conter a declaração de concordância do trabalhador.

O recurso à cedência, em violação das normas que o regulamentam, atribui ao trabalhador a possibilidade de optar por integrar, em regime de contrato de trabalho sem termo, os quadros de pessoal da empresa cedente ou da empresa cessionária. Parece-nos, também neste caso, incompreensível a ausência de um mecanismo de co-responsabilização: o terceiro beneficiaria da prestação laboral com a possibilidade de nunca responder perante o trabalhador pelos créditos respectivos. Também neste caso entendemos que a solução deverá ser

---

[15] Artigo 289.º nº 1, alínea b), do Código do Trabalho.

DIREITO DOS NEGÓCIOS APLICADO

mediatizada pela responsabilidade solidária para as empresas que estão em relação de grupo ou domínio prevista no artigo 334.º do Código do Trabalho, embora –insiste-se– esteja longe de responder, plenamente, aos problemas suscitados (por esta via, o trabalhador apenas fica protegido quando o terceiro se encontre com o empregador formal em relação de participações recíprocas, de domínio ou de grupo, nos termos previstos no CSC). À semelhança das conclusões tecidas no regime de pluralidade de empregadores atrás analisada, entende-se que o recurso abusivo e fraudulento a esta figura (designada-mente, na hipótese de recurso a uma cedência ocasional de trabalhadores como meio de realizar uma cedência definitiva, muito comum no seio das coligações societárias em sentido amplo) deve ser solucionado pela busca do empregador real, em preterição do empregador formal. Assim, deve esta situação ser enquadrada como uma adesão contratual do terceiro à relação de trabalho preexistente, assumindo ambas as empresas, durante esse perí-odo, uma contitularidade e co-responsabilidade na posição de empregador. Entende-se ser esta a única solução que protege, eficazmente, os direitos do prestador da actividade (e responsabiliza todos os beneficiários da mesma).

5.4. Da Responsabilidade solidária das sociedades em relação de domínio ou de grupo

O Código do Trabalho consagra um inovador –e importante!– regime de co-responsabilização de terceiros que se encontrem com a entidade empre-gadora numa relação de participações recíprocas, domínio ou grupo[16], nos termos previstos no CSC. Esta co-responsabilização é objectiva, ou seja, é desencadeada pela simples existência de relações societárias entre várias so-ciedades, não sendo necessário que o trabalhador tenha sido contratado para um grupo ou que trabalhe indistintamente para várias empresas do grupo[17].

---

[16] Entende-se que a legislação que regula a co-responsabilidade pecará por excesso na parte em que se estende a responsabilidade solidária às sociedades com «participações recíprocas»: na verdade, deter 10% do capital de uma sociedade não significa que haja uma conexão suficientemente forte que justifique que os trabalhadores da sociedade participada –que, por exemplo, fecha as suas portas e declara não ter dinheiro suficiente para pagar aos trabalhadores– possam exigir dinheiro a outra sociedade apenas porque esta detém 10 % do capital daquela.

[17] A disposição em causa – artigo 334.º, do Código do Trabalho – não impõe ao trabalhador a necessidade de demonstrar que a actuação das sociedades envolvidas se dirigiu ou teve como resultado defraudar os seus direitos ou comprometer gravemente a respectiva satisfação.

De acordo com esta disposição, – artigo 334.º, do Código do Trabalho – sempre que o empregador seja uma sociedade comercial e esteja com outra, ou outras, numa das relações acima descritas, os seus trabalhadores podem demandar, indistintamente, a sociedade empregadora ou qualquer uma dessas sociedades, a fim de obterem a satisfação de créditos laborais, já vencidos, que detenham sobre aqueles. O objectivo desta solução foi, efectivamente, o de intensificar a garantia patrimonial de tais créditos, evitando que a inclusão do empregador em determinado tipo de coligação intersocietária redunde em prejuízo dos seus trabalhadores. O único requisito exigido é o de que os créditos laborais se tenham vencido há mais de três meses (de forma a que os trabalhadores se dirijam, primeiro, à respectiva entidade patronal para reclamação dos seus créditos). O regime de co-responsabilidade acima descrito apresenta, é certo, um importante núcleo de protecção dos trabalhadores. Porém, se por um lado consideramos que se alargou, injustificadamente o âmbito da co-responsabilidade objectiva nele prevista, a verdade é que –face às restrições quanto ao âmbito pessoal, espacial e material da aplicação dos preceitos legais do CSC– não defende trabalhador perante as diversas formas de coligação de sociedades passíveis de criar os já descritos riscos suplementares aos trabalhadores, face aos riscos normais que suportam genericamente os trabalhadores de uma empresa globalmente autónoma.

6. Conclusões

A problemática do grupo de empresas, em relação ao Direito do Trabalho, insere-se num recente fenómeno de reestruturação empresarial, com novas formas de cooperação e organização produtiva. Não recaindo o presente estudo sobre as inegáveis virtualidades do fenómeno, a verdade é que esta realidade vive associada às potencialidades para desvirtuar a tutela legal prevista em diversos ramos de direito, cujas normas permanecem assentes no pressuposto da tradicional empresa autónoma economicamente independente. O presente estudo centra-se, precisamente, na insuficiência das normas do Direito do Trabalho para fazer face a esta realidade. No domínio do Direito do Trabalho são numerosos os direitos dos trabalhadores susceptíveis de serem afectados por este fenómeno de concentração empresarial, seja no âmbito das relações individuais de trabalho, seja no que respeita às relações colectivas de trabalho. Saliente-se os problemas da determinação do empregador, o do cômputo do tempo de serviço, o da transferência de trabalhadores, o da equiparação

DIREITO DOS NEGÓCIOS APLICADO

salarial, etc. O fenómeno da concentração empresarial foi regulamentado, de forma sistemática, no âmbito das sociedades comerciais, que, contudo, se apresenta manifestamente limitado e redutor no que concerne à protecção dos direitos dos trabalhadores. Sendo certo que a esquematização prevista no CSC e respectivo regime não vincula o interprete laboral, deve, em nosso entender, ser procurado um conceito mais abrangente e consentâneo com os valores subjacentes com este ramo jurídico. Assim, entende-se como essencial alargar o conceito de grupo de empresa de forma a abarcar todas as configurações do fenómeno susceptíveis de criarem riscos suplementares aos trabalhadores face aos riscos normais que suportam genericamente os trabalhadores de uma empresa globalmente autónoma.

Por sua vez os diversos mecanismos de «cedência dos trabalhadores », aqui entendida num sentido amplo, possibilitam a separação efectiva entre a entidade que formalmente assume a posição de empregador e a(s) verdadeira(s) beneficiária(s) da prestação de trabalho, com variadas consequências em termos laborais, mesmo na ausência de intuitos fraudulentos. O primeiro –e central– problema que este fenómeno origina diz respeito à identificação da verdadeira entidade empregadora. Na verdade, ao tornar mais ou menos indefinida a verdadeira identidade da entidade empregadora, coloca-se o problema da determinação do empregador real (por oposição ao tradicional empregador formal), o que é, obviamente, fundamental para que o trabalhador possa efectivar os seus direitos. A incerteza gerada neste domínio pode significar a negação do real exercício dos mesmos. Para que este tipo de solução possa ser aplicado é preciso que se demonstre ter havido uma manifesta utilização abusiva da autonomia jurídica de uma pessoa colectiva, apresentando o grupo características tais que permitam detectar a presença de uma especial «unidade», conduzindo a concepção tradicional do contrato de trabalho a uma situação manifestamente injusta. Nada impede pois que o trabalhador circule entre empresas do grupo através de contratos autónomos, podendo a vontade das partes dirigir-se nesse sentido. Mais complexas são, porém, as hipóteses em que o trabalhador preste a sua actividade, simultaneamente para diversos empregadores, ou os casos em que o trabalhador é cedido, temporariamente, a outra entidade patronal para prestar a sua actividade, mantendo, contudo, o vínculo com a originária entidade patronal. Nestas situações verifica-se uma fragmentação da pessoa do empregador. As diversas situações de mobilidade podem dificultar a identificação do empregador. Se é verdade que numa primeira apreciação o Código do Trabalho aparenta resolver todas estas questões ao regular, por um lado, o regime da

388

pluralidade de empregadores e, por outro, o da cedência (temporária) dos trabalhadores. No primeiro caso o legislador admitiu a possibilidade de o trabalhador prestar, simultaneamente, trabalho a vários empregadores, desde que entre estes exista um relação societária de participações recíprocas, de domínio ou de grupo, ou mantenham estruturas organizativas comuns. No segundo caso permite-se a cedência de trabalhadores do quadro de pessoal próprio para utilização de terceiros que sobre esses trabalhadores exerçam os poderes de autoridade e direcção próprios da entidade empregadora. A cedência só é permitida entre empresas que detenham as relações societárias também previstas para a situação de pluralidade de empregadores. Em ambas as hipóteses verifica-se uma fragmentação da pessoa jurídica do empregador. A cedência ocasional pressupõe a modificação temporária da relação laboral: O regime da pluralidade de empregadores supõe que o contrato de trabalho (um único) se cumpra através da prestação subordinada por conta de vários empregadores que, simultânea ou sucessivamente, dirigem a prestação do trabalho. O recurso aos regimes acima descritos em violação das normas que o regulamentam atribui ao trabalhador a possibilidade de optar por integrar, em regime de contrato de trabalho sem termo, o quadro de pessoal do empregador relativamente ao qual fica unicamente vinculado. É pois inaceitável a ausência de um mecanismo de co-responsabilização: o(s) terceiro(s) beneficiaria(m) da prestação laboral com a possibilidade de nunca responder perante o trabalhador pelos créditos respectivos. Entende-se que a solução ideal deveria ser mediatizada pela responsabilidade solidária para as empresas que estão em relação de grupo ou domínio prevista no Código do Trabalho, muito embora esteja longe de responder,

Considera-se, desta forma, que o recurso abusivo e fraudulento a estas figuras pode justificar a busca do empregador real, sendo esta, a única solução que protege, eficazmente, os direitos do prestador da actividade. Por fim o Código do Trabalho consagra, ainda, um regime de co-responsabilização – objectiva– de terceiros que se encontrem com a entidade empregadora numa relação de participações recíprocas, domínio ou grupo, nos termos previstos no CSC. Ora tal regime de co-responsabilidade acima descrito apresenta, é certo, uma considerável protecção dos trabalhadores, mas –face às restrições quanto ao âmbito pessoal, espacial e material da aplicação dos preceitos legais do CSC– não os defende perante as diversas formas de coligação de sociedades passíveis de criar os já descritos riscos suplementares aos trabalhadores face aos riscos normais que suportam genericamente os trabalhadores de uma empresa globalmente autónoma.

DIREITO DOS NEGÓCIOS APLICADO

Daqui se conclui que todas as vicissitudes sejam de que natureza for de cariz subjectivo que afectem uma Entidade Empregadora tem a virtualidade e potência de afectar a montante uma qualquer relação jurídico-laboral individual que da mesma dependa.

Referências

Código das Sociedades Comerciais, aprovado pelo DL n.º 262/86, de 02 de Setembro;

Código do Trabalho, aprovado pela Lei n.º 7/2009, de 12 de Fevereiro;

ASCENSÃO, OLIVEIRA – Direito Comercial, vol. IV, Sociedades Comerciais, Lisboa, 1993 (policopiado);

CORDEIRO, ANTÓNIO MENEZES – Direito das Sociedades, vol. I, Parte Geral, 3.ª ed., Coimbra, Almedina, 2011;

CORDEIRO, ANTÓNIO MENEZES – Manual de Direito Comercial, vol. II, Coimbra, Almedina, 2001;

CORDEIRO, ANTÓNIO MENEZES – Manual de Direito das Sociedades, vol. II, Das Sociedades em Especial, 2.ª ed., Coimbra, Almedina, 2007;

CORREIA, LUÍS BRITO – Direito Comercial, 2.º vol., Lisboa, AAFDL, 1987/1989;

CORREIA, LUÍS BRITO – Grupos de Sociedades in Novas Perspectivas do Direito Comercial (obra coletiva), Coimbra, Livraria Almedina, 1988;

Fernandes, António Monteiro, "Direito do Trabalho", Almedina, 16.ª Edição, 2012;

Leitão, Luís Teles Menezes, "Direito do Trabalho", Almedina, 3.ª Edição, 2012;

Martinez, Pedro Romano, "Direito do Trabalho", Almedina, 6.ª Edição; 2013

Ramalho, Maria do Rosário Palma, "Tratado de Direito do Trabalho", Parte II, Almedina, 4.ª Edição, 2012.

A Marca de Alto Renome como Exceção ao Princípio da Especialidade da Marca

Marcelo Tadeu Cometti
Mariana Araújo

1. Introdução

A propriedade de uma marca é a concessão por um Estado de um direito exclusivo sobre uma imagem, ou termo, ou ambos[1], capaz de formar um conjunto marcário suficientemente original que será usado para identificar um produto ou serviço.

Esta concessão implica, obviamente, na restrição dos direitos de todos os demais, na medida em que, a partir do depósito do pedido de registro de uma marca, não é mais possível que terceiros usem conjuntos marcários iguais ou semelhantes para identificar seus produtos ou serviços. Por este motivo, existem princípios que buscam atenuar esta limitação sofrida por terceiros, ou evitar abusos pelos titulares de registros e pedidos de registros de marcas, dentre os quais o princípio da especialidade.

Por outro lado, existem casos em que a força de uma marca no mercado de um determinado país é tamanha que será automaticamente associada pelo consumidor a qualquer bem ou serviço, independentemente de seu ramo de atuação. De modo a preservar os titulares destas marcas, bem como o

---

[1] A Lei 9.219/1996 prevê também a possibilidade de registro de marcas tridimensionais, além das formas até então aceitas, as quais: nominativa, figurativa e mista.

DIREITO DOS NEGÓCIOS APLICADO

consumidor, é previsto o alto renome como única exceção ao princípio da especialidade.

No ordenamento jurídico brasileiro, é prevista, de maneira genérica, a proteção à marca de alto renome no artigo 125 da Lei de Propriedade Industrial, regulada de maneira específica pela Resolução 121/05 da Presidência do INPI.

Tal resolução ao mesmo tempo em que traz um conceito bem claro de marca de alto renome como uma marca de tamanha autoridade que transcende sua função original, traz uma lista exemplificativa de provas a serem apresentadas para o requerimento da proteção conferida às marcas de alto renome.

Concretamente, a adoção de critérios formais para o reconhecimento do alto renome de uma marca permite, por um lado, que marcas sem a autoridade necessária obtenham a proteção especial, ao mesmo tempo em que dificulta, de diversas maneiras, o acesso de outras marcas à referida proteção.

No presente estudo, propomos, inicialmente, explicar o conceito de "marca", bem como discorrer brevemente sobre os critérios para o seu registro, para em seguida tratar dos princípios que regem o direito marcário, sobretudo o princípio da especialidade, para opor a tal princípio o conceito de alto renome, fundamentando a proteção especial conferida às marcas de alto renome e explicando como se é atribuída esta proteção no ordenamento jurídico brasileiro.

Assim, pretendemos realizar uma análise crítica do modo como se confere a proteção à marca de alto renome no Brasil encerrando por nossas conclusões pessoais.

2. Conceito de marcas

Apesar de as marcas de fábrica existirem, pelo menos exercendo função semelhante à dos tempos atuais, desde a Idade Média, quando eram usadas para identificar a corporação de ofício da qual provinha um determinado produto, ainda não existe um conceito uniformizado de "marca".

De maneira geral, o conceito de marca está muito ligado à sua função de distinguir um produto dentro de um grupo de produtos idênticos ou semelhantes, com base em sua origem ou suas qualidades.

O Acordo TRIPS conceitua marca como "qualquer sinal, ou combinação de sinais, capaz de distinguir bens e serviços de um empreendimento daqueles de outro empreendimento, poderá constituir uma marca. Estes sinais, em particular palavras, inclusive nomes próprios, letras, numerais, elementos figurativos e combinações de cores, bem como qualquer combinação desses sinais serão registráveis como marcas. Quando os sinais não forem intrinsecamente capazes de distinguir os bens e serviços pertinentes, os Membros poderão condicionar a possibilidade de registro ao caráter distintivo que tenham adquirido pelo seu uso. (...)".

Destarte, cabe ressaltar que o conceito de marca está, portanto, intrinsecamente ligado à sua capacidade de distinguir o bem ou serviço por ele assinalado de demais bens e serviços de mesma natureza.

Atualmente, existem quatro diferentes correntes que buscam a definição de marcas; a primeira entende que marca é "o caráter evocativo da procedência do local que vende o produto" [2], ou seja, seria a designação do produtor; a segunda define a marca como o elemento usado para distinguir um produto dos demais semelhantes, semelhante a uma identificação; o terceiro une estes dois primeiros conceitos, de modo que marca é o uso da designação do produtor de modo a dar uma identidade a seu produto, o diferenciando dos demais; por fim, a última corrente adiciona o fator de atratividade da marca a estes conceitos.

A Lei 9.279/96 traz, em seu artigo 122, a definição de marca para o ordenamento brasileiro como "os sinais distintivos visualmente perceptíveis" e estabelece que o critério para seu registro é não se enquadrar em nenhuma das proibições legais listadas no artigo 124.

Desta maneira, a Lei brasileira de Propriedade Industrial não se vinculou a nenhuma das definições mencionadas, se limitando a definir marca como um sinal visualmente perceptível e estabelecendo critérios negativos para seu registro.

A própria Organização Mundial da Propriedade Intelectual, antes de dar seu conceito de marca como "a distinctive sign which identifies certain goods or services as those produced or provided by a specific person or enterprise" [3], reconhece a impossibilidade de se estabelecer um conceito universal de marcas.

Assim, independentemente da veiculação a qualquer corrente doutrinária, para se compreender o conceito de marca é importante a compreensão de três idéias chaves: a fundamental é a percepção de que a marca é um sinal ou conjunto de sinais (não necessariamente visuais, mas perceptíveis aos

---

[2] MORO, Maitê Cecília Fabbri. Direito de Marcas: Abordagem das marcas notórias na Lei 9.279/1996 e nos acordos internacionais. p. 31.

[3] Word Intellectual Property Organization. What is a trademark. http://www.wipo.int/trademarks/en/trademarks.html

DIREITO DOS NEGÓCIOS APLICADO

sentidos), mas também se deve ter em mente que sua função é a de identificar a origem de algum produto o tornando único perante o consumidor. Por fim, cabe considerar que esta identidade pode ter diversas finalidades, tais como atrair e fidelizar o mercado.

2.1. Critérios para o registro

Outro aspecto relevante ao se analisar o conceito de marca é a exclusividade do direito de seus titulares sobre o sinal usado com a função de marca, que pode ser adquirido segundo dois diferentes sistemas.

Em alguns países, esta exclusividade sobre a marca pode ser tutelada independentemente de qualquer registro, bastando o seu uso; em casos em que este direito é violado pode ser tutelado diretamente e, portanto, este sistema tem um caráter fortemente declarativo.

Entretanto, muitos outros países, dentre o quais o Brasil, exigem o registro de uma marca para que o direito de exclusividade seja conferido ao titular.[4] Neste sistema, as marcas são submetidas a um controle prévio à concessão dos direitos, no qual se verifica se a marca depositada preenche determinados requisitos de validade.

O primeiro critério para registro da marca, bem como para sua validade, é a distintividade, ou seja, a capacidade de uma marca de criar uma identidade para o produto por ela assinalado, de modo a diferenciá-lo de seus semelhantes.

Como apunta FERNÁNDEZ-NÓVOA, una de las funciones esenciales de la marca es la de servir de indicadora del origen empresarial del producto o servicio al que identifica. La marca cumple un papel informativo que permite al consumidor identificar el origen del producto y diferenciar, en función de dicha procedencia empresarial, unos productos de otros. Para que un signo pueda ser registrado como marca debe tener entonces capacidad para cumplir dicha función, es decir, debe ser susceptible de distinguir los bienes o servicios similares que sean, o puedan ser eventualmente ofertados en el mercado.[5]

---

[4] O sistema brasileiro é, na realidade, um sistema misto, na medida em que a prova de uso é possível em casos em que terceiros de boa-fé usavam previamente uma marca que se pretende registrar, desde que tal uso tenha se dado por período superior a seis meses.

[5] DE AZCÁRATE, Clara Ruipérez. El carácter distintivo de las marcas. p. 32.

394

A MARCA DE ALTO RENOME COMO EXCEÇÃO AO PRINCÍPIO DA ESPECIALIDADE DA MARCA

Desta maneira, o primeiro critério para que uma marca obtenha a proteção oferecida pelo registro é sua capacidade de possibilitar ao público distinguir o produto por ela identificado dos demais disponíveis no mercado e, portanto, pode ser profundamente atrelado à sua utilidade.

La utilidad del signo distintivo radica en su apititud para distinguir productos o servicios idénticos o similares de distintos operadores económicos; sólo en ese ámbito, por tanto, se confiere el derecho sobre la marca. [6]

Além da distintividade, a lei interna de cada país pode determinar outros requisitos para o registro de uma marca, que se dividem em condições positivas e negativas. O sistema brasileiro se apóia fundamentalmente nas condições negativas ao estabelecer uma extensa lista de signos não registráveis como marca no artigo 124 da LPI.

Esta lista de proibições tem o objetivo de impedir o registro de marcas desprovidas de distintividade, de caráter lícito e de disponibilidade, ou seja, marcas em colidência com outra anterior ou com marca notória.

Ainda, a redação do artigo 122 da LPI, definindo marca como um sinal visualmente perceptível, estabelece outra condição negativa na medida em que veda o registro de marcas auditivas, olfativas, táteis ou gustativas.

As condições positivas de validade, por sua vez, são divididas em dois grupos: quanto à destinação e quanto à configuração. A destinação de uma marca é condição de sua validade na medida em que deve ter alguma aplicação comercial, ou seja, a marca deve identificar um produto ou serviço[7]. Já a configuração se refere à forma que o signo deve incorporar para que possa ser registrado como marca. No ordenamento brasileiro, podem ser registradas as marcas nominativas, figurativas, mistas ou tridimensionais.

2.2. Princípios

O direito sobre uma marca, assim como os direitos de propriedade intelectual, é um direito exclusivo, fato muito criticado, pois, do mesmo modo que permite ao consumidor identificar a origem dos produtos disponíveis no mercado, não deixa de ser uma espécie de monopólio. Quando um registro é concedido, o

---

[6] MONTEAGUDO, Montiano. La proteccion de la marca renombrada.p. 27.
[7] Desde a Lei de Propriedade Intelectual de 1996 também é possível o registro de marcas coletiva e de marcas de certificação.

DIREITO DOS NEGÓCIOS APLICADO

signo registrado como marca deixa o domínio público e não poderá mais ser utilizado para identificar quaisquer outros produtos e serviços semelhantes ao identificado por tal marca.

Ora, os direitos de propriedade intelectual, em geral, trazem um benefício em prol do seu titular[8], exercendo, em muitos casos, o papel de elemento essencial para o desenvolvimento.

IPR specialists have often stressed the importance of IPRs as an incentive to innovation because of their reward to invention and creativity. adequate incentives, the proponents of the traditional IPR view assert, research and development investment would decline and with it the innovative capacity of an economy. The classical empirical case for this comes from the pharmaceutical industry where the millions of pounds, dollars and Euros of expenditure on research and development would not occur unless the companies making the investment could be certain of exclusive rights to returns and protection from competitors for a period of time sufficient to recoup their investment and gain a profit. This model of IP legislation as catalyst for innovation by the inventors of novel products or processes, however offer an unduly narrow perspective of both process of innovation and the role of intellectual property rights.[9]

No caso das marcas, a garantia de exclusividade sobre um signo distintivo serve como instrumento para o bom funcionamento da concorrência.

Entretanto, ao mesmo tempo em que os direitos de propriedade intelectual são muito importantes para o desenvolvimento, tanto técnico quanto comercial, não deixam de ser uma espécie de monopólio, restringindo o direito de terceiros na medida em que retiram uma invenção ou um signo do domínio público.

Compreendemos, então, a necessidade de princípios que possam limitar tais direitos, evitando abusos por seus titulares, evitando distorções e garantindo que a proteção à propriedade intelectual colaborará com o bom funcionamento do mercado.

---

[8] Os direitos de propriedade intelectual muitas vezes acabam trazendo benefícios colaterais para a sociedade, como ocorre no direito marcário ao oferecer ao consumidor a certeza acerca da qualidade ou de outras características dos produtos por ele adquiridos.

[9] ANDERMAN, Steven D. The Interfacebetween Intellectual Property Rights and Competition Policy. p. 12.

2.2.1. Territorialidade

O princípio da territorialidade, o primeiro limite aos direitos de propriedade intelectual, tem sua base na idéia de que a exclusividade sobre uma marca é concedida por uma ordem soberana e que, portanto, está restrito ao território correspondente a esta ordem.

Conseqüentemente, o registro concedido por um Estado não pode impedir o uso de marca idêntica para assinalar o mesmo produto ou serviço em outro Estado, ou, nas palavras de Newton Silveira:

> O princípio da territorialidade significa que a existência e a proteção de uma marca encontra-se limitada ao território do Estado que a concedeu, ou seja, a proteção nacional e a internacional de um mesmo sinal são totalmente indepen- dentes, sendo irrelevante a coincidência de seus titulares ou não. Assim, a situação jurídica da marca no estrangeiro e o direito alienígena não afetam, pelo menos diretamente, o direito nacional ou as decisões nele calcadas.[10]

No Brasil, o registro da marca vale em todo o território nacional. Esta extensão é garantida pela centralização do depósito e do controle, que, no caso nacional, ocorre junto ao Instituto Nacional de Propriedade Intelectual (INPI). No sentido contrário, a territorialidade, nos sistemas declaratórios de proteção à propriedade industrial, é restrita à região em que a marca é efetivamente usada, como observado por Maitê Cecília Fabbri Moro:

> Dessa afirmação depreende-se que o caráter nacional da marca se dá pelo registro. O que é bastante coerente, pois, se a marca é reconhecida tão somente pelo uso, sua proteção se daria nos locais onde a marca circulasse, o que não necessariamente representa todo o território nacional. Já no caso de existir um registro para todo o país essa questão de localização da utilização da marca de- saparece, pois a marca é protegida em todo o território.[11]

2.2.2. Especialidade

Ao tratarmos de direito de marcas, nos referimos a um direito exclusivo que permite, de um lado, ao empresário identificar seus produtos diante do

---

[10] SILVEIRA, Newton. A Obrigação de Exploração de Propriedade Industrial e a Exaustão de Direitos. In Propriedade Intelectual e Transferência de Tecnologia. p. 109.

[11] MORO, Maitê Cecília Fabbri. Op.cit., p. 66.

DIREITO DOS NEGÓCIOS APLICADO

consumidor, o que, por sua vez lhe possibilitará investir de modo a melhorar constantemente a qualidade de seus produtos e serviços, pois sabe que terá o reconhecimento do mercado consumidor; e, de outro, ao comprador ter certo grau de segurança acerca das características do produto ou serviço que adquire.

Entretanto, não há sentido em se proteger o mercado e a concorrência em situações em que, simplesmente, existem dois produtos que não concorrem no mercado. Principalmente quando levado em consideração o fato de que esta proteção implica na restrição dos direitos de terceiros na medida em que estes ficam impedidos de usar marcas iguais ou semelhantes para identificar seus negócios.

Por esta razão, quando um empresário requer a proteção a sua marca, precisa determinar quais são os bens e serviços por ele realizados (e que deverão ser assinalados pelo signo que se pretende registrar como marca), pois esta proteção estará vinculada apenas a estes determinados produtos e serviços ou a outros semelhantes e afins, ou seja, em situação de concorrência.

> El segundo principio recoge la llamada "regla de la especialidad". La vigencia de este principio supone que el derecho de marca se apoya en dos pilares básicos íntimamente relacionados entre sí: el signo o medio y los concretos productos o servicios. Esta regla es derivación de la finalidad esencial de la marca: la distinción en el mercado de los productos o servicios de un operador económico de los productos o servicios idénticos o similares de otro. Por ello, este principio limita con carácter general la posibilidad de oponer una marca (ya registrada o solicitada) frente al registro de otra que tiene por objeto un signo idéntico o similar, a los casos en que ésta se solicite para los productos o servicios idénticos o similares [arts. 1 y 12.1.a)LM]. La misma regla se proyecta también coherentemente sobre el alcance del *ius prohibendi* que se confiere al titular de la marca. Así, las acciones por violación del derecho de marca sólo pueden ser ejercidas frente a los terceros que empleen signos idénticos o semejantes para distinguir productos idénticos o similares (art. 13.1.LM). La identidad o similitud de los productos o servicios constituye, en suma, una limitación estructural del genérico riesgo de inducción a errores.[12]

Na realidade, o que se pretende assegurar com este princípio que não ocorrerá confusão junto ao consumidor, porque marcas semelhantes não poderão coexistir pacificamente em produtos mercadologicamente associados. Como

[12] MONTEAGUDO, Montiano. Op.cit., p. 37.

A MARCA DE ALTO RENOME COMO EXCEÇÃO AO PRINCÍPIO DA ESPECIALIDADE DA MARCA

reflexo temos a garantia de que a limitação imposta pelo titular do registro aos demais empresários será restrita a sua área de atuação.

3. O alto renome como exceção ao princípio da especialidade

Entretanto, existem marcas, chamadas "marcas de alto renome" cuja força perante o consumidor é tamanha e cuja participação no mercado é tão diversificada que, quando for realizado depósito de outra marca semelhante, mesmo que para assinalar um produto ou serviço não oferecido pelo empresário "de alto renome", dará ensejo a confusão junto ao consumidor.

Neste caso, a aplicação do princípio da especialidade causaria uma distorção, uma vez que, ao invés de proteger o consumidor e garantir a distintividade da marca, permitiria o registro, ou seja, a proteção a uma marca, que seria indevidamente associada a outro empresário que não o seu titular.

Desta maneira, os casos de marcas de alto renome são muito particulares, implicando na desconsideração do princípio da especialidade através da ficção de que estas marcas estariam protegidas em todas as classes de atividade, conforme a redação do artigo 125 da LPI:

> À marca registrada no Brasil considerada de alto renome será assegurada proteção especial, em todos os ramos de atividade.[13]

Desta maneira, o alto renome constitui uma importante exceção ao princípio da especialidade, como ensina Maitê Cecília Fabbri Moro:

> A marca de alto renome faz exceção ao princípio da especialidade, balizador do direito das marcas, pois confere-se a ela uma proteção além do ramo de atividade em que se encontra registrada. Ou, mais precisamente, nas palavras do texto legal, "em todos os ramos de atividade".[14]

Vale ressaltar que as marcas de alto renome são uma exceção e, portanto, o alto renome só poderia ser reconhecido em situações especialíssimas, em que uma marca tenha se tornado tão presente na cabeça dos consumidores, independentemente de tais consumidores serem o público para o qual esta marca

---

[13] Lei 9.279/96. Art. 125.
[14] MORO, Maitê Cecília Fabbri. Op.cit., p. 113.

DIREITO DOS NEGÓCIOS APLICADO

se destina, que seria associada (mesmo que inconscientemente) pelo público a qualquer outra idêntica ou semelhante e em qualquer ramo de atividade.

Assim, se o direito de um titular sobre um signo exclui seu uso por terceiros, e se, nos casos de alto renome, esta exclusão é absoluta, na medida em que produz efeitos em todos os ramos econômicos, o reconhecimento do alto renome de uma marca só poderia ocorrer em condições excepcionais, sob pena de uma expansão indevida do direito de monopólio.

3.1. Fundamento da proteção especial conferida à marca de alto renome

O fundamento primordial da proteção especial conferida às marcas de alto renome é a sua transcendência, ou seja, estas marcas têm suporte em determinadas qualidades de seus produtos e serviços, na reputação de seu titular, no modo como se dá a apresentação e a distribuição dos produtos, de maneira que é "susceptible de diversas modalidades de aprovechamento".[15]

As marcas de alto renome deixam sua função de mera identificadora de um produto ou serviço; ela passa a incorporar valores que exercem, por si, uma força no psicológico dos consumidores e, em consequência, o próprio signo marcário se torna um ativo para a empresa e um objeto de consumo para o mercado. Como resultado, temos que qualquer produto ou serviço identificado por estas marcas será atrativa ao consumidor:

La capacidad de esta categoría de marcas para atraer la demanda no se agota, en todo caso, en los productos o servicios para los que ha sido utilizada originariamente: precisamente porque la reputación se consensa en el proprio signo, ésta puede ser trasladada a productos o servicios distintos. Esta "aptitud traslativa de la reputación" acrecienta el ya extraordinario valor que la marca renombrada tiene para su titular. En efecto, el renombre se convierte en un bien económico susceptible de explotación autónoma, esto es, más allá de su conexión inicial con las prestaciones originales, a través de diversos procedimientos. Para el titular de la marca esta cualidad se traduce en la posibilidad de ampliar su gama de productos o servicios, recurriendo a la marca renombrada como instrumento de identificación; o de rentabilizar la tenencia de este bien, autorizando a terceros la utilización de la marca. Esta misma aptitud de la marca renombrada provoca también el interés de los terceros en la apropiación, aun sin la anuencia y contra los deseos del titular de ese bien económico; y ello, porque la utilización de la marca renombrada en conexión con productos o servicios distintos facilita y

[15] MONTEAGUDO, Montiano. Op.cit., p. 87.

400

A MARCA DE ALTO RENOME COMO EXCEÇÃO AO PRINCÍPIO DA ESPECIALIDADE DA MARCA

promueve el éxito comercial de las prestaciones a las que se aplica. La importancia de este fenómeno económico y la pluralidad de intereses afectados requiere la determinación de los objetivos y presupuestos del éxito de la transferencia de reputación, así como de los riesgos que comporta.[16]

Desta maneira, o próprio poder atrativo da marca chama a atenção de terceiros que poderiam tentar se aproveitar desta força, usando marca igual ou semelhante para identificar produto ou serviço diverso.

Nesta situação, além do perigo de confusão junto ao consumidor e da concorrência desleal, há o risco de perda do poder de atração da marca quando passa a ser muito associada a produtos e serviços de origens diversas e que não fazem *jus* aos produtos e serviços originalmente identificados:

La apropiación por parte del tercero de la capacidad atractiva de la demanda que posee la marca, aun cuando sea utilizada en conexión con prestaciones diversas de las originarias, se traduce en un prejuicio directo para la marca renombrada: ésta puede perder su carácter simbólico y afectar incluso a su aptitud cualificadora de la oferta originaria.[17]

3.2. O reconhecimento do alto renome na ordem brasileira

A proteção ao alto renome depende, entretanto de previsão para tanto no sistema jurídico de cada Estado, caso contrário, não se poderia flexibilizar o princípio da especialidade em prol da transcendência econômica da marca de alto renome.

O alto renome não recebe um tratamento uniforme nos diferentes sistemas de proteção à propriedade intelectual; na realidade, os sistemas tradicionais são muito limitados quando o assunto é a proteção de uma marca além de sua função de indicação de procedência.

A primeira ocasião em que se considerou a possibilidade de confusão caso se permitisse a coexistência de marcas para assinalar produtos diferentes ocorreu no Reino Unido, em 1898, quando se proibiu o uso da marca KODAK para identificar bicicletas. Pela primeira vez na história houve a flexibilização do princípio da especialidade tendo em vista o risco de confusão gerado pela reputação da marca KODAK, originalmente usada para identificar produtos ligados ao ramo da fotografia.

---

[16] MONTEAGUDO, Montiano. Op.cit., p. 87-88.
[17] Idem. p. 94.

DIREITO DOS NEGÓCIOS APLICADO

O alto renome passou a ser regulamentado tendo em vista interesses para tanto, mas, até o momento, sua proteção é um dos temas menos harmonizados no plano internacional e é regulada conforme o sistema jurídico de cada país.

Apesar de diversos esforços para regulamentar a questão em âmbito internacional, apenas a partir da Rodada Uruguai do GATT se chegou ao consenso necessário para se abordar a questão e, mesmo assim, esta regulamentação se dá de maneira confusa, com a sobreposição dos conceitos de marca notória e marca de alto renome. Entretanto, o fato de o TRIPS tratar da superação da especialidade é, em si, uma grande evolução, tendo em vista a dificuldade de se atingir um consenso nesta matéria:

> El precepto contiene, en suma, un mecanismo apto para la protección de la marca renombrada. Se echa en falta, sin embargo, una mención a las limitaciones de la protección porque, como habrá ocasión de demonstrar, no es conveniente que cualquier conexión con el titular registral prioritario susceptible de lesionar sus intereses sea juzgada ilícita. La valoración general debe ser como todo positiva, fundamentalmente a la vista de las dificultades que tradicionalmente planteó la adopción de una norma protectora de las marcas renombradas en el plano internacional, y porque la precisión técnica y dogmática en las normas internacionales ha de ser sacrificada, en algunas ocasiones, en beneficio del necesario consenso que exige su adopción.[18]

Desta maneira, o acordo TRIPS apenas estabelece em seu artigo 16.3 que as marcas de alto renome dispõem de uma proteção semelhante à conferida às marcas notórias, no sentido que podem ser usadas para impedir o registro de marca semelhante, independentemente de registro prévio na classe de atividade da marca que a reproduz ou imita.

Em todo caso, os tratados internacionais que versam sobre o direito de propriedade intelectual têm um caráter programático, estabelecendo princípios que devem ser garantidos ou medidas a serem perseguidas, mas cabe aos Estados parte definirem por que meios estes fins serão atingidos.

Montiano Monteagudo aponta que o sistema ideal de proteção à marca de alto renome deveria levar em consideração que o direito sobre uma marca implica na exclusão de outros e, portanto, não pode ser ilimitado:

> En último término, ha de reincidirse en que el sistema de protección de los signos renombrados no debe suponer la concesión de un derecho de exclusión

---

[18] MONTEAGUDO, Montiano. Op.cit.,p. 110.

402

A MARCA DE ALTO RENOME COMO EXCEÇÃO AO PRINCÍPIO DA ESPECIALIDADE DA MARCA

ilimitado a su titular. La función publicitaria del signo ha de protegerse solamente en la atención de la utilidad económica de la marca y cuando su utilización por terceros no respete el principio de la competencia por eficiencia.[19]

Considerando-se esta primeira ressalva, os sistemas de proteção à marca de alto renome se dividem em dois grupos, sendo que no primeiro a proteção estaria integrada ao direito de marcas e no segundo por meio do sistema de controle contra a concorrência desleal.

O ordenamento brasileiro integrou a noção de alto renome ao direito marcário desde que passou a regular a questão, a partir do Código de Propriedade Industrial de 1967, quando se estabeleceu que os titulares de marcas de alto renome deveriam se manifestar tempestivamente contra marcas que imitassem ou reproduzissem suas marcas e que houvesse risco de confusão no mercado.

O atual artigo 125 da LPI estabelece, conforme já tratado, proteção para a marca de alto renome em todos os ramos de atividade, sem, contudo conceituar este "alto renome", tarefa esta que foi delegada ao INPI na medida em que este Instituto precisou criar parâmetros para a análise por seus examinadores.

Nesta finalidade, a Presidência do INPI promulgou a Resolução nº121/2005 cuja finalidade é, de acordo com seu artigo 1º, normalizar "os procedimentos para a aplicação do artigo 125 da Lei nº 9.279, de 14 de 1996".[20]

Esta Resolução conceitua marca de alto renome como sendo "a marca que goza de uma autoridade incontestável, de um conhecimento e prestígio diferidos, resultantes da sua tradição e qualificação no mercado e da qualidade e confiança que inspira, vinculadas, essencialmente, à boa imagem dos produtos ou serviços a que se aplica, exercendo um acentuado magnetismo, uma extraordinária força atrativa sobre o público em geral, indistintamente, elevando-se sobre os diferentes mercados e transcendendo a função a que se prestava primitivamente, projetando-se apta a atrair clientela pela sua simples presença"[21].

A análise do artigo 2 da Resolução 121 leva à conclusão de que o INPI adotou a concepção de marca de alto renome como aquela composta por dois fatores: o prestígio advindo da qualidade de seus produtos e a transcendência da função a que se destinava originalmente.

Esta resolução disciplina o modo como se dá a concessão da proteção especial conferida à marca de alto renome, estabelecendo que esta deve ser

[19] MONTEAGUDO, Montiano. Op.cit., p. 95.
[20] Resolução 121/05. Art. 1º.
[21] Resolução 121/05. Art. 2.

DIREITO DOS NEGÓCIOS APLICADO

requerida de maneira incidental como matéria de defesa em oposições e processos administrativos de nulidade contra marcas de terceiro que a imitem ou reproduzam.

Ao tratar da comprovação do alto renome, traz uma lista de elementos informativos que podem ser usados como provas do alto renome da marca, tais como a data de início de seu uso no Brasil, o público ao qual os produtos ou serviços identificados pela marca se destinam originalmente, os meios de comercialização da marca no Brasil, a amplitude geográfica de sua comercialização no Brasil e no exterior, entre outros.

3.3. Problemas decorrentes da aplicação da Resolução 121/05 da presidência do INPI

De início, temos que ao estabelecer uma lista com elementos informativos que servem de prova ao alto renome, se abre a janela para que determinadas marcas consigam provar um alto renome que não possuem, além de dificultar o acesso a esta proteção a marcas que teriam direito, mas que terão maior dificuldade em produzir a prova.

Em relação a estes elementos, conforme ensina Maitê Cecília Fabbri Moro, não podem ser considerados determinantes para a comprovação do alto renome de uma marca, na medida em que o alto renome se manifesta de maneira diferente em cada caso:

> Sem dúvida estes elementos são de grande valia para a aferição do renome de uma marca. Mas não necessariamente estarão presentes em todas as marcas de alto renome, e por isso não podem ser considerados como características de todas as marcas de alto renome. Devem, sim, ser vistos como dados indicadores do renome, não como critérios para aferição deste.[22]

Em geral, a Comissão Especial de Alto Renome, incumbida de decidir as oposições com base em alto renome e de instruir, para decisão do Presidente do INPI, os processos administrativos de nulidade com esta mesma base, em geral se baseia nos documentos apresentados para reconhecimento do alto renome, atribuindo especial relevância às pesquisas de mercado.

Deste modo, marcas que não chegaram a transcender seu ramo de atividade e cujo signo distintivo não exerce qualquer atração especial sobre outros

---

[22] MORO, Maitê Cecília Fabbri. Op. Cit., p. 111-112.

consumidores além do público alvo ao que originalmente se destina já lograram obter esta proteção, tal como ocorre com a marca DERBY, usada para identificar produtos derivados do tabaco, enquanto outras cujo alto renome poderia ser intuitivamente reconhecido encontram dificuldade para obter esta proteção, como ocorre com a FERRARI.

Ainda, vale mencionar que a pesquisa de mercado é um prova cuja produção é muito complexa e cujo preço, muitas vezes, acaba desestimulando os empresários que poderiam requerer o reconhecimento do alto renome de suas marcas, principalmente tendo em vista o fato de que o reconhecimento do alto renome tem a validade de cinco anos e que, após o decurso deste prazo, precisarão requerer novamente esta proteção e deverão produzir novamente todas as provas anteriormente apresentadas.

Por fim, ao se estabelecerem critérios concretos para a aferição do alto renome, se criou o risco do examinador, na tentativa de obedecer a critérios formais, deixar para segundo plano o fundamento primordial da proteção especial conferido às marcas de alto renome, que é evitar a confusão do consumidor tendo em vista a força excepcional de uma marca, que exerce tamanha atração junto ao mercado que transcende seu ramo de atividade.

Este risco foi previsto, de modo semelhante, por Dominique Brandt, segundo quem, uma definição mais precisa de alto renome aumentaria o poder de discricionariedade das autoridades apreciadoras:

> Nous estimons qu'une formule precise est superflue et est exposée au danger réel d'être interprétée diversement par les autorités judiciaires.[23]

4. A incompatibilidade entre o conceito de alto renome e a solução brasileira

No fundo, a solução apresentada pelo INPI para a aplicação do alto renome, trazendo uma lista exemplificativa de provas recomendáveis para sua comprovação ameaça o próprio conceito de marca de alto renome.

Verdade que estas provas ajudam a demonstrar, na prática, que uma marca por si tem um valor econômico para seu titular, tendo deixado de exercer mera função de identificadora de origem do produto e de suas qualidades,

---

[23] BRANDT, Dominique. La protection élargie de la marque de haute renomée au-delà des produits identiques et similaires. p. 72.

DIREITO DOS NEGÓCIOS APLICADO

e passando a atuar de forma mais ativa, atraindo, independentemente do produto por ela assinalada, o mercado consumidor.

Por outro lado, se uma marca é, de fato, de alto renome, não seria necessária prova maior do que o conhecimento prévio do examinador que, por sua vez, sabe intuitivamente quando se depara com uma marca de alto renome.

É verdade que a falta de regulação abriria um espaço muito grande para a discricionariedade do examinador. Contudo, a atual fórmula acaba pecando em sentido contrário: o formalismo permite ao examinador interpretar as provas também de maneira discricionária, na medida em que pode ignorar a realidade fática, se detendo em conteúdos informativos que não refletem de maneira absolutamente fiel a existência ou ausência de alto renome.

5. Conclusão

Neste cenário, temos a função distintiva da marca como a base sobre a qual se edifica o direito de marcas, mas devendo ter sempre em mente que esta função distintiva pode se desdobrar em outras, como a partir do momento em que a marca ganha por si mesma força atrativa suficiente junto ao mercado consumidor.

Esta é exatamente a situação que configura o alto renome, quando ocorrem, simultaneamente, dois fenômenos: por um lado, a distintividade da marca, que originalmente está vinculada a um signo e a um produto ou serviço específico, perde sua ligação a este último elemento, o que justifica a desconsideração do princípio da especialidade; por outro lado, a necessidade de proteção da função econômica da marca justifica uma proteção especial às marcas de alto renome.

Contudo, estes casos são muito excepcionais e a proteção ao alto renome não deve ser conferida que em casos em que estes dois fenômenos podem ser facilmente observados; a proteção conferida pelo artigo 125 da LPI não pode, em nenhuma hipótese, ser banalizada. Por isso a necessidade de se regular a matéria.

Nesse sentido, vale salientar que qualquer regulação dada à matéria deve permitir ao examinador a aferição, em concreto, do alto renome de uma marca e relembrá-lo dos fundamentos que levam a esta proteção especial, ao mesmo tempo em que precisa impedir a discricionariedade no exame.

A prática tem mostrado que a existência de uma lista de requisitos, mesmo que exemplificativa, leva o examinador ao esquecimento do conceito de alto renome na medida em que este passa a prestar maior atenção a aspectos formais.

Assim, estamos diante de um problema que parece não ter solução. Entretanto, é necessário ter em mente que este mesmo problema está presente em praticamente qualquer processo de tomada de decisão.

Diante destas premissas, a aplicação de determinadas garantias ao reconhecimento do alto renome poderia ser uma boa solução, entre eles o livre convencimento do examinador, que deve, sim, levar em consideração as provas e elementos informativos previstos na Resolução 121/05 do INPI.

Porém, o examinador não pode deixar de conferir a devida relevância aos demais dados trazidos a seu conhecimento pelas partes interessadas. Nesse contexto, também seria fundamental maior destaque à motivação das decisões, cuja função informadora tradicionalmente é pouco valorizada pelo INPI.

6. Referência

ANDERMAN, Steven D. The Interfacebetween Intellectual Property Rights and Competition Policy. New York: Cambridge University Press, 2007.

BLASI, Gabriel di; GARCIA, Marcio Soerensen; MENDES, Paulo Parente M. A propriedade industrial – Os sistemas de marcas, patentes e desenhos industriais analisados a partir da Lei 9.279, de 14 de maio de 1996. Rio de Janeiro: Forense, 1997.

BRANDT, Dominique. La protection élargie de la marque de haute renomée au-delà des produits identiques et similaires. Genève: Droz, 1985.

DE AZCÁRATE, Clara Ruipérez. El carácter distintivo de las marcas. Madrid: Reus, 2008.

FERNÁNDEZ-NOVOA, Carlos. Fundamentos del derecho de marcas. Madrid: Montecorvo, 1984.

MONTEAGUDO, Montiano. La proteccion de la marca renombrada. Madrid: Civitas, 1995.

MORO, Maitê Cecília Fabbri. Direito de Marcas: Abordagem das marcas notórias na Lei 9.279/1996 e nos acordos internacionais. São Paulo: Editora Revista dos Tribunais, 2003.

SILVEIRA, Newton. A Obrigação de Exploração de Propriedade Industrial e a Exaustão de Direitos. In Propriedade Intelectual e Transferência de Tecnologia. Belo Horizonte: Fórum: 2011

Legislação

Lei 9.279 de 14 de maio de 1990
Resolução nº 121 de 6 de setembro de 2005

Tratados internacionais

Acordo sobre Aspectos dos Direitos de Propriedade Intelectual Relacionados ao Comércio (TRIPS)
Convenção da União de Paris

Assim, estamos diante de um problema que parece não ter solução. Entretanto, é necessário ter em mente que este mesmo problema está presente em praticamente qualquer processo de tomada de decisão.

Diante desta premissas a aplicação de determinadas garantias ao reconhecimento do alto renome poderá ser uma boa solução, entre eles o livre convencimento ao examinador que deve, sim, levar em consideração as provas e elementos informativos previstos na Resolução 121/05 do INPI.

Porém, o examinador não pode deixar de conferir a devida relevância aos demais dados trazidos a seu conhecimento pelas partes interessadas. Nesse contexto, também seria fundamental maior destaque a motivação das decisões, cuja função informadora tradicionalmente é pouco valorizada pelo INPI.

6. Referência

ANDERMAN, Steven D. The Interface between Intellectual Property Rights and Competition Policy. New York: Cambridge University Press, 2007.

BLASI, Gabriel de GARCIA, Marcio Secches; MENDES, Paulo Lannes; M. A propriedade industrial – Os sistemas de marcas, patentes e desenhos industriais analisados a partir da Lei 9.279, de 14 de maio de 1996. Rio de Janeiro: Forense, 1997.

BRANDT, Dominique. La protection élargie de la marque de haute renommée au-delà des produits identiques et similaires. Genève: Droz, 1985.

DRAXCÁRATE, Olga Ruipérez. El carácter distintivo de las marcas. Madrid: Reus, 2008.

FERNÁNDEZ-NOVOA, Carlos. Fundamentos del derecho de marcas. Madrid: Montecorvo, 1984.

MONTEAGUDO, Montiano. La protección de la marca renombrada. Madrid: Civitas, 1995.

MORO, Maria Cecília Fabbri. Direito de Marcas. Abordagem das marcas notórias na Lei 9.279/1996 e nos acordos internacionais. São Paulo: Editora Revista dos Tribunais, 2003.

SILVEIRA, Newton. A Obrigação de Exploração de Propriedade Industrial e a Extensão de Direitos. In Propriedade Intelectual e Transferência de Tecnologia. Belo Horizonte: Fórum, 2011.

Legislação

Lei 9.279 de 14 de maio de 1996.
Resolução n° 121 de 6 de setembro de 2005.

Tratados internacionais

Acordo sobre Aspectos dos Direitos de Propriedade Intelectual Relacionados ao Comércio (TRIPS)
Convenção da União de Paris.

NOTAS BIOGRÁFICAS

André Luís Bergamaschi
Mestrando em Direito pela Faculdade de Direito da Universidade de São Paulo; Professor convidado do Curso de Direito Civil e Processo Civil da Escola Paulista de Direito; Advogado em São Paulo, também atuante no Departamento Jurídico do Centro Acadêmico XI de Agosto.

André Luís Cais
Advogado em São Paulo.

Arthur Cahen
Sócio do escritório Cahen Advogados; Especialista em Direito e Processo do Trabalho pela Universidade Presbiteriana Mackenzie; Cursos de extensão: Harvard Law School (nos EUA), Consejo Profisional de Ciencias Jurídicas (na Argentina), Fundação Getúlio Vargas (FGV/SP) e Escola Superior de Advocacia (ESA/SP).

Bernardo Motta Moreira
Advogado em Belo Horizonte; Mestre em Direito pela UFMG. Professor de cursos de Pós-Graduação da PUC-Minas e do bacharelado em Direito do Centro Universitário UNA. Conselheiro Titular da Terceira Seção de Julgamento do CARF. Consultor jurídico efetivo da ALMG. Membro da Comissão de Direito Tributário da OAB/MG.

Cibelle Linero Goldfarb
Doutora e Mestre em Direito do Trabalho pela USP/SP, Graduada em Direito pela Universidade Presbiteriana Mackenzie/SP, Advogada em São Paulo.

Daniel Penteado de Castro

Mestre em Doutor em Direito Processual pela Universidade de São Paulo - USP. Especialista em Direito dos Contratos pelo Instituto Internacional de Ciências Sociais – Centro de Extensão Universitária – IICS/CEU.

Professor dos Cursos de Pós-graduação lato sensu em Direito Processual Civil na Escola Paulista de Direito – EPD, na Escola Superior da Advocacia – ESA e na Universidade Presbiteriana Mackenzie.

Membro do Instituto Brasileiro de Direito Processual – IBDP. Membro do Instituto dos Advogados de São Paulo – IASP. Membro da Comissão de Direito Processual Civil da OAB – Subseccional Pinheiros. Membro Conselheiro do Centro de Estudos Avançados em Processo - CEAPRO.

Autor do livro Poderes instrutórios do juiz no processo civil, publicado pela Editora Saraiva, 2013. Co-coordenador e co-autor da obra Direito Processual Civil II, publicada pela Quartier Latin, 2011. Advogado.

Elias Marques de Medeiros Neto

Doutor e Mestre em Direito Processual Civil pela PUC-SP. MBA em Gestão Empresarial pela FGV. Especialista em Direito da Economia e da Empresa pela FGV. Extensão no Programa de Negociação da Harvard Law School. Especializações em Direito Processual Civil e em Direito dos Contratos pelo IICS-CEU/SP. Extensão em Direito de Energia pelo IBDE. Bacharel em Direito pela USP. Advogado. Presidente da Comissão de Direito Processual Civil da OAB-SP, Pinheiros. Presidente da Comissão de Direito de Energia do IASP. Membro fundador e diretor do Ceapro – Centro de Estudos Avançados de Processo. Membro do IBDP. Professor de Direito Processual Civil na PUC/SP, na EPD e na Faditu. Autor de livros e artigos no ramo de direito processual civil.

Fernanda Tartuce

Doutora e Mestre em Direito Processual pela USP. Professora dos cursos de Mestrado e Doutorado da Faculdade Autônoma de Direito de São Paulo (FADISP). Professora e Coordenadora de Processo Civil da Escola Paulista de Direito (EPD). Advogada orientadora do Departamento Jurídico do Centro Acadêmico XI de Agosto. Membro do IBDFAM (Instituto Brasileiro de Direito de Família), do IBDP (Instituto Brasileiro de Direito Processual) e do IASP (Instituto dos Advogados de São Paulo). Presidente do Conselho do CEAPRO (Centro de Estudos Avançados de Processo). Mediadora e autora de obras jurídicas..

Hebert Lima Araújo
Bacharel em Direto e Especialista em Direito Tributário pela PUC-Campinas. Mestre em Direito Constitucional pela Instituição Toledo de Ensino - ITE, Bauru. Advogado em São Paulo.

José Roberto de Castro Neves
Doutor em Direito Civil pela Universidade do Estado do Rio de Janeiro (UERJ). Mestre em Direito pela Universidade de Cambridge, Inglaterra. Professor de Direito Civil da Pontifícia Universidade Católica (PUC-Rio). Advogado.

Luciano Vianna Araújo
Mestre em Direito Processual Civil pela PUC/SP. Professor nos cursos de graduação e de pós-graduação *lato sensu* da PUC/Rio. Membro do IBDP. Advogado

Luísa Fernandes
Advogada em São Paulo e Lisboa/Portugal.

Luiz Antonio Ferrari Neto
Advogado. Pós Graduado, Mestre e Doutorando em Direito Processual Civil pela PUC-SP. Coordenador Jurídico da Cosan S/A. Indústria e Comércio. Professor do Centro Universitário Estácio Radial de São Paulo. Membro da Comissão de Direito Processual da OAB-SP, Subseção de Pinheiros.

Luiz Dellore
Mestre e Doutor em Direito Processual Civil pela USP e Mestre em Direito Constitucional pela PUC/SP.
Professor de Direito Processual Civil da Universidade Presbiteriana Mackenzie, da Escola Paulista do Direito (EPD) e professor convidado de outras instituições no Brasil.
Advogado da Caixa Econômica Federal. Ex-Assessor de Ministro do STJ.
Diretor do CEAPRO – Centro de Estudos Avançados de Processo. Membro do Instituto Brasileiro de Direito Processual (IBDP) e da Comissão de Direito Processual Civil da OAB/SP.

Marcelo Cometti
Advogado em São Paulo.

DIREITO DOS NEGÓCIOS APLICADO

Marcelo Vigliar
Advogado em São Paulo.

Márcia Conceição Alves Dinamarco
Doutora em direito econômico das relações sociais e Mestre em Direito Processual Civil, ambos os títulos pela Pontifícia Universidade Católica de São Paulo, Assistente-mestre na PUC-SP nos cursos de graduação e professora orientadora na pós-graduação. Professora convidada para ministrar aulas em diversas faculdades e cursos, advogada militante.

Mariana de Araújo Mendes Lima
Mestre em Direito Internacional pela Universidade de São Paulo (USP); Especialista em Direito da Integração pelo programa "Teoría y Práctica de la Integración Regional" da Cátedra Jean Monnet na Universidad Alcalá de Henares (Madri); Advogada.

Maurício Pereira Faro
Advogado no Rio de Janeiro e em Brasília; Conselheiro Titular da Primeira Seção do CARF; Mestre em Direito pela Universidade Gama Filho; Professor dos cursos de Pós-Graduação da UCAM, PUC-RJ e FGV/RJ e Presidente da Comissão Especial de Assuntos Tributários da OAB/RJ.

Patrícia Baltazar Resende
Graduada em Direito pela Universidade Lusíada de Lisboa/Portugal, Advogada em São Paulo e Lisboa/Portugal.

Roberto Rosas
Professor da Faculdade de Direito da Universidade de Brasília.

Thiago Rodovalho
Doutorando e mestre em Direito Civil pela PUC/SP. Advogado em São Paulo. Membro da Lista de Árbitros da Câmara de Arbitragem e Mediação da Federação das Indústrias do Estado do Paraná – CAM-FIEP, do Conselho Arbitral do Estado de São Paulo – CAESP, da Câmara de Mediação e Arbitragem das Eurocâmaras – CAE, da Câmara Brasileira de Mediação e Arbitragem Empresarial – CBMAE, e do Centro Brasileiro de Mediação e Arbitragem – CEBRAMAR. Membro do Instituto dos Advogados de São Paulo – IASP, do Instituto de Direito Privado – IDP e do Instituto Brasileiro de Direito

NOTAS BIOGRÁFICAS

Processual Civil – IBDP. Professor-Assistente Convidado de Arbitragem e Mediação na graduação da PUC/SP. Coordenador e Professor de Arbitragem na Escola Superior de Advocacia da OAB/SP. Autor de publicações no Brasil e no exterior (livros e artigos).

SUMÁRIO

Apresentação 9
Os Coordenadores

Prefácio 13
Paulo Henrique dos Santos Lucon

Notas Sobre a Efetividade do Processo e o Princípio da Proporcionalidade ... 15
Elias Marques

A solução negociada e a figura jurídica da transação: associação necessária? ... 41
André Luís Bergamaschi
Fernanda Tartuce

O incidente de resolução de demandas repetitivas previsto
no projeto de novo CPC e seus reflexos para as sociedades empresárias ... 57
Luiz Antonio Ferrari Neto

Alternativas trabalhistas em caso de crise econômica ou financeira 81
Arthur Cahen

O protesto de CDA como violação do princípio da preservação da empresa ... 101
Maurício Pereira Faro
Bernardo Motta Moreira

Da divergência de decisões no âmbito dos juizados especiais:
insegurança jurídica e suas consequências 123
Luiz Guilherme Pennacchi Dellore

DIREITO DOS NEGÓCIOS APLICADO

A instabilidade das decisões judiciais e a insegurança jurídica 145
André Luis Cais

Principais impactos do novo CPC nas empresas: breves apontamentos 163
Daniel Penteado de Castro

Arbitragem e os negócios empresariais: análise econômica da arbitragem . . . 201
Thiago Rodovalho

Arbitragem no direito societário 219
Luísa Fernandes

Reflexão a respeito do processo como instrumento eficaz
para garantir a segurança jurídica com isonomia:
necessidade de se preservar a ordem econômica e social 233
Márcia Conceição Alves Dinamarco

Arbitragem. Obediência ao devido processo legal 259
Roberto Rosas

A tutela de urgência no projeto do novo CPC e o direito dos negócios 279
Luciano Vianna Araújo

Os requisitos de validade das cláusulas de não concorrência
no direito do trabalho 301
Cibelle Linero

A força dos precedentes judiciais no projeto do Novo Código de
Processo Civil e seus impactos nos negócios 323
Hebert Lima Araújo

Sobre alguns impactos das Leis nº 12.966/2014 e nº 13.004/2014
(e suas relações com as Leis nº 8.429/92 e nº 12.848/2013) 341
Marcelo Vigliar

O Contrato de Seguro, sua perspectiva Civil-Constitucional
e sua lógica econômica 349
José Roberto de Castro Neves

SUMÁRIO

Das implicações da concentração empresarial no âmbito
do direito do trabalho 371
Patrícia Baltazar Resende

A marca de alto renome como exceção ao princípio da
especialidade da marca 391
Marcelo Tadeu Cometti
Mariana Araújo

Notas Biográficas 409

Sumário 415